전 면 개 정 3 판

신문원론

전 면 개 정 3 판

신문원론

임영호 지음

신문원론 전면 개정 3판

2013년 11월 5일 3판 1쇄 펴냄
2019년 3월 31일 3판 3쇄 펴냄

지은이 | 임영호
펴낸이 | 한기철

펴낸곳 | 한나래출판사
등록 | 1991. 2. 25. 제22–80호
주소 | 서울시 마포구 토정로 222, 한국출판콘텐츠센터 309호
전화 | 02) 738–5637 · 팩스 | 02) 363–5637 · e–mail | hannarae91@naver.com
www.hannarae.net

ISBN 978–89–5566–150–7 93070

차례

신문은 가장 오래된 '올드 미디어'이면서 정치적으로나 사회적으로 가장 중요한 '메이저' 대중 매체 구실을 해왔다. 하지만 최근 신문은 혁명적인 변화의 시기를 거치고 있다. 신문을 읽는 사람은 줄어들고 신문사들은 경영난에 시달리고 있다. 일반 독자들은 점차 종이 신문을 외면하고 있으며, 인터넷이나 모바일이 이전에 신문이 하던 기능을 대체하고 있다. 신문사의 뉴스 전달 방식이나 경영 모델도 종이 중심에서 온라인으로 이동하고 있다. 우리는 바로 이러한 변화의 소용돌이 속에 서 있다.

이 책은 신문이라는 매체에 관한 원론서이며, 이번 개정판에서도 이 책의 기본적인 성격은 크게 바뀌지 않았다. 하지만 신문 매체와 관련된 주요 쟁점이나 논의들을 정리하면서도 최근 일어나고 있는 변화의 흐름들을 각 장에 반영하려고 노력하였다. 이 책의 체계는 일관된 분류틀을 따르기보다는 신문과 관련된 주요 주제, 쟁점들을 다룬 독립된 장들로 구성되어 있다. 원래 이 책은 모두 16개 장으로 되어 있었는데, 한 학기 강의 일정에 맞추어 12개 장으로 재편하였다.

이 책은 기본적으로 언론학 전공자를 위한 입문서로 기획한 것이다. 하지만 저널리즘이나 신문에 관심이 있는 일반인도 쉽게 읽을 수 있도록 가능한 한 어려운 학술 용어는 배제하고 쉽게 풀어 쓰며 실제적인 예를 많이 활용하여 서술했다. 각 장의 머리 부분에서는 그 장에서 다룰 내용을 개관하고, 맨 뒤에는 토론 주제나 과제로 활용할 수 있도록 '생각할 문제'를 제시했다. 각 장의 논의 주제와 관련된 그림이나 표 외에도 '사례 연구' 등을 풍부하게 넣어 초심자의 이해를 도우려 애썼다. 물론 현실적인 제약과 필자의 능력 부족 탓에, 이 취지가 어느 정도 실현되었는지에 대해서는 자신이 없다.

2000년에 초판을 내고, 2005년에 개정판을 내놓은 후 무려 8년 만에 3판을 마무리했다. 이 기간 동안 신문 업계뿐 아니라 미디어 환경 전반에서 엄청난 변화들이 일어나, 그간의 서술 내용들을 무용지물로 바꿔 놓고 있다. 이 개정판은 그간의 변화를 지면에 최대한 반영하려 했지만, 여전히 불만족스러운 부분이 많다. 보잘것없는 이 책이 그동안 생명을 부지해 온 것은 오로지 이 책을 강의 교재로 채택해 주신 여러 선생님들, 지적 호기심과 상상력으로 부족한 부분을 채워 준 학생들과 일반 독자들 덕분이다. 앞으로도 미흡한 부분이나 보완할 부분에 대해서는 지속적인 관심과 제언, 질책을 바란다. 이 책을 펴내는 과정에서 자료 수집과 자문 등 여러 가지 형태로 도움을 주신 언론인과 전문가, 독자들께 감사드리며, 좋은 책으로 꾸며 주신 편집자에게도 감사의 마음을 전한다.

2013년 8월

저자

1장

왜 신문인가

신문은 우리가 늘 접하는 대표적인 대중 매체 중 하나다. 신문은 좁게는 우리의 일상적 삶에서 넓게는 대통령 선거나 정책 결정에 이르기까지 상당한 영향을 미치고 있다. 기업이나 정치인, 공공 기관은 여전히 신문의 보도에 촉각을 세우며 여론 동향을 파악하고 관리하는 데 엄청난 노력을 기울이고 있다. 이 기관들이 이처럼 홍보에 상당한 투자를 하는 것은 신문이 우리 사회에서 여전히 중요한 기능을 하고 있음을 말해 준다.

그런데 인터넷과 모바일이 보편화하면서 특히 젊은이들이 신문을 멀리하고 있으며, 종이 신문은 서서히 주류 매체 대열에서 밀려나는 것처럼 보인다. 점점 더 많은 사람들이 인터넷 매체나 모바일 앱으로 뉴스를 접하고, 종이 신문은 독자 감소로 경영난을 호소하고 있다. 하지만 이처럼 급변하는 매체 환경에 맞추어 신문은 계속 진화하고 있다. 비록 종이 신문에 대한 수요는 줄어들지라도 뉴스라는 사회적 기능이 사라지지 않는 한, 신문은 변신을 통해 새로운 존재 형태를 모색할 것이다.

21세기의 매체 환경에서 신문은 무슨 의미를 지니며, 신문의 기능과 형태는 어떻게 변해 가고 있는가? 사람들이 점차 신문을 외면하는 상황에서 신문은 기업으로서 앞으로 어떤 경제적 모델을 모색해야 하는가? 또한 정치 과정의 중요한 한 축이자 저널리즘 매체로서 신문의 행태에 대한 비판의 소리가 높아지는 지금, 신문의 쇠퇴는 어떤 결과를 낳을 것이며, 신문은 어떤 역할을 추구해야 하는가?

1. 종이는 사라져도 신문은 남는다

한때 신문을 통해서만 세상 소식을 접하던 시절이 있었다. 하지만 텔레비전이 안방을 차지하고 인터넷과 모바일이 일상에 깊숙이 침투한 지금, 신문을 펼쳐들 때 새롭다는 느낌을 갖기 어렵게 되었다. 더구나 요새는 신문을 아예 읽지 않는 젊은이도 많다. 새로운 소식을 전파하는 일에서 신문은 텔레비전과 인터넷에 주도권을 넘겨준 지 오래다. 특히 젊은 세대는 신문 대신에 대개 포털을 통해 세상 돌아가는 사정을 파악한다. 아침에 신문을 펼쳐 보는 습관은 점차 노인들의 전유물로 굳어지고 있다. 이런 상황에서 언론인들은 신문의 영향력이 예전 같지 않다고 한탄하며 더 좋았던 시절을 회상하곤 한다. 하지만 이러한 통념과 달리 신문은 우리가 언뜻 생각하는 것보다 훨씬 깊숙이 우리 생활에 침투해 있다.

우선 아직도 사람들은 신문을 본다. 물론 신문이라고 하면 〈조선일보〉나 〈한겨레〉 같은 종합 일간지를 떠올리기 쉽지만, 우리는 훨씬 다양한 형태의 신문들을 일상 생활에서 접하고 있다. 출근길의 지하철에서 사람들이 습관적으로 집어서 보는 〈메트로〉나 〈포커스〉 따위의 무료 신문, 〈일간스포츠〉 같은 스포츠 신문도 신문의 일종이다. 정치나 경제처럼 무거운 시사 문제를 보도하는 신문뿐 아니라 연예인의 신변잡기나 선정적 이야기를 주로 싣는 신문도 있다. 나아가 생활 정보지 〈벼룩시장〉처럼 기사 없이 오로지 광고만 싣는 신문도 있다.

우리에게 가장 친숙한 신문 형태인 종합 일간지의 내용도 많이 바뀌었다. 오늘날 신문은 더 이상 뉴스를 빠르게 전하는 데 치중하는 매체가 아니며, 내용에서도 뉴스만을 다루지는 않는다. 신문에는 텔레비전에서 잘 볼 수 없는 자세한 해설이나 분석이 실려 있어 텔레비전 뉴스에서 보도된 사안의 배경이나 의미를 파악하는 데 도움을 준다. 그래서 보는 사람은 줄었을지 몰라도 신문은 특히 오피니언 리더층에 여전히 상당한 영향력을 미치고 있다.

이처럼 우리가 어릴 적 집안 어른들이 아침마다 보시던 신문에 비해, 현재 신문의 내용이나 모습은 몰라볼 정도로 변화했고 종류도 다양해져, 신문에 관한 기존의 통념은 바꿔야 할 때가 되었다. 그동안 다양한 매체가 등장하여 신문의 자리를 위

그림 1-1
인도 뉴델리의 신문 가판대
출처: 임영호, 2009.

협했지만, 신문 역시 변해 가는 시대 환경에 맞게 나름대로 변신을 거듭하면서 이들과 공존하는 방식을 찾은 것이다.

또 한 가지 주목할 점은 종이 신문의 쇠퇴가 곧 신문 매체의 종말을 뜻하지는 않는다는 것이다. 여러 대중 매체 중에서는 특이하게 신문은 종이에 인쇄되어 나온다. 그리고 지금은 종이 매체의 소비가 점차 줄고 인터넷이나 모바일 이용이 늘어나고 있는 게 사실이다. 인터넷이나 모바일로 뉴스를 접할 수 있게 되면서 신문지가 곧 사라질 것이라는 성급한 예측도 나왔다. 물론 신문을 인쇄된 종이라는 형태로만 이해하면 신문은 점차 사라지는 올드 미디어인 게 맞다. 하지만 우리가 인터넷이나 모바일로 접하는 뉴스 역시 사실은 대부분 신문이 생산한 콘텐츠라면 이를 무슨 매체로 분류해야 할까?

미국의 여론 조사 기관인 퓨 리서치 센터Pew Research Center가 볼티모어 지역 모든 매체의 뉴스 출처를 분석해 본 결과, 전체 뉴스 생산량에서 신문, 방송의 비중은

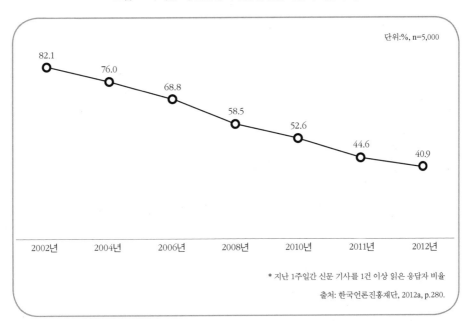

그림 1-2. 지난 1주일간 종이 신문을 읽은 사람의 비율 추이

단위:%, n=5,000

82.1
76.0
68.8
58.5
52.6
44.6
40.9

2002년 2004년 2006년 2008년 2010년 2011년 2012년

* 지난 1주일간 신문 기사를 1건 이상 읽은 응답자 비율

출처: 한국언론진흥재단, 2012a, p.280.

그림 1-3. 지난 1주일간 본 신문 기사 경로 (복수 응답)

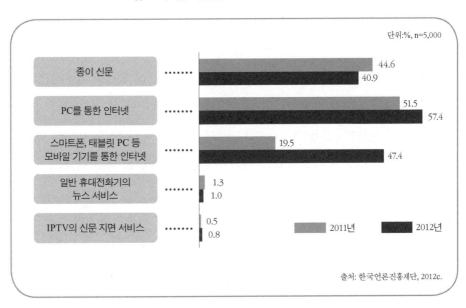

단위:%, n=5,000

종이 신문 · · · · · · · 44.6 / 40.9

PC를 통한 인터넷 · · · · · · · 51.5 / 57.4

스마트폰, 태블릿 PC 등 모바일 기기를 통한 인터넷 · · · · · · · 19.5 / 47.4

일반 휴대전화기의 뉴스 서비스 · · · · · · · 1.3 / 1.0

IPTV의 신문 지면 서비스 · · · · · · · 0.5 / 0.8

2011년   2012년

출처: 한국언론진흥재단, 2012c.

그림 1−4. 인터넷에서 본 뉴스의 작성·제공 언론사 인지 정도

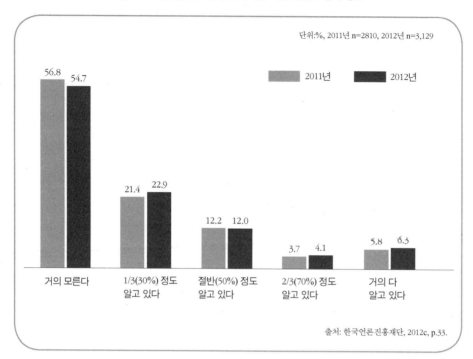

96%에 달했으며, 신문은 61%를 차지한 것으로 나타났다. 열심히 신문을 구독하는 사람들뿐 아니라 온라인 사이트를 비롯해 뉴 미디어를 이용하는 사람들조차도 실제로는 생각보다 훨씬 신문에 많이 의존하고 있는 셈이다. 즉 미디어 시장에서 종이 신문의 점유율은 예전에 비해 그다지 크지 않지만, 신문이 사라질 경우 사회 전체적으로 뉴스라는 콘텐츠 공급의 기반 자체가 크게 흔들릴 수도 있다.[1] 미디어 환경이 바뀌어도 이처럼 신문에 대한 수요가 계속 존재한다면, 신문은 아마 변신을 거듭하면서 새로운 역할과 존립 방식을 찾아나갈 것이다. 분명한 것은 아직도 신문이 우리 생활에서, 또 전체 미디어 지형 안에서 여러 가지 중요한 기능을 하지만, 이 기능을 수행하는 방식이나 형태는 진화해 가고 있다는 점이다. 적어도 수백 년 동안 신문과 거의 동의어처럼 통하던 종이는 더 이상 신문의 필수 요건이 아니라는 점은 거의 확실한 것 같다.

2. 신문의 경제 모델이 바뀌고 있다

정보 테크놀로지의 발전으로 미디어 컨버전스, 정보 네크워크, 멀티미디어, SNS 같은 뉴 미디어 관련 단어는 전문가뿐 아니라 일반인의 일상 용어로도 자리 잡았다. 이에 비해 신문新聞이라는 용어에는 왠지 전통과 향수가 깊게 배어 있어 과거 지향적인 냄새가 난다. 최근의 매체 환경에서는 신문을 언급할 때마다 위기라는 단어가 늘 따라붙는다. 신문 업종은 이미 사양 산업으로 전락해 가고 있으며, 이는 텔레비전을 비롯해 다른 새로운 정보 매체의 등장 때문이라고 인식하는 사람이 적지 않다. 신문 업계 종사자의 발언이나 업계 잡지, 학술 논문 등에서도 위기를 예견하는 내부의 목소리를 심심찮게 들을 수 있다. 이 같은 진단의 현실성 여부를 평가하기 위해서는 신문 산업의 현황에서 두 가지 측면을 고려할 필요가 있다.

우선, 산업 규모로만 보면 신문은 여전히 무시할 수 없을 정도로 큰 매체 부문이다. 온갖 새로운 매체가 등장하고 서로 치열한 경쟁을 벌이며 진입, 합병, 퇴출이 자유롭게 이루어지는 미국에서도 신문 매체는 광고 시장에서 큰 지분을 유지하고 있는 거대 산업이다. 전 세계 광고비 지출 상위 5개 국가들에서 신문은 텔레비전, 인터넷과 더불어 광고 매체 산업의 주류를 이루고 있다(표 1-1). 세계신문협회 자료에 따르면, 2011년 기준으로 독일의 신문 광고 지출액은 32.2%로 여러 매체 중에서 가장 큰 지분을 차지하고 있으며, 미국과 중국 시장에서 신문의 광고 매출은 텔레비전 다음으로 규모가 크다. 일본과 영국에서는 신문의 점유율이 많이 줄어들었지만 여전히 세 번째로 높은 비율을 차지하고 있다.

하지만 신문 매체의 위상과 관련해 우려할 만한 추세는 바로 신문 산업의 지분이 점차 하락하고 있다는 점이다. 세계신문협회 통계에 의하면 1997년과 2008년 사이에 광고 시장에서 신문의 지분은 34.6%에서 25.2%로 하락했다(그림 1-5). 2005년과 2011년 사이에 신문의 광고 시장 점유율은 광고비 지출 상위 5개국에서 모두 하락했다(표 1-1).

그런데 이 국가들에서 공통적으로 주목할 만한 또 한 가지 추세는 바로 인터넷 광고의 약진이다. 특히 영국에서 인터넷 광고의 성장세가 가장 두드러졌지만 광고비

표 1-1. 주요국의 매체별 광고비 분포

국가	2005				2011			
	신문	TV	인터넷	기타	신문	TV	인터넷	기타
미국	30.2	33.3	6.0	30.5	17.6	37.7	16.9	27.8
일본	21.9	43.0	8.0	27.1	15.0	43.2	20.2	21.6
중국	30.4	42.1	4.8	22.8	22.5	43.0	14.2	20.3
독일	39.7	23.2	4.9	32.2	32.2	21.6	18.7	27.5
영국	35.5	29.4	9.9	25.2	21.0	27.5	33.2	18.3

출처: World Press Trends 2010, 2012.

그림 1-5. 세계 광고 시장에서 신문 지분의 추이

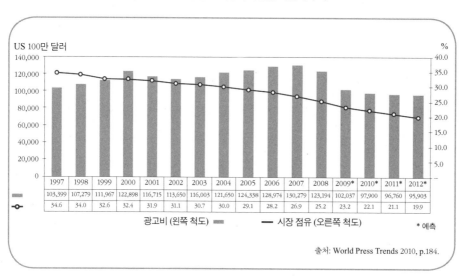

	1997	1998	1999	2000	2001	2002	2003	2004	2005	2006	2007	2008	2009*	2010*	2011*	2012*
광고비	103,399	107,279	111,967	122,898	116,715	113,650	116,003	121,650	124,338	128,974	130,279	123,194	102,037	97,900	96,760	95,903
시장 점유	34.6	34.0	32.6	32.4	31.9	31.1	30.7	30.0	29.1	28.2	26.9	25.2	23.2	22.1	21.1	19.9

광고비 (왼쪽 척도) ▬   ── 시장 점유 (오른쪽 척도)   * 예측

출처: World Press Trends 2010, p.184.

표 1-2. 국내 매체별 광고비 분포

매체	광고비(억 원)		점유율(%)	
	2010년	2011년	2010년	2011년
지상파 TV	19,307	20,775	22.4	21.7
라디오	2,565	2,604	3.0	2.7
케이블 TV	9,649	11,421	11.2	11.9
신문	16,729	17,092	19.4	17.9
잡지	4,889	5,236	5.7	5.5
인터넷	15,470	18,560	17.9	19.4
기타	17,598	19,918	20.4	20.9
총계	86,207	95,606	100.0	100.0

출처: 한국언론진흥재단, 2012a, p.58.

규모 상위 5개 국가들에서 모두 인터넷은 짧은 시간 동안에 빠르게 지분을 확대해 가고 있다. 전문가들은 매체 기술의 발달에 따른 이러한 추이가 신문에 미칠 파급 효과에 주목하고, 이를 근거로 신문 산업의 미래에 비관적인 전망을 내놓고 있다.

미국 경제자문위원회(CEA)와 링크드인이 공동으로 수행한 조사에 의하면, 실제로 2007년과 2011년 사이에 미국 내에서 가장 급격히 쇠퇴한 산업 부문은 -28.4%를 기록한 신문 산업이었고 그다음으로 소매업(-15.5%), 건축자재(-14.2%)의 순이었으며, 가장 큰 성장률을 보인 업종은 재생 에너지(49.2%), 인터넷(24.6%), 온라인 출판(24.3%), E러닝(15.9%) 등으로 주로 온라인 관련 산업에 집중되어 있는 것으로 나타났다.[2]

한국에서도 신문은 전체 광고 시장에서 27.8%를 차지하여 텔레비전(34.8%)과 더불어 아직은 주요 광고 매체로서의 위상을 유지하고 있다. 하지만 2011년에는 신문의 시장 점유율이 인터넷에 추월당해 3위로 떨어졌다. 특히 신문 업계에서 우려하는 부분은 바로 포털의 약진이 신문의 자리를 위협하고 있다는 점이다. 포털은 자체

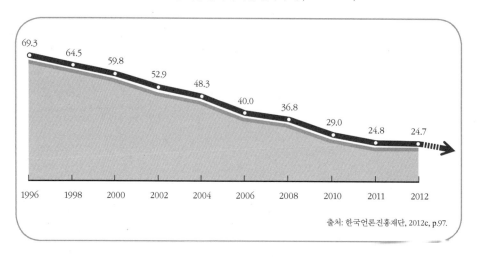

그림 1-6. 신문 가구 정기 구독률 변화 추이 (1996~2012)

69.3 64.5 59.8 52.9 48.3 40.0 36.8 29.0 24.8 24.7

1996 1998 2000 2002 2004 2006 2008 2010 2011 2012

출처: 한국언론진흥재단, 2012c, p.97.

적으로 뉴스를 생산하지 않고 신문의 기사들을 받아서 제공하는데, 요즈음 사람들은 대개 포털을 통해서 신문 기사를 접한다. 콘텐츠 생산의 비용은 신문사가 부담하면서 수익은 포털을 비롯한 온라인 매체가 차지하는 기형적인 유통 구조가 형성된 셈이다.

미디어 이용이 온라인 중심으로 재편되는 최근의 환경에서는 무엇보다 비용을 지불하고 신문을 구독하는 사람들이 꾸준히 줄고 있다(그림 1-6 참조). 점점 더 많은 사람들이 종이 대신에 온라인으로 신문의 내용을 보지만 파일 형태의 정보는 공짜라는 인식이 강해 비용 지불에 대한 심리적 저항감이 크다. 그래서 많은 신문들이 종이 구독 감소에 대한 대처 방안으로 온라인 구독 확대를 시도했다. 하지만 〈월 스트리트 저널Wall Street Journal〉, 〈뉴욕 타임스New York Times〉처럼 온라인 신문의 유료화에 성공한 사례는 극소수에 불과하다.

물론 신문의 수입에서는 구독료보다 광고 수입이 차지하는 비중이 훨씬 더 크다. 지금까지 신문 광고의 효과를 측정하는 가장 확실한 근거는 바로 판매 부수였고, 이 수치를 산출해 광고비를 매기는 기준으로 삼아 왔다. 그런데 온라인으로 신문 기사를 보는 사람이 늘어나면서 광고 효과를 측정하는 데 새로운 문제점이 생겨나기 시작했다. 과연 온라인에서도 종이 신문과 비슷한 광고 효과가 발생하는지, 구체적으로 온라인에서 기사와 광고를 접촉하는 인지 과정이 어떻게 작동하는지에 관해 아직까지 알려진 바가 많지 않다. 광고주들이 온라인 광고의 효과에 대해 아직 의구심을 갖고 있는 상황에서 신문 업계는 합리적인 요금 부과와 효과 측정 방식을 정착시키기 위해 노력하고 있다. 이러한 시행착오 때문에, 신문은 온라인 광고 효과에 대한 정당한 수익을 확보하는 데 아직은 어려움을 겪고 있다.

온라인 이용자까지 포함하면 신문 기사를 보는 사람은 오히려 증가하고 있는데, 이를 수익 창출과 연결짓는 방안이 정착되지 못하는 역설적인 상황을 업계에서는 당혹스러워하고 있다. 최근 신문 업계의 상황을 종합적으로 검토해 볼 때 한 가지 사실은 분명해졌다. 즉 과거 종이 신문 시대의 경영 방식이 점차 실효성을 잃어감에 따라, 온라인 환경에 맞는 새로운 수익 모델을 개발하고 정착시켜야 신문이 존립할 수 있다는 점이다.

이처럼 신문의 외부 환경은 변하고 있는데, 기업 모델이나 정책은 여전히 과거의 틀에서 완전히 벗어나지 못하고 있다. 신문 업계에 만연한 '위기' 의식은 이처럼 급격한 환경 변화에 어떻게 적응하고 대응할 것인지에 대한 불안감을 반영한다. 불확실한 미래에 신문이 살아남으려면 거의 모든 부문에서 '변화'와 '혁신'이 필요하다는 주장이 광범위하게 호응을 얻고 있다. 그래서 신문 업계는 경영 방식, 제작, 내용과 형식, 뉴스 개념 등 모든 부문에서 새로운 접근 방식을 시도하고 있다.

우리는 이 책에서 신문의 산업적 측면과 관련해 다음과 같은 문제들을 고민해 볼 것이다. 신문이 기업으로서 지니는 특성은 신문 내용에 어떤 영향을 미치는가? 그동안 다른 매체의 도전에도 불구하고 어떻게 신문은 계속 성장할 수 있었는가? 다른 매체와의 경쟁은 신문의 기업적 성격과 내용에 어떤 영향을 미쳤는가? 이른바 사양 산업인 신문은 어떤 방향으로 사업 영역을 개척해 나가고 있는가? 신문 기사가 인터넷과 모바일, 종이 등 다양한 플랫폼에 걸쳐서 제공되는 현재 상황에서 이용자의 수요에 가장 적합한 콘텐츠는 어떤 것이며 어떤 형태의 기사가 가장 적절한 것일까? 이러한 문제들은 아직 해결해야 할 숙제로 남아 있다.

3. 신문은 민주주의의 기둥이다

민주주의에서 권력은 원칙적으로 시민에게 있지만, 실제로는 선거를 통해 선출된 직업 정치인들을 통해서 운영된다. 시민의 대표자가 제대로 선출될 수 있도록 언론은 선거에서 후보자를 판단하는 근거 정보를 제공하고, 정치인과 정부 기관들이 시민의 의사를 반영해 올바르게 활동하고 정책을 결정하는지 끊임없이 감시해야 한다. 지혜롭고 식견을 갖춘 시민이 있어야 민주주의 정치 제도는 유지될 수 있다. 이렇게 시민들에게 반드시 알아야 할 정보를 제공해 주고 정치인과 정부를 감시하는 일은 바로 언론이 맡는다. 또한 정치란 다양한 의견과 이해관계를 정책 결정에 반영하고 조율하는 과정이기도 한데, 언론은 다양한 사회 집단의 의견을 대변하는 역할도 한다. 민주주의 사회에서 언론이 특별한 지위와 특권을 누리는 것은 바로 정치 제도를 지탱하는 큰 축으로서 이처럼 막중한 정치적 역할을 담당하기 때문이다.

역사적으로 보더라도 신문의 탄생은 자유 민주주의의 등장과 떼놓고 생각할 수 없다. 지식과 권위가 신분 질서에 따라 독점되던 시절에 인쇄술의 발명은 사상과 정보를 자유롭게 교환하고 전파할 수 있게 되는 혁명적인 변화의 시대를 열어 주었다. 당시 신문은 정치 엘리트의 전유물로서 이념과 사상을 전달하는 매체 구실을 했다. 물론 21세기에 와서는 신문뿐 아니라 방송이나 뉴 미디어 등 수많은 매체가 등장했지만, 신문처럼 정치적 비판과 독립성의 전통을 고수해 온 매체는 드물다. 여러 선진국들이 신문의 쇠락에 정책적 관심을 기울이며 다양한 지원 방안을 내놓고 있는 것은 바로 민주주의 정치에서 신문이 지니는 전략적 중요성 때문이다.

하지만 오늘날 신문의 실제 활동에 대한 비판의 소리도 적지 않다. 신문이 대중의 정서에 영합해 선정적 보도로 흐른다든지, 편파적 보도로 사회 갈등을 조장한다든지, 소외 계층의 목소리를 제대로 반영하지 못한다든지, 단편적인 사건 보도 중심의 관행에 매몰되어 정작 중요한 사회적 이슈를 다루지 못하고 있다든지 하는 비판들이 여기에 해당한다. 이처럼 현재 신문이 보여 주는 다양한 문제점들은 단지 신문 매체의 위상을 갉아먹는 질병 수준에 그치지 않고, 여론 형성 과정을 왜곡하여 결국 민주주의 제도에 심각한 위기를 초래할 우려가 있다. 그렇다면 왜 신문은 자신에게 부여된 고유의 정치적 기능을 제대로 하지 못한다는 비판을 받는가? 여기에는 여러 가지 이유가 있다.

언론은 시간과 자원의 제약 속에서 일하는데, 이러한 불확실성과 제약을 극복하고 예측 가능하게 만들려는 과정에서 뉴스 보도에서도 일정한 직업 관행이 형성되었다. 기자들은 매일 부닥치는 다양한 사건들을 대개 이러한 관행에 따라 유형화하고 보도의 틀을 구성한다. 신문은 직업적 뉴스 가치에 따라 사안을 선정, 판단하기 때문에 우리가 중요하다고 생각하는 사안과 언론이 집중 보도하는 사안은 다를 수 있다. 신문이 사안을 보도하는 방식에도 일정한 틀이 있다. 그래서 우리가 직접 접하는 현실과 언론 보도에서 보는 현실 사이에는 상당한 거리가 있어, 신문에 불만을 갖게 된다. 더구나 매체 환경과 시대가 급변했는데, 신문의 관행이 이에 맞춰 변신하지 못할 때 문제는 더 심각해질 수도 있다.

또 한 가지는 신문이 기업 형태로 운영되는 데서 생겨나는 문제점이다. 신문 발행에는 많은 인력과 재원이 필요하며, 수익을 올리지 못하는 신문은 존립할 수가 없다. 신문 발행은 한편으로는 공익을 추구하고 구현하는 행위이지만 시장 상황에 맞춰 수익 창출 전략을 모색해야 하는 기업 활동이기도 하다. 그래서 때로는 사회적으로 중요한 기사보다는 대중의 관심을 끄는 흥미로운 기사가 지면을 차지하기도 한다. 정치나 선거 보도에서도 사회적으로는 중요하지만 지루한 정책 보도를 줄이고, 선거 판세의 부침을 추적하는 흥미 위주의 경마식 보도, 인물 중심의 보도로 빠지는 한계를 드러내기도 한다.

또한 드물기는 하지만, 신문사의 중요한 광고주가 사회적으로 지탄받는 사안에 연루되었을 때, 신문이 그 사안을 사심없이 객관적이고 공정하게 보도하기 어려워질 수도 있다. 실제로 대기업의 비리나 스캔들 관련 보도에서 이러한 사례들은 심심치 않게 나타난다. 이것들은 모두 신문이 영리를 추구하는 기업이기 때문에 생겨나는 병폐들이다.

우리는 신문의 문제점이나 한계를 경험할 때, 종종 윤리적, 도덕적 잣대로 언론을 비판한다. 그렇지만 언론 보도라는 것도 좀더 미시적으로 보면 취재 조직이나 취재 방식의 결과물이다. 이 방식들은 결국 언론이 정치적, 사회적, 문화적 환경에 적응하는 과정에서 형성된 것임을 감안하면, 언론의 문제점 역시 사회적 맥락 속에서 진단하고 방안을 모색하지 않는다면 현실성 있는 대안이 나오기 어렵다. 지금 우리가 보는 신문의 형태와 내용, 기능은 신문 매체가 처한 환경에 대처하고 적응하는 과정에서 만들어진 것이며, 앞으로 살펴볼 신문의 다양한 측면들, 가령 기업 운영, 기사 형식, 편집, 기술, 조직 구조 등도 마찬가지다. 지금 신문이라는 오랜 사회 제도를 둘러싼 환경이 급격히 변화하면서 신문은 다양한 형태의 위기를 맞고 있다. 수백년 동안 민주주의의 역사와 고락을 함께해 온 신문의 자랑스런 전통과 유산을 잘 계승하면서도 현재의 급변하는 매체 환경에 적합한 직업 관행과 제도를 어떻게 마련할 것인지는 우리가 계속 고민해야 할 문제이다.

2장

신문이란 무엇인가

신문은 가장 오래된 대중 매체이며 우리에게 친숙한 매체다. 그렇지만 우리는 자신에게 익숙한 경험을 토대로 '신문이란 이런 것이야' 하는 고정 관념을 갖기 쉽다. 하지만 실제로 신문은 우리가 아는 것보다 훨씬 다양한 형태를 띠며, 신문에 대한 통념도 시대별로 많이 바뀌었다. 물론 기술적인 측면에서 보면 수백 년 동안 신문은 인쇄 매체로 인식되었기 때문에, 일반 사람들이 신문을 종이와 떼놓고 생각하기는 어렵다. 하지만 최근 신문이 점차 온라인으로 옮아가면서 신문 역시 종이라는 매체 형태보다는 콘텐츠나 사회적 기능 중심으로 파악하는 추세다.

신문에서 핵심적인 기능은 바로 뉴스다. 이는 신문*newspaper*이라는 용어가 뉴스와 종이라는 두 단어의 합성어라는 데서도 짐작할 수 있다. 그런데 뉴스의 전달 방식인 종이가 점차 온라인으로 옮아가고 있듯이, 뉴스라는 콘텐츠나 기능 역시 매체 환경 변화에 따라 진화하고 있다. 2장에서는 신문이 어떤 것인지, 신문의 핵심인 뉴스가 무엇인지 이해하기 위해 다음과 같은 문제들을 살펴본다.

- 신문이란 무엇이며, 어떤 기능을 하는가?
- 이 기능은 오늘날 어떻게 변해 가고 있으며, 이에 따라 신문의 형식이나 내용이 어떻게 바뀌어 가고 있는가?
- 신문은 어떤 특성과 내용을 갖고 있는가?
- 뉴스란 무엇이며, 뉴스 가치는 매체 유형에 따라 어떻게 달라지는가?
- 신문에는 어떤 종류가 있으며, 어떻게 해서 이런 유형 분화가 생겨났는가?

1. 신문이란 어떤 것인가

1) 신문의 정의

신문이란 무엇인가? 랜덤하우스Random House 사전을 보면, 신문이란 "정기적으로 그리고 보통 짧은 간격, 특히 일간이나 주간으로 발행되며, 흔히 뉴스, 논평, 피처와 광고를 포함하는 간행물," 또 "그러한 간행물을 발행하는 기업 조직," "신문 용지"[1]라고 규정하고 있다. 미국에서는 법적인 측면에서 신문을 "매주 한 번 이상 발간되고, 내용의 상당 부분이 뉴스와 논설에 할애되며, 인쇄 용지에 제작되는 발간물"[2]로 정의한다. 하지만 여전히 신문이 무엇인지에 관해 명확한 정의를 내리긴 쉽지 않다.

신문은 불특정 다수를 대상으로 메시지를 전달하는 커뮤니케이션의 한 형태다. 그런데 지금까지 수백 년 동안 신문 커뮤니케이션은 '신문지'라는 매체를 통해서 이루어졌다. 단어란 흔히 지나간 삶의 흔적을 담고 있는데, 신문을 의미하는 '뉴스페이퍼'는 '뉴스news'와 '종이paper'를 합성한 단어로서 오랫동안 종이가 신문에서 뗄 수 없는 요소였음을 보여 준다.

하지만 오늘날에는 신문의 내용이 웹이나 모바일을 통해서도 제공되기 때문에 종이 역시 신문의 필수적인 요소는 아니다. 따라서 신문을 단지 형식이나 형태만으로 보지 말고, 신문이 수행하는 사회적 기능의 측면에서도 파악해야 한다. 〈뉴욕 타임스〉의 발행인인 아서 설즈버거 주니어Arthur Sulzburger, Jr.는 이렇게 말했다. "뉴스페이퍼는 그 두 번째 단어인 페이퍼가 아니라 첫 번째 단어인 뉴스로 정의돼야 한다." 신문의 전달 방식이 점차 종이 일변도에서 탈피해 온라인으로 옮아가고 있는 현재 상황에서 이 주장은 매우 시의적절하게 다가온다.

● 신문, 저널리즘, 언론　　　신문이라는 단어는 신문 활동과 관련된 파생어도 많이 만들어 냈다. 가령 '언론'이나 '저널리즘journalism' 따위는 신문과 관련해서 자주 쓰이는 용어들이다. 우선 저널리즘이란 "언론 활동이나 이러한 활동 분야, 시사 문제에 관한 뉴스 등을 취재, 편집해서 신문, 잡지, 방송 등을 통해 보도, 논평, 해설 등

을 하는 활동, 또는 이러한 활동을 전문적으로 하는 직업 분야"를 말한다. 저널리즘이라는 말은 라틴어에서 '매일매일 기록한다'는 뜻을 가진 '주르나jiurna'에서 유래하는데, 이것이 변해서 영어의 저널journal이란 단어가 생겼다. 저널은 정기 간행물을 뜻하는데 여기에 행위, 주의, 제도, 직업 등을 뜻하는 'ism'이라는 접미사가 붙어서 저널리즘이라는 단어가 생겨났다.

어원을 보면 저널리즘은 신문, 잡지 따위의 정기 간행물을 발행하는 직업 활동에서 유래했다. 그러나 그 후 방송 매체 역시 신문처럼 보도, 논평 활동을 하게 되면서 저널리즘에 포함되었다. 나아가 오늘날에는 모든 매스 커뮤니케이션 활동이나 분야를 저널리즘으로 부르게 되었다. 하지만 좁은 의미로는 시사 문제에 관한 보도와 논평, 해설 등의 활동만 저널리즘으로 부르며 오락이나 광고는 제외한다.[3]

언론이라는 단어 역시 저널리즘과 마찬가지로 신문 활동에서 파생되었지만 그 의미가 다른 매체로 확대 적용된 어휘다. 언론은 신문, 잡지, 방송, 통신 등이 수행하는 보도, 논평, 해설 활동을 일컫는다는 점에서 저널리즘과 비슷한 뜻으로 사용되고 있다. 하지만 때때로 언론은 여기서 더 가지를 쳐서 이 활동을 수행하는 언론 기관을 가리키기도 한다. 언론은 사용하는 매체에 따라 여러 가지 신조어를 만들어 냈다. 가령 신문이 수행하는 언론 활동을 신문 언론newspaper journalism이라고 하며 이와 마찬가지로 잡지 언론, 방송 언론 등의 용어도 사용되고 있다.[4]

앞서 언급한 여러 매체들은 저널리즘이나 언론이라는 비슷한 기능을 하면서도 매체별로 뚜렷하게 구분되는 특징을 지녔다. 이는 바로 매체의 기술적 특성이 지금까지는 큰 차이가 있었기 때문이다. 특히 종이와 전파라는 물리적 특성 차이 때문에 신문과 방송은 저널리즘의 대표적인 두 흐름으로 인식되었다. 하지만 인터넷이나 모바일 등 새로운 테크놀로지가 모든 미디어 이용에서 중심적인 매체로 자리 잡으면서 이제는 전달 매체의 기술적 측면에서 저널리즘을 유형화하는 방식은 설득력을 잃어 가고 있다.

2) 변화하는 신문 매체의 특성

지금까지는 신문이라는 단어를 어떻게 개념적으로 정의할 수 있는지 살펴보았다. 이 정의는 영원 불변의 진리가 아니라, 시대나 환경의 변화에 따라 변해 간다. 불과 20년 전에만 해도 신문은 곧 종이라는 전달 매체와 떼놓을 수 없다고 생각했지만, 지금은 종이보다는 오히려 인터넷이나 모바일을 통해서 내용을 보는 사람이 더 많아졌다. 이처럼 환경 변화에 따라 신문의 개념이 점진적으로 바뀌어 가고 있는 것과 마찬가지로, 신문 매체의 속성들도 변화해 가고 있다.

신문 매체의 특성들과 관련해 그간 논의된 내용은 대체로 다음과 같이 정리할 수 있다.[5] 신문의 이 특성들이 현재의 다매체 환경에서도 여전히 유지되고 있는지, 변화한 부분이 있다면 과연 어떻게 바뀌어가고 있는지 살펴보자.

● **정기적으로 배포된다**　　신문은 일주일이나 하루 간격을 두고 정기적으로 발행된다. 이 점에서 신문은 다른 인쇄 매체인 책이나 팸플릿과 구분되며, 실시간으로 계속 송출되는 텔레비전이나 인터넷과 큰 차이가 있다. 일간 신문은 대개 아침(조간)이나 저녁(석간) 중 특정한 시간대를 정해 놓고 발간된다. 종이 신문 시절에 신문이 사람들의 일상적 습관으로 굳어진 것은 바로 정기성이란 속성 덕분이다.

신문은 이처럼 정기적으로 발간되기 때문에, 자연히 어떤 사건을 보도할 때 사건의 발생 시점에 따라 사각 지대가 생겨나기 마련이다. 만일 그날 신문을 막 인쇄하기 시작했을 때 중요한 사건이 터지면, 아예 발간 시간을 늦추어 새로 판을 찍거나 아니면 그다음 날 기사를 싣는 수밖에 없다. 또한 종이 신문은 최종적으로 배달하기 전에 편집·인쇄하는 시간이 필요해서, 마감 시간을 정해 놓고 작업을 진행하기 때문에 아무래도 텔레비전에 비해 속보성이 뒤질 수밖에 없다. 반면에 텔레비전은 현장에서 바로 사건을 중계할 수 있어 신문보다 상대적으로 속보성이 뛰어나다.

하지만 오늘날 신문은 종이로뿐만 아니라 온라인을 통해 실시간으로 정보를 제공하기 때문에 신문의 정기성이란 이전과 상당히 다른 특성을 뜻하게 되었다. 즉 온라인 신문은 시간을 정해 놓지 않고 수시로 기사 내용을 수정하거나 새 기사를 올리는 식으로 업데이트하고 있다. 적어도 전달 주기라는 점에서 이제 온라인 신문은 텔레비전과 구분하기 어려워졌다. 속보성에서도 인쇄 매체와 방송 매체 간의 차이는 사실성 거의 없어졌다.

● 내용이 시의성을 띤다　　신문은 새롭고 시의적인 내용, 즉 최근의 사건이나 경향, 의견을 다룬다. 신문은 시간을 다투는 상품이므로, 일정 시간이 지나면 상품 가치를 잃게 된다. 이 때문에 과거 인터넷이 없던 시절에 종이 신문은 마감 시간이 지난 후 긴급한 사건이 발생하면 '호외號外'를 발간했다. 신문은 방송 매체에 비해 실시간 보도가 어려워 시간적으로 시의성의 사각 지대가 생겨날 수밖에 없는데, 호외는 이런 단점을 보완하기 위해 생겨난 관행이었다. 물론 지금은 신문사마다 인터넷 신문을 함께 운영하기 때문에 수시로 발생하는 사건을 실시간으로 보도할 수 있어, 호외는 별 의미가 없어졌다. 하지만 신문이 과거 종이로만 나오던 시절이든 지금처

그림 2—1
신문의 호외: 〈조선일보〉(1994. 7. 9)

럼 인터넷과 모바일 기반의 매체로 진화한 후에든 간에 시의성은 신문이 중시해야 할 기본적인 가치로 통하고 있다.

● **텍스트 중심의 매체다**　　　신문은 인쇄된 종이 매체이자 문자로 된 텍스트 중심의 매체라는 점에서 텔레비전이나 라디오 같은 방송 매체와 구분된다. 그래서 방송 매체는 시청각 매체로 불리는 반면에 신문은 읽는 매체로 통했다. 신문은 문자로 작성된 기사 위주로 되어 있기 때문에, 정보를 논리적인 순서에 따라 엮어서 기사를 구성한다. 이 때문에 신문은 시민으로서 필요한 정치적 정보와 소양을 갖추거나 지적 훈련에 적합한 매체로 여겨졌다. 최근 전 세계적으로 신문이 산업으로서 침체기에 접어들기 시작하자 여러 나라에서 국가 차원의 지원 정책들을 마련하게 된 것도 바로 신문이 지니는 중요성 때문이다.

그렇지만 이러한 특성 때문에 문자를 해독할 수 없는 사람들은 신문을 읽을 수 없다는 단점도 있다. 또한 최근 온라인 테크놀로지의 발달로 신문이 텍스트 중심이라는 명제 역시 점차 근거를 잃어 가고 있다. 오늘날 많은 신문사들은 텍스트 외에도 사진, 동영상, 음악 등을 함께 온라인으로 제공하기도 한다. 방송과 신문 간의 기술적 특성 차이는 점차 사라지고 있는 셈이다.

● **신문은 많은 정보를 전할 수 있다**　　　물론 종이 신문은 지면의 제약을 받는 하지만 지면은 방송 시간에 비해 늘리기가 쉽다. 신문은 방송 매체에 비해 훨씬 많은 정보를 소화할 수 있기 때문에, 다양한 내용을 실을 수 있으며 심층적인 보도도 할 수 있다. 영국의 한 신문 편집자의 추산에 따르면, 만약 텔레비전이나 라디오에서 1분에 120 단어 정도의 속도로 읽는다면 10시간이나 걸릴 정도의 정보량이 하루치 신문에 실린다.[6] 다른 조사에 따르면 일간지는 하루에 보통 300개 이상의 기사를 게재하지만 텔레비전이나 라디오 방송에서 다룰 수 있는 기사 수는 20개 정도에 불과하다.[7] 신문 기사가 온라인으로 제공될 경우 더 많은 정보를 담을 수 있다. 이러한 속성 때문에 앞으로 다매체 환경에서 신문은 심층성을 더욱 강화하는 방향으로 진화해 나갈 것이라는 예상도 나오고 있다.

● 신문은 기록성이 뛰어나다   지금까지 신문은 종이에 인쇄된 형태로 유통되었다. 이 때문에 한번 방송되고 나면 허공으로 날아가 버리는 방송 내용과 달리, 매일매일의 사건을 기록으로 남길 수 있다는 점은 신문의 특성이자 큰 장점으로 통했다. 다른 매체에 비해 기록성과 보관성이 뛰어나다는 점에서 종이 신문은 하루하루를 기록한 역사라고까지 불렸다. 신문이란 필요할 때마다 반복해서 볼 수 있다는 뜻이다. 그런데 이 특성은 장점이면서 단점이 되기도 한다. 전파로 송출되는 다른 방송 매체와 달리 신문은 물리적으로 전달되어야 하기 때문에 배포 과정이 느리고 제약을 많이 받는다. 독자가 사는 곳까지 배달 거리가 멀거나 교통이 불편하면 신문의 속보성은 타격을 받게 된다.

하지만 최근 온라인 중심으로 미디어 환경이 재편되면서 이러한 특성 차이는 많이 줄어들었다. 텔레비전 역시 이전에 비해 기록성이나 보관성, 반복성이 크게 향상되었다. 텔레비전 프로그램은 방영 시간과 무관하게 인터넷이나 모바일 앱에서 다시 볼 수 있다. 물론 신문 기사 역시 디지털 파일 형태로 저장되기 때문에 포털이나 신문사 앱으로 다시 읽을 수 있다. 온라인으로 신문을 보는 일이 보편화한 지금, 신문이 과연 인쇄 매체인가 아니면 방송과 같은 전자 매체인가 하는 질문은 사실상 의미가 없어졌다.

● 신문은 이용자에게 쉽고 편리한 매체다   종이 신문은 지면 위에 수많은 다양한 정보들이 모자이크처럼 잘 편집된 상태로 제공된다. 기사의 위치나 제목의 크기는 나름대로 내용의 중요도를 말해 주기 때문에 지면을 훑어 보면 지난 하루 동안 발생한 뉴스의 대략적인 흐름을 한눈에 파악할 수 있다. 잡다한 내용을 훑어 보면서 세상 돌아가는 추이를 파악하기에, 즉 기사 브라우징browsing에 신문만큼 편리한 브라우저는 없다.

신문의 또 한 가지 장점은 이용자들이 읽을거리와 템포, 속도를 조절하며 이용하기 편하게 되어 있다는 점이다. 독자는 신문 지면을 대략 훑어 본 다음 관심 있는 내용을 골라 찬찬히 읽을 수 있다. 반면에 방송에서는 편성된 순서가 있어 순서와 시간을 마음대로 선택해 보기 쉽지 않다. 물론 같은 내용이라도 온라인과 종이 신문 간의 차이도 있다. 인터넷 신문은 기술적인 측면에서 종이 신문보다 편리하지만 이용자에게 불편한 점도 있다. 같은 정보라도 컴퓨터 화면보다는 종이가 텍스트 내용을 이해하기에 편하기 때문이다. 한 조사에 의하면 컴퓨터 화면으로 기사를 보는 데는 신문 지면으로 보는 것보다 20~30% 정도는 느리다고 한다.[8]

지금까지는 종이 신문이 다른 매체와 비교해 어떤 차별화된 속성들을 지니는지, 또 온라인 신문과 종이 신문의 특성은 어떤 차이가 있는지 살펴보았다. 그러나 이 속성 차이들은 어디까지나 상대적이며 시대나 사회 여건, 기술 발전 단계에 따라 얼마든지 변화할 수 있다. 최근 신문이 종이 신문에서 온라인으로 옮아 가면서 신문의 오랜 특성들도 점차 진화해 가고 있음을 목격할 수 있다. 어떤 매체의 속성이란 절대적인 것이 아니라 사회 환경이나 기술 변화에 따라 진화한다.

3) 신문의 기능과 내용 간의 관계

신문을 펼치면 온갖 기사가 눈에 띈다. 중국 정부의 위안화 환율 조정이 국제 경제에 미치는 파급 효과를 분석한 어려운 기사도 있고, 월드컵 축구, 퍼즐, 인기 연예인의 스캔들을 다룬 재미있는 기사도 있다. 삼촌이 즐겨 보는 바둑 기사뿐 아니라 초등학생이 볼 만한 만화도 실려 있다. 신문은 이처럼 온갖 내용을 다양한 출처에서 수집, 선택, 편집해서 독자에게 배포한다. 신문은 이용자들의 다양한 욕구를 충족하기 위해 이처럼 다양한 내용을 싣는다. 신문에 게재되는 내용은 크게 뉴스, 피처 *feature*, 광고의 세 가지로 분류할 수 있다.

뉴스는 기자의 의견이나 주장을 덧붙이지 않고 작성한 보도 기사, 즉 스트레이트 뉴스*straight news*를 말한다. 신문에 실리는 내용 중에서 뉴스와 광고를 제외한 나머지를 피처라고 부른다. 사실 위주로 쓰는 스트레이트 뉴스와 달리 피처는 작성자의 개인적 견해와 시각을 덧붙여 작성한다. 피처에는 뉴스 피처와 비뉴스 피처가 있다. 뉴스 피처는 주로 시사적인 주제를 다루는 사설, 칼럼, 시사 만평 등을 말한다. 비뉴스 피처는 시사성이 없는 만화, 퀴즈, 서평, 연재 소설, 수필 등을 가리킨다. 그리고 광고는 광고주가 신문 지면의 일부를 구입해 상품이나 서비스 구매를 유도하는 내용으로 작성한 메시지를 말한다. 독자에게 광고는 때때로 기사 못지않게 쓸모 있는 정보가 된다.

신문이 이처럼 다양한 내용을 싣는 것은 대중 매체로서 여러 가지 기능을 수행하기 위해서이다. 매스 커뮤니케이션에 관한 개론서에서는 대중 매체의 기능을 정보 제공inform, 지도influence, 오락entertain, 광고advertise 등으로 꼽는다. 그렇다면 신문 매체는 어떻게 이 기능을 수행하는가? 신문은 지면에 다양한 내용을 싣는데, 기사 종류마다 수행하는 기능도 다르다. 가령 뉴스는 정보를 제공하고 뉴스 피처에 해당하는 논설이나 칼럼은 지도 기능을 한다. 비뉴스 피처에 속하는 연재 만화나 소설, 오늘의 운세, 퍼즐 등은 독자를 즐겁게 하는 오락 기능을 수행한다.

● 기사 장르별 기능 간의 융합   신문 기사는 내용의 성격별로 분류할 수 있고, 각 내용의 유형별로 주된 사회적 기능과 연관지어 볼 수 있다(표 2-1). 하지만 실제로 각 기사의 기능을 이처럼 도식화해서 분류하기는 어렵다. 가령 범죄 뉴스는 일차적으로 정보 제공의 기능을 한다. 하지만 이와 동시에 사회적 이슈에 관해 여론을 조성하고 독자들에게 흥미로운 읽을거리를 제공한다는 점에서 지도와 오락 기능을 동시에 수행하기도 한다. 범죄 사건에 관한 보도는 법과 도덕적 질서의 중요성을 독자에게 재확인해 준다는 점에서 교육 효과를 낳기 때문이다.

예컨대 어느 부유층 자제가 재산 문제 때문에 부모를 살해한 사건이 발생했다고 하자. 이 사건에 관한 보도는 물론 사실 위주로 이루어지기는 하지만, 전반적인 이야기 구성에서 도덕적 색깔을 강하게 띠게 된다. 이 사건은 정상적인 부모—자식 간의 관계를 깨뜨리고 가증스런 범죄를 저지른 악당과 희생자가 등장 인물로 설정되고 수사관이 범인을 색출해 정의를 실현하는 결말로 어이진다. 이 사건의 이야기 구조는 우리가 동화에서 흔히 보던 권선징악형 내러티브에 가깝다. 이것은 뉴스가 정보 제공과 더불어 교육과 지도 기능도 수행하고 있는 예를 보여 준다.

또 상업적인 신문에서는 사건의 여러 측면 중에서 가장 극적이고 흥미로운 부분을 부각해서 기사로 만드는 사례를 흔히 볼 수 있다. 이를 흔히 언론 보도의 선정

표 2−1. 신문의 기능과 기사 장르 간의 관계

기사 분류	기사 장르	주된 기능
뉴스	보도 기사	정보 제공
뉴스 피처	사설, 칼럼	지도
비뉴스 피처	만화, 퀴즈, 오늘의 운세	오락
광고	전시 광고, 안내 광고	광고

표 2−2. 신문 유형별 기사와 광고 지면 비율

단위: %

구분		기사	광고	계
일간	전국 종합 일간 I	65.0	35.0	100.0
	전국 종합 일간 II	50.0	50.0	100.0
	지역 종합 일간	65.2	34.8	100.0
	경제 일간	70.0	30.0	100.0
	스포츠 일간	60.0	40.0	100.0
	외국어 일간	70.0	30.0	100.0
	기타 전문 일간	70.0	30.0	100.0
	무료 일간	60.0	40.0	100.0
	일간 소계	64.7	35.3	100.0
주간	전국 종합 주간	70.0	30.0	100.0
	지역 종합 주간	66.9	33.1	100.0
	전문 주간	64.0	36.0	100.0
	주간 소계	65.5	34.5	100.0
합계		65.3	34.7	100.0

출처: 한국언론진흥재단, 2012b, p.169.

주의*sensationalism*라고 부르는데, 이는 뉴스가 단순히 정보 제공에 그치지 않고 오락 기능과 융합되는 추세를 잘 보여 준다. 뉴스에서 정보 제공과 오락 기능이 융합하는 사례는 우리가 언뜻 생각하는 것보다 훨씬 광범위하게 발견된다.

2. 뉴스란 무엇인가

신문이라고 하면 뉴스를 떠올릴 정도로 뉴스는 신문에서 가장 대표적인 부분이다. 따지고 보면 신문*newspaper*이라는 용어도 뉴스*news*에서 유래한 것이다. 뉴스는 주관적인 의견이나 해석을 배제한다는 점에서 정보와 비슷하지만, 모든 정보가 뉴스는 아니다. 뉴스는 우리 주위에서 일어나는 사건에 관한 것이다. 그렇지만 사건 자체가 뉴스는 아니며, 그 사건이 일정한 보도의 틀에 따라 구성되어 독자들에게 알려져야 비로소 뉴스가 된다. 독자들의 관심사가 변함에 따라 뉴스 보도의 방식이나 선정 기준도 많이 달라지게 된다. 이처럼 뉴스는 사건과 보도, 독자라는 세 요소가 서로 조화를 이룰 때 성립하는 사회 현상이다.

신문사 기자들은 매일매일 엄청난 양의 정보와 사건을 접하는데, 이 중에서 아주 일부만 뉴스가 된다. 이들은 수많은 잠재적인 뉴스거리 중에서 어떤 기준에 따라 진짜 뉴스를 골라내는가? 신문에 보도되는 뉴스는 다른 매체의 뉴스, 특히 방송 뉴스와 어떤 차이가 있으며, 최근 새로운 매체 등장으로 신문의 뉴스 가치는 어떻게 변해가고 있는가?

1) 뉴스 가치

경험이 많은 언론인은 매일매일 뉴스를 취급하면서 어떤 것이 뉴스가 되는지 식별해 내는 감각을 갖추었다. 기자들은 뉴스 판단 기준을 말로 잘 표현하지는 못하지만, 거의 본능적으로 이 기준에 따라 뉴스를 발굴하고 기사를 만든다. 저널리즘 교과서에서는 '뉴스 가치*newsworthiness*'라는 기준으로 뉴스를 정의한다. 뉴스 가치란 어떤 사건이 뉴스로서 갖는 속성들을 말한다. 저자마다 뉴스 가치에 관한 정의는 천차만별인데, 대체로 몇 가지 공통된 요소를 정리하자면, 시의성, 근접성, 저명성, 영향성, 인간적 흥미 등을 꼽을 수 있다.[9]

● 시의성*timeliness*　　　기자들은 주로 그 날 일어난 사고나 행사, 집회 등을 취재해서 기사화한다. 신문은 시간을 생명으로 하는 상품이기 때문에, 제때에 싣지 못한 소식은 뉴스가 될 수 없다. 어제 일어난 사건보다는 오늘, 가능하다면 방금 일어난

사례 연구

온라인 뉴스의 시의성

뉴스는 어느 정도 시간이 지나면 시의성을 잃고 '올드 뉴스'가 될까? 특히 인터넷처럼 뉴스가 실시간으로 등장하고 더 새로운 소식에 밀려 사라지는 환경에서 뉴스의 유효 기간이 어느 정도 되는가 하는 문제는 신문 종사자들에게 아주 궁금하면서도 중요한 현안이라고 할 수 있다.

미국 노트르담 대학교의 앨버트라슬로 바바라시Albert-Laszlo Babarasi 교수는 인터넷 뉴스—오락 사이트에서 어떤 기사의 전체 열독자 비율이 절반에 도달하는 데 소요되는 시간을 측정했다. 요즘처럼 인터넷에서 정보 유통이 빠르게 이루어지는 환경에서 뉴스의 생명은 두어 시간 정도로 매우 짧을 것이라 그는 기대했다. 하지만 예상과 달리 이 사이트에서 기사의 생명은 하루 반, 즉 36시간에 달하는 것으로 나타났다.

이러한 결과가 나온 데에는 인터넷 이용자들마다 이용 습관이 다양하기 때문이다. 해당 사이트를 수시로 방문해서 뉴스를 확인하고 조금이라도 묵은 뉴스에 싫증을 내는 이용자층이 있는가 하면, 아주 드문드문 인터넷에 들어가 그동안 발생한 뉴스를 훑어 보며 차후에 확인하는 사람도 있다. 따라서 해당 인터넷 기사의 이용자 트래픽을 추적해 보면, 누적 이용자 수가 꾸준히 증가하는 패턴이 아니라 몇몇 시점에 이용자 수가 폭발적으로 증가하는 불균등한 양상을 보이고 있다. 즉 이용자가 집중되는 시간대가 있는가 하면, 방문자가 거의 없는 시간대도 있다.

출처: Cohen, 2006. 7. 18.

사건이 뉴스로서 더 값어치가 있다. 아무리 좋은 뉴스거리라도 그 날 기사가 넘치거나 마감 시간을 놓쳐 실리지 못하면 대개 그냥 묻혀 버리고 만다. 어떤 사건이 뉴스가 되느냐 못하느냐 하는 것은 그것이 발생한 시간, 즉 타이밍에 따라 결정된다.

하지만 엄격히 말해 시의성은 사건 자체에 내포된 속성이 아니라, 독자들의 의식 속에 반향을 불러일으킬 때 생겨난다. 따라서 최근의 소식만이 아니라 때로는 미래에 대한 예측이라든지 그동안 알려지지 않은 과거의 사건도 시의성을 띨 수 있다. 예컨대 고려 시대 문헌에서 독도를 언급한 구절이 발견되었다고 하자. 이것은 발생 시점이 수백 년이나 지난 사건이지만 지금도 시의성이 있다. 이 점에서 볼 때, 시의성은 시간의 현실성과 소재의 시의성으로 나누어 볼 수 있다. 시간의 시의성은 보도의 신속성을 가리키며, 소재의 시의성은 발생 시점과 무관하게 새롭게 관심을 불러일으키는 속성을 지칭한다.

● 근접성*proximity*　　우리가 다른 나라를 여행하다가 현지 신문을 보면 한국에 관한 기사는 거의 찾기가 어렵다. 한국에 와 있는 베트남 사람이나 우즈베키스탄 사람은 모국에 관한 소식에 목말라 할지도 모른다. 국내 신문들은 이 나라들에 관한 뉴스를 거의 싣지 않기 때문이다. 이처럼 뉴스 선정에서는 사건 발생지라는 지리적 요인, 즉 근접성이 중요하게 작용한다. 신문은 일정한 지리적 범위 내의 독자층을 대상으로 하기 때문에 이들이 친근감을 느끼는 주변의 소식을 주로 보도한다.

어떤 사건이 일어난 장소가 독자들과 지리적으로 가까울 때 그 사건은 뉴스 가치를 더 갖는다(지리적 근접성). 가능하면 외국보다는 국내에서, 국내에서도 다른 도시보다는 내가 살고 있는 고장에서 일어난 사건이 신문에 실릴 가능성이 크다. 때로는 먼 남미 어느 나라에서 발생한 대홍수나 쿠데타 같은 큰 사건보다는 오히려 우리 고장에서 일어난 덜 중요한 사건을 신문은 선호한다는 뜻이다.

물론 근접성이 반드시 물리적인 데에만 한정되지는 않는다. 지리적 근접성은 떨어지더라도 심리적 근접성이 높으면 뉴스거리가 되기도 한다. 예를 들면 올림픽에서 비록 비인기 종목이라도 우리나라 선수에 관한 소식은 인기 종목의 외국 선수보다 뉴스 가치가 더 높다. 독자들이 심리적으로 가깝게 느끼기 때문이다. 한국 선수

그림 2-2. 명사들 이야기를 다룬 타블로이드 신문

가 출전하지 않은 비인기 종목에서 아프리카 국가 선수가 금메달을 땄다면 신문에서 아마 크게 다루지 않을 것이다. 그렇지만 그 선수가 한국 출신 입양아나 교포라면 좋은 뉴스거리가 된다.

● 저명성*prominence*　　신문은 평범한 시민보다는 유명 인사에 관한 소식을 원한다. 보통 사람이 뉴스거리가 되려면 특이한 상황이나 이유가 있어야 한다. 예컨대 평범한 가정의 출산 소식이라면, 2000년 새해 아침에 처음 태어났거나, 쓰나미가 휩쓸고 간 지역에서 힘겹게 탄생하거나 해야 신문에서 관심을 기울일 것이다. 하지만 아무리 사소해 보여도 유명 인사에 관한 소식이라면 독자들의 흥미를 자아내기 때문에 뉴스가 된다. 연애와 결혼 따위는 너무 흔한 일상적 사건이어서 대개 뉴스 가치가 없지만, 유명 연예인이나 운동 선수가 관련되면 좋은 뉴스거리다.

　뉴스는 추상적인 이슈보다는 **구체적인 사람**에 관한 소식을 좋아한다. 특히 그 사람이 저명 인사라면 뉴스 가치가 높다. 가령 음주 운전 단속에 적발되는 사람은 많지만 신문에서는 별 관심을 두지 않는다. 하지만 고위 공직자나 대기업 회장, 유명 인사가 단속에 걸렸을 때에는 당장 뉴스가 된다.

　저명성은 사람뿐 아니라 **장소**에도 적용된다. 한적한 시골집에서는 큰 불이 나더라도 뉴스거리가 되기 어렵지만, 국회 의사당이나 청와대에는 화재 경보만 울려도 당장 기자가 달려올 가능성이 크다. 그래서 어떤 사회 운동 단체가 시위를 벌여 언론의 주목을 끌려고 할 때에는 가능하면 명동 성당이나 국회의사당처럼 유명한 장소를 택한다.

● 영향성*consequence*   이는 어떤 인물이나 사건이 독자들의 일상 생활에 미치는 영향의 정도를 말한다. 언론이 지방 자치 단체 선거보다는 대통령 선거를 더 중시하는 것은 그것이 우리 생활에 미치는 영향이 크기 때문이다. 대개 지리적으로 가까운 곳에서 일어난 사건이 우리에게 영향을 많이 미친다. 그러나 비교적 먼 지역에서 일어났더라도 영향성이 큰 사건도 많다. 가령 중동 국가에서 석유 생산량을 대폭 감축했다면 이는 당장 유가를 대폭 인상시켜 경기를 급격히 위축시키고 국민들의 가계에도 큰 영향을 줄 것이기 때문에 뉴스가 된다.

● 인간적 흥미*human interest*   뉴스는 재미있어야 한다는 것이다. 이것은 인간의 본능이나 호기심을 만족시켜 주는 속성을 가리킨다. 뉴스 가치에 관해 논의할 때마다 늘 인용하는 비유를 들자면, 개가 사람을 물면 뉴스가 안 되지만 사람이 개를 물면 뉴스가 된다. 이는 사건 자체가 평범하지 않다는 점에서, 흥미를 유발할 가능성이 크기 때문이다. 섹스나 돈, 폭력, 서스펜스, 갈등, 신기함, 미담, 새로운 발견과 발명, 범죄 등도 인간적 흥미를 유발하는 주제들이다.

위에서 열거한 뉴스 가치 중에서 처음 네 가지는 주로 사건이나 인물이 갖는 '중요도'와 관련이 있다. 반면에 다섯 번째 요소인 인간적 흥미는 사건의 중요도나 영향력과는 관계없이 인간적 감성을 자극하여 흥미를 불러일으키는 정도를 말한다. 물론 이 요소들을 엄격하게 구별하기는 쉽지 않다. 하지만 어떤 사건이 위의 속성을 많이 포함할수록 뉴스로서 가치가 크다. 물론 이상의 다섯 가지 외에도 뉴스 가치로 꼽을 수 있는 것은 많다. 가령 갈등이라든지, 유용성, 신기성, 일탈 등도 뉴스 가치로 자주 언급되고 있다.

2) 변화하는 뉴스 가치

앞서 언급한 뉴스 가치는 저널리즘 교과서마다 거의 빠짐없이 등장할 정도로 대표적인 것들이다. 하지만 이 뉴스 가치들이 뉴스 판단에서 늘 절대적인 잣대가 된다고는 할 수 없다. 다음과 같은 세 가지 상황을 통해 이 점을 살펴보자.[10]

첫째, 뉴스 가치는 사건 자체의 속성과 관련이 있으며, 이 속성에 따라 뉴스 가치를 판단하는 게 원칙이다. 즉 대개 기사의 뉴스 가치는 대상 사건의 소재와 관련성이 크다. 경제나 정치 관련 사건이 사회적 영향력이나 중요성이 크다면, 사건 사고, 스포츠, 연예계 소식은 인간적 흥미의 요소를 상대적으로 많이 포함한다. 하지만 같은 소재라도 다루는 방식에 따라 새로운 뉴스 가치를 지니게 될 수도 있다. 특히 언론은 독자의 관심을 끌기 위해 사건을 선정적이고 흥미 위주로 접근한다든지, 혹은 정파적 목적에 따라 사건의 성격을 의도적으로 바꾸어놓기도 한다.

언론이 정치 뉴스를 다루는 방식은 이 점을 잘 보여 주는 예다. 정치란 원래 대표자를 거쳐 다양한 의견과 이해관계를 반영하고, 선거는 이를 잘 수행할 만한 역량과 정책을 갖춘 후보자를 선택하는 제도이다. 선거나 정치 과정에 관한 보도는 유권자인 시민이 올바른 판단을 내리는 데 필요한 정보를 제공하는 것이 원칙이다. 하지만 이런 식의 보도는 복잡하고 어려운 내용으로 되어 있어 사람들의 흥미를 유도하기에는 적합하지 않기 때문에, 상업지들은 이를 달가워하지 않는다.

스포츠가 흥미있는 뉴스거리가 되는 것은 바로 사람들이 본능적으로 경쟁에 흥미를 느끼기 때문이다. 더구나 경쟁이 갈등이란 요소와 결합하면 사람들의 흥미를 더 높이게 된다. 언론은 바로 이 점에 착안해 다른 뉴스에도 스포츠 경기처럼 경쟁의 요소를 첨가하기도 한다. 가령 선거 보도에서 언론들은 점차 정책보다는 인물, 정책 경쟁보다는 선거 판세의 우세 여부에 초점을 두고 정치를 흥미 위주로 보도하기 시작했는데, 이것이 이른바 '경마 저널리즘horse race journalism'이다. 이는 언론이 소재 자체의 속성과 무관한 다른 방식으로 접근하여 사건의 뉴스 가치를 바꿔 놓은 대표적인 사례다.

둘째, 앞서 소개한 뉴스 가치는 시대를 초월해 통용되는 절대적인 기준은 아

변화하는 뉴스 가치: 정론지에서 생활 신문으로

1987년 이후 신문 시장에서 경쟁이 치열해지면서 신문사마다 텔레비전 광고를 앞다투어 시작했는데, 이 광고 내용의 변화는 뉴스 가치가 어떻게 바뀌어 가는지 잘 보여 준다. 다음은 1999년 무렵 텔레비전에서 방영된 〈한국일보〉의 광고다.

주부 몇 사람이 앉아서 대화를 나누고 있는데, 한 사람이 재테크 요령에 관해 자신의 경험담을 이야기하고 있다. 분산 투자니 코스닥이니 하는 경제 용어가 나오고. 고개를 끄덕이며 듣고 있던 한 아주머니가 옆 사람에게 조그만 소리로 묻는다.

"코스닥이 뭐유?"

"몰라요……"

신문을 펼쳐보며, 모두 "여기 다 있네" 하면서 감탄하는 장면과 함께 광고는 끝나고, 다음과 같은 카피가 나온다.

"생활에 힘이 됩니다.

생활 신문 〈한국일보〉"

이 광고는 자사 신문의 주된 장점을 기사의 유용성에 두고 있다. 당시에는 신문들이 본격적으로 시장 경쟁 시대에 접어들면서 여러 가지 측면에서 변신을 시도하고 있었으며, 이 광고는 그 결과 신문의 뉴스 가치에서도 변화가 일어나고 있음을 보여 주는 사례이다. 1980년대 후반 무렵의 광고가 주로 '정론지正論紙,' '정확한 기사,' '한국의 대표적인 신문' 등 지적인 특성에 초점을 두는 경향이 있었던 데 비하면 엄청나게 변화한 셈이다.

니며, 시대 상황에 따라 뉴스 가치도 많이 달라진다. 원래 뉴스 판단에서 유용성 *usefulness*이란 생소한 잣대였지만, 최근 신문에서는 핵심적인 뉴스 가치로 떠오르고 있다.[11] 이는 매체 환경이 바뀌면서 신문이 전통적인 뉴스 가치에 근거한 기사 외에도 새로운 기사 장르나 형식, 가치 등을 모색하면서 생겨난 현상이다. 특히 이는 지면의 연성화 추세와 더불어 나타난 변화인데, 단지 인간적 흥미에 호소하는 기사뿐 아니라 실생활에 도움이 되는 기사에도 눈을 돌리게 된 것이다. 가령 재테크 정보나 다이어트 비법 같은 생활 정보는 유용성을 뉴스 가치로 삼는 기사이다. 현재 저널리즘 환경의 변화 속도를 감안하면 지금까지 보지 못한 생소한 뉴스 가치가 앞으로 더 등장할지 모른다.

셋째, 뉴스 가치란 결국 사람들의 통념에 호소하는 것이며, 이 때문에 문화나 생활 관습이 다른 나라에서는 뉴스 가치 판단 역시 달라질 수도 있다. 이 때문에 어떤 나라에서는 큰 뉴스거리가 다른 나라에서는 전혀 뉴스로 주목받지 못하는 일도 가능하다. 학술적인 지식이나 발명처럼 특정 집단에 속한 사람들에게는 중요한 소식이 다른 일반 독자나 시청자에게는 외면당하기도 한다.

예컨대 한국에서는 추석이나 설날 연휴가 다가오면 언론 매체마다 고속도로 교통 상황을 앞다투어 중계하다시피 한다. 교통 체증이 심할 때에는 서울에서 부산까지 몇 시간 걸렸다는 소식을 마치 올림픽 경기 기록 집계하듯이 자세하게 보도한다. 교통 상황이 좋아 평소와 별 차이없이 소통이 원활할 때에도, 이 소식을 열심히 보도한다. 반면에 미국 언론에서는 명절이라고 해서 텔레비전에 이런 식의 뉴스가 나오는 것을 본 적이 없다. 아마 이는 뉴스 가치 판단에서 작동하는 문화적 차이로밖에 설명할 수가 없을 것 같다.

3) 연성 뉴스와 경성 뉴스

뉴스는 여러 가지 기준에 따라 분류할 수 있지만, 연성 뉴스(軟性, *soft news*)와 경성 뉴스(硬性, *hard news*)라는 구분은 일반인들에게까지 널리 알려져 있을 정도로 자주 사용되고 있다. 원칙적으로 이 구분은 기사 내용의 속성에 따른 것이지만, 이를 구체적으로 정의하기란 쉽지 않다. 그런데 윌버 슈람Wilbur Schramm은 독자들이 뉴스를 접하면서 얻는 심리적인 보상 차이에 따라 양자를 구분했다.[12]

사람들은 무언가를 얻기 위해 뉴스를 읽는다. 이들이 신문을 읽을 때 기대하는 보상에는 두 가지가 있는데, 하나는 즉각적인 보상immediate reward이고 다른 하나는 지연된 보상delayed reward이다. 연성 뉴스는 독자들에게 즉각적인 즐거움을 제공해 잠시나마 골치 아픈 현실에서 벗어날 수 있게 해준다. 반면에 경성 뉴스는 읽는 순간에는 힘들지만 장기적으로는 자신에게 유익하다는 것이다.

즉각적인 보상이란 정신분석학자인 지그문트 프로이트Sigmund Freud가 말한 '쾌락 원칙pleasure principle'과 비슷하다. 이는 독자가 어떤 뉴스를 읽을 때 즐거움을 얻거나 흥미를 만족시키는 따위의 즉각적인 보상을 얻게 되는 것을 말한다. 뉴스 가치 중에서 인간적 흥미의 요소를 갖춘 뉴스가 연성 뉴스에 해당한다. 가령 독자들이 흥미거리로 읽는 범죄, 사건과 사고, 오락 등의 기사가 연성 뉴스다.

경성 뉴스는 독자들에게 바로 즐거움이나 쾌락과 같은 보상을 주기는커녕, 오히려 근심거리나 두려움을 안겨 주기도 한다. 하지만 이러한 종류의 뉴스를 읽으면 독자들은 현실을 인식하고 판단하는 데 필요한 지식과 정보를 얻고 앞으로 살아가는 데에도 도움을 받을 수 있다. 정치, 경제, 사회 문제에 관한 뉴스나 과학, 교육, 건강 등에 관한 뉴스는 경성 뉴스로 분류할 수 있다. 즉 경성 뉴스를 읽는 행위는 당장에는 고통스럽거나 불편할 수도 있지만 장기적으로는 보상을 준다는 점에서 프로이트가 말하는 '현실 원칙reality principle'에 근거한다.

하지만 실제로는 이 기준에 따라 뉴스를 분류하기가 쉽지 않다. 우선 어떤 뉴스가 즉각적인 보상만을 제공하고 어떤 것이 지연적인 보상을 주는지 꼭 집어내서 말할 수 없다. 범죄 뉴스는 흥미를 주기 때문에 연성 뉴스에 속한다고 할 수 있다. 하지만 어떤 사람은 범죄 뉴스를 읽고 나서 앞으로 다가올 위험에 대비할 정보를 얻을 수도 있다. 이 독자에게는 범죄 뉴스가 연성 뉴스와 경성 뉴스의 구실을 동시에 하는 셈이다. 이와 마찬가지로 범죄 문제를 연구하는 학자는 단순히 흥미 목적이 아니라 연구에 필요한 정보를 얻기 위해 범죄 뉴스를 읽을 것이다.

4) 매체별 뉴스 가치의 차이

(1) 신문 유형별 뉴스 가치의 차이

뉴스 가치란 어떤 매체가 수많은 기사거리 중에서 채택할 기사와 버릴 기사를 판단하는 기준이라 할 수 있는데, 이는 신문의 종류, 즉 해당 신문 주 독자층의 관심사에 따라 큰 차이를 보일 수 있다. 글로벌 무대에서 활동하는 투자가들이 관심있게 읽는 기사가 스포츠 신문 독자와 같을 수는 없기 때문이다.[13]

다음에 인용한 내용은 영국의 대표적인 권위지와 타블로이드 대중지 인터넷판에서 같은 날 실린 머리기사를 옮긴 것인데, 이를 통해 두 신문의 뉴스 선정 기준이 어떻게 다른지 비교해 볼 수 있다.

〈더 타임스〉 인터넷판

**모나코에서의
탈세 규모가 밝혀지다**

2012. 9. 20.

**'임금 인상을 원하면 학교에서
초과 근무를 해라'**

2012. 9. 22.

**고급 대입 준비 과목에
자원 봉사와 논술 추가**

2012. 10. 17.

〈데일리 메일〉 인터넷판

전선에서 아기를 낳은 병사

임신한지도 알아채지 못한 여군이 탈레반 공격 후 아이를 분만함에 따라 영국에서 의사를 급파했다.

2012. 9. 20.

널 잘라버릴 거야!

경찰에 따르면 입이 험한 장관이 총리 관저 부근에서 자전거를 타지 못하게 저지한 경찰에게 호통을 쳤다.

2012. 9. 21.

게리와 영국 사법부 최고의 날

미국의 반대를 무릅쓰고 〈메일〉지가 3년간의 캠페인을 펼친 끝에, 외계인 추적을 위해 펜타곤을 해킹한 혐의를 받고 있는 사회 학습 장애인인 게리를 국외 추방하지 않기로 내무 장관은 어제 과감하게 결정했다.

2012. 10. 17.

여기서 두 신문의 기사는 제목만 봐도 뉴스 가치에서 상당한 차이를 보여 준다. 우선 〈더 타임스*The Times*〉는 조세 제도의 허점을 악용한 지도층의 탈세, 교사직의 노동 실태, 대학 입학 제도 개편, 정부의 경제 정책과 파급 효과 등을 머리기사로 올렸다. 이 기사들은 공통적으로 구조적인 사회 문제나 정책 이슈와 관련된 사안들을 다루고 있다. 특히 중앙 은행의 통화 정책 소식은 아주 전문적인 이슈와 관련된 정보로서 경제, 금융 관련 지식이 부족한 일반 시민이 이해하기 쉽지 않다.

하지만 이 사안들은 정치에 무관심한 일반 시민들의 가계에까지 상당한 파급 효과를 가져올 수 있다는 점에서, 사회적으로 중요하고 영향력이 큰 뉴스라 할 수 있다. 즉 〈더 타임스〉는 뉴스의 소재가 지니는 흥미 요소보다는 사회적 영향력과 중요성을 뉴스 선정에서 더 중시하고 있음을 알 수 있다. 이 신문이 일반 독자보다는 소득이나 직업, 교육 수준에서 상위층 집단을 대상으로 하는 권위지이기 때문에 이러한 편집 경향이 생겨난다.

이와 달리 〈데일리 메일*Daily Mail*〉의 기사들은 성격이 상당히 다른 사안들을 다루고 있다. 〈데일리 메일〉은 치열한 전장에서 아이를 분만한 여군 병사 이야기, 공무 수행 경찰에게 폭언을 한 거물 정치인의 추태, 외계인 추적에 몰두하다 해외 추방될 위기에 처한 지적 장애인 이야기, 사형수의 형 집행 순간 등 평범한 사람들의 삶에서 흥미로운 이야기들을 다양하게 발굴해 조명하고 있다.

가령 〈데일리 메일〉의 마지막 기사는 연쇄 테러범의 최후를 인간적인 측면에서 접근해 독자의 흥미를 불러일으킨다. 엽기적 범죄, 체포, 처형으로 이어지는 사건 전개 과정이 도덕적 교훈을 주면서도, 그럼에도 최후를 맞는 순간 범인의 운명에 대한 인간적 연민 등 다양한 정서적 반응을 독자들에게 유발한다는 점에서 이 기사는 흥미거리를 풍부하게 담고 있다. 즉 이 대중지 기사들은 공통적으로 '인간적 흥미'라는 뉴스 가치를 많이 갖고 있다.

신문의 1면 머리기사는 해당 신문이 어떤 뉴스 가치를 중요시하는지 잘 예시해 준다. 신문의 성격과 주 독자층의 차이, 즉 권위지와 대중지의 차이에 따라 중점을 두는 기사 소재도 달라지고, 소재를 다루는 스타일도 큰 차이가 있다. 나아가 신문에서 뉴스 가치의 차이는 권위지와 대중지 사이에서뿐 아니라, 종합지와 특수지, 전국지와 지역지 간에도 나타난다. 가령 전국지에 비해 지역지는 뉴스 가치에서 근접성을 상대적으로 더 중시할 가능성이 크다. 물론 신문의 이념 성향 역시 뉴스 가치 판단에 적지 않은 영향을 미친다.

(2) 신문 뉴스와 방송 뉴스

일반 사람들도 신문 뉴스와 방송 뉴스는 다르다고 생각한다. 텔레비전은 뉴스를 빠르게 전할 수 있고, 극적이고 화려한 영상은 시청자에게 볼거리를 제공한다. 반면에 신문은 텔레비전보다 속도는 느리지만 사건에 관해 훨씬 자세하고 깊이 있는 기사를 제공한다고 생각해 신문을 즐겨보는 사람도 적지 않다. 이 통념들은 거칠기는 하지만 신문 뉴스와 방송 뉴스의 본질적인 차이를 잘 간파하고 있다. 즉 신문 뉴스와 방송 뉴스는 나름대로 독특한 장점과 단점을 갖고 있다는 것이다.[14]

● 문자와 영상   신문과 방송 매체에는 각자 고유한 특성이 있기 때문에, 다루는 소재나 보도 방식도 특색이 있다. 가장 두드러진 차이는 두 매체의 물리적인 특성에서 나타난다. 신문은 텔레비전 뉴스에 비해 훨씬 많은 기사를 자세하게 전할 수 있다. 방송 뉴스는 시간의 제약 때문에 기사 건수나 길이를 신문에 비해 적게 잡을 수밖에 없다. 방송 뉴스는 영상과 말을 함께 내보내기 때문에 체험과 인상을 전달하는 데 효과적이라면, 신문 뉴스는 사실과 정보를 충실히 전달할 수 있다. 자세한 분석이나 복잡한 해석이 필요한 기사는 당연히 인쇄 매체에 더 적합하다.

이러한 특성 차이 때문에 신문 뉴스에서 중요한 기사라도 방송 뉴스에는 적합하지 않을 수도 있다. 독자들은 신문 뉴스를 이해할 때까지 계속 반복해서 읽을 수 있지만, 방송은 그렇지 못하다. 그래서 방송에서는 내용이 복잡하고 어려운 기사를 다루기 어렵다. 그 대신에 텔레비전 뉴스는 시각적 차원을 갖고 있어 유리한 점도 있다. 텔레비전 뉴스에서는 영상 화면이 필수적이며, 특히 액션, 시각적 소구력, 볼거리가 있는 기사를 선호한다. 만일 뉴스 가치가 비슷한 사건이 둘 있다면 방송은 당연히 영상이 뛰어난 쪽을 선택한다. 텔레비전 뉴스가 전달하는 영상은 언어가 다른 시청자들에게까지 엄청난 영향을 미친다. 이 점에서 방송 뉴스는 큰 장점을 갖고 있다. 하지만 방송 뉴스는 종종 사회적으로 의미있는 뉴스보다는 뉴스 가치가 떨어지는 사건을 강렬한 영상으로 부각하는 선정주의에 빠지기도 한다.

신문 뉴스라고 해서 시각적인 차원을 전혀 고려하지 않는 것은 아니다. 신문에서도 사진과 컬러를 사용하기 시작하면서 시각적으로 극적인 사진을 기사와 함께 싣고 있다. 단지 뉴스 가치의 판단에서 시각적 요소의 중요성은 방송 뉴스에 비해 상대적으로 중요성이 덜하다. 하지만 최근에 와서는 신문들이 인터넷 신문을 함께 운영하면서 동영상 뉴스 자료도 함께 내보내고 있다. 기술 발달로 매체 간의 구분은 점점 무너지고 있다.

● 전달자의 기능　　신문 뉴스와 방송 뉴스는 뉴스 전달 과정에서 전달자의 퍼스낼리티가 수행하는 기능이 다르다는 점에서도 차이가 있다. 방송 뉴스에서는 뉴스 내용 못지않게 전달자, 즉 앵커의 외모나 퍼스낼리티가 시청자에게 영향을 크게 미친다. 신문 뉴스에서는 이런 현상이 잘 나타나지 않는다. 신문 기사에서는 기껏해야 기사 맨 끝에 작성자 이름(크레딧)을 다는 정도이며, 신문 기자가 전국적인 유명 인사가 되는 일은 매우 드물다.

방송 뉴스에서는 기사를 전하는 앵커의 외모, 표정, 카리스마 등 비언어적 요소도 기사의 한 부분을 이룬다. 말하자면 텔레비전 뉴스는 익명이 아니라 앵커라는 얼굴을 갖고 있다. 그래서 방송 뉴스 앵커는 전국적인 명사나 스타의 반열에 오르기도 한다. 특히 텔레비전에서 저녁 9시 뉴스를 진행하는 앵커는 거의 연예인에 버금가는 인기를 누리기도 한다. 국내에서 주요 방송사 앵커를 지낸 몇몇 인물은 이러한 인기와 지명도를 기반으로 정계 진출에 성공했고, 일부는 마치 연예인처럼 사생활까지도 언론의 추적 대상이 될 정도로 유명세를 타기도 했다.

3. 신문의 종류

우리 주변에는 엄청나게 많은 신문들이 존재하는데, 각 신문별로 추구하는 기능이나 선호하는 뉴스거리는 상당한 차이를 보인다. 이에 따라 신문마다 구체적인 내용 구성도 다양한 양상을 보여 주며, 각 신문들이 추구하는 기능을 구현하는 운영 방식도 다양한 형태를 띠고 있다. 즉 신문은 내용이나 운영 방식에 따라 다양한 유형으로 구분할 수 있다는 뜻이다.

이처럼 다양한 신문들은 여러 가지 기준에 따라 나누어 볼 수 있다. 대상 독자층, 주제 내용, 발행 목적, 대상 지역의 지리적 범위, 발행 간격과 시간, 구독료 징수 여부, 콘텐츠 전달 매체 등의 기준에 따라 신문 유형을 분류해 본다. 이 중 대다수 분류는 내용이나 독자층의 성격 등 질적 특성을 기준으로 삼았지만, 전달 매체에 따른 분류는 순수하게 전달 매체의 외형적인 기술적 특성에 따라 이루어진 것이다.

1) 대상 독자층에 따른 분류: 대중지와 고급지

신문은 대상 독자층의 사회·경제적 위치(소득 수준, 교육 정도 등)에 따라 대중지*popular paper*와 고급지·권위지*quality / elite paper*로 나눌 수 있다. 고급지는 대체로 정치, 경제, 문화, 국제 뉴스에 치중하고 기사도 상대적으로 길며 신문 지면의 디자인도 화려하지 않고 품위를 지킨다. 독자층은 상대적으로 교육 수준과 소득 수준, 구매력이 높다. 부수는 그다지 많지 않지만 일시적인 충동 구매자의 비중이 적어 부수 변동이 비교적 적다. 권위지는 18세기나 19세기부터 유지되어 온 전통 있는 신문이 많다.

프랑스의 〈르 몽드*Le Monde*〉, 영국에서는 〈더 타임스〉, 〈파이낸셜 타임스*Financial Times*〉, 〈가디언*The Guardian*〉, 〈데일리 텔리그래프*Daily Telegraph*〉 등을 고급지로 분류할 수 있다. 미국에서는 〈뉴욕 타임스〉나 〈월 스트리트 저널〉, 〈크리스천 사이언스 모니터*Christian Science Monitor*〉가 대표적인 고급지다.

권위지라는 평가는 대개 발행 부수와 상관없이 기사의 질이나 영향력에 따라 결정된다. 독일의 언론 단체 IMH협회는 50개국의 여론 주도층 1,000명을 대상으로

그림 2-3
영국의 고급지인 〈파이낸셜 타임스〉
(2012. 6. 6)

그림 2-4
미국의 타블로이드 대중지인
〈뉴욕 포스트〉(2013. 4. 13)

신문의 영향력을 조사했는데, 그 결과 영국의 경제 전문지 〈파이낸셜 타임스〉가 고급지 중에서도 세계 최고의 신문으로 선정되었다. 그 뒤를 이어 〈뉴욕 타임스〉, 〈프랑크푸르터 알게마이네 차이퉁〉, 〈월 스트리트 저널〉이 각각 2, 3, 4위에 올랐다.[15]

한국에서도 간혹 고급지를 표방하는 신문이 있지만, 이는 실제 내용이 그렇다기보다는 거의 홍보용 수사에 가깝다. 국내 전국 일간지는 대부분 어정쩡하게 고급지와 대중지의 요소를 같이 갖추고 있어 순수한 고급지는 없다고 보아도 좋다.

대중지는 주 공략 대상을 노동자층이나 중하위 계층으로 설정한다. 영국의 사례를 보면 대중지는 주로 타블로이드판 크기로 나온다. 흥미 위주의 기사를 많이 싣고 기사도 짧게 쓴다. 지면 디자인 역시 화려하고 사진도 많이 싣는다. 영국의 대표적인 대중지로는 〈데일리 미러Daily Mirror〉, 〈선The Sun〉, 〈데일리 메일〉 등이 있다. 1997년 여름 영국의 다이애나 황태자비의 사망을 둘러싸고 '파파라치'들이 벌인 치열한 취재 경쟁은 전 세계적으로 비난의 대상이 되었다. 이들은 바로 연예인이나 왕족, 스포츠 선수 등 명사들을 쫓아다니면서 사생활이나 스캔들을 캐내 타블로이드 대중지에 제공하는 사진 기자들이다.

원래 대중지와 고급지의 구분은 정치 성향과 직접 관련이 없다. 그러나 대중지는 최대한 넓은 독자층을 대상으로 설정하기 때문에 이질적인 정치 성향의 독자들을 만족시켜야 하며, 특히 보수적인 중산층의 입맛에 맞추어야 한다. 따라서 정치 쟁점을 다루거나 기사 소재를 선택할 때 보수 성향을 띠기 쉽다.

2) 주제 영역에 따른 구분: 종합지와 전문지

종합지는 일반 독자를 대상으로 다양한 주제의 내용을 모두 다루는 일반 신문을 말한다. 반면에 전문지는 특정한 영역에 관한 내용을 집중적으로 싣는 신문이다. 경제지(〈매일경제신문〉, 〈한국경제신문〉, 〈파이낸셜뉴스〉)와 스포츠 신문(〈일간스포츠〉, 〈스포츠서울〉, 〈스포츠조선〉)이 가장 잘 알려진 전문지이며, 그밖에도 어린이나 여성을 대상으로 삼는 신문(〈소년한국일보〉, 〈여성신문〉)이라든지 언론, 의약, 종교 등 특수한 분야를 전문적으로 다루는 신문(〈농민신문〉, 〈미디어 오늘〉, 〈전자신문〉)들도 전문지에 속한다. 〈코리아 타

그림 2-5. 일본의 스포츠 신문

임스〉나 〈코리아 헤럴드〉 같은 외국어 신문은 내용을 보면 종합지이지만 외국어를 구사하는 제한된 층을 대상으로 한다는 점에서 종합지와 구분된다.

3) 발행 목적에 따른 분류: 상업지와 기관지

신문은 발행 목적에 따라 **상업지**commercial paper와 **기관지**house organ로 구분할 수 있다. 상업지는 신문 구독료나 광고 수입으로 신문을 운영하면서 영리를 목적으로 하는 신문이다. 우리가 집에서 구독하거나 가판대에서 가끔 사보는 신문은 대부분 상업지다. 반면에 기관지는 정부 기관, 정당, 기업체, 학교, 단체 등에서 구성원에게 정보를 제공하거나 대외적인 홍보 효과를 얻기 위해 발행하는 신문이다. 기관지는 해당 기관의 재정 지원을 받아 운영하기 때문에 대개 무료로 배포된다. 영리를 목적으로 하지 않기 때문에 내용이나 시각, 편집 방향도 상업지와 크게 달라진다.

4) 대상 지역별 분류

신문은 배포되는 지리적 범위에 따라 국제지, 전국지, 광역지, 지역지 등으로 구분할 수 있다. 물론 이 유형들을 엄격하게 분류하기는 생각처럼 쉽지 않다. 가령 어떤 전국지는 다른 나라에 사는 교포들을 대상으로 별도로 판을 발행하기도 한다. 이 신문은 전국지와 국제지의 성격을 함께 띠고 있는 셈인데, 이를 국제지라고 부르지는 않는다. 〈한국일보〉를 비롯해서 몇몇 국내 전국지는 미국 대도시에서 주로 교민들을 대상으로 미주판(시카고판, LA판, 뉴욕판 등)을 발행한다.

● 국제지　　국제적으로 비중 있는 신문은 특정한 국가에서 발간되면서도 때로는 외국어판이나 국제판을 별도로 내기도 하는데, 이를 국제지*international paper*로 분류할 수 있다. 대체로 국제지는 세계 주요 도시에서 지역판을 동시에 발행한다. 국제지에는 크게 종합지와 경제지의 두 유형이 있다. 〈인터내셔널 헤럴드 트리뷴 *International Herald Tribune*〉이나 〈USA 투데이*USA Today*〉는 종합지이고, 〈월 스트리트 저널〉이나 〈파이낸셜 타임스〉는 경제지다.

● 전국지　　전국지*national paper*는 한 국가 내에서 전국의 독자들을 대상으로 발행, 배포하는 신문이다. 미국의 〈USA 투데이〉라든지, 영국의 〈더 타임스〉, 일본의 〈요미우리신문讀賣新聞〉, 〈아사히신문朝日新聞〉 등 세계적으로 잘 알려진 신문들은 대개 전국지다. 한국에서는 〈조선일보〉, 〈중앙일보〉, 〈동아일보〉, 〈한겨레〉 등 중앙 일간지들이 전국지에 속한다.

● 광역지　　광역지는 도 단위 이상의 비교적 넓은 지역을 대상으로 하는 신문이다. 영어권에서는 'metropolitan paper'나 'regional paper'로 불리며, 영국에서는 'provincial paper'라고 하기도 한다. 한국에서는 보통 이 유형의 신문들을 '지역 신문'이나 '지방 신문'으로 부르는데, 아주 규모가 작은 소지역 대상 신문(지역지)과 구분하기 위해 광역지로 번역하기로 한다.

MOUNT FUJI PRESERVING A JAPANESE ICON
SOLHEIM CUP NEW LOOK FOR TEAM EUROPE
BANKSY MURALS THE LATEST TO GO UP FOR SALE
International Herald Tribune
THE GLOBAL EDITION OF THE NEW YORK TIMES
Attack stuns protesters with force of its fury
Bloody end to standoff in Egypt
Crackdown signals new police state
Growth ends euro zone recession — for now
Médecins Sans Frontières quits Somalia, citing rising violence

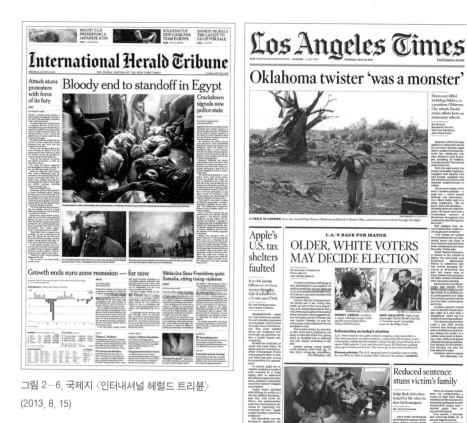

그림 2-6. 국제지 〈인터내셔널 헤럴드 트리뷴〉
(2013. 8. 15)

Los Angeles Times
latimes.com
Oklahoma twister 'was a monster'
Apple's U.S. tax shelters faulted
L.A.'S RACE FOR MAYOR
OLDER, WHITE VOTERS MAY DECIDE ELECTION
Reduced sentence stuns victim's family
Hope X-ed out in Russian ink
A law banning U.S. adoptions leaves American families in anguish
Syria displays strength in battle
Ray Manzarek of the Doors dies

그림 2-7
미국의 광역지 〈로스앤젤레스 타임스〉
(2013. 5. 21)

광역지는 일반적으로 대도시에 근거를 두며, 도심과 인근 지역에 거주하는 독자를 고객으로 삼는다. 미국에서는 〈워싱턴 포스트*Washington Post*〉, 〈로스앤젤레스 타임스*Los Angeles Times*〉, 〈시카고 트리뷴*Chicago Tribune*〉 등의 신문을 광역지로 분류할 수 있다. 규모가 큰 광역지는 소재지뿐 아니라 다른 주요 대도시에도 지사를 두고 취재와 영업 활동을 벌이기도 한다. 국내에서는 〈부산일보〉, 〈매일신문〉, 〈대전일보〉, 〈광주일보〉 등 주요 지방 일간지들을 광역지로 분류할 수 있다.

● **지역지**　　　지역지community/local paper는 시·군·구 등 아주 좁은 지역을 대상으로 배포되는 신문을 말한다. 미국에서는 일간 신문의 95% 이상이 지역지에 속한다. 국내에서 지역 신문은 지방 자치 시대가 시작된 1995년을 기점으로 양적으로 급속하게 성장하고 있다. 이 신문들의 특성을 보면 발행 주기는 주간이 가장 많고(82.6%), 발행 부수는 5000부에서 1만 부 사이(40.7%)가 가장 많았다. 배포 지역은 주로 소재 시·군과 도내를 대상으로 하고 있다.[16] 지역 신문은 기사 내용도 발행 지역과 관련된 기사에 치중하여 종합 일간지와 차별화하고 있다.

　　위에서 제시한 유형 중에서 어떤 것이 발달되어 있는지는 나라마다 차이가 있는데, 특히 그 나라의 지리적 구조나 교통 여건에 따라 많이 달라진다. 가령 영국의 신문 업계는 전국지와 광역지가 동시에 잘 발달한 이중 구조로 되어 있다. 전국지에서는 전국, 해외, 정치 뉴스가 많이 등장하고 광역지는 지역 기사를 많이 다룬다. 전국지와 지방지의 이중 구조는 영국을 비롯해 일본, 스칸디나비아 지역의 국가에서

그림 2-8

지역지 〈옥천신문〉(2013. 8. 2)

〈뉴욕 타임스〉가 지방지라고?

〈뉴욕 타임스〉는 미국뿐 아니라 세계적으로도 유명한 권위지이다. 그런데 미국에서는 이 신문이 전국지도 아니고 일개 지방지로 분류된다면 믿을 사람이 있을까? 전국지만 권위가 있다고 생각하는 우리 풍토에는 생소하겠지만 이것은 사실이다.

미국의 광고 관련 단체인 컴페티티브 미디어 리포팅(CMR)은 오랫동안 〈뉴욕 타임스〉를 지방지로 분류했다. 〈뉴욕 타임스〉의 경영진은 수년 동안 〈뉴욕 타임스〉를 전국지로 재분류해 달라고 요청했으나 뜻을 이루지 못했다. CMR에서 정한 전국지의 기준을 〈뉴욕 타임스〉가 충족시키지 못했기 때문이다. 하지만 한해 광고 수입이 10억 달러를 넘고, 세계적으로 명성이 있는 〈뉴욕 타임스〉를 CMR에서도 계속 외면할 수는 없었던 모양이다. 그래서 CMR은 1998년 9월 전국지를 분류하는 새로운 기준을 내놓았다.

CMR이 새로 제시한 기준에 따르면, 전국지는 1주일에 최소한 5회 이상 발행해야 하며, 발행 부수의 67% 이상이 한 지역에 집중되어서는 안 된다. 또 광고의 33% 이상이 전국 광고이어야 하며, 광고 수입의 50% 이상이 전국 광고주에게서 나와야 한다는 것이다. 이 새 기준 덕분에 〈뉴욕 타임스〉는 〈월 스트리트 저널〉, 〈USA 투데이〉와 더불어 가까스로 전국지의 반열에 올랐다.

〈뉴욕 타임스〉에서 전국 광고의 수입은 3년 전에는 겨우 전체 광고의 25%에 불과했으나 약 65%로 늘어났다. 신문의 배포 양상도 상당히 변모했다. 1988년에는 발행 부수의 68%가 뉴욕에서 팔렸으나, 이것이 오늘날에는 60% 정도로 줄었다. 〈뉴욕 타임스〉는 기본적으로 연고 도시를 기반으로 하는 지방지이면서도 다른 지역의 독자와 광고주를 잡기 위해 전국지로 확대된 것이다.

출처: "NYT, 전국지로 격상," 〈해외광고정보〉 53호, 1999. 3. 22.

볼 수 있다. 반면에 미국이나 인도처럼 영토가 넓고 지방 자치가 활발한 나라에서는 전국지가 성장하기 어렵다. 따라서 그 대신 주로 각 도시나 주 내에서 배포되는 광역지나 지역지가 발달하였다.

● 지방지라는 용어　　위에서 제시한 분류는 주로 신문이 배포되는 지리적인 범위를 기준으로 한 것이다. 그런데 한국에서는 이러한 구분 대신에 **중앙지**와 **지방지**라는 용어를 많이 사용하고 있다. 이 분류에 따르면 위에서 말한 광역지와 지역지는 모두 지방지에 속한다. 대체로 수도권에 있는 일간지는 중앙지로, 지방에 소재한 신문을 지방지라고 부른다. 그런데 문제는 지방지 가운데서도 중앙지 못지않게 독자가 많은 신문도 있고, 전국이 아니라 수도권 부근에만 독자가 집중된 중앙지도 있다는 점이다. 서구의 분류를 따르자면 〈워싱턴 포스트〉처럼 주로 수도권을 대상으로 배포되는 신문을 전국지라고 부르기는 어렵다. 그런데 국내에서는 서울 소재의 군소 신문은 전국지·중앙지가 되고, 지방에 있는 유력 신문은 그냥 지방지로 분류된다. 우리가 무심코 사용하는 중앙지와 지방지라는 용어에는 중앙 집권적이고 서울 중심적인 사고가 배어 있는 셈이다.

5) 발행 간격과 시간에 따른 분류

신문은 발행 간격에 따라 **일간**, **주간**, **격주간** 등으로 나눌 수 있다. 또 일간 신문은 하루 중 발간되는 시점에 따라 **조간**, **석간**, **조석간** 등으로 구분할 수 있다.

　　일간 신문은 대개 하루에 한 번 발행하는데, 아침에 나오는 조간朝刊과 저녁 시간에 나오는 석간夕刊이 있다. 그 밖에도 아침과 저녁, 하루 두 번 찍는 신문도 있는데, 이를 조석간朝夕刊이라 한다. 과거에는 국내 전국지 중에서도 조간과 석간이 공존했지만, 최근에는 거의 조간으로 전환했다. 현재 전국 종합 일간지 중에서는 〈문화일보〉, 경제지는 〈헤럴드경제〉만 석간이다. 전 세계적으로 보더라도 석간 신문은 점점 위축되고 조간 신문이 늘어나는 추세다.

　　국내에서는 1924년에 〈조선일보〉에서 처음 조석간제를 도입한 후, 한때 각 신문

표 2—3. 일간지 조·석간 발행 현황

단위: 개

구분		조간		석간		무응답		합계
		N	%	N	%	N	%	
일간	전국 종합 일간 Ⅰ	9	81.8	2	18.2	—	—	11
	전국 종합 일간 Ⅱ	2	40.0	1	20.0	2	40.0	5
	지역 종합 일간	76	84.4	4	4.4	10	11.1	90
	경제 일간	6	75.0	2	25.0	—	—	8
	스포츠 일간	6	100.0	—	—	—	—	6
	외국어 일간	3	100.0	—	—	—	—	3
	기타 전문 일간	5	55.6	1	11.1	3	33.3	9
	무료 일간	5	83.3	1	16.7	—	—	6
합계		112	81.2	11	8.0	15	10.9	138

출처: 한국언론진흥재단, 2012a, p.143.

그림 2—9. 최근 5년간 정기 간행물 등록 현황

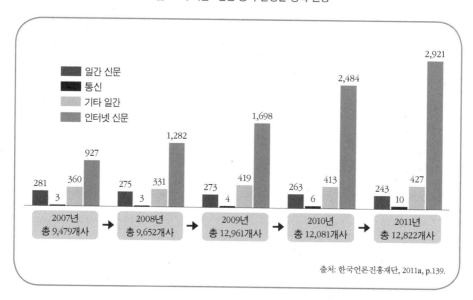

출처: 한국언론진흥재단, 2011a, p.139.

이 경쟁적으로 조석간 발행을 시작했다. 해방 이후에는 1955년 무렵부터 다시 조석간제가 유행하기 시작했지만, 5·16 직후인 1962년에 정부는 신문 용지난을 이유로 하루 한번만 발행하도록 했다. 신문 시장의 경쟁이 한창 치열해지던 1991년 〈한국일보〉에서 다시 조석간제를 실시했으나, 얼마 지속하지 못하고 단간제로 되돌아갔다. 현재 국내에서 조석간으로 발행되는 신문은 없다. 지금은 종이 신문 외에도 인터넷이나 모바일을 통해서도 실시간으로 기사가 제공되기 때문에, 조석간 발행은 사실상 거의 무의미해졌다.

6) 가격 지불 여부에 따른 분류: 유가지와 무가지

우리는 보통 구독료를 지불하고 신문을 받아보는데, 이것이 바로 유가지有價紙다. 반면에 공짜로 배포하는 신문을 무가지無價紙라고 부른다. 무가지가 무료인 비결은 광고에 있다. 무가지는 신문 판매 수입은 전혀 없고, 오로지 광고 수입만으로 운영된다. 무가지는 무료라서 모든 사람이 볼 수 있기 때문에 이론적으로는 어떤 유가지보다 광고 효과가 높다.

무가지에는 몇 가지 유형이 있다. 우선 기관지들은 영리를 목적으로 하지 않기 때문에 당연히 무가지로 운영된다. 상업지 중에서는 생활 정보지와 무료 신문이 대표적인 무가지이다. 어떤 유가지는 발행 부수를 부풀려 광고 수입을 올리기 위해 무가로 많이 배포하기도 하는데, 이는 정상적인 운영 방식이 아니라 시장 질서를 어지럽히는 불공정한 행위다.

생활 정보지는 기사 없이 주로 소규모 광고로 지면을 채워 무가로 배포되는 신문이다. 미국에서 생활 정보지는 'shopper'라고 불리는데, 보급률이 100%에 달한다고 해서 TMC(*Total Market Coverage*) 신문으로도 부른다. 생활 정보지는 독자가 많고 일반 유가지에 비해 광고비가 싸기 때문에 소규모 안내 광고에 적합한 매체로 각광받고 있다. 생활 정보지는 특히 일간 신문의 안내 광고 시장을 잠식하여 신문 시장의 틈새를 장악하는 데 성공하였다. 국내에서는 1989년 대전에서 창간된 〈교차로〉와 〈벼룩시장〉 등이 대표적인 생활 정보지로 통한다.

그림 2-10. 생활 정보지 〈벼룩시장〉(2013. 8. 13)   그림 2-11. 무료 신문 〈메트로〉(2013. 7. 17)

생활 정보지가 성공을 거둔 이후 신문 시장에서는 새로운 형태의 무가지가 속속 선을 보이고 있다. 무료 신문은 일반 일간 신문과 비슷한 내용을 실으면서도 구독료를 받지 않는 신문이다. 2002년 5월 창간된 〈메트로〉와 〈데일리포커스〉(2003년 6월 창간)가 이 부류에 속한다.

7) 전달 매체의 형태별 분류: 종이 신문과 온라인 신문

신문은 내용이 아니라 전달 매체의 기술적 속성에 따라 분류할 수도 있다. 원래 신문은 종이에 인쇄된 형태를 의미했지만, 테크놀로지 발전에 따라 점차 다양한 전달 매체를 통해서 유통되고 있다. 아직까지는 종이 신문 형태로 유통되는 비율이 가장 높지만, 인터넷 신문, 모바일 신문 등의 온라인 매체로 신문을 읽는 비율도 점차 늘어나고 있다. 이러한 추세에 따라 국내 신문 운영에 관한 기본법이라 할 수 있는 신문법은 종이 신문뿐 아니라 인터넷 신문도 신문에 포함하도록 규정을 개정했다.

인터넷 신문 사이트나 모바일의 신문 애플리케이션(앱)은 대개 종이 신문의 내용을 거의 그대로 옮겨놓은 형태가 많지만, 일부 인터넷·모바일 신문들은 종이 신문과 별도로 기사를 선별, 편집하거나 온라인의 특성에 맞는 부가 내용을 덧붙여 제공하기도 한다. 기사에 댓글을 달 수 있게 해놓은 게시판, 기자 블로그, 동영상 등이 이러한 추가 기능들이다. 온라인 신문은 방송 매체와 차이가 거의 없을 정도로 속보성에서 종이 신문보다 훨씬 앞서며, 인쇄와 배달이 필요 없기 때문에 독자 확보에서도 지리적 제약을 받지 않는다.

온라인 신문은 다시 몇 가지 유형으로 분류할 수 있다.[17] 첫째는 종이 신문이 인터넷 홈페이지나 앱을 통해 동시에 기사를 제공하는 형태다. 현재 국내 대다수 신문들은 이 형태의 인터넷 신문을 함께 운영하고 있다. 둘째는 종이판 신문을 발행하지 않고 오로지 인터넷으로만 운영되는 독립형 인터넷 뉴스를 들 수 있다. 여기에는 〈오마이뉴스〉, 〈프레시안〉 등 순수하게 온라인 신문으로 창간된 신문도 있고, 전통적인 종이 신문에서 온라인 신문으로 전환한 사례도 있다. 가령 미국의 유력 일간지인 〈크리스천 사이언스 모니터〉는 2008년에 인쇄판 신문 발행을 중단하고 온라인으로만 기사를 제공하고 있다. 셋째는 포털 뉴스를 들 수 있다. 국내에서는 네이버나 다음이 가장 대표적인 포털 뉴스이다. 포털 뉴스는 자체적으로 뉴스를 생산하지 않고 다른 신문사나 통신사에서 제공받은 뉴스를 선별해서 전달하는 기능을 한다. 말하자면 순수하게 뉴스 유통만 전담하는 온라인 신문이라 할 수 있다.

1. 종합 일간지 한 부를 구해서 스트레이트 뉴스, 피처, 광고의 비율이 각각 어느 정도 되는지 측정해 보라.

2. 오늘자 신문의 정치, 경제, 사회, 문화, 국제 면에서 큰 기사를 10개씩 선정해 각 기사가 어떤 뉴스 가치를 갖는지 분석해 보라. 그리고 이것을 모두 합산해서 어떤 뉴스 가치가 어느 정도 등장하는지 비율을 계산해 보라. 또 면별로 뉴스 가치의 빈도 수가 어느 정도 차이가 있는지도 비교해 보라.

3. 텔레비전의 저녁 9시 뉴스를 시청한 후 이튿날 조간 신문을 읽고 서로 비교해 보라. 어떤 기사를 두 매체에서 동시에 다루고 있으며, 어떤 것을 한 매체에서만 싣고 있는가? 한 사건을 두 매체에서 같이 보도할 경우 보도 방식은 어떤 차이점이 있는지 정리해 보라.

4. 정보 제공, 지도, 오락, 광고는 신문이 수행하는 주요한 사회적 기능들이다. 오늘자 신문에 실린 각 기사가 어떤 기능들을 수행하는지 판단해서 분류해 보라.

5. 여러분이 거주하는 시·도에서 어떤 신문이 발행되는지 알아보고 그중 한 신문의 이틀치를 구해 보라. 이 신문에서 지역과 관련된 기사는 어떤 것이 있는지(기사 주제), 기사 수는 얼마나 되는지(기사 건수), 또 어떻게 다루고 있는지(보도 태도, 시각) 살펴보라. 이 기사를 중앙 일간지에서는 어떻게 다루고 있는지 읽고 비교해 보라.

6. 신문의 정파성은 뉴스 가치 판단에 어떤 영향을 미치는지, 해당 사례를 찾아 설명해 보라.

3장

신문의 과거와 현재

우리가 지금 보고 있는 현상을 우리는 너무나 당연히 여기는 경향이 있다. 현재의 신문 형태는 수많은 사회적, 정치적, 경제적, 문화적 환경 요인들의 산물이다. 이 요인들은 시대에 따라 달라지기 때문에 신문의 성격이나 형태도 이에 맞추어 변화하게 된다. 어제의 신문이 지금과 달랐듯이 내일의 신문도 아마 몰라보게 변모할 것이다. 매체의 역사를 이해하면 우리는 현재 우리가 접하는 매체의 위치를 알고 앞으로 전개될 변화에 대한 방향 감각도 갖출 수 있다. 이 점을 염두에 두면서 3장에서는 다음과 같은 문제를 살펴본다.

- 테크놀로지의 발달은 어떤 시대 상황에서 이루어졌으며, 신문의 성격에 어떤 영향을 주었는가?

- EPS 곡선이란 무엇인가? 이 모델은 신문 매체의 발달 과정을 이해하는 데 어떤 도움을 주는가?

- 근대적인 신문이 등장하기 전에는 어떤 매체가 신문의 기능을 했는가?

- 서양의 신문은 어떻게 발전해 왔으며 이 변화를 가져온 요인은 무엇인가?

- 국가별로 신문 매체의 현황은 매체 진화의 단계라는 점에서 어떤 특징을 보이는가?

- 한국의 신문이 변화해 온 양상은 서양과 어떤 차이가 있는가?

1. 테크놀로지 발전과 신문의 진화

신문은 초창기부터 다양한 테크놀로지를 도입해 활용해 왔으며, 이 테크놀로지는 신문 매체의 성격에 적지 않게 영향을 미쳤다. 기술의 발달은 당시 신문이 처해 있던 시대 상황과 사회적 수요 변화라는 맥락에서 파악하면 이해하기가 쉽다. 지금 우리가 보는 신문 형태가 만들어지는 데 결정적인 영향을 준 기술은 매우 많다. 어떤 것은 제작 과정을 효율화하는 데 기여했고, 취재 과정이나 뉴스 양식에 큰 영향을 준 것도 있다. 이처럼 다양한 기술 혁신이 신문에 어떤 변화를 가져왔는지 시기 순서대로 살펴본다.

1) 인쇄술과 대중 매체의 등장

인쇄술은 신문을 대중 매체로 발전시키는 데 가장 큰 역할을 한 기술로 꼽을 수 있다. 서양에서는 구텐베르크가 일찍이 15세기 중반에 금속 활자를 발명했지만, 오랫동안 인쇄 방식은 큰 변화 없이 그대로 사용되었다. 그러다가 19세기 후반 신문 인쇄 관련 기술들이 대거 개발되면서 신문의 대량 인쇄가 가능해졌다.

신문 제작 기술의 역사에서 주요한 혁신들은 내·외적 환경 변화에 대한 신문 산업의 대응 과정과 밀접한 관련을 맺고 있다. 18세기까지 신문 제작에 가장 흔히 사용되던 인쇄기는 영국제 코먼 인쇄기English common press였다. 이 기계로 신문을 찍기 위해서는 10단계 이상의 작업이 필요해, 숙련된 인쇄공이라 해도 시간당 200장 정도밖에 인쇄할 수 없을 정도로 작업이 느렸다. 하지만 19세기에 신문이 대중지로 성장하면서 인쇄기는 유례없이 빠른 속도로 발전했다.[1] 인쇄기 외에도 인쇄 작업 과정을 효율적으로 개선할 수 있는 주변 기술도 19세기 후반에 많이 개발되었다. 가령 연판 주조술stereotyping은 납을 녹여 부어 지면 모양의 판을 만드는 기술로서 여러 대의 인쇄기를 가동할 수 있게 해주었고, 사진 제판술photoengraving의 발명 덕분에 사진과 컷을 신문에 실을 수 있게 되었다.

이처럼 시기적으로 특히 19세기 후반에 인쇄 관련 기술이 집중적으로 발전한

그림 3-1. 1820년대의 호우 실린더 인쇄기

데 주목할 필요가 있다. 이 시기는 신문이 엘리트 단계에서 대중화 단계로 넘어가는 전환기였다. 당시에는 대중지의 등장으로 짧은 시간에 더 많은 부수를 값싸고 효율적으로 복제해 낼 수 있는 기술이 필요해졌다. 산업화로 도시에 인구가 몰려들면서 대중들이 싼 값으로 사서 쉽게 읽을 수 있는 대중적인 정보 매체가 필요했고, 이러한 상황은 제작 기술에 대한 새로운 수요를 만들어 냈다. 인쇄술의 발전은 바로 신문이 본격적인 대중 매체로 도약하는 데 필요한 토대를 마련해 주었다.

2) 전신과 취재 문화의 변화

19세기 말에는 신문 제작 관련 주요 기술들이 집중적으로 개발되었을 뿐 아니라, 편집국에도 새로운 테크놀로지가 잇따라 등장해서 취재 과정과 보도 양식에 큰 영향을 주었다. 전신*telegraph*이나 전화기, 타자기 등은 당시 기자의 작업 과정과 직업 문화를 형성하는 데 중요한 구실을 했다. 저널리즘이라는 직업 문화의 변화와 관련해 특히 주목할 만한 테크놀로지는 전신이다.

전신은 원래 신문에 사용하기 위해 만들어진 것이 아니다. 그러나 신문 기자들이 전신을 이용하게 되면서 기사 작성 방식이나 신문의 내용까지도 대폭 바뀐 것은 사실이다. 전신은 1844년에 사무엘 모르스Samuel Morse가 발명했는데, 신문들은 이 테크놀로지의 가치를 일찍부터 알아차리고 취재에 적극 활용하기 시작했다.

1849년에는 대서양을 건너 유럽과 미국 동부를 잇는 통신망이 구축되었다. 당시에는 유럽에서 대서양을 횡단하는 배편으로 발송한 소식이 캐나다 동부의 핼리팩스에 도착하면 이를 다시 파발말과 전신으로 미국 전역에 보내곤 했다. 전신은 이 과정에서 소요되는 시간을 대폭 단축시켰다. 특히 남북전쟁 동안에 전신은 전쟁 관련 뉴스를 취재해서 보내는 주요한 수단으로 사용되었다.[2]

전신이 당시 신문에 가져온 변화는 거의 혁명적이라 할 만했다. 그림 3-2는 18세기 말 필라델피아에서 발생한 사건이 다른 지역의 신문에 보도되기까지 걸린 시간을 도식화한 것이다. 전신이 등장하기 전에는 정보가 얼마나 느린 속도로 전파되

그림 3-2
전신이 등장하기 이전의 뉴스 전파 속도
출처: Pred, 1973, p.61.

었는지 이 그림을 통해 짐작할 수 있다. 전신은 뉴스 전파에서 지리적 거리의 장벽을 무너뜨리고 전 세계를 거의 실시간으로 이어주는 데 결정적인 기여를 했다.

전신의 발명은 통신사가 탄생하는 계기를 만들기도 했다. 많은 신문사가 전신을 통해 들어오는 뉴스를 원하기 시작했고, 전신 비용을 절감하기 위해 공동으로 뉴스를 전송하기 시작하면서, 회원 조합 형식의 AP 통신사가 설립되었다. 이때 AP에서 사용하던 뉴스 작성 방식은 오늘날 '역피라미드형'이라 불리는 표준적인 기사 작성 형식이 되었다.

3) 컴퓨터와 신문 생산 과정의 혁신

컴퓨터의 도입은 신문 생산 과정 전반에 많은 변화를 가져 왔다. 제작 작업이 아주 빠르고 효율적으로 개선되었을 뿐 아니라, 취재 부서의 작업 방식 역시 큰 변화를 겪었다. 나아가 컴퓨터 덕분에 종이를 사용하지 않는 전혀 새로운 정보 전달 방식까지 가능해졌다.

● 컴퓨터를 이용한 제작　　컴퓨터가 도입되기 전에는 신문사의 모든 업무가 수작업에 의존했다. 기자들은 원고지에 쓰거나 타자기로 기사를 작성했고, 편집부에서는 원고에 펜으로 교정 표시를 해가면서 기사를 다듬었다. 하지만 컴퓨터는 언론사 종사자들에게 낯익은 이 풍경을 모두 바꿔 버렸다.

컴퓨터 도입으로 우선 기사 작성 작업이 간편해졌다. 이제는 기자들이 직접 키보드로 기사를 입력하고, 편집부에서 기사 파일들을 불러내 수정·편집 작업을 하게 되었다. 이를 컴퓨터 제작 방식(CTS: *Computerized Typesetting System*)이라 부른다. 미국에서는 1970년에 처음으로 신문 제작에 컴퓨터 단말기가 등장했고, 1980년대에는 '페이지네이션*pagination*' 방식이 도입되어 컴퓨터 화면으로 지면을 레이아웃하고 조판하는 방식이 보급되었다.

서구의 신문사에서 끊임없이 기술 혁신을 하고 있는 동안에도 국내 신문사들은 여전히 수작업으로 납 활자 조판 방식으로 신문을 제작했다. 그러다가 국내 신문들은 대부분 1987년과 1990년대 초반 사이에 컴퓨터 제작 방식으로 전환했다. 국내 신문들의 제작 기술 혁신은 서구에 비해 왜 이렇게 늦게 이루어졌을까? 이 시기는 많은 신문이 새로 생겨나 치열한 경쟁을 벌이기 시작하던 무렵이다. 오랫동안 사실상 카르텔 체제로 운영되던 신문 시장에서 진입 장벽이 풀리면서 치열한 경쟁 체제가 시작되자, 신문사마다 본격적으로 제작 방식 혁신으로 경쟁력 강화에 나섰기 때문으로 풀이할 수 있다.

신문 제작 과정을 전산화하면서 뜻하지 않은 부수적인 효과도 얻게 되었다. 컴퓨터는 신문사에서 정보를 분석, 수집, 저장하는 방식까지도 변화시켰다. 한번 입

사례 연구

디지털 사진과 사실성의 약화

요새는 사람들이 영악해져 무엇이든 잘 믿지 않으려 하지만 그래도 사진은 부인할 수 없는 객관적 '사실'이라고 인정해 준다. 그러나 이러한 상식도 최근에 와서 무너지고 있다. 바로 디지털 사진 때문이다.

필름 카메라로 촬영하던 시절에는, 촬영 후 현상, 인화 등의 수작업을 거쳐 사진을 완성했기 때문에 시간과 비용이 많이 들었다. 그러나 디지털 카메라가 등장하면서 이 작업은 필요가 없어졌다. 디지털 카메라는 필름 대신에 파일 형태로 이미지를 저장하기 때문에 삭제, 수정, 합성을 자유롭게 할 수 있다.

이처럼 거의 환상적인 기술은 디지털의 원리를 이용한 것이다. 즉 카메라로 찍은 이미지를 아주 작은 세포(픽셀pixel)로 쪼갠 다음, 이 세포를 명암의 정도에 따라 숫자(디지털)로 전환한다. 디지털은 송신 과정에서 화질이 떨어질 염려도 없고 컴퓨터 화면에 파일로 띄워 편집할 수도 있으니 아주 편리하다.

그러나 디지털 기술은 편리하긴 하지만 많은 우려도 자아냈다. 디지털 사진은 조작하기 쉬워 사진의 신뢰성 자체가 위협받을 수 있다. 이 때문에 디지털 시대에는 사진 기자들의 윤리적인 책임 강화나 조작에 대한 규제가 더욱 필요해졌다. 그래서 여러 선진국 신문에서는 사진에 수정 작업을 했을 때에는 '몽타주'라고 표시하도록 의무화했다. 하지만 조작이 가능하다는 사실만으로도 사진이 지니던 '사실성'이라는 신화는 크게 타격을 받을 수밖에 없다.

력한 정보는 얼마든지 재활용이 가능한 새로운 자원으로 부상했다. 기자들은 엑셀 Excel로 이 정보를 가공해 개인 용도에 맞는 데이터베이스를 구축할 수도 있다. 컴퓨터 덕분에 기자들은 예전에는 접할 수 없던 많은 정보를 새로 개발할 수도 있고 정보를 구하는 데 걸리는 시간도 절약했다. 조사부에서도 이제는 종이 기사를 오려서 분류, 보관하는 대신에 기사를 데이터베이스에 저장한 후 검색으로 원하는 기사를 찾아서 활용할 수 있게 되었다.

● 온라인 취재   컴퓨터의 도입은 편집국 기자들의 작업에도 큰 변화를 가져왔다. 컴퓨터를 활용한 새로운 취재 방식이 등장한 것이다. 우선 1980년대 중반부터 개인용 컴퓨터가 본격적으로 보급되기 시작했다. 또한 인터넷은 오랫동안 군사용이나 학술용으로만 쓰였지만, 1990년대에 들어와 대중화되기 시작했다. 이렇게 해서 컴퓨터를 취재 보도에도 활용할 수 있는 기반이 조성되었다.

컴퓨터 활용 보도나 온라인 저널리즘은 기존의 저널리즘 관행이나 기자의 직업 문화를 엄청나게 바꿀 수 있는 잠재력을 지녔다. 뉴스는 언제 어느 곳에서 일어날지 모르는 속성을 갖고 있다. 기존의 언론 관행들은 이 불확실성을 좀더 예측 가능하게 관리하기 위해 형성되었다. 가령 출입처 제도는 뉴스거리가 발생할 가능성에 근거해 취재 영역을 할당한 지리적, 공간적 분업 구조다.

그러나 온라인 취재에서는 이러한 전통적 분업의 의미가 상당히 퇴색했다. 설혹 분업이 여전히 존재한다 해도 이전처럼 물리적인 공간 구분에 근거할 필요가 없다. 온라인 취재를 잘 활용하면, 지역 신문들도 근거 도시 중심의 제한된 지리적 반경을 넘어 다양한 지역과 영역으로 취재 분야를 확장할 수 있다.

4) 온라인화와 전달 방식의 혁명

인터넷 신문 역시 컴퓨터 도입이 가져온 두드러진 변화의 하나다. 갓 배달된 신문지의 신선한 잉크 냄새는 우리의 일상 생활에서 신문의 상징처럼 통했다. 그렇지만 컴퓨터 덕분에 종이 대신 컴퓨터 화면을 통해 보는 인터넷 신문이나 온라인 신문이라는 새로운 정보 전달 방식도 가능해졌다. 인터넷 공간에서 다양한 매체의 등장으로 사상의 다양성 역시 크게 확대되었다.

● 컨버전스와 뉴스 양식의 혁명　　인터넷 신문이라는 새로운 출판 형식은 단지 종이에 인쇄하던 기사를 온라인으로 띄우는 기술적 변화 이상의 의미를 지닌다. 우리가 보아온 전통적인 뉴스 형식은 제한된 지면에 정보를 압축해 넣기 위해 애쓰는 과정에서 만들어졌다. 예를 들면 문장은 간결해야 하고, 역피라미드 형식에 따라 중요도 순서대로 문장을 배열하는 따위의 원칙은 과거의 대표적인 뉴스 관행들이다.

하지만 인터넷에서는 이러한 제한이 의미가 없어진다. 인터넷에서는 한 기사에 수많은 다른 텍스트를 입체적으로 연결해서 방대한 양의 정보를 집어넣을 수 있다. 인터넷 신문은 신문의 장점이던 '심층' 보도를 더 강화해 다른 매체와 차별화할 수 있는 수단을 제공해 주었다. 거시적으로 볼 때 인터넷 신문은 타 매체와의 치열한 경쟁 때문에 곤란을 겪고 있던 신문 매체에 새로운 돌파구를 열어준 셈이다.

인터넷 신문은 텍스트 외에 사진, 음성, 동화상 등도 첨가해 멀티미디어 기능도 제공할 수 있다. 이는 미디어 테크놀로지 발전에 따른 '미디어 컨버전스*media convergence*' 현상과도 관련이 있다. 미디어 컨버전스는 여러 가지 차원으로 전개된다. 우선 신문의 콘텐츠는 종이 신문뿐 아니라 인터넷, 스마트폰 등 다양한 경로로도 유통되므로, 올드 미디어와 뉴 미디어를 망라한 매체 간의 수렴, 융합이 이루어지게 된다. 또한 이용자는 인터넷이나 모바일을 통해 게임, 음악, 뉴스, 전화, 사진 등 다양한 미디어 기능을 동시에 수행할 수 있어, 정보와 오락 등 기능 간의 융합도 이루어진다. 텍스트, 이미지, 사운드 등 이전에는 매체별로 분리되어 제공되던 콘텐츠들이 지금은 모두 디지털 파일 형태로 되어 있어 매체 간의 경계를 자유롭게 넘나들 수 있기에 가능해진 현상이다.

인터넷 신문은 신문사 조직의 시간 문화도 획기적으로 바꾸었다. 지금까지 신문에서는 하루 단위로 시간을 분할해서 뉴스를 구성했는데, 마감 시간*deadline*의 관행도 이렇게 해서 생겨났다. 그러나 인터넷 신문에서는 마감 시간 개념이 없어졌다. 한번 '출판'된 기사도 수시로 갱신, 보완할 수 있어 지금까지 신문에서 불문율처럼 통하던 '일간' 개념은 사실상 무의미해졌다. 인터넷 신문은 신문에 대한 오랜 통념을 근본적으로 바꿔놓는 데 기여한 셈이다.

● 대안 언론의 활성화   인터넷 신문의 등장은 사상의 시장이라는 이상 구현의 측면에서도 긍정적인 효과를 가져왔다. 지금까지는 신문 제작 기술의 특성은 다양한 언론의 진입을 막는 시장 진입 장벽 구실을 했다. 이는 종이 신문 발행에 엄청난 자본이 필요하기 때문이다. 역사적으로 볼 때 신문은 개인이 사상을 자유롭게 표현하는 수단으로 출발했지만 점차 거대 기업으로 변해 가는 바람에 사상의 다양성이 점차 수멸했다. 그래서 언론의 자유라는 이상은 실제로는 언론사 수유주의 자유에 불과하다는 냉소적인 평가도 생겨났다.

가령 〈로스앤젤레스 타임스〉는 신문 인쇄를 위해 2만 8100평에 달하는 면적에 2억 3000만 달러짜리 인쇄 공장을 유지하고 있다. 이 회사는 60만 부의 신문을 찍기 위해 매일 신문 용지는 430톤, 잉크는 약 2.7톤이나 소비한다. 신문 배달을 위해 매일 수백 대의 차량도 운행해야 한다.[3] 반면에 인터넷 신문은 인쇄, 배달에 드는 비용이 전혀 없기 때문에 질 높은 콘텐츠 개발에만 집중할 수 있다. 이 때문에 사이버 공간에서는 적은 자본과 참신한 아이디어만으로도 매체를 비교적 손쉽게 설립할 수 있다.

인터넷에서 가장 먼저 등장한 대안 매체 형태로는 '패러디 신문'을 꼽을 수 있다. 국내에서도 초창기 인터넷 신문 중에서는 기존의 신문을 패러디한 것이 많았다. 하지만 현재 사이버 공간의 언론 지형은 '다양하다'는 한마디로 정리할 수 있다. 내용뿐 아니라 매체 형태에서도 기존의 잡지나 신문으로 분류하기 어려운 새로운 매체도 생겨나고 있고, 전자적인 형태로 텍스트, 동화상, 음성을 함께 제공하다 보니 신문과 방송의 경계도 모호해졌다.

인터넷으로 발행되는 대안 매체 중 가장 잘 알려진 사례로는 미국의 〈드러지 리포트*Drudge Report*〉나 〈허핑턴 포스트*Huffington Post*〉를 들 수 있다. 특히 〈드러지 리포트〉는 1998년 1월 클린턴 대통령의 섹스 스캔들을 폭로하여 유력 일간지들을 제치고 전국적인 정치 의제를 주도하기도 했다. 국내에서는 〈오마이뉴스〉와 〈프레시안〉,

그림 3-3. 〈오마이뉴스〉

〈이데일리〉 등이 대표적인 사례들이다. 특히 〈오마이뉴스〉는 수많은 시민 기자들이 기사 작성에 참여하는 운영 방식을 선보여 국제적으로도 흥미로운 사례로 주목받았다. 〈시사저널〉은 2000년에 사회 지도층을 대상으로 한국 사회에서 가장 영향력 있는 10대 매체를 조사했는데, 여기서 〈오마이뉴스〉는 처음으로 10위권에 진입해 인터넷 매체의 영향력이 커지고 있는 추세를 단적으로 보여 주었다.

● 포털의 등장　　인터넷의 확산으로 나타난 또 한 가지 주목할 만한 현상은 바로 포털 뉴스의 등장이다. 대체로 포털은 자체적으로 뉴스를 생산하지 않고, 그 대신 신문사나 통신사에서 받은 뉴스를 선별하여 제공한다. 이들은 뉴스뿐 아니라 정보 검색, 이메일, 토론방, 쇼핑 등 인터넷에서 가능한 갖가지 기능을 모아 종합적으로 제공해 준다. 국내에서는 네이버나 다음 등이 가장 유명한 포털 사이트들이다.

　　포털의 장점은 이용자에게 매우 편리하도록 설계되어 있다는 점이다. 개별 신문

그림 3-4. 포털 네이버의 뉴스 스탠드

을 구독하거나 신문사 사이트를 일일이 방문하지 않아도 되고, 무엇보다 무료라는 점은 매우 매력적이다. 종이 신문과 달리 뉴스 생산과 전달 기능이 분리되었다는 점에서 포털은 매우 독특한 매체이다. 자체적으로 취재진을 두지 않고 단순히 타사의 뉴스를 선별해서 전달하는 기능을 하기 때문에 언론사가 아닌 것처럼 보일 수도 있다. 하지만 이용자가 많아 사회적 파급력은 오히려 종이 신문을 능가할 때가 많다. 그래서 최근 국내 신문법에서는 포털 사이트도 인터넷 신문의 일종으로 규정해 신문과 마찬가지로 영향력에 따르는 사회적 책임을 지도록 규정을 바꾸어 나가는 추세에 있다.

5) 대중의 참여 확대와 미디어의 개인화

인터넷을 비롯한 온라인 테크놀로지의 진화는 신문 이용 방식에도 큰 변화를 가져오고 있다. 흔히 웹 2.0(Web 2.0)으로 불리는 제2세대 인터넷은 정보 제공자와 이용자 간의 상호작용성을 강화하고 이용자의 참여 기능을 크게 확대하였다.[4] 이와 더불어 스마트폰의 확산은 새로운 소통 구조를 확산하는 데 크게 기여했다. 이처럼 새로운 기술 환경이 신문에 어떤 변화를 가져왔는지 살펴보자.

첫째, 대중 매체의 수동적인 소비자로 머물던 이용자들을 적극적인 참여자이자 생산자로 격상시키는 데 인터넷은 큰 기여를 했다. 인터넷 신문은 초창기부터 각 기사에 게시판을 개설하여 이용자들이 댓글 형태로 의견을 개진할 수 있도록 하였다. 하지만 인터넷의 기능이 진화하면서, 이용자들은 마음에 드는 기사를 퍼나르거나, 자신이 작성한 글을 블로그에 올려 널리 전파하는 등 참여의 폭이 크게 늘어났다.

이용자들이 때로는 뉴스 생산자로서 뉴스 매체와 경쟁 관계에 접어들기도 하는데, 블로그가 이 흐름을 보여 주는 대표적인 사례이다. 블로그 중에는 직업 언론인들이 개인적으로 운영하는 것도 있고, 수많은 아마추어들도 자신의 관심 분야에 관한 블로그를 운영한다. 일부 '파워 블로거'는 직업 언론인에 버금가는 영향력을 행사하기도 한다. 미국 대통령 선거에서는 지금까지 텔레비전과 신문 등의 전통적인 매체가 의제를 주도해 왔다. 그런데 2004년 대선에서는 인터넷 블로거들이 뉴스에서 핵심적인 요소로 부상하여, 이 추세를 잘 보여 주었다.[5]

둘째, 위키피디아Wikipedia나 위키리크스Wikileaks의 등장으로 정보 유통에서 불특정 다수에 의한 집단 지성collective intelligence의 가능성이 확대되었다. 위키피디아는 불특정 다수에 의해 운영되는 온라인 백과사전 구실을 하며, 위키리크스는 익명의 내부 고발자들이 권력 기관의 기밀 정보를 폭로할 수 있게 마련된 조직이다. 과거 지식과 정보 유통의 패러다임은 학자나 언론인처럼 일부 전문 직업인의 판단과 권위에 의존했지만, 이른바 '위키' 사이트들은 누구든지 정보를 올리고 수정하는 집단 생산의 구조로 되어 있다.

셋째로는 트위터나 페이스북 등의 SNS(Social Networking Service) 혹은 소셜 미디어 social media 확산이 가져온 변화를 들 수 있다. 소셜 미디어에서는 이용자들 간에 맺어진 관계망을 통해 정보가 전파되며, 메시지들은 대개 짧은 구어체에 가까운 형식으로 작성된다. SNS를 통해 세계 각국의 사람들은 공간적, 사회적 제약을 넘어 서로 대화를 나누고, 개인적 관심사나 흥미롭게 읽은 기사, 뉴스 동영상을 공유하며, 때로는 스스로 발굴해서 만들어 낸 스토리를 전파할 수도 있다. 뉴스 이용과 확산, 참여가 대규모로 확대되면서도 개인 단위로 특성화, 차별화되는 양상으로 진화하는 데 소셜 미디어가 큰 역할을 한 셈이다.

마지막으로 주목할 만한 현상은 모바일 매체의 보급이다. 이제 사람들은 모바일을 통해 각종 매체의 폭넓은 기능들을 개인적 선호에 맞추어 선별, 재구성해서 이용할 수 있다. 과거와 달리 노동과 여가, 일상 활동 등 시간적 구분과 무관하게, 또 장소를 가리지 않고 매체를 이용할 수도 있게 되었다. 지금은 신문도 이러한 변화에 맞추어 스마트폰이나 태블릿 PC용 앱 형식으로 뉴스를 제공하고 있다.

이처럼 직업 언론인의 주도로 이루어지던 저널리즘이 점차 이용자들의 참여 중심으로 재편되는 추세를 일부 학자들은 '집단 저널리즘*collaborative journalism*'의 구현이라 부르기도 한다. 지금까지 저널리즘 영역에서는 다양한 접근 방식이 시도되었지만, 적어도 직업 언론인의 전문적 지식과 판단에 의존한다는 점은 변하지 않았다. 언론인은 소비자들에게 알릴 정보와 버릴 것을 안목 있게 골라내는 게이트키퍼*gatekeeper*로서 여론 형성에서 중요한 이슈를 결정하는 의제 설정*agenda setting* 기능을 수행했다. 하지만 이용자 중심의 집단 저널리즘에서는 이처럼 뉴스 생산자와 소비자를 구분하는 근본 전제가 허물어지고 있다.

온라인 저널리즘 공간에서는 어떤 사안에 대해 뉴스 매체뿐 아니라 누구든 글

그림 3-5
모바일용 신문 앱

을 올리고 의견과 해설, 분석도 제시할 수 있다. 비록 영향력이나 권위의 정도 차이는 있을망정 언론 매체는 이 뉴스 생태계에서 일개 구성원으로서 수많은 참여자들과 경쟁하게 된다. 이처럼 현재의 뉴스 환경에서는 직업 언론인들과 아마추어 이용자들이 서로 경쟁하고 보완하는 관계를 맺게 되었다. 물론 양자의 구분이 흐려지고 있다고 해서 전통적인 언론 매체의 존재 의미까지 사라지지는 않는다. 정보가 넘쳐나는 환경으로 접어들수록 뉴스 가치 판단에서 전문성과 권위, 철저한 사실 확인의 중요성은 오히려 더 커지고 있기 때문이다.

2. 신문 진화의 모델: EPS 곡선

지금까지 대중 매체는 수백년에 걸친 발전 과정에서 여러 차례 큰 변화를 겪었다. 가령 신문은 원래 일부 엘리트층의 전유물이었지만 점차 대중 매체로 바뀌었고, 지금은 다시 일부 층에 특화된 매체로 진화하고 있다. 이 변화 과정은 나라마다 또 매체마다 신문마다 구체적인 특징은 다르지만 대체로 공통된 유형을 찾아 이론적인 모델로 일반화할 수 있다.

신문 매체의 변화 과정은 수치로도 잘 나타난다. 어떤 매체의 보급률이 50%에 달하면 그 매체가 보편적으로 보급되었다고 보는 견해가 있다.[6] 그림 3-6에서 볼 수 있듯이 초기의 신문은 그렇게 보급률이 높지 않았는데, 그 후 신문 보급률은 급속히 상승하다가 1920년대를 정점으로 해서 다시 하강 곡선을 그리고 있다. 이러한 수치 변화 패턴은 어떤 의미가 있을까?

EPS 곡선은 보급률의 변화 외에도 매체 발달 과정에서 나타나는 여러 특징들을 고려해 이 변화의 의미를 이론화한 것이다. 이 이론은 존 메릴John Merrill과 랠프 로웬스타인Ralph Lowenstein이 처음 제시했다.[7] EPS 곡선은 매체의 발전 과정을 엘리트 단계elitist stage, 대중화 단계popular stage, 전문화 단계specialized stage의 세 단계로 파악한다.

새로운 대중 매체가 등장하면 대개 엘리트 단계에서 진화를 시작한다. 엘리트

그림 3-6. 매체별 보급률의 변화

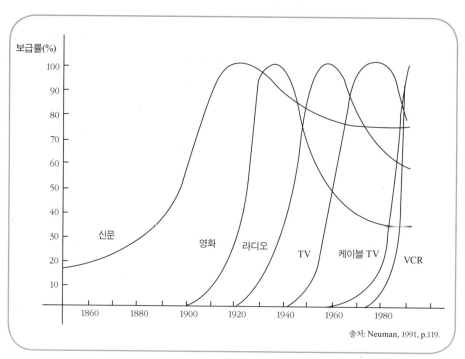

출처: Neuman, 1991, p.119.

매체의 수용자들은 소수일 뿐 아니라 교육 수준도 높고 경제적으로 여유 있는 층이 중심이 된다. 미디어 내용 역시 엘리트의 취향에 맞추어 구성된다. 하지만 이 매체가 대중화 단계에 이르면 각계 각층의 불특정 다수로 대상을 확대한다. 미디어 내용 역시 모든 계층들이 갖고 있는 취향과 관심사의 '최소 공통 분모'에 맞추어진다. 마지막인 전문화 단계에서는 매체 보급률이 점차 하락하게 되며 수용자층도 전문화, 세분화한다. 수용자층이 관심사나 취향별로 분화됨에 따라 매체의 내용 역시 신문마다 특화를 추구하게 된다.

  미디어의 역사는 이처럼 세 단계로 구분해서 파악할 수 있다. 미디어의 성격이 한 단계에서 다음 단계로 바뀌는 데 영향을 주는 요인으로는 여러 가지가 있다. 즉 사회적(수용자의 교육 수준, 여가 시간), 기술적(인쇄술과 전송 기술 등), 경제적(독자의 구매력, 미디어 시장 구조) 요인들을 들 수 있다. 미디어 역사의 단계 구분은 어떤 사회에나 똑같이 적용되지는 않는다. 한 국가 내에서도 매체마다 서로 다른 단계에 있을 수도 있다. 하지

그림 3-7. EPS 곡선

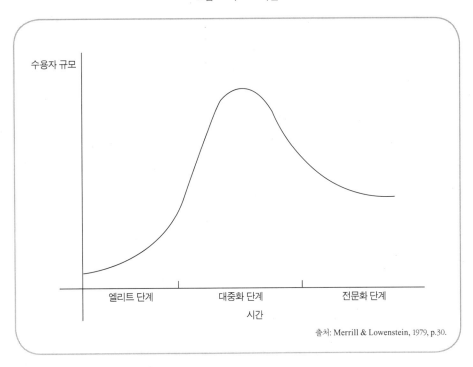

출처: Merrill & Lowenstein, 1979, p.30.

만 이 공식은 어떤 매체의 성격과 수용자층이 역사적으로 어떻게 변화해 왔는지 이해하고 현재 진행되는 변화의 의미를 파악하며, 미래를 전망하는 데 도움이 된다.

수많은 대중 매체 중 이 모델이 가장 잘 적용되는 사례는 잡지이지만, 신문도 여기에 비교적 잘 들어맞는다고 할 수 있다. 예컨대 초기의 정론지들은 엘리트 단계의 신문으로서 일부 상위 계층의 전유물이었다. 신문의 내용은 사업 관련 뉴스, 정치 연설문, 정치 소식, 서평처럼 교육 수준이 높은 사회 지도층 사람들이 관심을 갖는 소재 위주로 되어 있었다. 일반 대중들이 사보기에는 신문 값도 너무 비쌌다.

하지만 페니 신문penny press을 비롯해 값싼 신문이 잇따라 등장하면서 신문은 대중화 단계로 접어들었다. 이 무렵에는 대중들도 신문을 사 볼 수 있는 기술적, 경제적, 사회적 여건이 성숙되고 있었다. 물론 당시에도 모든 신문이 대중 수용자를 대상으로 삼지는 않았다. 몇몇 신문들은 여전히 엘리트층을 위해 신문을 만들었고 특수한 층을 대상으로 하는 신문도 있었다. 하지만 대중지 단계에는 대체로 일반 대중들도 쉽게 신문을 접할 수 있게 되었다는 뜻이다.

오늘날의 신문은 점차 전문화 단계에 접어들고 있다. 가장 중요한 원인은 방송 매체의 등장이다. 방송 매체가 등장하면서 보도의 속보성이나 오락 기능에서 신문은 텔레비전을 따라 잡을 수 없기 때문에 신문의 기능도 바뀌어야 했다. 결국 신문은 전문화, 심층화를 통해 방송 매체와 차별화를 시도했다. 잡지는 20세기 초반까지만 해도 대중적인 매체였지만 지금은 거의 모든 잡지가 전문화되었다. 잡지에 비할 정도는 아니지만 신문에서도 전문화 추세를 보여 주는 징후는 많다. 주제별로 전문화된 섹션을 낸다든지, 세분화된 구역판zoned edition을 발행한다든지 하는 현상이 그 예다. 어떤 면에서 신문은 점점 잡지를 닮아 가고 있다.

3. 신문 이전의 신문 현상

신문이라는 용어는 여러 가지로 정의할 수 있다. 첫째, 물리적 **표현 형태**라는 점에서 보면 신문은 정기적으로 발간되는 인쇄된 종이, 즉 신문지를 뜻한다. 이 기준에 따르면, 신문은 인쇄술의 발전 이후에 본격적으로 등장했다. 둘째, 신문이 커뮤니케이션의 한 형태로서 수행하는 **사회적 기능**(즉 정보 전달이나 여론 형성)의 측면에서도 신문을 파악할 수 있다. 이 관점에서 보면 지금과 같은 형태의 신문이 본격적으로 등장하기 전인 고대나 중세 시대에도 신문 현상은 발견할 수 있다.[8]

● 고대의 신문 현상　　만약 신문지라는 형태에 상관없이 정보 전달 기능을 수행한 수단을 신문으로 본다면, 로마 시대인 기원전 6년에 나온 '악타 푸블리카Acta Publica'를 신문의 시초로 볼 수 있을 것이다. 이보다 조금 늦게 출현한 '악타 세나투스Acta Senatus'나 '악타 듀르나 포퓰리 로마니Acta Diurna Populi Romani'를 꼽는 이도 있다. 이 '악타'류의 신문들은 로마 정부의 의결 사항이나 동정을 석고판에 새겨서 공고하는 관보의 성격을 띠었다.

동양에서는 로마의 악타 푸블리카와 비슷한 시기인 중국 한나라 시대에 '저보

邸報’가 등장하여 신문의 기능을 수행했다. 중국에서는 제후들이 수도에 연락 사무소를 두고 조정의 주요 결정 사항이나 명령에 관한 소식을 받아 보았는데, 이 기능을 맡은 기관을 ‘저邸’라고 불렀다. 저보는 저에서 적어 보내는 소식이라는 뜻이다. 저보는 마지막 왕조인 청대까지 조보朝報, 잡보雜報, 조보條報, 저초邸鈔, 경보京報 등 다양한 이름과 형태로 유지되면서 지배층 사이의 뉴스 전파 수단 구실을 했다.

로마와 중국에서 나타난 전근대적인 신문 현상들은 본격적인 신문 형태로 발전하지 못하고 모두 사라졌다. 특히 유럽에서는 로마 제국 멸망과 함께 기록된 신문 현상은 모두 사라졌다. 특히 중세에는 음유 시인들의 노래ballad, 순례 수도사나 상인들의 구전 등 구전 형태의 커뮤니케이션이 뉴스 전파 기능을 부분적으로 담당했을 뿐이다. 이처럼 신문이 발달하기는커녕 오히려 퇴보한 것은 아마 당시의 사회 구조에서 신문이 별로 필요하지 않았기 때문일 것이다. 중세 사회 구조는 작은 지역 단위의 자급자족적이고 폐쇄적인 농경 사회의 성격을 띠었기에 빠른 커뮤니케이션 수단에 대한 수요가 적었다.

● 서한 신문　　중세 시절에도 상업 활동이 활발한 일부 지역에서는 신문 현상이 나타나기 시작했다. 당시에는 먼 지역들을 중계하는 무역이 많았기에 다른 지역의 소식을 빠르게 접하는 일은 상업 활동에 아주 요긴했다. 바로 11세기 말에 나타난 ‘서한 신문書翰新聞’이 이 기능을 했는데, 이는 상인들이 서로 주고받는 편지 형태를 띠고 있었다. 1096년 십자군전쟁이 터지자 이스라엘 등지에 나가 있던 상인들이 이탈리아 본사에 보내는 업무용 편지의 끝에 전황 소식을 덧붙여 보내던 관행에서 서한 신문이 생겨났다. 당시에는 이를 ‘노벨레’(Novelle, Novela, 즉 news)라 불렀다. 이것이 점차 상인들뿐 아니라 일반 사람들에게도 배포되면서 14세기에는 일종의 신문 형태로 발전했는데, 사람들은 이를 ‘아비시Avvisi’라고 불렀다. 독일어에서 ‘신문’을 뜻하는 ‘차이퉁Zeitung’이라는 단어도 바로 서한 신문에서 유래했다.

● 필사 신문　　서한 신문이 인기를 끌자, 이를 베껴서 널리 판매하는 업자가 나타났다. 이렇게 해서 등장한 것이 바로 ‘필사 신문筆寫新聞’이다. 필사 신문은 13세기 무

럽에 영국에서 처음 모습을 보였는데, 그 뒤 프랑스, 이탈리아, 독일 등지에서도 필사 신문이 계속 생겨나 인기를 끌었다.

1536년 이탈리아 베니스에서 발행된 〈가제트*Gazette*〉란 필사 신문은 부정기적으로 발간되고 인쇄를 하지는 않았지만 내용이나 형식에서는 근대적인 신문에 가장 가까웠다. 지금도 서양에서는 가제트란 이름의 신문이 많은데, 이는 바로 필사 신문에서 유래했다. 필사 신문은 정치 소식을 비롯해 스캔들, 날씨, 물가 시세, 신간 서적 등에 이르기까지 다양한 내용을 다루었다. 필사 신문은 근대 신문의 내용이나 형식에도 많은 영향을 미쳤다. 필사 신문은 그 후 인쇄 신문이 등장한 후에도 한동안 존속하다가 18세기에 와서 사라졌다.

● 인쇄 신문의 등장   폐쇄적인 중세 사회가 서서히 붕괴하고 근대 사회가 형성되는 과도기에 근대 신문은 탄생했다. 중세 말에 오면 교통과 무역이 활발해지고, 계속되는 전쟁과 지리상의 대발견으로 공간적·사회적 유동성이 확대되었다. 또 계몽주의, 합리주의를 비롯해 근대적인 사상이 대두하고, 교육의 보급으로 근대적인 의식이 싹텄다. 이처럼 급격한 변화는 중세의 폐쇄적인 사회 체제를 서서히 붕괴시켰다. 즉 당시 사람들의 생활 영역과 세계관의 영역이 확대되면서 훨씬 개방적인 커뮤니케이션 매체에 대한 수요가 생겨났다.[9]

하지만 근대적인 형태의 신문이 등장하는 데 핵심적인 구실을 한 것은 바로 인쇄술의 발명이다. 독일인 구텐베르크는 1447년 서양에서는 최초로 인쇄술을 발명하여, 신문의 발달에도 결정적으로 기여했다.[10] 인쇄업자들은 그 당시 유행하던 필사 신문에서 흥미 있는 뉴스를 발췌·인쇄해서 판매했는데, 바로 여기서 인쇄 신문이 시작되었다. 최초의 인쇄 신문은 15세기 말 독일에서 나온 〈플루크블라트*Flugblatt*〉였는데, 당시의 독일 사람들은 이러한 인쇄 신문을 '노이에 차이퉁*Neue Zeitung*'이라 불렀다. 초기의 인쇄 신문은 필사 신문처럼 대개 부정기적으로 발행되었으며 내용도 필사 신문을 활자로 찍은 데 불과했다.

하지만 인쇄 신문은 16세기에 들어와 정기성을 띠기 시작했다. 인쇄업자들은 정기적으로 뉴스거리를 수집해 얇은 책자 모양의 '총서 신문叢書新聞'을 발행했는데,

그림 3-8
초창기의 주간 신문인 〈레라치온〉

이것이 정기 신문의 모체가 되었다. 총서 신문은 규칙적인 발행, 연재물 등의 이야기 거리 게재, 발행시 일련 번호 부여 등 현대 신문에 가까운 몇 가지 특징을 갖추었다. 1609년에는 독일에서 〈레라치온*Relation*〉이란 최초의 주간 신문이 등장했고, 17세기 말에는 일간 신문도 생겨났다. 근대적인 우편 제도의 실시는 이러한 전환에 결정적인 요인이 되었다. 18세기에 이르면 비로소 우리에게 친숙한 형식을 모두 갖춘 신문들이 정착되었다.

4. 서양의 신문 발달 과정

서양에서 근대적 형태의 인쇄 신문이 등장한 이후의 신문 발달 과정은 앞에서 설명한 EPS 곡선의 틀에 맞추어서 설명할 수 있다. 즉 엘리트 신문 단계, 신문의 대중화 단계, 그리고 신문의 세분화와 전문화라는 세 단계로 나누어 볼 수 있다.[11]

1) 정론지 시대 — 엘리트 단계

초창기의 신문은 근대 사회가 형성되던 격변기에 탄생하고 성장했기 때문에 자연히 정치적 성격을 강하게 띠었다. 이 무렵에는 신분제에 기반을 둔 중세 사회가 붕괴되면서 새 지배 계층이 부상하고 있었다. 따라서 귀족이나 관리들뿐 아니라 상인, 기업가 등 신흥 시민 계급이 신문의 주된 독자층을 형성했다.

시민 혁명을 통해 중세 사회를 무너뜨리고 새로운 민주주의 정치 체제를 건설하는 데 신문은 큰 몫을 했다. 시민 혁명의 성공으로 신문들은 언론 자유를 법적으로 보장받았다. 이러한 전통 때문에 근대 초기의 신문들은 정치 활동과 밀접한 관련을 맺고 있었다. 시민 혁명기 이후 쏟아져 나온 신문들은 새로운 체제 건설의 방향과 관련하여 발행인들의 정치적 견해와 입장을 적극적으로 표현했다. 즉 언론을

그림 3-9
미국 연방주의자의 정론지
〈뉴욕 이브닝 포스트〉

정치적·이념적 활동의 수단으로 활용했다는 점에서 이를 '정론지政論紙'라 부른다.

정론지는 사회 체제의 급격한 변동기에 다양한 집단들의 주장과 이해관계를 표출하는 통로 구실을 했다. 영국에서는 시민 혁명기인 17세기 중엽 국왕 지지파인 왕당파와 의회를 지지하던 의회파가 대립하던 시기에 정론지가 매우 활발하게 나왔으며, 그 후 신문은 토리당과 휘그당이 정론 대결을 벌이는 장의 구실을 했다. 미국에서도 독립전쟁기와 건국 초기 연방주의자와 공화주의자가 대립하던 시기에 정론지가 매우 활발하게 활동했다.

정론지는 엘리트 단계에 있는 신문의 전형적인 특징들을 지녔다. 가령 미국에서는 1790~1830년 사이의 신문들이 정론지 시대에 해당하는 특징을 보여 준다. 이 시대에는 신문의 종수도 적었고 판매 부수 역시 그렇게 많지 않았다. 대도시 신문들을 제외하면 부수는 많아야 1,500부 정도에 불과했다. 1년 구독료는 10달러, 한 부 가격이 6센트 정도였다. 위스키 한 병(1 pint)에 5센트 정도 하던 시절이니 6센트는 매우 큰 돈이었다. 따라서 글을 읽을 수 있고 비싼 구독료를 감당할 수 있는 상류 계층들만이 신문을 이용했다. 신문 내용도 경제 뉴스, 정치적 논쟁, 연설문, 주 의회 소식, 공식적인 공지 사항 등 엘리트층이 관심을 둘 만한 주제에 치중했다.

2) 대중지에서 황색지로 — 대중화 단계

근대 사회에 들어와 민주적 정치 체제가 정착되고 산업 혁명이 일어나면서 신문의 성격도 큰 변화를 겪었다. 이제 신문은 권력의 통제에서 벗어나 자유롭게 활동했다. 또한 도시화와 산업화로 신문의 잠재적인 독자층 기반이 대폭 확대되었다. 이제는 정치가 신문을 좌우하던 시절이 지나고 신문이 본격적인 기업으로 성장하는 단계가 시작되었다.

● 대중지의 등장   1833년 미국의 벤자민 데이Benjamin Day는 일반 대중을 대상으로 하는 신문 사업을 구상하고 〈뉴욕 선New York Sun〉을 창간했다. 이 신문이 큰 성공을 거두면서 본격적인 대중지 시대가 시작되었다. 이 신문들은 당시로선 파격적인

가격인 1센트(페니)에 판매했기 때문에 흔히 '페니 신문*penny press*'이라고 불린다. 이와 비슷한 시기에 독일, 프랑스, 영국 등 유럽 각지에서도 대중 신문이 등장했다.

대중지가 성공하기 위해서는 대량의 부수를 빠르고 값싸게 찍어 낼 수 있는 인쇄기가 있어야 하며 글을 읽을 수 있는 독자층이 넓게 형성되어야 한다. 〈뉴욕 선〉이 성공한 것은 당시 대중지 사업이 성공할 만한 여건이 조성되었기 때문이다. 우선 당시에는 인쇄 기술이 급속도로 발전해 일반인들이 신문을 부담 없이 사서 볼 수 있도록 값싸게 대량 생산이 가능해졌다. 1830년대에는 공립 학교가 설립되어 중하층에게 교육 기회가 확대되었기 때문에 문자 해독률도 급격히 높아졌다. 이 무렵에는 도시화와 산업 혁명, 정치 참여 확대로 보통 사람이 중요한 세력으로 부상하면서 넓은 신문 독자층을 형성했다.

벤자민 데이는 신문 가격을 1센트로 대폭 낮추고 내용도 일반인들의 수준에 맞추어 편집했다. 즉 어려운 정치적 논쟁 따위의 기사를 없애고 지역의 사건, 섹스, 폭력, 피처, 미담 기사 등 흥미 위주로 내용을 바꾸었다. 〈뉴욕 선〉이 성공을 거두자 제임스 베넷James Bennett의 〈뉴욕 헤럴드*New York Herald*〉나 호레이스 그릴리Horace Greeley의 〈뉴욕 트리뷴*New York Tribune*〉 등의 경쟁자가 잇따라 나타났다. 페니 신문이 성공한 이후 신문은 여러 가지 면에서 달라졌다. 이전과 달리 독자층은 계층이나 정치 성향과 무관하게 광범위한 계층으로 확대되었다. 구독료 대신 광고 수입 위주로 신문을 운영하게 된 것도 큰 변화다. 뉴스 개념 역시 빠르고 현장성이 강하며 독자들의 생활에 가까운 내용 위주로 바뀌었다. 페니 신문의 성공 이후 많은 신문이 대중지를 표방하고 나와 대중지가 전성시대를 구가하게 되었다.

● 뉴 저널리즘   대중지들이 독자층 확대와 광고 수입 확충에 노력하면서 내용에서도 많은 변화가 생겨났는데, 이렇게 해서 나타난 것이 19세기 말 영국과 미국의 뉴 저널리즘*New Journalism*이다. 이는 신문의 내용이 딱딱한 정치 기사 위주에서 벗어나 생활 주변에서 일어나는 가볍고 흥미 있는 일상적인 기사를 사진과 그림, 소제목 등을 사용해 가면서, 독자들이 흥미를 가지고 부담없이 읽을 수 있도록 구성하는 경향을 말한다. 신문들은 또한 사회적인 캠페인을 전개하고 현상懸賞이나 퀴즈물을

내는 등 다양한 방법을 동원하여 독자를 끌어들이려 노력했다. 이러한 신문 운영 방식은 신문들 간에 치열한 경쟁을 유발하였고 결국 지나치게 선정적인 옐로 저널리즘으로까지 치달았다.

● 옐로 저널리즘의 시대   1895년 허스트는 〈뉴욕 저널New York Journal〉이란 신문을 사들여 뉴욕의 다른 신문들, 특히 퓰리처의 〈뉴욕 월드New York World〉와 치열한 전쟁을 시작했다. 이렇게 해서 섹스와 폭력, 진기한 이야기, 미담 기사 등 흥미 위주의 선정적인 기사가 지면을 가득 채우게 되는데 이러한 편집 경향이 유행하던 시절을 '옐로 저널리즘yellow journalism' 시대라 부른다. 이 이름은 당시 신문에서 인기 있던 옐로 키드Yellow Kid라는 만화 캐릭터에서 따온 것인데, 지금까지도 선정적인 보도의 대명사처럼 통하고 있다.

옐로 저널리즘은 갖가지 문제점에도 불구하고 이후의 신문에 많은 영향을 미쳤다. 무엇보다 저널리즘에 활기와 생동감을 불어넣은 것은 옐로 저널리즘이 크게 기여한 부분이다. 물론 옐로 저널리즘이라고 해서 선정적인 기사에만 치중하지는 않았으며, 빈민층을 옹호하고 비리를 파헤치는 등 긍정적인 면도 많았다. 공격적 취재와 탐사 보도는 옐로 저널리즘에서 즐겨 사용하던 기법들이었다. 둘째로 옐로 저널리즘은 제목을 크게 뽑고 사진과 그래픽, 컬러 인쇄를 중시하는 과감한 편집 방식으로 이후의 신문 편집에 큰 영향을 미쳤다.

옐로 저널리즘은 그리 오래 지속되지는 않아 1900년 무렵에 시들해지기 시작했다. 그리고 〈뉴욕 타임스〉(1851년 창간), 〈워싱턴 포스트Washington Post〉(1877년 창간), 〈크리스천 사이언스 모니터〉(1908년 창간) 등의 권위지들이 나타나 그 자리를 대신했다.

20세기 초반까지 신문 업계에서는 대중지 형태가 전성기를 누렸다. 이 무렵의 신문들은 다른 거대 기업과 마찬가지로 대량 생산의 원칙에 따라 운영되었다. 따라서 경쟁력이 약한 신문이 하나둘씩 도태되면서 언론계는 점차 거대 신문사 위주로 개편되었다. 우선 신문사 운영에 많은 설비 투자 비용이 들게 되어 자본력이 약한 신문은 배겨 내기 어려워졌다. 광고주 역시 광고 효과를 극대화하기 위해 판매 부수가 가장 많은 신문을 선호했다. 대량 생산의 이점을 누리기 위해 신문 내용의 표준

그림 3—10
〈뉴욕 저널〉의 1면(1898. 2. 24)

그림 3—11
옐로 키드

화도 상당히 진전되었다. 신문사에 표준화된 기사를 제공해 주는 통신사와 신디케이트의 등장은 당시의 이러한 추세를 반영한다.

● 통신사의 등장과 발전   1835년에 프랑스의 샤를 루이 아바스Charles-Louis Havas는 아바스 통신사Agence Havas를 설립했는데, 이것이 바로 근대적인 형태를 갖춘 최초의 통신사였다. 당시는 나폴레옹이 몰락하고 유럽의 정치 판도가 급격하게 변하던 시절이어서 국제 뉴스에 대한 수요가 많았다. 그래서 이 통신사는 유럽 각지의 통신원들이 취재한 뉴스를 연락용 비둘기를 이용해 파리의 신문사와 회사들에 제공했다. 이것이 발전해서 근대 최초의 통신사인 아바스 통신사가 생겨났다.[12]

영국에서는 1851년 폴 로이터Paul Reuter가 통신사를 설립했는데, 이것이 현재 세계 4대 통신사의 하나인 로이터Reuters이다. 독일에서는 1849년 베른하르트 볼프 Bernhard Wolff가 볼프 통신사(WTB: Wolffische Telegraphen Büro)를 세웠다. 미국에서는 1849년 뉴욕 지역의 6개 조간 신문들이 공동으로 뉴욕 AP(Associated Press of New York)라는 통신사를 설립했는데, 이것이 현재의 AP 통신사로 발전했다.

1844년에 등장한 전신은 통신사의 성장을 촉진하는 요인이 되었다. 당시 전신 덕분에 신문사들은 먼 지역에서 발생한 뉴스를 빨리 보도할 수 있게 되었는데, 비싼 전신 비용은 신문사에 재정적으로 큰 부담이었다. 미국 동부의 신문사들은 특히 워싱턴과 보스턴에서 기사를 많이 송고했는데, 통신사를 설립하고 공동으로 전신을 이용해 비용을 크게 절감할 수 있었다. 그런데 이 통신사에서 송고한 기사를 같이 사용하고자 하는 신문이 점차 많아지자, 통신사 소속 신문들은 이들에게 기사를 유료로 제공하기 시작했다. 통신사 기사 덕분에 먼 내륙 지방의 군소 신문들도 대도시의 저명한 신문처럼 각지의 뉴스를 빠르게 전할 수 있게 되었다.

3) 신문의 전문화 단계

'재즈 저널리즘jazz journalism'은 1919년부터 1924년 사이에 뉴욕을 중심으로 탄생해 1920년대 말까지 유행한 저널리즘 사조이다. 대중지 시기는 바로 이 무렵에 절정에 달했다. 이 시기의 신문들은 타블로이드판 크기에 선정적인 기사, 사진, 그래픽 위주의 화려한 편집을 특징으로 한다.

그렇지만 1930년대에 몰아친 경제 공황과 함께 라디오의 등장으로 신문은 큰 타격을 받았다. 미국에서는 1935년과 1940년 사이에 신문 매체의 광고 시장 점유율이 45%에서 39%로 떨어졌다. 신문은 지역 광고와 안내 광고를 새로 개발하는 등 광고 차별화를 통해 손실을 만회하려 했다. 나아가 신문은 광고뿐 아니라 기사 내용에서도 방송 매체와 차별화를 시도했다. 이 시기에 신문은 대중지의 색채를 벗어나 전문화를 모색하는 이행기로 접어든 셈이다.

1930년대와 1940년대는 세계 경제 공황과 2차 세계 대전으로 얼룩진 정치적·사회적 격변기였다. 속보성에서 방송에 뒤지던 신문은 사건을 사실 위주로 보도하는 데 그치지 않고 해설 보도라는 보도 양식을 개발해 냈다. 신문의 해설 보도는

그림 3-12
재즈 저널리즘의 감각적인 지면 구성
〈데일리 뉴스Daily News〉 1928. 1. 13)

뉴딜New Deal 경제 정책이나 유럽의 국제 정세 같은 복잡한 사건의 의미를 쉽게 해설해 일반 독자의 이해를 도왔다. 〈크리스천 사이언스 모니터〉와 〈월 스트리트 저널〉은 특히 해설 보도와 경제 보도를 전문으로 표방하여 큰 호응을 얻었다.

2차 세계 대전 이후에는 텔레비전이 본격적으로 보급되어 신문의 위상을 위협하게 되자, 신문의 변신은 더 빠르게 진행되었다. 특히 1960년대에는 기존의 신문 보도 양식의 한계를 절감하고 대안을 모색하는 다양한 사조가 잇따라 등장했다. 주창 저널리즘advocacy journalism, 탐사 저널리즘investigative journalism, 뉴 저널리즘new journalism 등이 당시 유행하던 대표적인 조류들이다.

EPS 곡선에 따르면 현재 신문이 전문화 단계로 완전히 이행했다고 보기는 어렵다. 하지만 2차 세계 대전 이후 신문 매체에서 분화 현상은 눈에 띄게 나타났다. 오늘날 신문 업계의 특징은 다양성이라는 한마디로 표현할 수 있다. 한편으로는 대중지가 여전히 자리를 지키면서도 다른 한편으로는 틈새 시장을 겨냥해 다양한 신문 유형이 속속 나타나고 있다.

1982년에 미국에서 창간된 〈USA 투데이〉는 다매체 시대 독자들의 취향과 감각에 맞추어 새로운 대중지 형태를 선보였다. 화려한 그래픽과 컬러 사용, 짧고 간결한 기사, 정보 그래픽의 사용 등은 〈USA 투데이〉의 독특한 스타일로 도입되었지만 이제는 거의 모든 신문에서 뚜렷한 추세로 자리 잡았다. 내용에서도 생활, 레저, 문화 등 생활 기사가 증가하고 피처성 기사가 늘어나는 등 연성화軟性化가 뚜렷해지고 있다.

이와 동시에 두드러진 경향은 대도시 거대 일간지들이 쇠퇴하면서 다양한 형태의 신문이 등장하고 있다는 점이다. 예컨대 미국의 메트로폴리탄 지역에서는 교외 위성 도시에서 소규모 일간지나 주간지, 생활 정보지 등 새로운 신문 형태가 잇따라 생겨나 신문 유형의 다변화를 촉진하고 있다. 또 한 가지 전문화 추세는 대안 언론의 형태로 나타나고 있다. 미국의 사례를 보면 1960년대에 주류 언론에 대한 반발로 소외 계층이나 젊은층, 정치적 급진주의자를 위한 지하 언론이 많이 생겨났다.

대체로 신문은 다른 매체에 비해 EPS 곡선의 전문화 단계에 늦게 진입하고 있다고 할 수 있다. 하지만 신문은 대중지 시대에서 벗어나 지금은 점차 대중 신문과 전문 신문이 나란히 공존하는 시대로 접어들고 있다.

그림 3-13
〈USA 투데이〉(1982. 9. 15)

4) 국가별 신문 발달의 불균형

전 세계적으로 볼 때 현재 신문 매체는 어떤 발전 단계에 와 있는지, 지역이나 국가에 따라 신문의 현황은 어떤 특징과 추세를 보이고 있는지 살펴보자. 세계신문협회에 따르면, 2009년 기준으로 전 세계 신문의 종수는 2005년 수치에 비해 11.7% 증가했고, 부수는 5.72%가 늘어났다.[13] 전체 일간지의 종수나 부수 모두 증가하고 있어 언뜻 신문 산업의 전망이 아직도 대체로 밝은 것처럼 보인다.

　하지만 이 수치를 대륙별로, 국가별로 세분해서 살펴보면 상당히 다른 양상이 드러난다(표 3-1 참조). 우선 선진국이 많이 분포된 북미, 유럽, 오세아니아 등에서는 같은 기간 동안 신문 부수가 각각 10.62%, 7.92%, 5.58% 감소했으며, 신문 종수 역

표 3-1. 대륙별 유료 일간 신문 수와 발행 부수의 변화

	일간 신문의 수			일간 신문 부수(1000부)		
	2005년	2009년	대비(%)	2005년	2009년	대비(%)
아프리카	402	465	15.67	9.202	11,944	29.80
북미	2,100	2,098	−0.10	67,015	59,895	−10.62
남미	1,097	1,281	16.77	13,441	14,133	5.15
아시아	5,176	6,203	19.84	300,771	340,128	13.09
호주/오세아니아	87	87	0.00	3,495	3,300	−5.58
유럽	2,308	2,343	1.52	94,730	87,228	−7.92
계	11,170	12,477	11.70	488,654	516,628	5.72

출처: World Press Trends, 2010.

시 북미가 0.1% 감소, 호주는 현상 유지, 유럽은 1.52% 성장하는 데 그쳤다. 반면에 개발도상국이 많은 다른 대륙에서는 같은 기간 동안 신문 종수가 아프리카는 29.8%, 아시아 13.09%, 남미가 5.15%씩 늘어났고, 신문 부수 역시 각각 15.67%, 19.84%, 16.77%에 달하는 성장세를 보였다. 이처럼 지역별로 차별화된 양상은 국가별로 살펴보면 더 뚜렷해진다(표 3-2).

이러한 수치 분포가 신문 진화 단계에 관한 논의에 시사하는 점은 분명하다. 역사적으로 볼 때 신문은 EPS 곡선에서처럼 대체로 성장 단계에서 쇠퇴 단계로 접어드는 패턴을 보여 주지만, 이 진화 단계를 나라별로 살펴보면 나라마다 성장과 진화의 양상에 상당히 차이가 있다. 즉 선진국을 중심으로 한 일부 지역에서는 신문이 대중화 단계를 넘어 전문화 단계로 접어드는 양상을 보이는 반면, 개발도상국 등 타지역에서는 여전히 대중 매체로서 아직 빠른 성장세를 보이고 있다.

일반적인 통념과 달리 신문 산업의 퇴조는 일관된 추세라기보다는 국가별로 경제 발전 단계나 사회 상황에 따라 불균등하게 드러나고 있다. 신문 산업의 사양화는 특히 선진국일수록 뚜렷하게 나타나는 경향인 것으로 보인다. 선진국에서는 대체로 신문 보급률이 포화 상태에 달했을 뿐 아니라 다른 매체가 다양하게 등장하여 신문 시장에 상당한 타격을 주고 있다. 그래서 선진국의 신문들은 내용과 편집의 개혁,

표 3-2. 주요 국가의 일간지 수와 발행 부수 변화

	일간 신문의 수			일간 신문 부수(1000부)		
	2005년	2011년	증감률	2005년	2011년	증감율
미국	1,483	1,382	-6.8	55,657	46,717	-16.1
영국	111	108	-2.7	17,747	15,676	-11.7
프랑스	93	121	30.1	9,247	9,852	6.5
이탈리아	94	101	7.4	8,592	8,459	-15.5
일본	108	107	-0.9	52,652	48,429	-8.0
크로아티아	13	16	23.1	411	457	11.2
불가리아	60	71	18.3	558	1,262	126.2
중국	955	982	2.8	99,044	122,082	23.3
인도	1,874	4,397	134.6	78,689	109,937	39.7
이집트	15	18	20.0	3,200	4,400	37.5
브라질	538	684	27.1	6,884	8,651	25.7

출처: World Press Trends, 2010, 2012.

온라인 매체 진출, 복합 미디어 그룹 형성 등의 방식으로 어려움을 헤쳐 나가고 있으며, 이 때문에 이 나라들의 신문 현황은 다변화한 양상을 보이게 된다.

5. 한국 신문의 역사

앞에서 우리는 세계 신문의 역사를 EPS 곡선에 맞추어 살펴보았다. 그렇다면 한국에서 신문은 어떤 과정을 거쳐 발전해 왔을까? 특히 근대 이후의 시기별로 한국 신문에서 나타나는 특징들을 정리해 본다.[14]

1) 근대 신문의 출현

한국은 세계 최초로 금속 활자를 발명했고 팔만대장경을 비롯해 훌륭한 인쇄 기록물 문화를 자랑하고 있다. 조선 시대에는 조정에서 발표하는 소식을 필사해서 전하는 '조보朝報'와 같은 전근대적 신문 현상도 있었다. 그렇지만 근대적인 형태의 신문은 19세기 말 서구 문물과 접하게 되면서 비로소 출현하였다.

● 〈한성순보〉와 〈한성주보〉　　　1883년 10월 30일에 우리나라 최초의 근대 신문인 〈한성순보漢城旬報〉가 창간되었다. 이 신문은 정부 부서인 통리아문 박문국統理衙門 博文局에서 발행하는 관영 신문의 성격을 띠고 있었다. 순 한문을 사용했으며 열흘에 한 번씩 발행되었다. 하지만 1884년 개화파가 주도한 갑신정변甲申政變이 실패하면서

그림 3-14
〈한성순보〉

박문국의 모든 시설이 소실되고 〈한성순보〉는 1년 만에 폐간되었다. 이 신문은 개화파가 국민에게 세계 정세를 알리고 선진 문물을 소개하며, 과학 지식을 보급하려는 취지에서 발간했다. 이 신문은 근대 사상에 입각한 한국 최초의 근대 신문으로 인정받고 있다. 〈한성순보〉가 폐간된 후에는 14개월 만에 주간 신문 형식으로 〈한성주보漢城週報〉가 창간되어 1888년 7월까지 2년 반 동안 발간되었다.

● 최초의 민간지 〈독립신문〉　　한국에서 근대 신문은 청일전쟁 무렵부터 본격적으로 발전하게 되었다. 당시에는 동학혁명과 열강의 침략 등 급변하는 상황에서 정보에 대한 사회적 욕구가 매우 커졌다. 또 갑오개혁을 통해 한글이 공식 문자로 채택되고 근대적인 우편 통신 제도가 확충되어 신문이 성장할 수 있는 여건이 마련되었다. 이러한 배경에서 갑신정변 후 미국에 망명했던 서재필이 귀국해 1896년 4월 7일 우리나라 최초의 민간지 〈독립신문〉을 창간했다. 〈독립신문〉은 순 한글로 격일

그림 3—15
〈황성신문〉

간으로 4면을 발행하기 시작했다. 이 신문은 창간사에서 민주 사상의 함양과 자주 독립 사상을 표방하고 당시로서는 혁신적인 논조를 폈다.

● 민족주의적 민간 신문들의 활동 　〈독립신문〉의 창간 이후 독립협회 세력이 주축이 되어 〈매일신문〉(1898. 4. 9 창간), 〈제국신문〉(1898. 8. 10 창간), 〈황성신문〉(1898. 9. 5 창간) 등의 신문을 잇따라 창간했다. 이 신문들은 독립협회 운동에 참여한 다양한 계층을 각기 대변했다. 〈매일신문〉은 순 한글 신문으로 진보적 청년층을 기반으로 삼았고, 〈제국신문〉은 순 한글을 사용하여 여성 세력을 대변하는 신문으로 자처했으며, 〈황성신문〉은 국한문 혼용체를 사용하여 개신 유학적인 전통을 따랐다. 이 신문들은 제국주의 열강의 침략상을 대내외에 폭로하고 반일 여론을 조성하여 외세의 침략을 저지하려 하였다.

　1904년 러일전쟁 이후 일제는 언론 탄압을 더욱 강화했다. 1905년 강제로 을사늑약이 체결되자 〈황성신문〉의 장지연은 일제의 사전 검열을 거부하고 '시일야방성대곡是日也放聲大哭'이라는 논설로 일본에 저항하였다. 이 사건으로 장지연은 구속되고 신문은 정간을 당했다. 이러한 상황에서 영국인 베델이 발행하는 〈대한매일신

그림 3-16. 〈대한매일신보〉의 편집국

보〉가 민족 운동의 중심으로 활약했다. 베델은 외국인이어서 일본의 탄압이 이 신문에는 직접 미치지 못했다. 하지만 일본은 1907년 국채보상기금 횡령 사건을 조작하여 양기탁을 구속했고, 이듬해 베델을 추방했다. 나아가 일본은 1907년 7월 광무 신문지법光武新聞紙法을 공포해 언론 탄압의 제도적 토대를 마련했다.

2) 식민지 시대의 신문

1910년 일본은 한국을 강제로 합방하면서 일부 총독부 기관지만 남기고 모든 신문을 폐간시켰다. 이 때문에 〈매일신보〉와 〈경성일보〉, 영자지인 〈서울 프레스*The Seoul Press*〉 등의 기관지와 일본인이 발행하는 신문 몇 가지만 남고 조선인들의 신문은 모두 사라졌다.

● 문화 정치와 민간지의 창간   1919년 3·1운동 이후 일제는 강압 통치에서 이른바 '문화 정치'로 전환하는데, 이 정책의 일환으로 민간지 발행을 허용했다. 이렇게 해서 1920년 조선총독부는 〈조선일보〉와 〈동아일보〉, 〈시사신문〉의 3개 일간지 창간을 허가하였다. 당시 〈조선일보〉와 〈동아일보〉는 민족지를 표방했으나 이들의 친일성 여부는 아직 큰 논란거리로 남아 있다. 초기에는 일제의 언론 통제도 그리 엄격하지 않아서 명백하거나 직접적인 항일 기사 외에는 대체로 가혹한 탄압을 가하지 않았다. 그래서 이 신문들은 초기에는 총독부에 비판적인 논조를 폈고, 몇 차례 발매 금지와 정간 처분을 당하기도 했다.

● 일제 말기의 신문   1930년대 이후 일제가 전시 체제에 들어가면서 언론에 대한 탄압도 더욱 가혹해졌다. 신문사들은 자체 검열을 강화했고 이 때문에 1930년대 이후로는 총독부에 의해 압수 처분을 받은 기사 건수가 현저히 줄어들었다. 그러다가 몇몇 기자와 인쇄공이 감행한 '일장기 말소 사건'을 계기로 〈동아일보〉는 무기 정간을 당했다. 1937년 6월 속간호를 내면서 〈동아일보〉는 그간 표방한 민족지의 깃발을 내리고 '대일본 제국의 언론 기관'으로서 조선 통치의 일익을 담당하겠다고

그림 3-17
창간 무렵의 〈조선일보〉

서약하였다. 이를 계기로 다른 민간지들도 적극적인 친일 논조로 선회했다. 하지만 일제는 1937년 중일전쟁을 일으킨 후 언론 통제를 더욱 강화했고, 1940년 8월 〈동아일보〉와 〈조선일보〉는 총독부의 강요로 폐간되었다. 이로써 일제하 민간 언론의 시대는 막을 내렸다.

3) 해방 후의 신문

● 해방 후의 이념 투쟁기(1945~1948)　　1945년 8월 15일 해방과 더불어 신문은 다시 활기를 띠기 시작했다. 수많은 정치 단체가 생겨나 언론 매체를 통해 다양한 이념과 주장을 펴기 시작하면서 정론지 시대가 본격적으로 도래하였다. 이 무렵에는 인쇄 시설이나 신문 용지도 부족하고 문자 해독률도 낮아 여건은 매우 열악했으나 언론 자유에 대한 욕구는 높았다.

그림 3-18
〈조선인민보〉 창간호

해방 직후의 상황에서 먼저 활동을 시작한 것은 좌익 신문들이었다. 좌익 세력은 1945년 9월 8일 〈조선인민보〉를 시작으로 〈해방일보〉와 〈중앙신문〉을 창간했다. 우익 진영에서도 곧 〈민중일보〉, 〈동신일보〉, 〈자유신문〉, 〈신조선보〉 등이 창간되었으나 부수나 영향력에서 좌익 신문을 능가하지는 못했다. 하지만 미군정의 후원하에 이승만의 귀국과 한민당의 창당 등으로 우익이 세력을 확장하면서 언론에서도 좌우 이데올로기 대립이 격화되었다. 특히 1945년 말부터 신탁통치안을 둘러싸고 좌익과 우익 신문은 첨예하게 대립했다.

이런 상황에서 1946년 5월 29일 미군정은 법령 제88호를 공포하여 신문 등 정기 간행물의 허가제를 실시하였다. 미군정은 정기 간행물의 신규 허가를 중지하고 발행 실적이 부진한 정기 간행물은 허가를 자동적으로 취소하는 조치를 취했다. 이 조치는 신문 용지난을 이유로 내세웠으나 사실상 좌익 언론의 세력을 차단하기 위한 것이었다. 미군정의 정책 때문에 좌익 언론은 대부분 자취를 감추었다.

● **자유당 정권 시대의 신문(1948~1960)**　　　1948년 정부가 수립되자 좌익 세력은 불법화되고 이를 찬양·지지하는 언론 활동도 금지되었다. 그동안 열세에 있던 우익 신문은 주도권을 회복하고 본격적으로 성장하기 시작했다. 언론계가 점차 안정기로 접어들면서, 신문들은 좌우 이념 대신에 정부 정책에 대한 논조에 따라 '야당지,' '여당지,' '중립지' 등으로 구분되기 시작했다.

특히 〈동아일보〉와 〈경향신문〉은 대표적인 야당지로서 정부에 비판적인 논조를 취했다. 자유당 정권은 여러 가지 방식으로 야당지를 통제하려고 시도했다. 1952년의 '출판물법안'을 비롯한 언론 규제법들을 통과시키려 한 것이나, 1955년 '괴뢰傀儡'라는 글자의 오식을 문제 삼아 〈동아일보〉에 정간 처분을 내린 일, 1959년 〈경향신문〉을 폐간시킨 일 등이 대표적인 사례들이다. 이에 야당지들은 정부 탄압에 공동으로 맞서 싸웠는데, 1957년 '한국신문편집인협회'는 이런 맥락에서 결성되었다. 당시 신문들은 자유당의 탄압 속에서도 정부에 비판적인 논조를 유지했고, 이 때문에 그 후 4·19혁명에서도 중요한 몫을 했다.

미 군정기에 비해 신문들의 이념적 차이는 줄었지만, 정론지 시대는 이 무렵에도 새로운 형태로 이어졌다. 당시 신문들은 자본도 영세하고 광고 시장도 발달하지 않아 기반이 매우 취약했다. 전체 수입 중에서 광고 수입의 비율이 20~30%에 불과해 주로 구독료에 의존할 수밖에 없었다. 특히 야당지들이 경쟁적으로 정부 비판적 논조를 펼친 것은, 신문 판매에만 의존할 수밖에 없는 당시의 경제적 조건에서 유래했다고 보는 견해도 있다.

● **4·19혁명과 언론 자유기(1960~1961)**　　　4·19혁명으로 신문들은 본격적으로 자유를 누리게 되었다. 정부는 1960년 7월 1일 '신문 및 정당 등의 등록에 관한 법률'(법률 제553호)을 공표해 정기 간행물에 대한 허가제를 폐지하고 등록제를 실시했다. 이리하여 전국 각지에서는 각종 신문, 통신, 잡지들이 우후죽순처럼 생겨났다. 4·19 전에는 41종에 불과하던 일간 신문이 1961년 초에는 112종으로 늘어났으며, 주간

신문이나 잡지 따위의 다른 정기 간행물도 이 기간 동안 2배 내지 3배로 늘어났다.

● 박정희 정권과 신문의 기업화 시대(1962~1979)　　1961년 5월 쿠데타로 집권한 군사 정부는 '언론 기관 정화'라는 명분으로 신문·통신사 시설 기준령을 제정해 수많은 언론사를 폐쇄했다. 이듬해 군사 정부는 '언론을 기업으로 육성하고 그 내용을 향상'시킨다는 요지의 언론 정책을 발표했는데, 이것은 이후에도 박정희 정권의 정책 기조가 되었다. 박정권은 언론 통제의 제도적 장치를 마련하면서도 동시에 갖가지 재정적 지원과 혜택을 베풀어 언론이 기업으로 자리 잡을 수 있게 유도했다.

　　정부의 지원 정책과 경제 성장에 힘입어 이 기간에 여러 신문사들은 기업으로서 급성장했다. 신문사들은 정부에서 차관을 저리로 받아 고속 윤전기를 도입하고 사옥을 신축하는 등 기업으로 성장할 수 있는 토대를 쌓았다. 1960년대에 신문들은 당시 경제 성장률의 두 배가 넘는 연 20%선의 성장세를 유지했다. 이처럼 언론 기업이 급성장하면서 내용에서도 상업주의 경향이 두드러지기 시작했다. 1965년 5월 창간된 〈신아일보〉는 아예 처음부터 상업주의를 표방했다.

　　그러나 신문이 기업으로서 날로 성장하고 있었음에도 신문의 자유는 오히려 갈수록 위축되었다. 박정희 정권은 군정 연장과 대통령 선거, 한일회담 등을 거치면서 비판적 논조의 신문들에 대한 탄압을 서서히 강화하였다. 1964년에는 한일회담에 반대하는 언론을 규제하기 위해 '언론윤리위원회법' 제정을 시도하였다. 이 시도는 언론계의 격렬한 반대 운동 때문에 철회되었지만 언론계에 큰 충격을 주었다.

　　잇따른 정부 탄압에 언론이 무기력한 태도를 보이자 언론에 대한 사회적 불신과 비판도 높아갔다. 이러한 분위기 속에서 1971년 4월 일부 언론사 기자들을 중심으로 언론자유수호선언이 나왔다. 유신 체제하에 들어간 1974년에는 〈동아일보〉와 〈한국일보〉에서 노조가 결성되었다. 특히 1974년 10월 〈동아일보〉 기자들은 '자유언론실천선언'을 발표하고 정부의 언론 탄압에 저항했다. 그러나 정부는 '동아일보 광고 사태'라 불리는 광고 탄압으로 압력을 가했고, 여기에 사주 측이 굴복해 기자들의 언론자유수호운동은 실패로 끝났다. 〈동아일보〉와 〈조선일보〉는 운동에 참여한 기자들을 대량으로 해고했고, 이들은 '동아자유언론수호투쟁위원회'와 '조선자

그림 3–19
〈동아일보〉 광고 사태 때의 지면(1975. 1. 11)

유언론수호투쟁위원회'를 결성해 재야에서 언론 운동을 계속했다. 이 중 상당수는 1988년 〈한겨레신문〉 창간의 주도 세력이 되었다.

● **언론 통폐합과 사실상의 카르텔 시대(1980~1987)**   1979년 10월 박정희 대통령의 사망 이후 터져 나오기 시작한 민주화 요구를 무력으로 누르고 집권한 전두환 정권은 정치적 정당성의 공백을 메우기 위한 수단으로 언론을 이용했다. 5공 정권은 1980년 언론사 통폐합과 언론인 대량 해직, 보도 지침 등 갖가지 방식으로 언론 통제를 강화했다. 5공 정권은 한편으로는 언론을 억압하면서도 다른 한편으로는 임금과 후생 복지 등 언론인의 노동 조건을 개선하고 언론사에 세금 혜택을 주는 유화책도 구사했다.

　　기업의 측면에서 볼 때 언론 통폐합 조치는 인위적으로 언론사 수를 줄이고 지

표 3-3. 1980년 신문·통신사 통폐합 현황

구분	통폐합 대상 신문	처리 현황
중앙지	〈신아일보〉	〈경향신문〉에 통합, 폐간
	〈서울경제신문〉	〈한국일보〉에 통합, 폐간
	〈내외경제신문〉	〈코리아 헤럴드〉에 통합, 폐간
	〈현대경제신문〉	전경련에서 인수, 〈한국경제신문〉으로 재개
지방지	〈국제신문〉	〈부산일보〉에 통합, 폐간
	〈영남일보〉	〈매일신문〉에 통합, 폐간, 〈대구매일신문〉으로 재개
	〈경남일보〉	〈경남매일〉에 통합, 폐간, 〈경남신문〉으로 재개
	〈전남매일신문〉	〈전남일보〉에 통합, 폐간. 〈광주매일〉로 재개
통신사	동양·합동통신	양사 통합, 연합통신으로 발족
	시사통신	연합통신에 통합, 폐간
	경제통신	연합통신에 통합, 폐간
	실업통신	연합통신에 통합, 폐간

출처: 한국기자협회·80년 해직언론인협의회 공편, 1997, p.97.

방지 시장을 지역 단위의 독점 구조로 개편했기 때문에 언론사들이 급성장하는 데 유리한 여건을 마련했다. 이 기간에 신문들은 실질적인 카르텔 체제하에서 성장을 거듭했고, 1980년대 중반 이후에는 순 이익 100대 기업 중에 신문사가 포함될 정도로 견실한 산업으로 발전했다.

4) 시장 경쟁 시대의 신문

1987년 '6·29선언' 이후 6공 정부가 들어서면서 신문 업계에도 큰 변화가 일어났다. 신문 발행이 자유화되자 1980년 언론 통폐합 때 폐간된 신문들이 복간되고 새로운 신문도 많이 생겨나, 신문 종수가 크게 늘어났다. 당시 공보처에 등록된 일간지 숫자가 1985년에는 30종에 불과했지만 1990년에는 85종, 1995년에는 148종으로까지 늘어났다. 그렇지만 신문 창간 열기가 다소 완화되고 치열한 경쟁 때문에 경영난을 겪는 언론사들이 생겨나면서 1995년을 정점으로 성장세가 다소 둔화되었다.

그림 3-20
〈한겨레신문〉 창간호(1988. 5. 15)

이러한 변화 속에서 자연히 5공 시절의 카르텔 체제는 무너지고 언론계는 이른 바 '무한 경쟁' 시대로 접어들었다. 거의 비슷비슷한 보수지 일색이던 언론계에 1988 년 〈한겨레신문〉이란 진보적 신문이 등장한 것도 중요한 변화다. 〈한겨레신문〉은 한 글 전용과 가로쓰기를 채택하고 국민주 형식의 소유 구조와 편집국장 직선제를 도 입하여 신문사 운영에서 새로운 바람을 일으켰다. 이 무렵 신문사들은 CTS를 비롯 한 시설 투자와 지면 개혁, 증면, 판매망 확충 등으로 경쟁력을 강화하려 노력했다. 경쟁이 치열해지면서 일간 신문뿐 아니라 주간지나 무료 신문 등 신문의 유형도 다 양해져 소비자의 선택도 크게 확대되었다.

하지만 수많은 신문의 진입과 경쟁으로 시장이 포화한 상태에서 이제는 정치적 통제보다 자본의 영향력이 언론 자유를 위협하는 주된 요인으로 부상하고 있다는 우려도 커졌다. 시장 경쟁에 따른 여러 가지 문제점도 드러났다. 우선 한국 신문업계 는 〈조선일보〉, 〈중앙일보〉, 〈동아일보〉 등 3개 신문의 시장 독점이 심하여, 여론의 다양성을 위협하고 있다는 비판의 소리가 높아지고 있다. 또한 신문의 수는 늘어났지만, 내용의 차별성과 이념적 다양성은 여전히 미흡하다는 지적도 있다.

5) 포털의 등장과 종이 신문의 위기

시장 자유화와 더불어 신문은 산업으로서 급속하게 성장하였지만, 이러한 성장기는 그리 오래 지속되지 않았다. 특히 1997년 IMF 경제 위기가 신문 산업에 큰 타격을 입혔을 뿐 아니라, 이 무렵 보급되기 시작한 인터넷은 곧 신문의 기반을 위협하는 경쟁 매체로 부상했다. 신문 시장에서 종이 신문들의 침체가 계속되는 동안에, 신문과 비슷한 콘텐츠를 제공하는 온라인 매체가 속속 등장하였다.

특히 주목할 만한 변화는 바로 포털의 등장이다. 포털의 확산은 세계적인 흐름이긴 하지만, 국내에서는 네이버와 다음 등 토종 포털의 약진이 두드러져 구글Google이나 야후Yahoo 등 세계적인 기업을 밀어내고 대표적인 포털 사이트로 자리잡았다. 포털은 정보 검색이나 토론방, 블로그, 쇼핑 등 다양한 기능을 갖추었을 뿐 아니라 여러 신문들의 기사를 선별하여 제공하는 뉴스 매체 기능도 겸하고 있다.

이에 따라 뉴스 접촉을 포털에 주로 의존하는 이용자들이 급속하게 늘어났다. 2010년에 한국신문협회가 인터넷 뉴스 서비스 이용자들을 대상으로 조사한 결과, 포털 이용 시간이 한 주에 평균 29.3분인데 비해, 신문은 15.8분(종이 신문 12.4분, 온라인 신문 3.4분), 방송 역시 3.7분에 그쳤다.[15]

포털은 기업으로서도 경이로운 성장세를 보여, 신문이나 방송 등 전통적인 대중 매체의 위상을 위협하고 있다. 그림 3-21에서 보듯이 국내 포털의 평균 매출액은 종합 일간지를 이미 2005년에 추월했고, 그 격차는 해마다 커지고 있다. 포털 중에서는 특히 네이버의 독주가 두드러진다. 2010년도 광고 시장 매출액 기준으로, 네이버는 매출액이 1조 1000억 원으로 지상파 방송사나 중앙 일간지 등 모든 경쟁 매체를 제치고 1위를 차지했는데, 이는 전체 온라인 광고 시장(1조 5800억 원)의 70%, 국내 전체 광고 시장(약 8조 원)의 14%에 달하는 수치이다. 네이버의 광고 매출액은 3대 종합 일간지인 〈조선일보〉(2500억), 〈중앙일보〉(2100억), 〈동아일보〉(1800억 원)의 광고

그림 3-21. 국내 10대 종합 일간지와 5대 포털의 평균 매출액 추이 비교

그림 3-21. 국내 10대 종합 일간지와 5대 포털의 평균 매출액 추이 비교

(억 원)

- ● 10대 종합 일간지 평균 연간 매출
- ■ 5대 포털 평균 연간 매출

	2003	2004	2005	2006	2007	2008
10대 종합 일간지	1,592	1,526	1,536	1,693	1,715	1,413
5대 포털	551	1,264	1,751	2,690	3,538	4,497

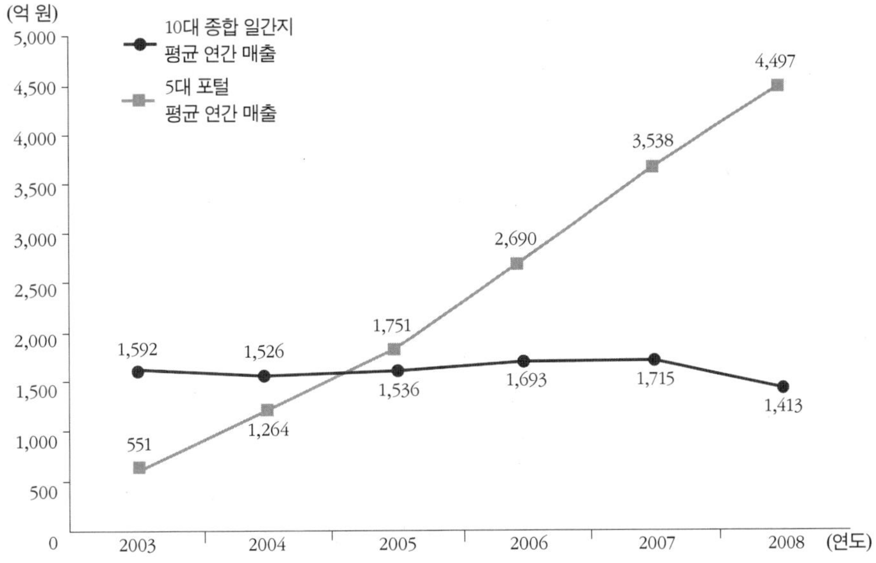

출처: 장호순, 2012, p.173.

매출액을 합한 액수보다 높다.[16]

정작 기사 콘텐츠를 생산, 공급하는 신문은 고전하고 있는 반면에 포털은 시장에서 약진을 거듭하고 있다. 모바일 앱 분야에서도 네이버는 압도적인 1위를 차지하고 있다. 하지만 2011년 스마트폰의 앱 이용 시간 조사에 따르면 사람들이 가장 오랫동안 이용하는 앱은 모바일 메신저인 카카오톡(77.4%)으로 2위인 네이버 앱(8%)의 9배에 달했다. 카카오톡의 이용자 점유가 실제 매출액으로 이어지지는 않았지만, 이는 모바일 시장에서 강자인 포털의 미래 역시 아직 불안정하다는 점을 보여 준다.[17]

물론 신문이 앞으로도 계속 주요한 저널리즘 매체로서 기능할 것임을 부인할 수는 없다. 하지만 신문은 종이 일변도에서 벗어나 점차 인터넷이나 모바일 등 온라인으로 확장된 유통 방식에서 활로를 찾아야 할 것이라는 예측이 나오고 있다.

6) 한국의 신문 현황과 진화 과정의 특징

한국 신문은 19세기 말 이래로 극적인 역사적 환경 변화 속에서 부침을 겪어 왔다. 앞서 언급한 EPS 곡선으로 이러한 변화의 특징을 설명하기는 쉽지 않아 보인다. 한국 신문의 역사는 대부분 한국 정치의 굴곡에 따라 성격이 규정되었으며, 1987년 이후에 와서야 신문이 본격적인 산업으로서 진화하기 시작하였기 때문이다. 즉 한국에서는 EPS 곡선에서 매체 발전 단계의 형성에 영향을 미치는 사회적 환경 요인들이 서양과 상당히 다르다는 것이다.

서양에서 신문은 민주주의와 함께 성장해 왔다. 어떤 면에서 신문은 정치 민주화의 진행 정도를 가늠하는 척도가 된다. 하지만 한국에서 민주주의란 오랜 식민지 경험과 분단, 권위주의 시대를 거치면서 서서히 정착되었으며, 신문에 대한 통제도 비교적 최근에 와서야 크게 완화되었다. 과거 권위주의 시절에는 정부가 신문의 내용을 통제했을 뿐 아니라 새로운 신문이 생겨나지 못하도록 시장 억제 정책도 폈다. 이 때문에 신문의 성장이 인위적으로 억제되어 있다가 1987년 이후 정치 민주화를 계기로 독자들이 신문을 선택할 수 있는 범위가 크게 확대된 것이다.

하지만 신문이 산업으로서 자유롭게 경쟁하기 시작한 시기가 상대적으로 늦었기 때문에, 본격적인 성장기에 접어들기도 전에 인터넷이나 모바일 등 새로운 기술적, 경제적 환경에서 강력한 경쟁 매체들을 만나게 되었다. 한국 사회에서 주요 신문에 대한 신뢰도가 매우 낮은 것도 어려움을 가중하는 요인인데, 이는 어쩌면 한국 신문이 오랜 민주화 투쟁과 자기 정화 과정을 거쳐 독립성과 권위, 신뢰라는 직업 전통을 축적할 수 있는 시기를 갖지 못한 것과 무관하지 않다. 어떤 면에서 현재 한국 신문의 위기는 바로 이처럼 한국 언론 특유의 온갖 문제점들이 집약한 결과로 나타났다고 해도 좋다.

1. EPS 곡선에 비추어 신문 산업의 기술 발달 과정을 설명해 보라.

2. 전신과 컴퓨터는 뉴스 보도 양식에 많은 영향을 주었다고 한다. 이 두 테크놀로지가 신문에 미친 영향은 어떤 점에서 비슷하고 어떤 점에서 다른지 비교해 보라.

3. 만일 신문사가 정보 사업에 진출한다면 다른 기업에 비해 어떤 장점과 단점이 있는가?

4. 옐로 저널리즘은 언론 보도의 부정적인 측면을 이야기할 때 거의 단골 메뉴처럼 등장한다. 옐로 저널리즘이 현재의 신문에 어떤 영향을 미쳤다고 생각하는지, 또 그중에서 긍정적인 측면은 없는지 서술해 보라.

5. EPS 곡선의 각 단계에서 신문의 주 독자층은 어떻게 이루어져 있으며, 어떤 특징을 갖고 있는지 비교해 보라.

6. 한국 신문의 발달 과정에 EPS 곡선을 적용할 수 있을까? 만약 적용이 된다면 서양의 사례와 비교해 어떤 점이 비슷하고, 어떤 점에서 차이가 있다고 생각하는가?

7. 우리나라에서는 일찍부터 인쇄술이 발달했을 뿐 아니라 '조보'와 같은 전근대적인 형태의 신문도 있었다. 그런데 이것들이 왜 근대적인 형태의 신문으로 발전하지 못했다고 생각하는가?

4장

조직으로서의 신문

종이 신문 한 부가 우리 손에 들어오기까지에는 수많은 작업들이 필요하다. 사건을 취재해 기사를 작성하고 지면을 편집하며, 인쇄, 배달하는 작업뿐 아니라 광고로 비용을 조달하며, 인력과 공간, 정보를 관리하는 일까지도 신문사 운영에 필수적인 기능이다. 그래서 신문사는 넓은 공간에 많은 인력과 시설을 갖춘 큰 조직으로 되어 있다. 또한 오늘날 신문은 모든 내용을 자체 생산하지 않고 일부를 외부에서 조달하기 때문에, 통신사나 신디케이트라는 외부 조직도 필요하다.

그런데 수많은 기자들이 회사 바깥으로 돌아다니며 일한다는 점만 보아도 알 수 있듯이 신문사는 다른 업종의 조직에 비해 특이한 점이 많다. 그렇다면 신문사 조직은 어떻게 구성되어 있으며, 어떻게 운영되고 있을까? 그리고 이러한 특징은 왜 생겨났을까? 이 점을 염두에 두고 4장에서는 다음과 같은 문제를 살펴본다.

- 신문사 조직에는 다른 업종에 비해 어떤 독특한 특징이 있는가?
- 신문사는 어떠한 조직 구조를 갖추고 있으며, 이 구조가 생겨난 이유는 무엇일까?
- 신문사의 구체적인 조직 형태에 영향을 미치는 요인들은 무엇인가?
- 디지털 환경에서 신문사의 조직은 어떻게 바뀌고 있는가?
- 신문은 시간적 제약을 받는 업종이다. 이에 대응해 신문은 어떤 조직 구조와 작업 관행을 갖고 있는가?
- 취재 방식에 따라 신문사 조직의 분업 구조는 어떻게 달라지며, 각 방식의 장단점은 무엇일까?
- 통신사나 신디케이트는 왜 필요한가?

1. 신문사의 조직

1) 신문사 조직의 특수성

우리는 흔히 신문에 관해 언급할 때 마치 신문이 독자적인 의지를 가진 인격체인 것처럼 가정하는 경향이 있다. 예컨대 언론이 사명감이나 책임 의식을 지녀야 한다든지 하는 주장이 여기에 속한다. 실제로 18~19세기만 하더라도 신문은 몇몇 사람이 개인의 사상과 주장을 펴던 수단이었다는 점에서 꼭 틀린 말은 아니다. 하지만 오늘날 언론은 복잡한 의사 결정 체제를 갖춘 거대 조직이다. 신문의 논조를 비롯해 구체적인 행위는 조직 내부의 여러 부서와 직책 사이에서 작용하는 메커니즘에 의해 결정된다. 신문사 조직의 특성은 신문 내용에도 많이 반영된다.

신문은 세상에서 일어나는 뉴스를 수집하여 독자들에게 정기적으로 제공한다. 이 기능이 워낙 중요하기 때문에, 신문은 공공성을 지닌 조직으로 인정받고 있다. 하지만 신문은 이 서비스의 대가로 이윤을 추구한다는 점에서 하나의 기업이기도 하다. 공공성과 기업성을 동시에 지니며, 전문인들로 구성된 전문 조직이라는 점은 신문사 조직을 다른 조직과 구별짓는 대표적인 특성이다.[1]

(1) 공공성

신문은 매일 사회 구석구석에서 정보를 수집해 독자에게 제공하고 여론을 주도하는 공적인 기능을 하기 때문에, 우리 사회에 필수적인 기관이다. 싫든 좋든 신문의 활동은 사회 전반에 엄청난 파급 효과를 낳는다. 그래서 신문사는 법적으로는 일개 기업에 불과한데도 상당한 특권과 함께 무거운 사회적 책임을 진다.

민주주의 국가에서 신문은 오로지 직업적 지식과 판단에 따라 자율적으로 활동하는 것이 원칙이다. 특히 정부와 권력 집단의 행동을 감시하고 비판하는 일은 신문의 가장 중요한 임무다. 정도의 차이는 있지만 이 속성 때문에 어떤 정권이나 권력 기관이든 언론에 대해 불만을 갖게 될 수밖에 없다. 하지만 아주 사소한 일이라 할지라도 정부가 언론에 간섭하려 한다면 정치적으로 큰 논란을 불러일으킬 소지가 있다. 가령 세무 조사는 정부가 모든 기업에 대해 일상적으로 벌이는 조사 활동이며, 신문도 탈세 혐의가 있을 때에는 세무 조사를 받는다. 그런데 이러한 조사마저도 자칫하면 언론에 대한 압력 행사로 비칠 우려가 있기 때문에 어떤 정부든 신중한 자세를 취하게 된다.

신문은 이와 같은 특권적 지위와 함께 막중한 윤리적·사회적 책임도 진다. 신문이 지나치게 이윤만 추구해 자신의 임무를 게을리할 때에는 그것이 법적으로는 아무런 문제가 없을지라도 사회적으로 많은 비판을 받게 된다. 언론에 대해 사회적 관심이 유달리 높고, 언론의 윤리적 처신이 중요한 것은 바로 신문이 갖는 공정성 때문이다.

(2) 기업성

자본주의 사회에서 신문사들은 대부분 구독료와 광고 수입으로 운영되는 기업이다. 물론 공공성을 생명으로 하는 신문이 기업으로 운영된다고 해서 반드시 나쁘게 볼 수만은 없다. 신문이 정치 단체의 기관지처럼 외부 지원에 의존하지 않고 독자적인 수입으로 운영되면, 외부 세력의 영향을 받지 않고 제 목소리를 낼 수 있는 장점도 있기 때문이다.

하지만 신문이 기업으로서 이익을 좇다 보면 독자들에게 영합하여 본래의 기능을 망각하는 부작용을 낳을 수도 있다. 최근 신문이 지나친 상업주의로 흘러 신문의 공공성을 위협한다는 우려의 목소리가 높다. 이것은 신문의 초창기에 비해 오늘날의 사회 환경이 엄청나게 달라졌기 때문이다. 초기에 신문 사업은 소수의 사람들이 운영하던 가내 수공업 수준에 불과했다. 그러나 지금은 신문사를 차리려면 대기업에 버금갈 만큼 엄청난 자금이 든다. 신문사를 유지하기 위해서는 많은 독자를 확보해 수입을 올려야 한다. 이러다 보니 시장 경쟁이 치열해지면서 작은 신문들이 도산하고 거대 기업만 살아남는 추세가 두드러지게 나타났다. 결국 신문의 기업성이 자칫 신문 본연의 임무나 공공성을 위협할 위험이 커진 것이다.

(3) 전문인들로 구성된 조직

신문이 대기업으로 성장하면서 자연히 경영진의 영향력이 커졌다. 이러한 변화는 편집자와 기자들의 직업적 판단에서 자율성의 범위를 위축시킬 것이라는 우려를 낳고 있다. 즉 좋은 신문을 만드는 일과 신문 기업을 잘 경영하여 수익을 올리는 일이 서로 갈등을 일으킬 수도 있게 되었다. 그래서 민주주의 국가의 신문사에서는 경영진이 편집국의 취재 보도 활동에 개입하지 않는 것이 원칙이다. 이는 본질적으로 수익성을 중시하는 경영진이 편집의 원칙과 독립성을 침해하지 않도록 하기 위한 조치다. 많은 언론사에서는 경영진이 편집 업무에 간섭해 기자들의 직업적 원칙을 훼손하지 않도록 '편집권'을 보장하는 제도적 장치가 마련되어 있다.

이처럼 신문사 조직은 구성원들에게 상당한 자율성을 부여해 전문 직업의 특수성을 존중해 주고 있다. 즉 비록 기자 직업이 의사나 변호사처럼 전문적인 자격증을 갖추지는 않았지만, 언론이 갖는 독특한 중요성(윤리성, 사회적 책임, 영향력) 때문에 기자 직업의 자율성을 사회적으로 인정해 주고 있다. 실제 신문을 만드는 언론인의 직업적 자율성은 그 자체가 존중받아야 할 중요한 가치로 인식되고 있다. 물론 기자들의 독립성을 보장하는 일은 신문사의 기업성과 공공성을 조화시켜 좋은 신문을 만들기 위해서도 필요하다.

2) 신문사의 조직 형태

역사적으로 보면 초창기의 신문은 발행인 혼자서 편집, 인쇄, 관리까지 도맡아 하던 소규모 조직이었다. 하지만 오늘날 신문은 수많은 인력을 필요로 하는 거대 조직으로 성장했다. 이들의 작업을 효율적으로 관리하기 위해 신문사에 특유한 조직 형태가 만들어졌다. 신문사의 종류나 규모에 따라 구체적인 조직 형태는 다양하지만, 신문사마다 거의 공통되는 요소들이 있다.

(1) 일반적인 조직 구조

신문사에는 크게 세 종류의 부서가 있다. 신문사마다 구체적인 편제나 명칭은 다를 수 있지만, **편집, 제작, 경영**은 가장 기본적인 부서들이다. 편집 부서가 신문의 내용을 생산하는 곳이라면, 제작 부문은 그 내용을 신문이라는 상품으로 만들고, 경영 부문은 그것을 배포, 판매하는 일을 맡는다.

편집 부서는 뉴스를 취재해 기사로 작성하고 편집하는 업무를 맡는 곳이다. 제작 부서는 보통 제작국으로 불리는데, 편집국에서 작업한 것을 판형으로 만들어 인쇄하는 일을 담당한다. 여기서 지면의 판형을 뜨고 윤전기에 걸어서 신문을 뽑아낸다. 광고국과 판매국은 경영과 관련된 부서들이다. 판매국은 신문의 보급과 판촉을 담당하는 부서인데, 판매 전략을 수립하고 전국의 보급소(지국)를 관리하며 가판 업무를 관리하는 일은 판매국의 중요한 임무다. 광고국에서는 광고와 관련된 업무를 도맡아서 한다.

이상에서 살펴본 편집, 제작, 영업 부문은 모두 신문사를 운영하는 데 필수적인 기능들이지만 신문사마다 모든 부서를 반드시 갖출 필요는 없다. 일부 신문사에서는 편집국에서 맡던 교열 작업을 외부 기관으로 분리해서 하청 주고 있다. 여건에 따라서는 제작 기능까지 외부에 위탁할 수도 있다. 취재 부서들은 편집국에서 가장

그림 4-1. 〈경향신문〉의 조직 구조

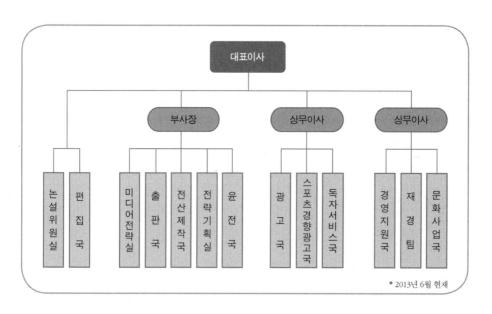

필수적인 부분이지만, 통신사나 신디케이트 기사를 많이 받는다면 이것들도 대폭 줄여도 된다.

미국에서는 경영난에 처한 신문사를 지원하기 위해 여러 신문사 간의 공동 경영 협정(JOA: Joint operations agreements)을 예외적으로 허용하는 제도를 채택하고 있다. 가령, 두 신문사들이 각각 편집국만 갖추고, 제작이나 영업 부문은 공동으로 별도의 회사를 차려 맡기는 방식이다. 이렇게 되면 편집국만 있으면 신문사 운용에 필요한 조직은 거의 갖추어지게 된다.

일반 기업처럼 신문사에도 조직 전반의 경영을 책임지는 경영진이 있다. 그중 가장 높은 직책은 **발행인**인데, 대개 언론사의 실질적인 소유주일 때가 많다. 발행인은 조직 전반의 작업을 총괄하면서 조직 운영에 관한 모든 책임을 진다. 하지만 실제로는 영업, 판매 등 경영과 관련된 업무에만 치중하고, 편집 관련 사항은 편집국장에게 위임하는 것이 관례이다.

발행인 바로 밑에는 주필이 있는데, 주필은 신문사의 편집 부문을 대표하는 상징적인 존재다. 원래 주필은 해당 신문의 논조와 편집 방침을 결정하고 편집 내용에 관해 모든 책임을 지는 최고 책임자다. 그러나 국내 신문사에서는 대체로 논설위원실의 대표자로서 사설과 논설에 대해서만 책임지고 있다.[2]

(2) 편집국의 분업 구조

편집국에서는 신문의 내용을 이루는 각종 기사를 수집하고 편집해서 제작 부서에 넘기는 작업을 담당한다. 기사의 소재가 되는 뉴스는 언제 어디서 터질지 예측하기 어려운 것이 특징이다. 신문사에서는 다른 신문에는 실린 중요한 뉴스를 놓치는 것(즉 낙종落種)을 가장 치욕스럽게 여긴다. 그래서 편집국 조직은 이러한 불확실성을 최소화할 수 있도록 짜여져 있다. 편집국에서 수많은 기자들이 다양한 일을 맡아 바쁘게 움직인다. 이들은 수평적으로는 **취재** 영역에 따라 또 수직적으로는 조직 내 **권한**의 정도에 따라 배치되어 임무를 분담한다.

▶▶▶ 편집국 부서별 주요 취재 영역

- 정치부　　　　　청와대, 각 정당과 국회, 총리실, 통일부, 외교통상부, 국방부.

- 경제부　　　　　재정경제부, 농림부, 산업자원부, 건설교통부, 해양수산부, 기획예산처. 통
　　　　　　　　　상교섭본부, 공정거래위원회, 금융감독위원회, 한국은행, 증권거래소, 코스
　　　　　　　　　닥, 국세청, 은행연합회, 하나은행, 생명보험협회, 예금보험공사, 카드사, 저
　　　　　　　　　축은행, 자산운용협회, 코스닥 등. 크게 5개 팀(기획팀, 국제경제팀, 정책팀,
　　　　　　　　　금융팀, 증권팀)으로 구성.

- 사건사회부　　　대법원, 검찰청, 헌법재판소, 경찰청, 행정자치부, 시경 외에 종로, 강남, 관
　　　　　　　　　악, 영능포, 마포, 중부, 동부 등 각 지역 경찰서, 강원도 주재(춘천, 강릉)도
　　　　　　　　　이 부서에서 관할.

- 국제부　　　　　필요에 따라 각국 대사관을 비롯해 관련 기관 취재.

- 산업부　　　　　기업과 정보통신, 유통, 과학 분야를 취재.

- 정책사회부　　　교육부, 보건복지부, 건설교통부, 노동부, 총리실, 감사원, 시교육위원회 등.
　　　　　　　　　교육, 노동, 복지, 교통, 여성, 환경, 분야를 주제별로 담당.

- 수도권부　　　　서울은 시청과 구청 등 자치 단체, 경기, 인천 지역은 인천, 수원, 의정부 등
　　　　　　　　　주요 거점 도시를 담당 취재.

- 스포츠부　　　　문화관광부, 대한체육회, 체육진흥공단 등 주요 기관 외에 주로 야구, 축구,
　　　　　　　　　농구, 골프, 복싱 등 스포츠 종목별로 담당.

- 문화부　　　　　문화관광부 등의 주요 기관 외에 종교, 학술, 출판, 음악, 미술, 영화, 대중 음
　　　　　　　　　악, 공연, 방송/미디어, 문학 등 분야별 담당.

- 주말팀　　　　　음식, 여행, 레저 등 주로 주제별로 기획 취재를 담당.

- 인물/독자부　　　화제 인물, 인사, 동정, 부음 등 인물 정보를 취재하며, 독자 투고도 담당.

* 〈중앙일보〉, 2005. 3.

● **기자와 데스크**　　기사가 만들어지기까지는 많은 의사 결정 과정을 거치게 된다. 일반 기업처럼 신문사도 조직 내에서 차지하는 권한의 비중에 따라 수직적인 구조로 되어 있다. 신문사의 의사 결정 과정은 발행인, 주필, 편집국장, 부국장, 부장, 차장, 담당 기자로 이어지는 위계 구조에 따라 이루어진다.[3]

　　권한의 정도라는 측면에서 보면 편집국은 크게 두 부문으로 기능이 분화되어 있다. 하나는 실제로 기사 취재와 작성을 담당하는 **취재** 부서고, 다른 하나는 취재 방향을 설정하고, 들어온 기사 중에서 실을 것을 선정하여 편집하는 기능을 맡는 **데스크** 작업이다.

　　기사의 취재와 작성은 물론 담당 기자가 맡고, 기사도 이들의 이름으로 나간다. 하지만 기사의 게재 여부와 위치, 비중, 제목 등에 관한 결정은 '데스크*desk*'라고 불리는 담당 차장과 부장의 손을 거쳐 부국장과 편집국장의 선에서 최종적으로 결정된다. 일선 기자는 해당 부서의 부장, 차장과 접촉하면서 이들의 지시에 따라 작업을 한다. 편집국장은 부장들이 참석하는 편집회의를 주재하면서 기자들이 작성한 기사를 게재할 것인지 또 어떤 크기로 어디에 실을 것인지 논의한다.

　　편집국장은 기사에 관한 결정을 대부분 책임지며, 아주 중요한 사안만 주필과 발행인의 검토를 거친다. 편집국 조직이 커지고 업무가 많아지면서 편집국장의 작업 부담도 엄청나게 늘어났다. 그래서 큰 신문사에서는 편집국장을 보좌하기 위해 취재 담당 부국장이나 편집 담당 부국장 따위의 직책을 둔다.

　　이처럼 밖에서 보기에 기사는 기자 개개인이 만드는 것 같지만, 실제로는 수많은 사람들의 손을 거쳐 조직 차원에서 이루어지는 집단 작업의 산물이다.

● **취재 영역과 기능별 분업**　　수평적으로 보면 편집국 조직은 취재 영역별로 업무를 분담하는 분업 구조로 되어 있다. 국내의 종합 일간지들은 대개 정치부, 경제부, 사회부, 국제부, 사진부, 문화부, 체육부 등의 취재 부서와 기사 수정·지면 편집을 담당하는 편집부를 공통적으로 갖추고 있다. 그외에도 지방(수도권), 기획 특집, 생활 과학, 교열, 매체 독자, 미술 등의 부서를 두는 신문이 많다. 최근에는 부서제 대신에 팀제를 채택한 신문도 늘고 있다. 팀제에서는 정당팀, 행정팀, 환경팀, 교육팀 등으로

취재 영역을 나눈다.

편집국 내의 부서들은 대체로 취재 부서와 편집·지원 부서로 구분할 수 있다. 정치부, 경제부, 사회부, 문화부, 생활 과학부, 국제부, 체육부 등은 주로 취재 영역이나 관할 출입처별로 분화된 취재 부서들이다. 조사부, 편집부, 교열부, 미술부 등은 편집·지원 부서에 속하는데, 취재 부서에서 취재한 기사를 엮어 지면을 구성하는 작업을 하거나(편집부, 교열부), 취재 과정을 지원하는 부서(조사부)들이다.

3) 내외적 환경과 신문사 조직의 특징

조직이란 어떤 목표를 가장 효율적으로 수행하기 위한 대응 방안으로 만들어지는 것이다. 조직의 임무를 수행하는 데 동원할 수 있는 자원(인력과 시간, 재원)은 한정되어 있기 때문이다. 또한 신문사 조직은 내부 여건뿐 아니라 외부 환경에서도 영향을 많이 받는다. 신문은 사회 전반에서 일어나는 사건을 취재하고 정보를 가공해 소비자에게 제공하는 일을 하는 조직이다. 그래서 외부의 환경 변화에 따라 신문사 조직도 나름대로 적응, 변신을 거치게 된다.

그렇다면 신문사 조직의 형태에 영향을 미치는 내외부의 요인들은 어떤 것이 있으며, 이 요인들에 따라 조직이 어떻게 달라지는지 살펴본다. 특히 최근 기술적, 경제적 환경 변화에 따라 미디어 간의 융합과 디지털화가 급속하게 진전되는 데 대응해 신문사 조직이 어떻게 변화하고 있는지도 살펴본다.

(1) 조직 형태에 영향을 미치는 요인

앞서 신문사 조직 형태나 특징에 관해 신문 유형별로 자세하게 살펴보았는데, 이를 종합적으로 정리해 보면 신문사 조직은 크게 다음과 같은 요인을 고려해 만들어졌음을 알 수 있다.

● 정보 분포에 대한 대응 방식　　신문은 기본적으로 외부에서 발생하는 정보를 수집해서 가공하는 일을 하는 조직이다. 따라서 외부의 정보 분포에 대응해 정보

일제 시대의 신문사 편집국

그림 4-2. 1920년대의 신문사 기자들 　　　　　　　　　출처: 정진석, 1995, p.190.

1920년에 〈동아일보〉와 〈조선일보〉가 창간되면서부터 국내 신문사 조직은 비로소 근대적인 모습을 갖추었다.[4] 이 두 민간지 창간 당시의 편집국 체제는 거의 100년 가까이 지난 지금까지도 상당한 영향을 미치고 있다. 이 무렵의 신문사 조직 구조는 일본 신문이나 일본인이 운영하던 〈매일신보〉와 거의 비슷했다. 이는 당시 주로 〈매일신보〉나 일본어 신문에서 일하던 사람들이 창간 과정에서 실무를 맡았기 때문일 것이다.

　1920년대 민간 신문의 편집국은 논설반과 사진반을 제외하면 대부분 7부로 구성되어, 현재의 신문사와 비슷한 구조를 갖추었다. 하지만 편집국 전체 인원은 〈동아일보〉가 21명, 〈조선일보〉가 15명(1920년 기준)에 불과했으니, 편집국의 인력 규모에 비해 조직을 지나치게 세분한 셈이다. 아마 우리에 비해 상당히 발전한 일본 신문의 조직 구조를 모방하다 보니 당시 민간 신문들의 여건과는 다소 동떨어진 형태로 조직이 구성된 것 같다.

　일제 식민지 체제에서는 한국인들이 주도하는 정치·경제 활동이 그리 많지 않아 뉴스거리가 적었다. 그래서 정치부는 해외 뉴스를 다룬 통신문을 번역하여 싣는 일을 주로 했고, 경제부도 곡류 가격 변동 등을 제외하면 취재거리가 많지 않았다. 문예란과 가정란을 담당하던 학예부(현재의 문화부)는 외부에서 문예물 기고를 받거나 외국 신문, 잡지의 기사를 번역해서 실었다. 즉 사회부 외의 부서에서는 외부 취재 활동이 매우 적었다. 이 무렵 사회부가 신문사 조직에서 가장 핵심적인 구실을 한 것은 식민지하의 특수한 상황과 무관하지 않다.

당시 국내 신문사들은 일본을 모델로 삼아 만들어졌지만, 정작 일본에서는 사회부 기자가 그리 좋은 대접을 받지 못했다. 1900년대 초반 일본에서는 정치부, 경제부, 논설반 기자를 '경파硬派' 기자라 부르며 고급 기자로 대우한 반면에, 사회부, 학예부 등 비교적 오락성 위주의 흥미 기사를 취급하는 기자는 '연파軟派' 기자라 하여 천시했다. 일본과 달리 한국 신문에서는 사건 현장을 발로 뛰는 사회부 기자를 중시하는 경향이 있다.

그 당시 각 출입처에서는 신문사 기자들이 기자단을 구성하여 취재 활동을 했다. 사회부 기자들의 주요 출입처는 총독부, 경성부, 경기도청, 체신국, 철도국, 경성지방법원 등의 관청들과 경성 내 다섯 군데 경찰서, 그리고 조선 왕족들이 거주하던 창덕궁 등 12곳이었다. 총독부에는 각 신문사에서 두 명 정도 출입했고, 나머지는 대개 한 명씩 출입했다. 이 밖에 사회부 내 운동 담당 기자들의 모임인 운동 기자단도 각종 경기를 취재하기 위해 외근을 했고, 경제 기자단도 은행이나 회사에 출입했다. 이처럼 출입처가 많지 않았기 때문에 사회부 기자들은 출입처를 한꺼번에 두세 군데씩 맡아 출입하기도 했다.

수집 작업을 효율적으로 수행할 수 있도록 자신의 여건에 맞는 분업 구조를 마련한다. 제한된 숫자의 기자들이 엄청나게 많은 취재 구역을 매일매일 모두 순회하기는 어렵기 때문에, 가능하면 일상적 작업을 체계적으로 분류하고 개인별 역할을 잘 분담해 작업 효율을 높여야 한다.

여기에는 우선 기자들이 주기적으로 이동하는 동선을 감안해 담당 구역을 나누는 방식도 가능하다. 경제부 기자들은 주로 경제 관련 정부 부서와 민간 경제 단체들을 출입해야 하는데, 서울의 광화문 부근의 기관과 경기도 과천 소재 기관들로 나누어 담당하는 방식을 들 수 있다. 이는 출입처의 지리적 분포에 따른 분업 구조 형태를 띠게 된다. 아니면 기사 내용이나 주제를 감안해 담당 영역을 구분하는 방식도 가능한데, 양자는 모두 장단점이 있다.

● 비용과 편익의 고려　　신문사의 조직 구조나 분업 형태를 구상하는 과정에서도 경제적 비용과 편익은 중요한 고려 사항이 된다. 원칙적으로는 기자 수가 많고 취재 조직이 방대할수록 좋은 기사를 많이 발굴할 수 있어 바람직하지만, 이렇게 되면 비용이 너무 많이 들어서 경영에 큰 부담을 줄 수 있다. 그래서 신문 유형이나 회사 여건에 따라 조직 형태에서도 대개 선택과 집중을 선택하게 된다.

　　광역지를 비롯해 중소 규모의 신문에서는 대개 신문사 소재지에서만 직접 취재를 하고 다른 지역이나 해외 뉴스는 통신사에서 받아서 싣는 방식이 합리적인 선택이다. 그리고 종합지는 다양한 영역을 취재해야 하므로 취재 조직 역시 골고루 두지만, 경제지는 주로 경제 관련 출입처에만 집중적으로 기자를 배치하면 된다.

● 신문사의 시간적 작업 리듬　　신문사는 상품 생산에서 정기성을 특징으로 하는 조직이기 때문에, 시간적 작업 리듬에 따라 조직 형태나 운영 방식도 달라진다. 우선 일간지는 작업 리듬이 하루 주기로 되어 있고, 주간지는 일주일 단위로 설정되어 있어 조직 형태도 이에 맞춰져 있다. 물론 일간지보다는 주간지처럼 작업 주기가 상대적으로 긴 신문일수록 시간의 제약을 덜 받고, 조직 운영도 훨씬 융통성이 있다. 또한 같은 일간지라 하더라도 신문 발행 시점이 조간이냐 석간이냐에 따라 조직 형태나 운영 방식도 차이가 있다.

● 신문 유형별 차이　　신문 유형별로도 조직 형태는 차이가 있다. 특히 편집국 부서는 해당 신문의 종류나 소재 지역의 특성에 따라 상당히 다른 형태를 띠기도 한다. 같은 일간 신문이라 하더라도 경제지, 스포츠지, 영자지, 지방지의 편집국 조직은 전국 종합 일간지와 상당히 다른 구조를 하고 있다.

　　가령 경제지들은 종합지에 비해 담당 취재 영역은 경제 관련 기관 중심으로 상대적으로 협소하지만, 금융부, 산업부, 증권부, 부동산부, 중소기업부, 유통경제부 등 경제 관련 부서를 훨씬 세분해서 둔다는 점이 조직의 특징이다(《매일경제》). 마찬가지로 스포츠 신문에서는 야구부, 문화 레저부, 연예부 등 다른 신문에서 보기 힘든 생소한 부서들을 두고 있다(《일간스포츠》).

지방지의 편집국 조직은 전국 종합 일간지와 대체로 비슷한 형태로 되어 있지만, 지역이나 신문사 규모에 따라서 다소 차이가 있다. 가령 전국 종합지에서는 정치부, 경제부, 외신부가 핵심 취재 부서들이지만, 지방 종합 일간지는 일부 회사만 이 부서들을 두고 있다. 그 대신에 이 신문들은 국제, 정치, 경제 뉴스를 주로 통신사에서 받아서 싣는다.

나라마다 취재 환경이 다르기 때문에 신문사의 취재 조직 역시 차이가 있다. 국내 신문은 대개 정치, 경제, 사회, 문화 등 취재 주제별로 부서를 나누고 있는데, 실제로는 출입처 유형별로 분담해서 기자들을 내보낸다. 이와 달리 미국의 신문사들은 대개 취재 영역이 아니라 연고지(city, metro)와 전국 등 지역 단위별로 조직을 나누고 있다. 이들은 한국의 신문사처럼 출입처를 세분하지 않고 중요한 출입처에만 기자를 고정적으로 배치하며 나머지는 전담 출입처가 없이 기동 취재general assignment 기자로 편성해 그때그때 필요한 곳에 투입한다.

(2) 디지털 시대의 뉴스룸

최근의 테크놀로지 발전은 방송과 뉴 미디어뿐 아니라 미디어 전반에 급격한 변화를 가져왔다. 하지만 신문 산업에서 이러한 변화는 주로 제작이나 인쇄 등 주로 기술적 부문에만 해당할 뿐 편집국은 이 흐름에서 벗어나 있었다. 하지만 최근 매체 간 융합과 디지털화 추세에 따라 신문사 편집국 역시 변화의 바람을 타고 있다. 국내외의 많은 신문사들은 이미 텔레비전 채널을 동시에 운영하고 있고, 종이뿐 아니라 인터넷, 모바일 등 뉴 미디어 형태로도 신문을 발행하고 있다. 이에 따라 여러 매체의 편집국을 통합하거나 연계해 '통합 뉴스룸'을 구축하려는 조직 개편의 움직임이 나타나고 있다.

통합 뉴스룸은 단기적으로는 여러 매체의 편집국이 서로 협력 관계를 맺어 인력과 조직 운영의 효율성을 높일 수 있게 해주며, 궁극적으로는 하나의 편집국에서 만든 뉴스 콘텐츠를 여러 매체가 공유할 수 있게 준다. 이 때문에 국내 언론계에서는 2000년대 이후 통합 뉴스룸에 관해 활발한 논의가 나오고 있다. 그동안 제시된 뉴스룸 통합 방안은 매체 간 통합의 정도에 따라 크게 세 가지 유형으로 구분할 수

있다.[5]

첫째는 '상호 조정 모형'이라 할 수 있는데, 이는 신문과 방송, 종이 신문과 인터넷 신문 등 두 언론사 편집국이 기획이나 취재 등 일상적 활동은 서로 독립적으로 하되, 회사 경영 차원에서 두 조직의 활동을 조정하는 수준에 그치는 제한된 정도의 통합 모델을 말한다.

둘째 형태는 '교차 매체 모형'으로, 서로 편집국을 독립적으로 운영하되 기획과 평가를 공동으로 진행하는 방식이다. 특히 인터넷 매체가 등장한 후 전통 매체와 인터넷 매체가 결합해 온라인과 오프라인 시장에서 시너지 효과를 높이기 위해 이러한 형태의 통합이 추진되고 있다. 미국의 〈뉴욕 타임스〉나 영국의 〈가디언〉, BBC 등에서 이 통합 방식을 채택하고 있다. 가령 중요한 기사를 발굴했을 때 이 두 매체는 온라인에서 먼저 보도할지 아니면 온라인으로는 개요만 제공하고 오프라인으로 콘텐츠를 내보낼 것인지 전략적으로 협의하여 결정을 내린다.

셋째는 완전한 통합 모형인데, 스페인의 〈엘 문도El Mundo〉, 독일의 〈디 벨트Die Welt〉, 미국의 〈탬파 트리뷴Tampa Tribune〉 등의 신문사가 여기에 해당하는 사례다. 이 모형에서는 통합 참여 매체들을 총괄하는 중앙 편집국장을 두어 여러 매체의 제작 체계를 서로 유기적으로 연계하여 통합 운영하며, 여러 매체 종사자 간에 공동의 조직 문화를 조성하려 노력한다.

매체 환경 변화에 따라 통합 뉴스룸에 대한 관심이 높아지고 있기는 하지만 실제로 이 방식이 도입되는 데에는 장애 요인이 적지 않다. 예컨대, 작업 관행이나 조직 문화가 이질적인 매체들 간에 책임과 권한을 어떻게 조정할 것인가? 여러 매체들은 뉴스 공급 주기나 형태가 다양한데, 이에 적합한 뉴스 콘텐츠를 어떻게 하나의 소스에서 만들어 낼 수 있을 것인가? 새로운 통합 조직과 제작 환경에 맞는 인력을 어떻게 공급하고 관리할 것인가? 이 문제들은 통합 뉴스룸 구축에서 여전히 해결되지 않은 숙제로 남아 있다.

그래서 국내에서 통합 뉴스룸은 대개 신문이나 방송이 인터넷, 모바일에 뉴스를 공급하는 데 필요한 인력을 새로 충원하고 제작 과정을 재정비하는 정도의 제한된 통합에 머무르고 있다. 그나마 〈머니 투데이〉나 〈이데일리〉 정도가 이종 매체 간에 본격적인 통합을 도입한 사례로 꼽히는데, 이는 이 매체들이 경제 분야에 특화된 콘텐츠를 다룬다는 특수성과 관련이 있을 것이다. 이러한 문제점에도 불구하고 통합 뉴스룸 도입은 신문 산업에서 이제는 거스를 수 없는 하나의 큰 흐름이자 현안으로 부각되고 있다.

2. 취재 방식과 조직 구조

1) 취재 조직의 시간적 구조

일간 신문은 매일매일 새로운 상품을 만들어 내야 한다. 신문의 내용이 매일 바뀔 뿐 아니라 미리 예측할 수 없다는 점도 신문이란 상품의 특성이다. 신문에서 대표적인 내용은 뉴스인데, 뉴스란 새롭고 예측할 수 없는 데 생명이 있기 때문이다. 이 때문에 신문사 종사자들은 매일 시간에 쫓기고 마감 시간에 대한 심리적 압박감을 느끼며 일한다. 신문사의 작업 일정은 대개 나름대로 정해진 시간적 리듬에 따라 짜여 있지만, 예상치 못한 사건이 터지면 편집국의 전체 일정이 한꺼번에 바뀔 수도 있다. 더구나 일과가 끝나 직원이 대부분 퇴근한 뒤에도 만약의 상황에 대비해 일부는 대기하는 것이 관행이다. 편집국 외의 부서에서도 나름대로 작업 일정이 있지만, 이것 역시 편집국의 작업 주기에 맞추어져 있다. 조직 운영의 시간적 구조, 즉 제한된 시간을 어떻게 효율적으로 관리하며 작업을 원활하게 진행할 것인지는 신문사 조직을 구성하는 데 핵심적인 고려 요인이다.

(1) 조직 여건에 따른 차이

신문사의 작업 일정은 무엇보다 발간 주기가 석간인지 조간인지에 따라 크게 달라진다. 미국의 조간 신문에서는 대개 작업 일정이 밤 11시에 끝나며, 석간에서는 오전 11시에 끝나도록 되어 있다. 그림 4-3에서 보듯이 석간 신문과 조간 신문의 작업 주기는 상당히 다르다. 대체로 석간 신문에 비해 조간 신문이 인력을 훨씬 집약적으로 사용한다. 조간은 거의 24시간 인력을 상주시켜야 하지만, 석간에서는 밤에는 4시간 내지 8시간 정도 직원들이 모두 쉴 수 있다.

특히 취재 대상인 뉴스원들의 일정이나 뉴스 발생 시간은 신문사 작업 일정에 큰 영향을 준다. 조간이든 석간이든 정상적인 작업 일정에서 소화하기 어려운 사각지대가 존재한다. 가령 작업 일정을 감안할 때 오후 늦게 터진 사건은 석간 신문에

그림 4−3. 조간과 석간 일간지의 신문 제작 주기

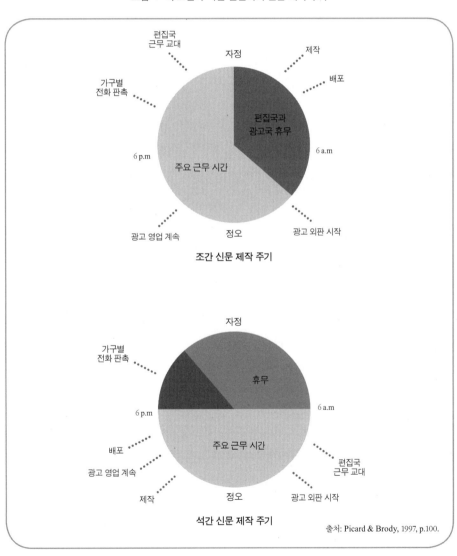

출처: Picard & Brody, 1997, p.100.

서 보도하기 어렵다. 국내에서는 유력한 석간 신문이 많던 시절에는 출입처에서 보도 자료를 배포하는 시각도 석간에 불리하지 않게 조정하곤 했다. 하지만 지금은 석간 신문이 그다지 많지 않기 때문에 출입처의 발표 시간도 조간 신문의 작업 일정에 맞춰 정해진다.

광고 판매, 편집, 제작 등 부서별 활동은 별도의 일정표에 따라 동시에 진행된다. 하지만 모든 부서는 최종 마감 시간에 맞추어 작업 일정을 정한다. 예기치 않은 사건이 터질 경우 지면을 손쉽게 수정할 수 있도록 그리 급하지 않은 작업은 미리 끝마치도록 일정을 넉넉하게 잡는다. 요즘엔 지면을 여러 섹션으로 나누어 제작하는 신문이 많은데, 섹션이나 기사 종류에 따라 마감 시간은 달라진다. 가령, 특집, 여행 정보, 광고면은 대개 돌발 상황이 적기 때문에 여유를 두고 작업하며 마감 시간도 훨씬 빠르다. 하지만 사건 기사는 예측하기 어렵기 때문에 심지어 인쇄 도중에 작업을 멈추고 판을 새로 짜기도 한다.

조간 신문이든 석간 신문이든 작업 일정이 반드시 정형화되어 있지는 않다. 신문 발행 시간(석간과 조간)은 물론이고 회사 규모, 연고 도시의 특성, 제작·인쇄 장비의 성능 등의 요인을 감안해 신문의 구체적인 제작 주기가 정해진다. 텔레비전, 인터넷 신문, 포털 사이트 등 경쟁 뉴스 매체의 등장도 신문의 작업 주기에 큰 영향을 미쳤다. 이 매체들과 취재 경쟁에서 뒤처지지 않기 위해, 신문사도 마감 시간을 최대한 늦게 조정하였다.

신문사는 다른 어떤 곳보다도 보람과 박진감이 넘치는 직장이며, 신문사 바깥의 사람들은 언론인 직업에서 이처럼 매력 있는 측면만 볼지도 모른다. 하지만 신문사는 언제나 정신적 긴장과 압박감 속에서 지내야 하는 고달픈 직장이기도 하다.

(2) 기사 유형과 작업 과정

신문은 다양한 유형과 성격의 기사를 싣고 있으며 기자들은 늘 시간에 쫓기면서 일한다. 따라서 기자들은 작업의 시급성이나 성격을 감안해서 나름대로 일정을 조정하는데, 이러한 우선 순위나 시간적 작업 리듬에 따라 언론사 특유의 관행들이 생겨났다. 앞서 2장에서 소개한 뉴스 가치의 유형은 기자가 취재하는 사건의 성격에

표 4-1. 뉴스 유형과 작업의 시간적 리듬

뉴스 유형	사건은 예정되어 있었는가	급히 보도해야 하는가
연성 뉴스	예정과 무관	아니오
경성 뉴스	예정할 수 없음; 미리 예정됨	예
스폿 뉴스	예정할 수 없음	예
전개 중인 뉴스	예정할 수 없음	예
계속적인 뉴스	미리 예정됨	예

출처: Tuchman, 1978/1995, p.82.

따라 정리한 것이지만, 작업의 시간적 리듬에 따라 분류할 수도 있다.

게이 터크만Gaye Tuchman은 우리가 흔히 접하는 뉴스 유형을 시간적 작업 리듬에 따라 파악했다.[6] 기자가 늘 접하고 처리해야 하는 사건은 모두 나름대로 구별되는 특성이 있는데, 기자에게 익숙한 정형화한 분류틀에 따라 이를 파악하면 다양한 상황에 대처하기가 훨씬 수월해진다. 터크만은 뉴스 유형화라는 직업 관행은 바로 이러한 직업적 필요성 때문에 생겨났다고 본다.

우선 실무적인 차원에서 '연성 뉴스'와 '경성 뉴스'는 흔히 어떤 사건의 뉴스 가치라는 속성 차이로 정의하는데, 이는 동시에 보도의 시급성과 사건의 예측 가능성과도 관련이 있다. 경성 뉴스에서 자주 다뤄지는 정치, 경제 관련 사건은 미리 예정된 사건(예컨대 국회 인사 청문회)이 될 수도 있고 예정할 수 없는 사건(가령 정부 청사 화재)이 될 수도 있다. 하지만 이 사건들은 모두 시의성을 띠는 뉴스이기 때문에 반드시 빨리 보도해야 한다는 공통점이 있다. 반면에 연성 뉴스는 이러한 예정과 무관한 사건들이며 시간을 다퉈 보도해야 할 필요도 없다. 사건이나 인물과 관련된 정보는 수집하지만, 기사의 초점은 시의성보다는 흥미성에 있기 때문에 오늘 보도해도 되고 내일로 미루어도 무방하다.

이 두 뉴스 유형과는 조금 다르지만 '스폿 뉴스spot news'도 작업의 시간적 리듬으로 설명할 수 있다. 스폿 뉴스로 보도되는 사건(지진, 화재 등의 재난이나 범죄 사건)은 예정할 수 없는 것이다. 즉 언제 어디서 터질지 예측할 수 없어 미리 대비하기가 어렵다. 이러한 성격의 사건은 가능하면 빠른 시간 안에 보도해야 하기 때문에 기자가 작업 순위를 높게 잡고 가장 우선적으로 시간을 투입해 처리해야 하는 시급한 사건 유형으로 분류된다.

그런데 스폿 뉴스 같은 돌발 사건은 대개 일회성 사건으로 처리되지만, 이 중에는 차후에도 계속 추적 보도해야 하는 것도 있다. 가령 비행기 추락은 시의성이 높아 신속하게 보도해야 한다는 점에서 스폿 뉴스로 출발하지만, 상황에 따라서는 추가 보도가 필요해지기도 한다. 처음에는 비행기가 추락했다는 정보 위주로 불완전한 보도가 나가고, 사건 현장에서 사고 원인을 밝힐 단서가 발견되었다든지, 아니면 사고 경과 추적 과정에서 정비 불량과 관련된 비리가 밝혀졌다든지 하는 식으로 보도가 계속 이어질 수도 있다. 즉 처음 발생한 사건은 변함이 없지만 사건의 다양한 측면에 관해 추가 정보가 쌓이면서 보도가 이어지는 뉴스를 일회성의 스폿 뉴스와 구분해 '전개 중인 뉴스developing news'라고 한다. 두 유형 모두 예정할 수 없는 사건이라는 점에서 공통점이 있다. 하지만 같은 사건이라도 기자가 어떤 유형으로 파악하는지에 따라 그 사건을 처리하는 작업 일정은 상당히 많이 달라지게 된다.

마지막으로 '계속적인 뉴스continuing news'는 미리 예정된 사건을 대상으로 작업하는 데 특징이 있다. 예컨대 국회에서 사회 복지 정책 관련 법안을 심의한다든지 재판 과정을 추적 보도한다든지 할 때가 여기에 해당한다. 계속적인 뉴스가 다루는 사안을 취재하기 위해서는 그 주제에 관해 전문적인 배경 지식을 갖추어야 하며, 기자는 대개 일정을 미리 정해 놓고 계획적으로 취재를 진행하게 된다.

2) 취재 방식과 조직 분업 구조

신문사에서는 뉴스를 체계적으로 수집하기 위해 취재 조직을 운영한다. 신문사 자체적으로 뉴스를 수집하는 방법은 크게 **구역별 취재**(출입처 취재)와 **주제별 취재**로 나눌 수 있다. 이 밖에도 기존의 자료를 분석해서 새로운 기사를 만들어 내는 **사회 지표 취재** 방식도 있다.

신문사 조직의 24시

신문사의 작업 과정은 신문마다 다소 차이가 있지만 큰 흐름은 거의 비슷하다. 신문의 제작 과정이 어떻게 진행되는지 예시하기 위해 어느 전국 조간 일간지의 하루 작업 일정을 소개한다.

• 아침 편집회의　　　이 신문사의 하루 일정은 편집회의가 열리는 오전 9시 반에 시작된다. 편집국장이 주재하는 이 회의에는 부국장과 편집국 각 부서 부장들이 참여해, 그날의 지면 취재·편집 방향을 정한다. 부장들은 부서별 취재 계획을 보고하고 국장은 수정을 지시하거나 부서별 업무 분담을 조정하기도 한다. 회의가 끝난 후 각 부서는 회의 결과를 토대로 기자들에게 다시 구체적인 취재 지시를 내린다.

• 출입 기자와 데스크　　　부서나 상황에 따라 차이는 있지만, 취재 기자들은 대개 8시나 8시 반쯤 출입처로 바로 출근한다. 정당 당직자 담당 기자들은 아예 정치인의 자택에 출근해 아침 식사를 하고 하루를 시작하기도 한다. 기자들은 그날 기사거리와 취재 일정을 편집국 부장단 회의 전까지 데스크에 보고한다. 11시쯤 편집회의 결과를 토대로 취재 계획이 확정되면, 취재 지시를 받은 일선 기자들은 이때부터 바빠진다.

• 오후 편집회의　　　오후 2시쯤 편집국장은 각 부장들을 소집해 간단하게 편집회의

오전 10:00
• 각 부 에디터들이 송고된 기사 확인 후 현장의 기자들에게 취재 지시
• 기자들 출근
• 전국부·특파원들은 현장 근무

11:30
• 각 부별로 정오 미팅에서 논의될 기사 정리

오후 12:10　정오 미팅
• 편집인, 편집국장 참석하에 각 부 책임자들 그날의 주요 뉴스 논의

2:30
• 광고면 및 기사면의 광고 배치 확정

3:30
• 기자들, 기사 요약본을 제출
• 각 부별 주간 근무자와 야간 근무자 임무 교대
• 각 부 책임자는 기사 총정리와 1면용 기사 확보

4:30　1면 미팅
• 사진·미술부를 포함, 각 부 데스크들이 기사·사진 등을 결정

5:00
• 편집국장단이 1면 기사·사진을 최종 확정

6:00
• 확정된 1면 리스트가 각 부에 전달
• 부별로 이에 따라 지면의 기사·사진 배치 확정

오전 2:45
• 증쇄

〈뉴욕 타임스〉의 하루 일정
출처: 〈조선일보〉, 1999. 4. 7

를 연다. 이때쯤이면 석간 신문이 나오는데, 이 신문들을 살펴보고 혹시 아침의 취재 계획에 추가, 보완할 것이 없는지 확인한다. 이 회의에서 지적 받은 사항이 있으면 부장은 현장에 나가 있는 기자에게 보충 취재 지시를 내린다.

• **기사 송고와 편집 작업**　　　오후 2시~3시 사이면 취재 기자들이 현장에서 작성한 기사가 데스크에 쏟아져 들어오면서 데스크도 바빠지기 시작한다. 이들은 기사의 문장도 고쳐 쓰고, 톱, 중간, 1단 기사 식으로 기사의 중요도 등급을 매긴다. 부장은 이를 검토하고 편집부로 넘기는데, 인터넷판 기사의 출고 여부도 각 취재 부서에서 담당한다. 편집부에서는 모니터를 보면서 기사에 제목을 달고 기사, 사진, 그래픽 등을 모두 종합해 전체 석인 시면 틀을 짠다.

• **바뀐 마감 시간 풍경**　　　취재 기자들은 일부 중요한 기사 외에는 오후 3시까지 기사 작업을 대부분 끝내 데스크로 보낸다. 정치, 경제, 사회면 등의 중요 기사일수록 늦게 작업이 끝난다. 예전에는 마감 시간이 5시였으나 가판이 폐지되고 난 후 중요한 기사는 인쇄가 시작되는 8시 반이 사실상 마감 시간이다. 하지만 취재 경쟁에서 다른 언론사에 뒤쳐지지 않기 위해, 기자는 쉬지 않고 열심히 뛰어다닌다.

• **컴퓨터 조판과 인쇄**　　　편집국에서는 5시나 5시 반쯤 일단 기사를 마감해 PDF 파일 형태의 신문 판형을 만든다. 7시 반쯤 시험적으로 인쇄된 신문이 편집국에 올라오면, 마지막으로 수정 작업을 한다. 편집부장과 국장이 최종 점검한 후 '강판' 지시를 내리면, 지면은 인쇄에 들어간다. 강판 지시는 면별로 따로 떨어지는데, 돌발 상황에 대비해 1면이 가장 늦게 강판된다. 9시 30분경 윤전부에서는 잉크 냄새가 채 가시지 않은 신문이 쏟아져 나오는데, 이것은 가장 멀리 떨어진 지역에 이튿날 새벽 배달할 신문이다.

• **편집국의 밤**　　　오후 7시 반이나 8시쯤이면 기자들은 대부분 퇴근하지만 일부는 취재원을 따라 다니며 작업을 계속한다. 동료들이 퇴근한 뒤에도 주요 취재 부서의 일부 기자를 비롯해 부장급 간부 한 명이 야간 작업팀을 이루어 편집국을 지킨다. 다음날 새벽 최종판이 나올 때까지 신문 지면이 여러 차례에 걸쳐 조금씩 바뀌기 때문이다. 밤 사이 혹시 큰 사건이 터질 경우 이미 들어간 기사를 교체해 판을 새로 짜기도 한다.

(1) 출입처 취재

출입처 취재는 뉴스를 얻을 가능성이 큰 길목마다 기자를 정기적으로 배치해서 취재하는 방식이다. 원칙적으로 기사거리는 언제 어디서 생길지 모르기 때문이다. 신문사는 효율적인 취재를 위해 취재 영역을 지리적으로 분담해서 기자를 내보내는데, 이를 **출입처**beat라고 부른다. 기자들은 출입처에 매일 드나들면서 뉴스거리가 될 만한 정보를 찾는다. 기자 한 명이 하나씩 출입처를 관할하기도 하고 여러 개를 동시에 맡기도 한다. 팀 체제에서는 여러 명이 한 출입처를 담당하기도 한다.

한국 신문에서 중요한 출입처로는 청와대, 국회, 정당 등 정치 관련 기관이나 정부 부처, 시청, 경찰서 등 정부 기관이 많으며, 경제 단체, 대학, 시민 단체 등도 기자들이 일상적으로 점검하는 곳이다. 신문에서는 주로 정치면, 사회면, 경제면 기사와 관련된 출입처를 매우 중시한다. 최근에는 테크놀로지나 문화, 의료 관계 기사의 비중이 높아지면서 이와 관련된 기관들도 중요한 출입처로 부상하고 있다.

(2) 주제별 취재

주제별 취재는 출입처를 세분하지 않고 정부, 교육, 정치, 법정 등 기사 주제별로 묶어 신축적으로 운영하는 방법이다. 주제별 취재에서는 한 기자가 고정된 출입처를 담당하지 않고 그때그때 필요한 곳을 자유롭게 출입한다. 주제별 영역 구분에 잘 맞아 떨어지지 않는 기사거리도 있을 수 있는데, 이때를 대비해 고정된 출입처가 없는 기동 취재 기자를 둔다.

주제별 취재 방식의 장점은 제한된 인력을 신축적으로 사용할 수 있다는 점이다. 수시로 필요한 출입처에 기자를 집중적으로 투입하기 때문에 좀더 입체적이고 깊이 있는 기사를 작성할 수 있다. 하지만 취재 기자들이 출입처와 지속적으로 접촉하지 않기 때문에, 때로는 중요한 기사거리나 단서를 놓칠 가능성도 있다.

(3) 사회 지표 취재

사회 지표 취재social indicator reporting란 언뜻 보기에 평범하고 서로 연관성이 적은 단편적인 정보를 통계적으로 분석해 추세나 쟁점을 캐내어 기사화하는 취재 방식이다.[7] 정부 기관들은 각종 통계를 내는데, 가령 경기 지표, 인구 이동 추이, 고용 현황, 실업자 추이, 범죄 증가율, 학군별 성적 분포 등이 그 예다. 이 자료 역시 잘 가공하기만 하면 훌륭한 기사가 될 수 있다. 컴퓨터와 인터넷이 보급된 후에는 심층 취재에 적합한 자료를 구하고 분석하기가 더욱 쉬워졌다.

텔레비전이 속보성에서 신문 보도를 앞지르게 되면서, 분석 기사는 신문 매체의 장점을 잘 살리는 취재 방법으로 중요성이 커지고 있다. 출입처 취재는 취재원의 보도 자료나 인터뷰에 거의 의존하기 때문에, 사건의 큰 흐름을 읽지 못하고 단편적인 현상에만 치중할 가능성이 있다. 따라서 사회 지표 취재는 심층 취재 기법의 한 방안으로서 출입처 취재 방식의 단점을 보완해 줄 수 있다.

물론 사회 지표 취재 방식을 사용한다 하더라도 숫자 분석만으로 기사가 될 수는 없다. 통계 자료 분석으로 기사의 큰 흐름을 잡은 후에는 기사와 관련된 인물들과 인터뷰를 해서 무미건조한 사실에 흥미와 생동감을 불어넣어야 비로소 좋은 기사가 만들어진다.

3) 출입처 기자의 세계

기자들의 취재 방식은 부서나 출입처별로 특색이 있다. 국내 신문사에서 중요한 부서별로 어떻게 취재망이 구성되어 있으며, 해당 부서 취재 기자들은 어떻게 하루를 보내는지 살펴본다.

(1) 정치부: 청와대 출입 기자

뉴스에 가장 많이 등장하는 사람은 대개 대통령이다. 대통령은 말이나 행동 하나하나가 언론의 관심사가 된다. 그래서 청와대는 정치부뿐 아니라 모든 취재 부서 중에서도 가장 중요한 출입처다. 한국 사회에서 청와대는 권력의 중심부로서 주요 정책이 결정되고 고급 정보가 오가는 곳이기 때문에, 신문사에서도 청와대 출입 기자는 신중히 선정한다. 기자의 커리어 면에서도 청와대 출입은 장차 정치부장과 편집국장을 바라볼 만한 사람이 맡는 엘리트 보직이었다.[8]

청와대에는 언론사마다 1~2명씩 출입 기자가 나와 있다. 청와대 출입은 보통 40세 내외의 중견 기자가 맡는다. 5공 시절에는 이보다 훨씬 경륜이 오래된 기자들이 청와대를 출입했다. 하지만 당시 청와대 취재는 대부분 공보수석실에서 배포하는 보도 자료에만 의존할 정도로 제한적이었으며, 본격적으로 취재 현장이 된 것은 1988년 6공 정부 출범 이후다.

청와대에서 기자들이 상주하는 공간은 춘추관春秋館이라 불린다. 바로 여기서 대변인의 기자 회견, 대통령의 기자 간담회, 연두 기자 회견 등 공식 행사가 정기적으로 열린다. 하지만 중요한 정보는 비서실의 요직을 통해 비공식적으로 얻기도 한다. 청와대 취재는 공식화한 경로를 통해야 하는 등 다른 출입처에 비해 제약이 많은 편이다. 가령 국가적인 행사에서 대통령을 근접 취재할 때에는 대개 언론사별로가 아니라 '풀 기자'로서 참여하게 되어 있다. 풀 기자는 모든 취재 내용을 서로 공유하는데, 이는 행사 취재 기자 수를 제한할 수밖에 없는 청와대 사정 때문에 오래 전에 정착된 제도이다. 이 때문에 청와대 취재에서는 언론사마다 거의 똑같은 기사

그림 4-4. 기자 회견 후 기자들과 악수하는 대통령　　　　　　　　　출처: 〈동아일보〉(2007. 3. 8)

가 나올 수밖에 없다.

하지만 폐쇄적인 청와대 취재도 점차 개방형으로 바뀌고 있다. 특히 노무현 정권 때 청와대 취재 방식은 큰 변화를 맞았다. 일부 언론사가 사실상 독점하던 상주 기자실이 폐지되고 일정 요건을 갖춘 모든 언론사에 출입을 허용하는 '개방형 등록제'가 도입되었다. 그 결과 청와대 출입 기자는 49개사 87명에서 165개사 275명으로 3배 이상 늘어났다. 기자들이 청와대 비서동에 자유롭게 출입하며 취재하던 관행은 폐지되었고, 공식 브리핑, 자유 질문제 등 새로운 형식이 도입되었다.

청와대 취재에서는 주로 공식 발표에 의존하기 때문에 다른 취재 부서와 달리 특종이 드물다고 한다. 이전에는 기자들이 대통령에 대해 비판적인 기사를 잘 쓰지 않는다는 비판도 많이 받았다. 하지만 청와대 취재는 그 자체로 기사가 되기도 하지만, 여기서 얻은 정보를 단서로 다른 부서에서 큰 기사거리를 낚기도 한다. 청와대 취재는 정국의 흐름을 파악하고, 다른 부서나 출입처 취재 계획의 밑그림을 그리는 데 기여하기도 하는 중요한 작업이다. 하지만 청와대 취재가 개방형 등록제로 바뀌면서 고급 취재원과 밀착 취재할 기회가 많이 줄었고, 이에 따라 예전처럼 고급 정보를 얻기도 쉽지 않게 되었다.

⑵ 사회부 기자

신문사 사회부는 그림 4-8에서 보듯이 다양한 기관을 담당해서 취재한다. 특히 경찰서는 거의 모든 기자들이 거쳐야 하는 수업 과정으로 통한다. 처음 신문사에 들어온 사람들은 경찰서에서 기자 생활을 시작한다.[9] 기자 직업에 필요한 다양한 자질을 사회부에서 집중적으로 익힐 수 있기 때문이다. 우선 사회부에서는 갖가지 유형의 사건을 접할 수 있다. 또 온갖 사람들 속에서 부대끼면서 취재하는 과정에서 기자에게 필요한 담력과 근성을 키울 수 있다. 여기서 수습 기자들은 사실에 기초한 기사 작성 요령을 경험으로 익히는데, 사실 확인을 생명으로 하는 사건 기사야말로 수습 기자들을 훈련시키는 데 가장 효과적이다.

전국 일간지들은 대부분 서울 지역 30개 경찰서를 8~10개 정도의 단위(이를 '라인'이라 부른다)로 묶고 각 라인에 경찰 기자를 1~2명씩 배치한다. 각 신문사의 사회부 경찰 기자는 수습 기자를 제외하면 8~14명 정도다. 경찰 기자는 담당 구역 내 경찰서를 비롯해 소방서, 대학교, 병원 등 사건 사고가 터질 만한 곳에는 모두 출입한다. 경찰서에서 일상적으로 일어나는 민사, 형사 사건을 비롯해 교통 사고, 화재, 붕괴 사고 등은 사회부 기자의 단골 기사들이다. 요즈음에는 거의 없어졌지만 1980년대에는 대학가의 시위나 집회도 사회부 기자의 주요한 취재거리였다.

경찰 기자 중에서 서울 경찰청 출입 기자는 '시경 캡'이라 불린다. 경찰 기자들은 대부분 경력이 2~3년 이하에 불과한 데 비해, 시경 캡은 보통 사회부에서 많은 경험을 쌓은 7~10년 경력의 기자가 맡는다. 시경 캡은 다른 경찰 기자의 취재 과정을 총괄 지휘하며, 수습 기자의 현장 교육 훈련까지도 관장한다. 수습 기자들은 입

그림 4-5. 사회부의 취재 영역

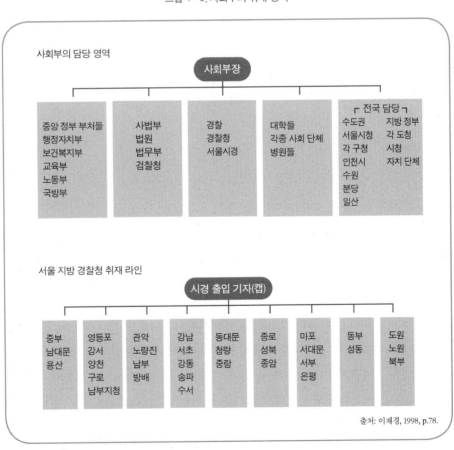

출처: 이재경, 1998, p.78.

사 후 6개월의 수습 기간 동안 대부분 경찰서 기자실에서 숙식하면서 시경 캡의 지시 아래 혹독한 취재 교육을 받는다. 시경 캡은 각 경찰 기자들의 취재 내용을 종합해서 사건 팀장에게 보고하는 한편, 사건팀장과 의논해서 담당 기자에게 기사의 양과 서술 방식을 지시한다.

조간 신문의 경찰 기자는 대개 오전 7시 반에 하루 일과를 시작해 저녁 8시 반 정도에 끝낸다. 석간 신문에서는 이보다 훨씬 이른 아침 6시에 작업을 시작한다. 하지만 대형 사고가 터질 때에는 퇴근 시간도 없이 며칠씩 밤샘 근무를 한다. 경찰 기자는 늘 몸으로 부딪치고 사건 현장을 발로 뛰어야 한다. 그래서 사회부에서는 근성과 기질을 강조하는 독특한 전통이 유지되고 있다.

경찰 기자 사이의 위계질서와 규율은 군대에 비교할 정도로 엄격하다. 경찰 기자들은 각자 담당 구역이 있지만 대형 사건 사고 발생에 대비해 철저한 '팀워크'와 위계질서에 따라 움직인다. 그래서 오랫동안 사회부 경찰 기자는 신문사의 가장 대표적인 부서로 통했다. 경찰 기자는 거칠고 힘든 일이지만 기자로서 성공하기 위해 반드시 거쳐야 할 과정으로 생각했다. 그러나 1990년대 이후 사회 환경의 변화로 사회부는 점점 젊은 기자들이 기피하는 언론사 '3D 직종'으로 바뀌어 가고 있다.

(3) 연예부 기자

신문 뉴스라고 해서 모두 무겁고 딱딱하기만 한 것은 아니다. 스포츠 신문들은 방송이나 연예계 동향처럼 비교적 가볍고 흥미 위주의 기사를 담당하는 연예부를 두고 있다. 연예부는 주로 방송 프로그램, 가요, 영화 관련 소식을 보도하고 비평 기사를 쓰는 일을 맡는다. 연예 기자들은 3개 텔레비전 방송사와 라디오, 케이블 TV를 기본적인 출입처로 하고 영화계와 가요계도 취재 영역으로 삼는다. 한마디로 대중문화 스타들이 이들의 중요한 취재원이다.[10]

몇 년 전까지만 해도 연예계 취재는 스포츠 신문의 전문 영역으로 간주되었다. 하지만 젊은 독자들을 중심으로 방송 영상 매체에 대한 관심이 높아지면서 종합 일간지에서도 방송, 연계 관련 지면이 증가하고 있다. 연예부에서는 영화 배우, 탤런트, 가수 등 스타급 연예인의 근황 소개, 인기 드라마의 제작 상황, 연예가 화제 등 비교적 가벼운 기사를 주로 다룬다. 종합 일간지의 연예란 역시 초기에는 방송 정책이나 프로그램 비평 등 무거운 주제를 다루었으나 최근에는 가볍고 흥미 있는 기사를 늘려가는 추세다.

스포츠 신문에서는 프로 스포츠 시즌이나 국제 경기가 열리는 기간에는 스포츠 담당 기자가 바쁜 반면에, 연예 담당 기자는 작업 부담이 비교적 적다. 하지만 스포츠 관련 기사가 대폭 들어드는 11월부터 연예 담당 기자는 본격적으로 바빠진다. 이 무렵부터는 독자를 끌 만한 스포츠 기사가 적기 때문에, 스포츠 신문들은 연예계 관련 기사에 중점을 두게 된다.

(4) 특파원

원래 특파원은 언론사가 취재 목적으로 타 지역에 파견한 기자를 가리키지만, 국내에서는 대개 '해외 특파원*foreign correspondent*'만을 지칭한다. 국내 주요 신문사들은 모두 통신사에서 외신을 공급받지만 이와 별도로 세계 주요 국가에 특파원을 파견해 외신을 취재한다.

물론 언론사 특파원이 반드시 한곳에 장기간 붙박이로 지내지는 않는다. 정식 기자이지만 어떤 지역에 상주하지 않고 중요한 사건이 있을 때에만 임시로 파견되거나(순회 특파원), 몇 개 언론사가 공동으로 특파원을 두고 기사도 공동으로 받기도 한다(공동 특파원). 국내에서는 1992년 지방 5개 신문사(〈강원일보〉, 〈광주일보〉, 〈대전일보〉, 〈매일신문〉, 〈부산일보〉)가 공동으로 특파원을 파견하기 시작한 선례가 있다. 때로는 현지 유학생이나 주재원, 교포 등 현지 사정에 밝은 사람을 임시로 채용해 취재를 맡기기도 하는데, 이를 **통신원***stringer*이라 한다.[11]

특파원들은 주로 국제 뉴스의 중심지인 강대국에 집중되어 있다. 국력이 커지면 각국 언론에서 그 나라 주요 도시의 중요도도 높아진다. 워싱턴, 뉴욕, 도쿄, 파리, 런던, 모스크바, 베이징 등은 주요 뉴스가 만들어지는 도시이기 때문에, 세계 주요 언론사 특파원들이 빠짐없이 체류하고 있다. 뉴델리, 홍콩, 방콕, 마드리드 등은 그다음으로 중요한 2급지로 통하며, 서울, 타이베이, 싱가포르 등은 3급지로 분류된다. 한국도 국가 위상이 높아짐에 따라 주재하는 특파원 수가 점차 늘고 있다.[12]

해외 특파원의 규모는 신문의 종류와 성격에 따라 다르다. 대개 고급지나 전국지는 특파원을 많이 파견하지만, 지방지나 작은 신문은 특파원을 잘 두지 않고 주로 통신사에서 외신을 받아 싣는다. 뉴스 도매상인 통신사는 특파원을 훨씬 많이 파견한다. 국내 전국 일간지의 특파원 수는 한 회사당 많아야 10명을 채 넘지 않을 정도로 적어 파견 지역도 그리 다양하지 못하다. 국내 신문들이 특파원을 파견한 곳은 모두 6개국 10개 도시(워싱턴 DC, 뉴욕, 로스앤젤레스, 런던, 도쿄, 베이징, 상하이, 밴쿠버, 파리)에 불과하다(2012년 기준). 이에 비해 연합뉴스는 전 세계 39개 도시에 특파원을 두어 신문사의 취재 공백 지역을 메워 주고 있지만 아직 세계 유수 통신사에 비해 규모가 매우 적다. 미국의 AP, 영국의 로이터, 중국의 신화사, 일본의 교도통신사는 세계 곳곳에 수백 명씩 특파원을 내보내고 있다.[13]

이처럼 국내 언론사 특파원은 숫자가 적기 때문에 전문 분야가 따로 없이 해당 지역에서 일어나는 모든 유형의 기사를 담당한다. 그나마 이들은 한 국가에 계속 근무하지 않고 대개 3년 정도 있다가 귀국하기 때문에 해당 지역에 전문성을 쌓기도 쉽지 않다. 따라서 이들은 현지 언론을 이용한 2차 취재에 의존하여 기사의 80% 이상을 작성한다.[14] 그래서 국내 언론사들은 AP를 비롯한 해외 유력 통신사에서 기사를 공급받고 외국 언론사와 제휴 관계를 맺어 기사를 보충한다.

3. 통신사와 피처 신디케이트

1) 통신사란 무엇인가

신문사들은 뉴스를 취재하기 위해 국내외 여러 지역에 많은 취재 기자를 파견한다. 그러나 신문사마다 이 인력을 유지하는 데는 비용이 너무 많이 든다. 그래서 신문사들은 어떤 지역에는 취재 기자를 보내는 대신에 통신사와 계약을 맺고 뉴스를 공급받아 취재의 취약 부분을 보충한다. 통신사란 개별 신문사나 방송사가 감당하기 어려운 영역의 뉴스를 수집하여 공급해 주는 뉴스 도매상 노릇을 한다. 세계 구석

구석에서 일어나는 소식을 조그만 신문에서도 우리가 접할 수 있는 것은 통신사가 신문사의 취재 작업을 분담해 주기 때문이다.

국내 일간지들은 외신 기사를 주로 연합뉴스라는 통신사에서 받아 싣는다. 물론 규모가 큰 전국 일간지들도 통신사 기사를 구독한다. 이 신문들은 자체적으로 외국의 주요 도시에 특파원을 두지만, 그래도 일일이 취재하지 못하는 기사가 많기 때문이다. 지방지들은 서울이나 다른 지역에 기자를 모두 파견하기 어렵기 때문에 국내 뉴스에도 통신사 기사를 많이 이용한다.

크게 보면 신문사에 기사를 제공해 주는 기관에는 통신사(*wire service, news agency*)와 신디케이트*syndicate*가 있다. 통신사는 주로 뉴스 기사와 보도 사진을 제공하고 신디케이트는 피처물(칼럼, 만화, 연재물 등)을 공급하는 기업이다.

2) 통신사는 어떻게 운영되는가

크게 보면 통신사는 뉴스를 취재하고 배포하는 두 가지 일을 한다. 뉴스를 취재하는 일은 신문사와 비슷하지만, 뉴스 배포 방식은 신문사와 다르기 때문에 통신사는 신문사와 다른 독특한 조직 형태를 갖추고 있다. 통신사는 외국 통신사에서 받은 외신을 번역해 국내 언론사에 공급할 뿐 아니라 국내외의 뉴스를 직접 취재해서 배포한다. 직접 취재한 기사는 주로 국내 고객 언론사에 배포하지만, 그중 중요한 기사는 번역해서 외국 통신사에도 제공한다. 규모가 크고 중요한 통신사일수록 당연히 해외 고객이 많다.

● 통신 기사의 특징   신문 기사는 보통 맨 끝 부분에 작성자 이름(즉 크레딧)을 밝힌다. 여기에 '연합'이나 '파리=AFP 연합'이라고 적힌 기사를 볼 수 있는데, 이것이 바로 통신사에서 받은 기사다. '연합'이라고 표시한 기사는 연합뉴스에서 취재한 뉴스이고, '요세미티=AP 뉴시스'라고 적힌 것은 AP가 미국 요세미티에서 취재해 보낸 기사를 뉴시스가 받아서 신문사에 공급했다는 뜻이다(그림 4-7). 신문 기사와 달리 통신 기사는 완전한 기사 형식을 갖추지 않을 때가 많다. 신

美 요세미티 공원 인근 산불…
자이언트 세쿼이아 군락지 위협

미국 서부의 관광지인 요세미티 국립공원 인근 고속도로 120호선을 소방관들이 산불을 진화하기 위해 지나가고 있다. 17일 발생한 산불은 공원 북서쪽 경계를 따라 계속 번지면서 요세미티 국립공원의 상징인 자이언트 세쿼이아 군락지까지 위협할 정도로 확산됐다. 소방관들은 세쿼이아를 보호하기 위해 주변 도로에 스프링클러를 설치했다. 일주일째 계속된 산불로 임야 500㎢가량이 불타고 5500여 가구 주민이 긴급 대피했다.

요세미티=AP 뉴시스
2013. 8. 26

그림 4-6. 통신사 전재 기사의 예

문 기사는 기자가 마감 시간까지 관련 자료를 모아 정리해서 작성한다. 하지만 통신사 기자는 취재 과정에서 얻은 내용을 수시로 정리해서 송고한다. 그래서 제1보, 즉 첫 번째 기사를 보내고 나서 계속 제2보, 제3보를 추가로 보낸다.

통신 기사는 수많은 고객 신문사가 공통적으로 사용하기 쉽게 사실 위주로 간결하고 단순한 문장으로 작성한다. 통신사 기사 작성 방식은 현재의 신문 기사 형식을 확립하는 데도 크게 기여했다. 초창기에 미국 AP 통신사의 고객 신문사들은 성격이나 정치 성향, 독자층이 워낙 다양해 일일이 이들의 취향에 맞추어 기사를 제작하기 쉽지 않았다. AP는 이 신문들이 고쳐 쓰기 쉽게 사실 위주로 간략하게 압축한 기사 스타일을 만들어 냈다. 이것은 **역피라미드형** 기사라고 불리는데, 지금은 신문 기사의 거의 표준적인 형식이 되었다.

매체 환경이 바뀌어 감에 따라 사실 위주로 서술하는 통신 기사 형식도 점차 변화하고 있다. 특히 방송의 등장은 신문뿐 아니라 통신사에도 많은 영향을 주었다. 신문은 방송 매체만큼 빠르게 보도할 수 없기 때문에, 점차 속보성보다는 심층 보도나 해설에 치중하기 시작했다. 신문 기사와 마찬가지로 통신 기사도 점차 해석과 분석을 강조하는 경향이 두드러지게 나타났다. 미국에서는 1950년대 중반까지만 해도 통신 기사가 주로 사건 중심이었지만 지금은 상황 해설을 좀더 중시하는 쪽으로 옮아가고 있다.[15]

● **통신사의 조직**　　대체로 통신사는 신문사에 비해 편집국 조직이 더 세부적으로 나뉘어져 있는 반면에, 다른 부서 조직은 비교적 단순하다. 통신사는 개별 독자에게 직접 뉴스를 전달하지 않고 주로 언론사를 대상으로 하기 때문에 제작, 영업을 비롯해 기타 부서 조직이 단순하다. 편집국 조직도 취재 위주로 되어 있고, 기사를 선별하는 데스크 기능은 일반 신문에 비해 비중이 적다.

국제적인 통신사들은 신문사보다 훨씬 방대한 취재망을 가동하지만, 이들 역시 모든 기사를 자체적으로 다 수집할 수는 없다. 그래서 이들은 서로 복잡한 제휴, 계약 관계를 맺고 뉴스를 교환한다. AP를 비롯한 회원 조합형 통신사에서는 특정 지역 언론사가 취재한 기사를 공급받아 다른 언론사에 배포하기도 한다. 통신사는 각 지역의 회원 언론사들에게 뉴스를 공급하면서 동시에 이들에게서 뉴스를 공급받는 쌍방향 관계를 맺고 있다.

● **통신사의 운영 형태**　　신문사와 마찬가지로 통신사 역시 기업이기는 하지만 언론 산업 전반에 필요한 뉴스 콘텐츠의 공백을 메워 주는 산업 기반으로서의 성격을 띤다. 그리고 포털이나 모바일 뉴스처럼 자체 취재 인력을 많이 갖추지 못한 새로운 미디어가 많이 등장해 뉴스에 대한 수요가 늘어나면서 통신사의 중요성은 갈수록 커지고 있다. 그래서 각국의 통신사들은 나라마다 독특한 여건에 맞추어 다양한 형태로 운영되고 있다. 통신사는 설립 주체와 운영 목적에 따라 회원 조합형, 기업형, 관영·공영형의 세 유형으로 나눌 수 있다.[16]

첫째, **기업형**은 일반 기업처럼 영리를 목적으로 운영하는 통신사다. 이 유형의 통신사에서는 고객 언론사와 계약을 맺고 뉴스를 공급해 주는 대가로 구독료를 받아 운영한다. 영국의 로이터와 미국의 UPI, 한국의 뉴시스가 이 유형에 속한다.

둘째, **회원 조합형**은 언론사들이 취재 비용을 절감하기 위해 공동으로 설립하여 운영하는 비영리 협동조합cooperative 형태의 통신사를 말한다. 이 유형의 대표적인 사례는 AP 통신사다.

셋째, 관영·공영형은 국가나 공공 기관이 설립해서 운영하는 통신사를 말한다. 국영 통신사로는 중국 신화사新華社, 러시아의 이타르타스ITAR-TASS, 공영 통신사로는 프랑스 AFP(Agence France-Presse) 통신사를 들 수 있다. 한국의 연합뉴스는 회원 조합형에서 공영형으로 성격이 바뀌었다. 2003년 제정된 '뉴스통신진흥에 관한 법률'에 의해 연합뉴스는 국가 기간 통신사로서 공영성을 띠는 민간 회사 형태로 운영되고 있다.

통신사의 고객 언론사들은 회사 규모의 잣대가 되는 발행 부수에 따라 책정한 요금을 정기적으로 낸다. 규모가 큰 신문사일수록 통신사에 내는 요금도 많아진다. 회원 조합형인 AP 통신사는 원칙적으로 회원사들이 공동으로 운영하는 조합이기 때문에, 회원 신문사는 회비를 납부할 뿐 아니라 자신들이 취재한 기사와 사진을 통신사에 제공할 의무도 진다.

● 다각화하는 통신사 기능　　지금까지 통신사는 신문사를 주 고객으로 스트레이트 뉴스와 사진을 제공하는 데 주력했지만 점차 다양한 매체 대상으로 서비스를 확대하고 있다. 텔레비전과 라디오 방송사도 통신사의 주요 고객으로 성장하고 있기 때문에, 통신사는 오디오와 비디오 형태로 취재한 뉴스도 제공한다. KTX 객실에서 모니터로 볼 수 있는 뉴스 역시 연합뉴스에서 제공한 것이다. 그래서 같은 기사라도 매체에 따라 형식이 달라진다. 가령 방송 매체에 공급하는 기사는 자세한 설명을 줄이고 대화체의 단순한 문장 형식으로 고쳐 작성한다.

인터넷이 보급되면서 통신사는 단순히 신문이나 방송사에 뉴스를 제공하는 도매상 구실에서 벗어나 이 매체들과 직접 경쟁하는 관계로 접어들고 있다. 이제는 인터넷 웹사이트나 구독 형식을 통해 이용자들이 직접 통신사의 뉴스를 이용할 수 있게 되었다. 특히 다음이나 네이트, 네이버 등의 포털 사이트들은 연합뉴스뿐 아니라 여러 신문의 뉴스를 이용자에게 실시간으로 제공하고 있어, 신문의 강력한 경쟁자로 부상했다.

통신사의 유형

• **메이저 국제 통신사**　　전 세계의 신문들은 몇몇 메이저 통신사에서 외신을 대부분 공급받는다. 미국의 AP와 UPI, 프랑스의 AFP, 영국의 로이터Reuters, 러시아의 이타르타스 등은 메이저 국제 통신사로 통한다. 하지만 이타르타스는 소비에트 연방의 붕괴로, UPI는 경영난으로 메이저 대열에서 밀려났고, AFP 역시 AP와 로이터의 성장세에 밀려 뒤쳐지기 시작했다. 지금은 영어 사용권에 속한 AP와 로이터 두 통신사가 사실상 메이저 중에서도 메이저로 부상했다.[17]

• **지역 통신사**　　대다수 언론들이 메이저 통신사에서 기사를 공급받다 보니 전 세계인들이 서방 국가의 시각에서 세상을 이해하게 되는 부작용이 생겨났다. 여기서 탈피하기 위해, 제3세계 국가들이 대륙이나 지역별로 통신사를 설립한 사례도 있는데, 이를 지역 통신사나 지역 뉴스풀news pool이라 한다.[18] 중동통신사Middle East News Agency, 카리브통신사Caribbean News Agency, 범아프리카통신사 (PANA: Pan-African News Agency) 등이 좋은 예다.

• **국내 통신사**　　국내 통신사national news agency는 해당 국가 내의 소식을 수집해 외국 통신사에 제공하고, 외국 통신사 뉴스를 국내 언론사들에 공급하는 일을 한다. 한국의 연합뉴스가 국내 통신사의 한 예다. 그러나 중국의 신화사, 일본의 교도통신사共同通信社처럼 세계적인 영향력을 지닌 국내 통신사도 많다.

• **특수 통신사**　　뉴스 수요가 다양해지면서 틈새 시장을 겨냥한 통신사도 생겨났는데, 이를 특수 통신사라 한다. 지명도가 높은 신문들이 자사 기사를 판매하기 위해 운영하기도 하는데, 대개 분석 기사나 특정 주제(건강, 과학, 경제 등)를 전문으로 한다. 나이트리더/트리뷴 정보 서비스Knight-Ridder/Tribune Information Services, 뉴욕 타임스 뉴스 서비스New York Times News Service, 스크립스 하워드 뉴스 서비스Scripps Howard News Service 등이 대표적인 예다. 감마 리에종 Gamma-Liaison이나 매그넘 포토Magnum Photos 등은 사진을 전문으로 한다.

3) 피처 신디케이트

신문 지면에는 뉴스나 사진뿐 아니라 칼럼, 만화, 영화 비평 등의 피처 기사도 많이 실린다. 피처물의 인기도는 신문 판매에 상당한 영향을 준다. 일반 기자들이 이런 기사를 작성하기는 어렵기 때문에 국내 신문사들은 별도로 만화가를 고용하거나 외부 필진에게 칼럼과 비평을 맡긴다. 하지만 신문사의 입맛에 꼭 맞는 인력을 구하기는 쉽지 않다. 국내 일간지만 보더라도 신문의 위상이나 유형에 따라 만화와 칼럼의 질적 수준이 상당한 편차를 보인다. 이 때문에 미국의 신문들은 대부분 '피처 신디케이트*feature syndicate*'라는 기업에서 피처물을 정기적으로 공급받는다. 자체적으로 피처를 제작할 능력이 없는 작은 신문도 신디케이트 덕분에 큰 신문사와 마찬가지로 좋은 피처물을 독자에게 제공할 수 있다.

신디케이트는 원래 신문 그룹들이 계열 신문사에 필요한 기사를 공동으로 조달해 경비를 절감하려고 노력하는 과정에서 발달했다. 이것이 점차 확대되어 다른 신문사에게도 기사를 제공하게 된 것이다. 20세기 후반에 들어와 신문에서 비뉴스 기사의 비중이 점차 커지면서, 신디케이트는 호황을 누리기 시작했다. 신디케이트에서 제작한 기사는 성향이 다양한 여러 신문사들이 함께 사용할 수 있도록, 지역적 성격이 강한 주제는 피한다.

● 운영 방식　　신디케이트는 신문사들과 일정 기간 동안 계약을 맺고 다양한 내용을 공급해 준다. 신디케이트는 여러 아티스트나 기고가들과 계약을 맺고 피처물을 받는다. 신문사가 신디케이트에 지불하는 비용 역시 통신사와 마찬가지로 신문사의 규모에 따라 결정된다. 신디케이트는 한 기사를 여러 신문사에 동시에 판매해서 수입을 얻기 때문에, 비교적 싼 값으로 기사를 공급할 수 있다.

● 피처물의 내용　　신디케이트에서는 주로 오락용이나 교육용 기사를 많이 취급한다. 미국에서는 판매 부수 5만 부 정도의 신문은 평균적으로 만화 12건, 만평 12건 외에도, 정치 칼럼, 건강 칼럼, 신상 상담 칼럼, 크로스워드 퍼즐, 운세풀이, 정치

만평, 오락성 칼럼, 청소년 대상 정보란 등 다양한 피처 기사를 싣는다. 미국 신문은 특히 만화나 만평을 많이 싣는데, 어린이에서 노인까지 폭넓은 연령층이 모두 즐길 수 있도록 다양한 유형의 만화를 게재한다. 가장 유명한 신디케이트 만화는 찰스 슐츠Charles Schulz가 스누피라는 강아지 캐릭터를 주인공으로 삼아 그린 〈피너츠 *Peanuts*〉인데, 처음으로 2,000개 이상의 신문에 실리는 기록을 세웠다.[19]

● 신디케이트의 예　　미국에서는 피처를 전문적으로 공급하는 신디케이트가 많다. 가령 크리에이터즈 신디케이트Creators Syndicate, 트리뷴 미디어 서비스Tribune Media Services, 유나이티드 미디어United Media, 워싱턴 포스트 기고가 그룹Washington Post Writers Group 등이 대표적인 예다. 거대 신문 그룹들이 계열사에 제공할 목적으로 신디케이트를 운영하면서 다른 언론사에 판매하기도 하는데, 허스트 뉴스 서비스Hearst News Service, 뉴욕 타임스 뉴스 서비스New York Times News Service 등이 좋은 예다. 신디케이트는 뉴스 기사와 사진을 제공하는 통신사 기능을 겸하기도 한다.

　　한국에는 신디케이트 제도가 아직 정착되지 않았다. 신문사들은 대다수의 피처물을 자체 제작하거나 외부에 청탁해서 싣는다. 그래서 신문마다 대개 전속 만화가를 두고 있으며, 연재물이나 칼럼 필진도 신문마다 다르다. 하지만 국내에서도 1991

그림 4-7. 〈인터내셔널 헤럴드 트리뷴〉의 피처 기사(2013. 8. 14)

년 춘추회라는 이름으로 제휴 관계를 맺은 8개 지방 신문들(〈부산일보〉, 〈제민일보〉, 〈대전매일〉, 〈전남일보〉, 〈전라일보〉, 〈강원일보〉, 〈경기일보〉, 〈충청일보〉)이 칼럼을 동시에 싣는 일종의 신디케이트 제도를 시도한 적이 있다. 이 신문들은 유명 칼럼니스트들과 계약을 맺어 이들에게 정기적으로 칼럼을 집필하게 해 여러 신문에 동시에 실었다.

4) 통신사와 신디케이트의 장단점

통신사는 신문사에서 취재하기 어려운 지역에서 기사를 수집해 신문사에 공급해 준다. 신문사는 통신사 덕분에 뉴스의 공백을 메울 수 있을 뿐 아니라 취재 비용을 크게 절약할 수 있다. 특히 재정적으로 취약한 군소 신문들에게 통신사는 없어서는 안 될 존재다. 이 점에서 신디케이트도 거의 비슷한 기능을 한다.

하지만 수많은 신문들이 통신사·신디케이트 기사에 의존하는 데 대해 비판이 적지 않다. 무엇보다 몇몇 메이저 통신사가 전 세계 뉴스를 거의 독점하기 때문에, 대다수의 신문들이 비슷비슷한 기사를 내보내는 문제점이 드러났다. 특히 외신 기사는 서방 국가의 관점에서 선택, 작성되기 때문에, 이 기사를 받아 보는 제3세계 독자에게 적지 않은 악영향을 미친다. 예컨대 서방 국가에 관한 뉴스는 다양한 주제를 다루지만, 아시아나 아프리카 국가에 관한 보도는 주로 전쟁, 쿠데타, 재난, 기아 등 위기와 갈등에 초점을 두는 등 부정적 측면만 부각하는 경향이 있다.

서방의 메이저 통신사들은 많은 언론사를 고객으로 삼기 때문에 자칫 주의를 끌기 어려운 외신 기사에서는 극적이고 흥미로운 기사거리 위주로 선정하기 때문이다. 제3세계의 저개발 국가에 관한 뉴스일수록 이런 경향이 두드러지게 나타난다. 이처럼 통신사가 편향된 외신을 주로 보도하게 되면, 결국 이 국가들에 대한 나쁜 이미지를 전 세계 독자에게 심어 줄 우려가 있다.

국내 뉴스만 보더라도 관심사나 시각이 다를 수밖에 없는 여러 지역의 독자들에게 서울의 관점에서 선택한 동질적인 기사를 제공해 자칫 전국의 신문 지면을 획일화할 우려가 있다. 그렇지만 이러한 문제점에도 불구하고 통신사는 신문사에게 부족한 부분을 보완해 준다는 점에서 없어서는 안 될 존재다.

신디케이트 이용 역시 비슷한 문제점을 드러내고 있다. 신디케이트는 질이 뛰어난 피처물을 비교적 저렴하게 공급하기 때문에, 신문사가 고정 독자를 확보하는 데 큰 도움을 준다. 하지만 신문마다 인기 신디케이트 기사를 고정적으로 게재하게 되면, 지면이 비슷비슷해지는 부작용이 나타날 수도 있다.

1. 당신이 거주하는 시·도에 신문사를 새로 설립한다고 가정하자. 만일 당신이 경영주라면 신문사 조직을 어떻게 꾸릴 것이며, 취재 기자를 어떤 곳에 어느 정도 배치할 것인지 구상해 계획서를 작성해 보라.

2. 신문 1주일치를 꼼꼼히 읽은 후, 이 신문에서 어떤 주제, 기사, 쟁점 등을 잘 다루지 않는지 정리해 보라.

3. 중앙 일간지와 지방 일간지 1주일치에 실린 통신사 기사를 찾아보라. 두 신문에 실리는 통신사 기사 건수는 어느 정도 차이가 있는가? 또 정치, 경제, 문화, 사회, 국제 등 면별로 분류했을 때 두 신문의 어떤 면에 통신사 기사가 많이 실리는지 비교해 보라.

4. 지난 한 주일분 신문에 실린 통신사 기사를 출처 통신사, 사건이 발생한 국가별로 분류해서 빈도를 집계해 보라. 외국의 어느 통신사에서 받은 기사가 많으며, 어떤 나라의 소식이 어느 정도 많이 나오는가?

5장

취재와 기사 작성

기자는 취재에서 수집한 정보를 토대로 기사를 작성하게 된다. 어떤 사건이나 사안을 취재하는 경로는 다양하다. 출입처는 기자에게 가장 기본적인 취재원이지만, 문서 자료 역시 기초 조사 단계에서 유용한 취재 방법이며, 온라인 취재나 탐사 보도를 통해 일상적 취재를 뛰어넘는 심층 보도도 가능하다.

취재가 정보를 수집하는 과정이라면 기사는 이를 신문이라는 형식에 맞추어 글로 작성하는 과정이다. 기사*news story*는 뉴스를 신문이라는 매체에 맞게 텍스트로 엮은 표현·전달 양식이다. 신문 기사에는 스트레이트 뉴스 기사뿐 아니라 다양한 장르가 있으며, 기사 종류에 따라 작성 원칙도 달라진다. 기사 작성 원칙은 크게 두 종류로 나누어 볼 수 있다. 하나는 사건이라는 현상을 어떻게 접근하고 이야기 구조를 구성할 것인지에 관한 일반적인 원칙이고, 다른 하나는 문장 서술 방식에 관한 것이다. 5장에서는 다음과 같은 문제를 살펴본다.

- 취재 방식에는 어떤 유형이 있으며, 각 방식에는 어떤 장단점이 있는가?
- 기사 작성에서는 어떤 원칙을 따라야 하는가?
- 기사 문장은 어떤 구조로 되어 있는가?
- 기사에는 어떤 종류가 있으며, 각 유형에는 어떤 특성이 있는가?

1. 취재와 기사 작성

1) 사람이 곧 정보다: 취재와 출입처

기사를 작성하기 위해서는 다양한 유형의 정보가 필요하다. 기사에 꼭 인용하지는 않더라도 구상 단계에서 배경 정보가 필요할 수도 있고, 이름, 날짜, 숫자 등 구체적인 사실 정보도 확인해야 하며, 때로는 기사에 직접 인용할 인용문도 필요하다.

그렇다면 기자는 어디서 어떤 방법으로 이러한 정보를 수집할까? 기사 작성에 필요한 정보를 수집하는 방법은 여러 가지가 있다. 현장이나 출입처에 나가서 직접 보고 들으면서 자료를 수집할 수도 있고, 출입처에서 주는 보도 자료를 보고 정보를 얻는 방법도 있으며, 조사부에 가서 관련 주제의 기사나 문헌 자료를 뒤지기도 한다. 하지만 가장 많이 사용하는 방법은 취재원과 인터뷰를 하는 것이다. 기자는 신문 기사 작성에 필요한 정보를 대부분 인터뷰에서 얻는다고 해도 지나친 말은 아니다. 출입처 취재는 물론이고 주제별 취재나 사회적 지표 취재 등 어떤 취재 방식에서든지 인터뷰는 기자의 취재 과정에서 큰 비중을 차지한다.

● **취재원과 취재**　　사람들은 대개 기자가 현장을 누비며 체험한 것을 바탕으로 기사를 쓴다고 생각하며, 이는 어느 정도까지는 사실이다. 하지만 기자가 사건 현장에 즉시 달려간다 해도 실제로 사건을 직접 목격하는 일은 드물다. 그래서 기자는 담당 수사관, 피해자, 목격자 등 관련 인물들의 진술에 의존해 사건을 취재한다. 기자들은 별도의 보완 취재를 통해 이 사람들의 말이 어느 정도 믿고 인용할 만한지 추가로 확인 작업을 한다. 하지만 기자는 항상 시간에 쫓겨 충분히 취재하기 어려울 뿐 아니라 모든 분야에 전문적인 지식을 갖추지도 못했다. 그래서 기자는 거의 모든 정보를 취재원*news source*에 의존한다. 뉴스는 기자가 아니라 취재원이 말하는 것이라고 해도 좋다.

뉴스는 대부분 출입처에서 나온다. 출입처 중에는 공공 단체나 정부 기관이 많다. 뉴스는 다른 사람들에게 들은 정보나 이들의 발언을 많이 인용해서 작성하기 때문에, 가능하면 공신력 있는 기관이나 직책을 가진 인사들에 많이 의존한다. 공신력 있는 출입처에 의존해 기사를 작성하면 정보의 신뢰성 여부에 대한 논란을 방지할 수도 있다. 기자들은 담당 출입처에 매일 출근하는데, 출입처에서는 기자실을 두고 전화기나 편의 시설을 갖추어 기자들이 불편 없이 취재하도록 돕는다.

표 5-1에서 볼 수 있듯이 정치, 경제, 사회면 등 중요한 지면은 공식적 정보원 중에서도 정부 기관에 크게 의존하여 기사를 작성하며, 정치면에서 이러한 편중도는 특히 심하게 나타난다. 공식 정보원에 의존하는 관행은 기자의 취재 편의나 현실 여건 때문에 어느 정도 불가피하다. 하지만 이처럼 취재원의 과도한 편중은 사람들이 특정한 기관들의 시각을 통해 현실을 편향되게 이해하도록 조장할 우려가 있다는 점에서 바람직하지 못하다.

표 5-1. 신문 기사 분야별 취재원 분포 추이

단위: %

		1949	1959	1969	1979	1989	1999	계
정치	정부	98.5	95.7	79.6	76.5	87.2	79.7	84.7
	비정부 조직	·	·	1.9	5.6	3.2	8.9	4.7
	일반인	·	·	·	2.2	0.8	0.4	0.6
	외국	1.5	4.3	18.5	15.7	8.8	11.0	10.0
	계	100	100	100	100	100	100	100
경제	정부	80.0	87.2	83.7	86.4	62.4	42.5	61.6
	비정부 조직	6.7	10.2	9.3	10.6	34.9	51.6	33.6
	일반인	·	·	·	·	0.9	·	0.2
	외국	13.3	2.6	7.0	3.0	1.8	5.9	4.6
	계	100	100	100	100	109	100	100
사회	정부	78.2	72.4	62.9	54.8	49.1	54.9	60.1
	비정부 조직	13.7	13.1	20.9	22.6	31.9	31.8	24.3
	일반인	6.9	12.3	9.5	19.8	17.0	7.9	12.0
	외국	1.2	2.2	6.7	2.8	2.0	5.4	3.6
	계	100	100	100	100	100	100	100

출처: 임영호·이현주, 2001.

● 취재 구역별 관할주의　　출입처 중심으로 취재하는 방식의 가장 큰 단점은 사건을 담당 부서 단위로 접근하게 되어 현상을 단편적으로 보기 쉽다는 것이다. 한국의 신문사에서는 취재 부서 사이에 서로 담당 업무를 침범하지 않는 것이 관행으로 되어 있다. 이 관할권은 이슈나 정책 위주가 아니라 사건이 발생하는 구역, 기관과 인물 단위로 나누어져 있다.[1]

예컨대 통일 외교 문제를 취재할 때 중요한 이슈나 정책을 다루기 위해서는 정부 기관, 학계, 정당, 기업, 시민 단체 등 다양한 취재원을 종합적으로 취재해야 한다. 하지만 한국 언론의 취재 관행에서 이것은 매우 어렵다. 정당이나 정치인이 주장하는 정책은 정당 기자가 맡고, 외교부 주관 사업은 해당 부서 출입 기자가, 기업인의 방북 기사는 재정경제부 출입 기자가, 대학의 북한 관련 행사는 사회부 기자 식으로 나누어져 있다. 같은 부서 안에서도 기자들은 서로 관할권을 엄격하게 지켜 준다. 가령 외교부 장관이 국회에 출석해 정책을 설명할 때에는 외교부 출입 기자가 아니라 국회 담당 기자가 취재를 맡는다.

이처럼 취재 영역이 칸막이처럼 구분된 취재 방식에서는 중요한 쟁점에 관해 입체적으로 접근하는 심층 기사가 나오기 어렵다. 물론 이러한 가운데서도 1990년대 중반 이후 출입처 간의 폐쇄적인 장벽은 점차 완화되고 있다. 기자들은 출입처의 구분을 넘나들며 관심 분야를 취재하기 시작했고, 신문사들도 그러한 취재 방식이 가능하도록 제도를 바꾸어 나가는 추세에 있다.[2]

표 5-2의 자료는 한국 신문들이 전담 출입처 위주로 취재하면서 어떤 문제점이 발생할 수 있는지 잘 보여 준다. 즉 신문 기사에서 활용하는 평균 취재원 수를 비

표 5-2. 한국과 미국 신문의 기사당 취재원 수 비교

	한국 신문	미국 신문
1면 기사 종합 분석	1.75	10.0
언론상 수상 기사	4.6	17
대통령 담당 취재 기사	2.3	6.1

출처: 이재경, 2003, p.48.

교해 보면 미국 신문에 비해 한국 신문의 기사가 훨씬 적은 취재원의 정보를 근거로 기사를 작성하고 있음을 볼 수 있다. 국내 신문의 이러한 취재 관행에서는 기사에서 활용하는 취재원 수가 많지 않아 다양한 시각을 담기 어렵게 된다.

● 출입처 의존 관행의 병폐   기자들은 심도 있는 취재를 위해서 출입처와 가까운 관계를 유지하게 된다. 그러다 보면 자칫 중립을 지켜야 할 기자의 본분에서 벗어나 출입처에 편향된 시각을 취하게 될 수도 있다. 출입처 중심의 취재는 기자들의 시야를 제한하고 신문마다 판에 박은 듯이 똑같은 기사를 양산하기 쉽다. 출입처에서 선별해 제공하는 정부만 주로 접하다 보면, 이런 문제가 발생할 수 있다.

특히 정치 기사에서는 취재 기자가 출입처에 밀착되다 보니 정치의 흐름이나 유권자의 동향과 동떨어져 출입처 기자단의 공통된 인식을 보도하는 일이 잦다. 미국에서는 기자들의 이런 행태를 '한 버스에 탄 소년들*boys on the bus*'라고 비난하면서 '패거리 저널리즘*pack journalism*'이라고 부르고 있다. 즉 기자들이 선거 유세를 취재하는 과정에서 후보자의 비행기나 버스를 타고 늘 함께 시간을 보내다 보니, 그 집단의 분위기와 사고에 빠져들게 되는 현상을 말한다.

과거 국내에는 오랫동안 '기자단'이라는 제도가 운영되었는데, 이는 출입처 제도가 한층 강화되어 배타성을 띠게 된 것이다. 물론 기자단 제도는 나름대로 장점도 있었다. 기자들이 만나는 출입처 관료들은 취재에 대해 폐쇄적일 때가 많았는데, 기자단은 기자들이 힘을 합쳐 이들이 취재에 협조하도록 압력을 행사할 수 있게 해주는 순기능도 했다. 반면에 기자단 제도는 너무 폐쇄적이고 배타적으로 운영되는 바람에 적지 않은 문제점도 드러냈다. 어떤 출입처에서는 회원들이 정한 기준에 미치지 못하는 언론사 기자는 기자단 가입을 막고, 취재원에 마음대로 접근하지 못하게 제한하기도 했다.

● 출입처 제도의 대안   나라마다 사정은 다르지만 그래도 기자들은 정기적으로 접촉하는 취재원, 즉 출입처를 두기 마련이다. 일본은 우리나라와 가장 비슷한 출입처 제도를 두고 있다. 일본의 '기자 클럽'은 우리나라의 기자단 제도에 가장 가까운

사례 연구

〈한겨레신문〉의 모험

〈한겨레신문〉은 1988년 5월 창간되면서 기존의 언론 관행을 타파하기 위해 여러 가지 새로운 시도를 했는데, 그중의 하나가 편집국의 부 편성이었다. 당시 신문사들은 정치부, 경제부, 사회부, 외신부 하는 식으로 부를 나누어 운용했다. 각 부에 소속된 기자들은 청와대 출입 기자, 경찰 출입 기자 하는 식으로 기관이나 관청별로 맡아서 취재 활동의 폭을 한정했다. 〈한겨레신문〉은 이 오래된 관행을 거부했다. 부서를 통폐합하고 새로운 부서를 만드는가 하면 특정 기관에만 출입하는 관행에도 반기를 든 것이다.

〈한겨레신문〉은 기존의 부들을 합쳐 기능별로 다시 배치했다. 그래서 정치경제부, 민족국제부, 민생인권부, 여론매체부, 사회교육부처럼 다른 신문사에서 볼 수 없는 생소한 부서들이 생겨났다. 운영에서도 출입처 중심의 취재에서 벗어나려 노력했다. 가령 지금까지 정부나 정당의 통일 논의는 정치부에서 다루고, 국제 정치 차원에서 한반도 문제는 외신부에서 다루며, 국방 관련 보도는 사회부나 정치부에서 다루는 것이 관행이었다. 그러나 한겨레는 이 모든 사안을 민족국제부로 통합해 좀더 입체적으로 문제를 접근하려 했다.

물론 이처럼 '환상적인' 부 편성이 지속하지는 못했다. 일부는 철회했고 현실적 편의에 의해 조정한 부분도 있다. 모든 신문사에서 출입처 중심으로 취재 관행이 굳어져 있는 상황에서 〈한겨레〉 혼자만의 이상적인 조직 구상은 실현하기 쉽지 않았다. "지금 돌이켜 보자면 이상에 치우친 나머지 수십 년 이상 굳어져 온 한국 언론 관행을 너무 과소평가한 측면이 적지 않았습니다." 당시 조직 개편 작업에 참여한 박우정 씨의 말이다. 하지만 〈한겨레〉가 창간 당시에 왜 새로운 형식의 취재 체제를 구축하려 애썼는지는 지금도 되새겨 볼 만하다.

출처: 이인우·심산, 1998, pp.97~99.

데, 외부인에 대한 배타성의 정도가 우리보다 더 심하다는 평가를 받고 있다. 이 기자 클럽 제도는 특히 외국 기자들이 자유롭게 취재하는 데 걸림돌이 되고 있어 일본 주재 외국 특파원들은 이를 무역 장벽이라고까지 부른다.

반면에 미국과 영국에서는 출입처 취재가 아주 기능적으로 되어 있다. 여기서는 출입처 기자실이나 기자 클럽 따위의 단체가 존재하지 않는다. 미국에서는 의회와 정부 부처의 취재는 주로 공개 브리핑 제도에 의존한다. 가장 중요한 취재원인 백악관의 예를 보면 대변인의 공개 브리핑이나 대통령 기자 회견 현장을 모든 언론에 개방한다. 여기에는 미국의 주요 언론사뿐 아니라 군소 언론사, 세계 각국의 특파원까지도 포함된다. 물론 신원 확인을 거쳐 프레스 카드를 소지해야 하지만, 이것만 있으면 연방 정부의 어떤 기관이든지 출입할 수 있다.

기자단 제도의 병폐에 대한 비판이 커지면서, 국내에서도 외국 사례를 벤치마킹해 대안을 모색하는 움직임들이 나왔다. 2003년 9월 노무현 정부는 부처별 출입처 기자실을 폐쇄하고 그 대신에 정례 브리핑 제도를 시작했다.[3] 즉 장·차관이 정기적으로 기자들에게 공식적인 브리핑을 해주는 대신에 기자들이 부처 실무자의 사무실에 출입하지 못하도록 했다. 또 부처별로 있던 기자실도 없애고 여러 부처 출입 기자가 함께 사용하는 개방형 기자실로 개편했다. 청와대에서도 일정 요건을 갖춘

그림 5−1. 미국 백악관의 기자 회견 모습   출처: Getty Images.

모든 언론사에 출입을 허용하는 '개방형 등록제'를 실시했다.

이 제도가 도입된 후, 청와대 출입 기자는 49개 언론사 87명에서 165개사 275명으로 대폭 늘어났다. 이에 따라 지금까지 유력 언론사 위주로 이루어지던 폐쇄적인 취재 구조가 개선되는 긍정적인 효과가 나타났다. 하지만 정부의 정례 브리핑은 횟수도 부족할 뿐 아니라 내용도 부실해 충분한 정보를 제공하지 못했다는 비판도 나왔다. 즉 부서별로 보도 자료만 배포하고 정책 배경에 대한 설명이 부족하거나, 민감한 사안은 답변을 회피하는 등 문제점도 드러났다.

● 취재와 홍보의 공생 관계   싫든 좋든 간에 기자는 기사거리를 찾아서 출입처를 드나든다. 반면에 출입처는 가능한 한 자신에게 유리한 기사가 언론에 보도되도록 노력한다. 잠재적인 뉴스거리를 제공하는 출입처는 기자가 너무 가깝게도 멀리도 할 수 없는 존재다. 너무 관계가 멀면 기사의 단서를 놓칠 우려가 있고, 너무 가까이 지내다 보면 자칫 취재원에 편향된 기사를 쓰기 쉽다.

기자들이 고정적으로 드나드는 중요한 출입처에서는 기자들의 취재에 좀더 효과적으로 대응하기 위해 별도의 조직을 둔다. 이것은 대개 정부 기관에서는 공보실이나 대변인실, 기업에서는 홍보실(部)로 불린다. 여기서는 자기 회사나 부서에 관한 정보의 대외 유출을 체계적으로 관리한다. 홍보물이나 보도 자료를 만들고 기자 회견과 인터뷰를 주선하는 일은 모두 홍보 부서에서 맡는다. 기자와 홍보실은 비슷한 일을 하면서 서로 이용하는 공생 관계를 맺고 있다.

신문 뉴스 가운데서는 돌발적으로 발생하는 사건(화재나 비행기 추락)도 있지만 기관에서 만들어 내보내는 '예정된 뉴스'가 많다. 정부 기관의 각종 발표나 행사가 여기에 속하는데, 이것은 언론이 어떻게 보도할 것인지를 염두에 두고 만들어 내는 미디어 이벤트의 성격을 띤다. 대니얼 부어스틴Daniel Boorstin은 이러한 뉴스를 '거짓 사건pseudo-event'이라 불렀다.

실제로 20세기에 들어와 홍보 기술의 급속한 발전으로 출입처의 치밀한 전략에 의해 만들어진 홍보물이 기사화하는 사례가 늘고 있다. 정부 부서나 기업을 막론하고 언론을 상대하는 기관들은 홍보 담당자 수를 대폭 늘렸다. 영국 신문의 사례 조

표 5−3. 영국 정부 부서의 홍보 담당관 수의 변화

단위: 명/%

연도	국방성	외무성	내무성	무역산업성	수상 직속	재무성
1979	58	19	27	38	6	12
1997	47	30	50	67	12	16
2006	230	41	145	84	24	31
증가율	297	116	437	121	300	158

출처: Davis, 2008, p.274.

표 5−4. 영국 신문 기사의 출처 분포

기사 내용의 출처	비율(%)
홍보/통신사/다른 매체의 정보	38
주로 홍보/통신사/다른 매체 정보	22
홍보/통신사/다른 매체의 정보와 다른 정보 혼합	13
주로 다른 정보	7
전부 다른 정보	12
출처 불명	8

출처: Franklin, 2008, p.20.

사 결과를 보면, 기자가 취재한 정보 위주로 작성한 기사의 비율은 19% 정도에 불과했으며, 출입처 홍보 자료, 통신사, 다른 매체의 정보를 자체 취재한 정보와 혼합해 기사를 작성하거나(13%), 아예 홍보·통신사·타매체 정보에 의존한 기사(60%)가 압도적으로 많았다(표 5−3). 특히 신문 산업의 장기적인 침체로 언론사들이 잇따라 인력을 감축하게 되면서, 기자들이 홍보 자료에 의존해 손쉽게 기사를 쓰려는 유혹에 빠질 우려도 커졌다. 좋은 기자가 되려면 출입처의 언론 플레이를 비판적으로 해석하고 활용할 줄 알아야 한다.

● 출입처 취재 관련 관행   기자는 취재를 위해 다양한 부류의 사람을 만난다. 정

치인, 정부 부처 공무원, 전문가, 기업인에서 일반 시민, 대학생에 이르기까지 각계 각층의 사람이 기자의 취재원이 된다. 취재원은 기자가 직업 활동을 하는 데 가장 중요한 자산이다. 특히 자주 만나는 출입처 사람들은 앞으로도 계속해서 관계를 유지해야 하기 때문에 신뢰를 얻어두어야 한다. 따라서 취재원에게서 정보를 얻어 사용할 때에는 반드시 지켜야 할 원칙이 불문율처럼 정해져 있다.[4]

첫째, '온 더 레코드*on the record*'는 취재원이 제공한 정보에 대해 제공자의 신원을 밝히고 모두 기사화해도 좋다는 뜻이다. 출입처의 기자 회견이나, 보도 자료, 공식 행사의 발언이나 연설 등에 포함된 정보는 별도 요청이 없더라도 모두 온 더 레코드 자료로 간주할 수 있다.

둘째, '오프 더 레코드*off the record*'는 취재원이 '오프 더 레코드'를 조건으로 기자에게 정보를 흘려 주면, 기자는 정보 제공자의 이름을 밝혀도 안 되고 그 내용을 기사화해서도 안 된다는 것이다.

셋째, '배경 설명*background*'은 취재 내용을 기사화하되 취재원을 밝히지 말고 보도해 달라고 요청하는 관행이다. 기사에서 취재원을 '여당 관계자' 또는 '고위 당국자에 의하면'으로 표시하고 있으면, 이는 기자가 취재 시에 배경 설명으로만 사용한다는 약속을 하고 정보를 얻은 것이다. 이때 기자는 취재 내용을 단독으로 기사화하지 못하는 대신, 다른 관련 기사를 쓸 때 부분적으로 원용해서 쓰기도 한다. 이 방식은 정책이나 정치 관련 기사, 심층 취재, 고발 기사에서 자주 사용한다.

넷째, '엠바고*embargo*'는 취재원이 정보를 흘려 주면서 일정 기간 동안 보도를 보류해 달라고 요청하는 관행을 말한다. 보도 자료를 전달할 때, '5시 이후 보도해 주세요' 등으로 시한을 명시하는 것이 일반적인 관행이다. 그러나 엠바고를 남용하다 보면 자칫 독자들의 알 권리를 제한하게 될 우려가 있다.

2) 보도 자료의 활용

기자는 기사 작성에 필요한 정보를 출입처에서 수집한다. 그래서 출입처에서는 기자들이 작업하기 편하게 보도 자료를 만들어 배포한다. 보도 자료는 출입처에서 알

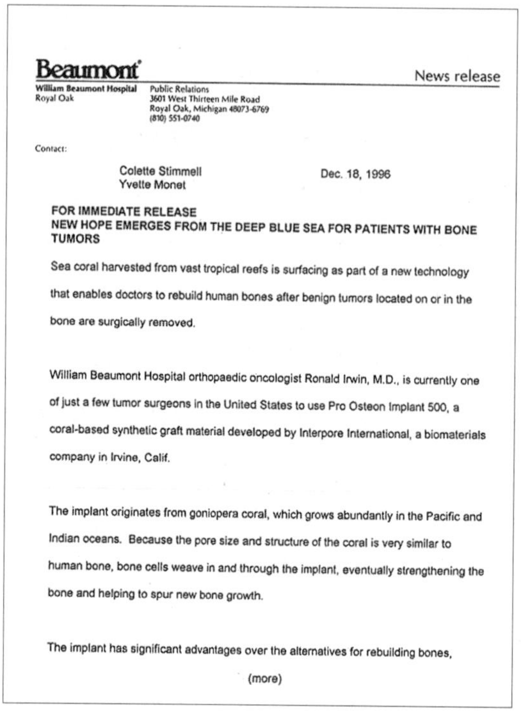

Beaumont®
William Beaumont Hospital
Royal Oak

Public Relations
3601 West Thirteen Mile Road
Royal Oak, Michigan 48073-6769
(810) 551-0740

News release

Contact:

Colette Stimmell
Yvette Monet

Dec. 18, 1996

FOR IMMEDIATE RELEASE
NEW HOPE EMERGES FROM THE DEEP BLUE SEA FOR PATIENTS WITH BONE
TUMORS

Sea coral harvested from vast tropical reefs is surfacing as part of a new technology
that enables doctors to rebuild human bones after benign tumors located on or in the
bone are surgically removed.

William Beaumont Hospital orthopaedic oncologist Ronald Irwin, M.D., is currently one
of just a few tumor surgeons in the United States to use Pro Osteon Implant 500, a
coral-based synthetic graft material developed by Interpore International, a biomaterials
company in Irvine, Calif.

The implant originates from goniopera coral, which grows abundantly in the Pacific and
Indian oceans. Because the pore size and structure of the coral is very similar to
human bone, bone cells weave in and through the implant, eventually strengthening the
bone and helping to spur new bone growth.

The implant has significant advantages over the alternatives for rebuilding bones,

(more)

그림 5-2
미국 신문의 보도 자료
출처: Campbell, et al., 2000, p.388.

리고자 하는 내용을 기자가 이용하기 쉽게 육하원칙六何原則에 따라 작성한 것이다. 보도 자료는 기사 작성에 필요한 정보, 즉 누가, 언제, 어디서, 무엇을, 어떻게, 또 왜 했는지에 관한 정보 위주로 작성한다.

출입처는 새로운 정책이나 사업을 시작할 때 기자 회견을 열고 보도 자료를 배포한다. 보도 자료는 출입처뿐 아니라 기자들에게도 매우 편리한 제도다. 짧은 시간 안에 취재에 필요한 기초 정보를 체계적으로 수집할 수 있기 때문이다. 기자들은 보도 자료 자체를 기사화하기도 하지만, 때로는 보도 자료를 단서로 새로운 기사거리를 발굴한다.

보도 자료는 주로 출입처 홍보실이나 대변인실에서 만든다. 보도 자료를 잘 만들려면 기사 작성 경험이 있어야 하기 때문에, 홍보실에는 언론계 경력자를 채용한다. 이들은 기자들이 좋아할 만한 내용을 기사 형식에 맞추어 보도 자료를 작성한다. 보도 자료는 출입처에서 기자 회견을 하면서 기자들에게 직접 전달하기도 하고 언론사에 팩스나 이메일로 발송하기도 하며, 웹 사이트에 올려놓기도 한다.

언론사에 배포되는 보도 자료는 내용이나 배포 목적에 따라 다음과 같이 여섯 가지로 분류할 수 있다.[5]

- 행사 안내 보도 자료
- 공지 사항을 담은 보도 자료
- 정책을 알리는 보도 자료
- 이미지를 높이기 위한 보도 자료
- 입장을 밝히거나 해명하는 보도 자료
- 사건 개요를 정리한 보도 자료

매일매일 시간에 쫓기는 기자들에게 보도 자료는 취재 부담을 덜어 주어 많은 도움이 된다. 그렇지만 보도 자료는 어디까지나 출입처가 홍보를 목적으로 작성한 것이기 때문에, 그대로 사용하면 안 된다. 특히 논란의 여지가 있는 쟁점에서 보도 자료는 출입처의 주장만을 담고 있어 편파적일 때가 많다. 기업 보도 자료에 많이 등장하는 '국내 최대,' '세계 최초'와 같은 수식 역시 사실을 과장했을 가능성 있기 때문에 일단 의심해 보아야 한다. 기자들은 보도 자료의 내용을 늘 비판적으로 선별, 해석하고 보충 취재를 통해 확인하는 습관을 길러야 한다.

3) 데이터와 문서 조사

기자들이 늘 출입처에서만 취재 정보를 얻는 것은 아니다. 이전에 나온 신문 기사, 정부 기관 보고서, 통계 자료, 인터넷 정보 등 주변에 널린 모든 문서나 파일 형태의 자료는 기자에게 소중한 취재원이 될 수 있다.

우선 취재 주제에 관해 본격적으로 파고들기 전에 이전의 기사나 다른 매체의 보도는 이 문제를 어떻게 다루었는지 살펴볼 필요가 있다. 만일 이 문제가 충분히 보도되지 않았다면 좋은 주제를 잡은 셈이고, 이미 많이 다루어졌다면 이전 보도에서는 어떤 부분이 소홀히 다루어졌는지, 또 기존의 기사와 어떻게 차별화할 것인지

고심할 필요가 있다. 어떤 상황에 해당하든 적어도 이전의 기사들이 거친 단순 작업을 되풀이하면서 시간을 허비하지 않아도 되므로, 이 작업은 취재 과정에서 매우 중요한 단계라 할 수 있다.

나아가 기자가 취재하고자 하는 출입처 기관에서 나온 정책 보고서, 데이터베이스, 인명록, 통계 수치 등은 기사의 흐름을 잡고 기초 취재를 하는 데 큰 도움이 된다. 이미 사전 조사를 거칠 경우 취재 방향에 대해 감을 잡기 쉬워지고, 담당자와 취재할 때에도 훨씬 심도 있는 질문을 던질 수 있어 심층적인 취재를 하기 수월해진다. 즉 취재에서 문서 조사는 취재 전단계 기초 조사로서 기본적인 사실을 수집하는 데 필요할 뿐 아니라 취재 방향을 설정하고, 취재원의 부도 자료나 인터뷰 내용의 진실성을 확인하는 데에도 매우 유용하게 활용할 여지가 있다.

4) 온라인 취재

출입처와 사건 현장을 바쁘게 뛰어다니며 취재하는 모습은 우리가 갖고 있는 전형적인 기자의 이미지다. 하지만 최근에는 책상머리에서 컴퓨터로 검색한 정보를 활용해 기사를 작성하는 취재 방식도 확산하고 있는데, '온라인 저널리즘,' '컴퓨터 활용 보도(CAR: Computer-assisted reporting)' 등은 이미 친숙한 저널리즘 용어로 자리 잡았다. 온라인 저널리즘은 주로 데이터베이스나 인터넷 사이트 등 정보 검색을 이용한 취재 보도를 의미한다. 반면에 컴퓨터 활용 보도는 온라인 정보뿐 아니라 통계 프로그램이나 컴퓨터 소프트웨어를 활용한 분석 기사 작성까지도 포함하는 좀더 넓은 개념으로 쓰인다. 이는 거의 모든 취재에 활용될 수 있지만 특히 탐사 보도에 유용한 취재 방식이다.

컴퓨터 활용 보도는 인터넷이나 데이터베이스에서 정보를 검색해 취재 자료를 찾는다. 기자는 취재에서 온라인 정보를 다양한 용도에 활용한다. 해당 기사 주제에 관한 배경 정보를 얻고, 기사 작성에 필요한 '사실'을 수집하거나 취재원을 찾는 데 이용할 수도 있다. 기자들은 인터넷에서 어떤 주제에 관한 전문가를 찾아내 도움을 청할 수도 있으며 전문가와 이메일로 인터뷰해 필요한 인용문을 얻기도 한다. 이메

컴퓨터를 활용한 취재

"[심층리포트] 美입양 3명 중 1명이 코리안"

"[심층리포트] 美이민 화이트칼라 급증… 98년 59%"

이것은 〈동아일보〉 사회면에 실린 기사 제목들이다. 오래전부터 해외로 이민을 간 사람이 많았고, 특히 IMF 경제 위기 이후 이민이 크게 늘었다는 점에 착안해, 이민의 트렌드를 추적하려는 의도에서 나온 기획 기사이다. 그런데 이 두 기사는 일반적인 기사에 비해 좀 특이한 점이 있다. 즉 기자가 관련 출입처의 관리나 전문가와 인터뷰한 내용이 아니라 통계 수치 분석에 근거해 기사를 작성했다는 점이다.

이 주제를 취재하기 위해 〈동아일보〉 취재진과 이민규 교수(당시 순천향대 재직)는 미국의 탐사보도협회(IRE)를 통해 미국 이민국(INS)의 이민 관련 자료를 확보했다. 이 자료에는 1980년부터 1998년까지 미국 이민의 모든 것이 담겨 있다. 여기에는 이 기간 동안 미국에 온 총 1,278만여 명의 이민자 명단과 나이, 성별, 직업, 출생 국가, 이민 사유, 미국 내 정착 지역 등이 기록되어 있다. 미국은 정보공개법(FOIA)과 전자정보공개법(e-FOIA)이 제정되어 있어 누구든지 필요한 절차를 거쳐 이 같은 정보를 요청하면 제공받을 수 있다.

취재팀은 이 자료 중에서 출신 국가가 'Korean'으로 된 항목만 추출해 컴퓨터 활용 보도 기법으로 이들의 특성을 분석했다. 또 외교통상부에서 매년 발표하는 국가별 이민 자료, 경제협력개발기구(OECD) 등의 국제 이민 실태 보고서 등의 다른 자료도 모아 분석했다. 취재팀은 이 분석을 토대로 한국홀트아동복지회, 고려이주공사 등 이민과 관련된 기관에서 인터뷰한 내용을 덧붙여 최종 기사를 작성했다.

출처: 〈동아일보〉, 2001. 2. 19; 2. 20.

일은 텍스트로 되어 있어 인용의 정확성 여부를 둘러싼 시비도 줄일 수 있다. 컴퓨터를 활용한 취재 보도는 1980년대 후반에 본격적으로 등장해 위력을 발휘하기 시작했다. 미국에서는 컴퓨터를 취재 도구로 삼아 작성한 기사들이 꾸준히 퓰리처상 수상 대상에까지 오르고 있다.

물론 온라인 취재가 아무리 편리하다 해도 컴퓨터에서 모든 정보를 얻을 수는 없으며 그렇게 해서도 안 된다. 온라인 취재 시대에도 이전처럼 발로 뛰는 취재는 여전히 중요하다. 설혹 기사 작성에 필요한 모든 정보를 온라인 검색으로 얻을 수 있다 할지라도, 독자들에게 좀더 흥미 있고, 읽기 쉬우며 생동감 있는 기사를 만들어 내려면 발로 뛰는 작업이 필요하다.

5) 탐사 보도

신문 기사, 특히 보도 기사는 가볍고 피상적이라는 비판을 많이 받는다. 어떤 문제가 터지면 냄비 끓듯이 쉽게 흥분했다가 금방 잊어버린다고 한다. 기자들은 오로지 그날 지면을 채울 기사거리에만 신경을 곤두세우기 때문이다. 그렇지만 사회적으로 의미 있는 주제를 장기간에 걸쳐 심층적으로 파헤치는 기사도 있는데, 바로 탐사 보도가 대표적인 예다.

미국에서 탐사 보도*investigative reporting*는 1970년대에 워터게이트 사건 보도를 계기로 본격적으로 유행하기 시작했다. 엄격히 말해 훌륭한 보도는 모두 어느 정도 탐사 보도의 성격을 띤다. 그렇지만 이 용어는 잘 드러나지 않는 비리를 추적해서 파헤치거나 중요한 사회적 추세를 심층적으로 진단하는 취재 보도를 가리킬 때 주로 사용한다.[6] 탐사 보도에는 크게 두 가지 종류가 있다.

첫째는 공적인 영역의 비리, 부패, 음모 등을 폭로하는 보도다. 내부자 제보를 단서로 삼아 권력 기관이나 대기업의 비리를 파고드는 취재가 대표적인 형태다. 최근에는 위키리크스 등의 고발 사이트가 활성화하면서 이러한 취재는 각광받고 있다. 이것은 대개 일상적 취재 기사에서는 접할 수 없는 극적인 뉴스거리로서 여론에 큰 반향을 일으키는 데에는 효과적이다. 하지만 폭로성 기사가 반드시 사회적으로

그림 5-3. 탐사 보도 '가난에 갇힌 아이들'(〈중앙일보〉, 2004. 3. 22)

〈중앙일보〉는 2004년 3월 빈곤 문제에 관한 '가난에 갇힌 아이들'이라는 기획 기사 시리즈를 내보냈다. 이 기사는 극빈층 아이들의 현실을 집중 취재해 한국 사회에서 어떻게 빈곤이 대물림되는지 조명했다. 이 기사에서는 관련 인물이나 전문가 인터뷰처럼 기사에게 낯익은 취재 기법 외에도 다양한 '조사 보도' 방법을 동원했다. 우선 연구 능력을 갖춘 10여 개 기관, 단체와 협조하여 빈곤층 아이들의 실태를 파악했다. 또한 빈곤 지역 공부방 사업을 지원하는 '부스러기사랑나눔회'라는 단체와 함께 전국 공부방 27곳에서 400여 명을 대상으로 설문 조사도 했고, 국가인권위원회와 공동으로 빈곤층 25가구를 선정해 사례 조사도 실시했다.

    이러한 작업의 결과 가난한 아이들의 실태에 관한 통계 분석, 비참한 여건에 처한 아이들의 개인적 사례, 대책 모색 등으로 구성된 입체적인 기획 기사가 만들어졌다. 취재팀에는 기자 6명, 사진 기자 2명이 참여했다. 이 기사는 이듬해 미국의 탐사보도협회(IRE: Investigative Reporters and Editors Inc.)에서 '2004년 외국 언론 특별상'을 받았다.

출처: 〈중앙일보〉 2004. 3. 22~3. 31; 2005. 4. 4.

▶▶▶ 비리 폭로형 탐사 보도: 워터게이트 사건

그림 5-4. 워터게이트 탐사 보도의 두 주역   출처: AP

미국의 워터게이트Watergate 사건은 저널리즘의 역사를 통틀어 가장 극적인 사건으로 꼽을 수 있을 것이다. 이 사건에 관한 〈워싱턴 포스트〉의 보도는 비리 폭로형 탐사 저널리즘에 해당하는 가장 고전적이면서 대표적인 사례다.

워싱턴 D.C. 포토맥 강변에 있는 워터게이트 호텔은 1972년 미국 대통령 선거에서 민주당 선거 본부로 사용되었는데, 여기에 도둑이 들었다는 짤막한 기사가 신문에 났다. 〈워싱턴 포스트〉지의 봅 우드워드Bob Woodward와 칼 번스타인Carl Bernstein 기자는 이 사건에 의혹을 품고 사건의 배후를 파헤치기 시작했다. 딥 스로트*Deep Throat*라 불리는 내부 제보자의 단서에서 출발하기는 했지만, 이들은 수많은 사람을 만나고 자료를 추적해 퍼즐 맞추기식으로 사건의 전모를 하나씩 밝혀냈다. 그 결과 놀랍게도 집권당인 공화당이 조직적으로 도청을 했으며, 여기에 정부 고위 인사들을 비롯해 닉슨 대통령까지 연루되어 있음을 이들은 밝혀냈다. 이 보도 때문에 결국 닉슨 대통령은 사임하고 관련자들은 모두 법의 심판을 받았다.

이 사건 보도는 권력의 부패와 광기에 대해 경각심을 일깨워 준 계기가 되었으며, 탐사 보도의 위력을 보여 준 사례로 아직도 인용되고 있다. 워터게이트 사건을 소재로 해서 〈대통령의 음모*All the President's Men*〉(감독 앨런 파큘라, 주연 로버트 레드포드·더스틴 호프만, 1976)라는 영화도 만들어졌다.

가장 중요하고 의미있는 뉴스를 제공한다고 할 수는 없다.

둘째는 어떤 중요한 시사적인 문제나 사회적, 정치적, 경제적 추세를 독자들이 이해하기 쉽게 보여 주어 관심을 유도하고 이 문제들에 대해 **정책적 조치를 촉구하**기 위한 보도다. 추세 보도는 시간과 노력이 많이 들기 때문에 기자들이 작업하기 상당히 까다롭고 때로는 그다지 재미없는 기사가 될 수도 있다. 하지만 이는 탐사 보도의 장점을 잘 살리면서 사회적으로도 바람직한 보도 방식으로 평가할 만하다.

탐사 보도라고 해서 유별난 취재 방법을 사용하지는 않는다. 사람을 만나고 전화로 확인하고 하는 따위의 일상적인 취재 방식은 탐사 보도에도 그대로 사용된다. 단지 한 번 기사로 내보내고 마는 일상적 취재에 비해 좀더 치밀하고 철저하게 준비해 오랫동안 끈기 있게 파고든다는 점이 다를 뿐이다. 탐사 보도를 수행하려면 일상적인 취재 임무에서 면제된 인력과 더불어 때로는 많은 취재 경비가 필요하다. 따라서 탐사 보도는 대개 큰 언론사에서 많이 이루어진다.

탐사 보도는 보통 취재 경험이 풍부한 기자들이 맡는다. 탐사 보도는 기자 한 명이 단독으로 할 때도 있지만, 대개 여러 명이 참여하는 '팀 취재' 방식으로 이루어진다. 잘 공개되지 않는 사실을 캐내기 위해서는 때때로 신분을 숨기고 현장에 몰래 숨어들어 가는 방법을 사용하기도 한다. 이러한 잠입·위장 취재는 취재 방법의 윤리 문제를 야기하기도 한다.

2. 기사 유형과 작성 원칙

신문 기사에는 다양한 유형이 있다. 크게는 작성자의 주관 개입 여부에 따라 보도 기사와 의견 기사로 구분할 수 있다. 하지만 이를 좀더 세분화한 장르별로 보면 스트레이트 기사, 미담 기사, 해설 기사, 논설, 칼럼, 비평 기사 등으로도 나눌 수 있다. 신문 기사의 작성 원칙은 기사 유형에 따라 달라진다. 우리가 흔히 접하는 기사 작성 원칙은 주로 보도 기사에 적용되는 지침이며, 실제로는 기사 성격에 따라 이보다 훨씬 다양한 방식의 글쓰기도 가능하다.

1) 보도 기사와 의견 기사

신문 기사는 뉴스를 문장으로 작성한 것이다. 작성자의 견해나 편견 없이 엄격하게 사실 위주로 작성한 기사를 보도 기사라고 한다. 보도 기사는 사실*facts*이나 인용문 위주로 작성한다. 보도 기사에서는 다른 사람의 의견을 많이 인용하는데, 따옴표와 출처를 덧붙이면 인용도 사실의 한 유형으로 간주한다. 그렇지만 어떤 기사는 필자의 의견이나 해석을 덧붙여 작성하기도 한다. 이러한 기사는 보도 기사와 엄격하게 구분해 의견 기사라고 하는데, 줄여서 보도와 논평으로 부르기도 한다. 신문에서는 보도와 의견·논평을 엄격히 구분히고 있으며, 특히 보도 기사를 작성할 때에는 의견이나 주관을 개입시키는 것을 금기로 여긴다.

논설이나 칼럼, 비평 등은 대표적인 의견 기사이다. 논설은 특정한 사건이나 주제에 관해 신문사의 공식적인 입장과 의견을 밝히는 글이다. 실제로는 논설위원 중 한 사람이 해당 논설을 맡아 작성하기는 하지만, 작성 과정에서 의견 조정을 거쳐 회사의 견해와 일치시킨다. 논설은 회사의 공식적인 입장으로 간주되기 때문에, 논설에서는 작성자 이름을 밝히지 않는다. 칼럼이나 비평 역시 작성자의 의견이 많이 들어간 기사라는 점에서 논설과 비슷하다. 하지만 칼럼이나 비평은 논설과 달리 순전히 작성자 개인의 의견이나 견해를 토대로 하며 필자 이름으로 나간다.

2) 신문 기사의 장르

(1) 스트레이트 기사

신문 기사에서는 대개 의견과 사실을 엄격히 구분한다. 그러나 이 원칙은 보도 기사, 즉 스트레이트 기사에만 적용된다. 스트레이트 기사를 작성할 때에는 기자의 의견이나 해석을 배제하고 사실 위주로 문장을 구성한다.

그렇다면 어떤 것이 사실에 속할까? 이른바 육하원칙에 속하는 정보(즉 누가, 언제, 어디서, 무엇을, 어떻게, 왜)는 기사를 작성하는 데 필수적인 사실이다. 하지만 의견이나 해석, 주장이라도 어떤 것은 보도 기사에서 사실처럼 간주하고 활용한다. 믿을 만한 공식 취재원, 가령 이름과 직책을 밝힌 공직자, 전문가의 말은 따옴표를 붙이면 일종의 사실로 인정한다. 즉 스트레이트 기사는 육하원칙에 속하는 사실을 비롯해 취재원의 인용문으로 구성한 기사를 말한다. 보도 기사는 역피라미드형 구조로 작성할 때가 많다.

스트레이트 기사에는 여러 가지 유형이 있다. 신문에서 흔히 볼 수 있는 사건, 사고 기사라든지 인터뷰 기사 따위는 스트레이트 기사로 분류할 수 있다. 그렇지만 똑같은 뉴스라도 구성하기에 따라서는 스트레이트 기사가 아니라 피처 기사로 바뀌기도 한다.

(2) 미담 기사

미담 기사란 독자들의 인간적 흥미에 호소하는 기사_human interest story_, 특히 동정심, 분노, 눈물 등 사람들의 감정을 자극하는 기사를 말한다. 어떻게 보면 신문 기사가 대부분 부정적인 사회 현상을 다루는 나쁜 뉴스인데 비해, 미담 기사는 평범한 사람들의 선행처럼 '말 그대로 아름다운 이야기, 착한 행동을 기사화한' 좋은 뉴스이다. 미담 기사는 평범한 사람들이 일상적 삶에서 겪는 즐거움이나 어려움을 소재로 삼기 때문에 독자들이 쉽게 공감할 수 있는 뉴스거리이다.[7]

미담 기사는 다음과 같은 몇 가지 특징을 갖고 있다. 첫째, 사람 자체보다는 일, 행동이나 경험에 초점을 맞춘다. 특별한 자질을 갖춘 비범한 사람이 아니라 우리 주변의 평범한 사람이 특정한 삶의 순간에 남다른 용기나 선행을 했을 때 전형적인 미담 기사거리가 된다. 둘째, 독자가 쉽게 동일시할 수 있는 평범한 사람이 대상이 된다. 셋째, 보도에서 시간 제약을 덜 받는다. 미담 기사는 시의성이 아니라 인간적 흥미를 뉴스 가치로 삼기 때문에 시간을 다투면서 보도할 필요가 없다. 넷째, 한 개인뿐 아니라 집단의 경험이나 트렌드도 좋은 미담 기사거리가 된다. 어떤 회사 동호회의 선행이라든지 청소년의 새로운 풍속, 유행 등이 이에 해당한다.[8]

넓게 보면 미담 기사는 피처 기사의 한 유형에 속한다. 넓게는 스트레이트 뉴스를 제외한 모든 기사를 피처라고 부르지만 좁은 의미에서 피처 기사는 스트레이트 뉴스와 비슷하면서도 다소 성격이 다른 기사를 말한다.[9] 미담 기사 외에 인물 프로

미담 기사의 예

암투병 필리핀 새댁 '고마워요 함평군민'
군, 뇌종양 임산부에 생계비
공무원·기업 1300만원 모금도

"날씨는 얼어붙어도 마음은 따뜻하기만 해요."

전남 함평군 손불면 석령마을에 사는 필리핀 이주여성 로웨나 가보(36·왼쪽)는 13일 고른 이틀 느러내며 환하게 웃었다. 그는 2011년 12월 한국 농촌으로 시집온 '새댁'이다. 하지만 임신 7개월째인 지난해 9월 갑자기 쓰러져 뇌종양 진단을 받으면서 웃음을 잃어버렸다. 그는 남편 김주성(49·오른쪽)씨의 손을 잡고 광주·화순·목포 등지의 병원을 들락거려야 했다. 뱃속의 아기가 걱정되고, 남편과 시어머니한테 미안했다. 치료비만 2000만원. 농사를 짓는 김씨는 장애 5급인 90대 노모의 병환을 살피느라 큰돈을 써버려 발만 동동 구르는 처지였다. 남방 고국에는 없는 겨울이 다가오자 수심은 깊어만 갔다.

"두렵고 무서웠어요. 하소연할 데도 없고 도와줄 사람도 없어 막막하고 답답했죠."

그런데 지난해 12월 '필리핀 새댁이 아프다'는 소문을 듣고 함평군에서 아직 한국 국적을 얻지 못한 그를 '희망복지 지원 대상자'로 선정하고 남편 김씨를 기초생활수급자로 지정해줬다. 이달부터 한달 20여만원 생계비를 주고 출산 석달이 되면 아이 돌보미도 하루 3~5시간 지원하기로 했다. 함평군 공무원들과 지역 기업체도 팔을 걷어붙여 금세 1300만원이 걷혔다.

필리핀 새댁은 예정보다 20여일 이른 지난달 3일 2.7㎏의 건강한 딸을 순산했다. 어두웠던 남편 김씨의 얼굴에도 웃음꽃이 피었다.

"도움을 주신 이웃을 잊지 않겠습니다. 추워도 사람의 온기가 있는 우리 동네는 정말 좋은 곳입니다. 앞으로 남편이랑 아이랑 조금씩 갚으면서 살겠습니다."

지난 10일 성금을 전달받은 필리핀 새댁의 눈가에는 촉촉하게 이슬이 맺혔다. 그는 이달 말 서울의 한 병원에서 뇌종양 제거 수술을 받을 예정이다.

함평/안관옥 기자 okahn@hani.co.kr

출처: 〈한겨레〉 2013. 1. 15.

필*profiles* 기사도 전형적인 피처 기사에 해당한다. 피처 기사는 보도 기사와 마찬가지로 사실을 토대로 작성하지만 단순히 사실을 전달하는 데 목적을 두지 않는다. 다른 글 유형과 비교해보면 피처 기사의 특징을 잘 파악할 수 있다.

우선 피처 기사는 **스트레이트 기사**와 비슷하면서도 몇 가지 차이가 있다. 피처 기사 역시 사실에 근거해 작성하지만 사실의 간결한 전달만으로 피처의 효과를 얻을 수는 없다. 피처 기사는 사실에 색깔과 생명, 배경과 해석, 인간과 상황에 대한 창의적인 시각을 덧붙여야 한다. 스트레이트 기사와 달리 피처 기사에는 표준적인 작성 형식이 없다. 역피라미드형의 문장 구조는 피처 기사에 적합하지 않으며, 그 대신에 드라마나 소설에서 사용하는 서사 구조를 채택할 때가 많다.

피처 기사는 단편 소설처럼 독자의 흥미를 자아내는 줄거리 구조*narrative*나 문장 기법을 구사한다. 그렇지만 피처 기사는 픽션이 아니라 사실을 토대로 한다는 점에서 소설과 다르다. 또 피처는 주관적 판단을 어느 정도 포함하지만, 의견 기사와 달리 설득이 아니라 보도와 오락을 목적으로 한다. 피처 기사는 시간을 초월해 인간의 본질적인 감정에 호소하기 때문에 보도 기사와 달리 피처 기사는 시의성을 그다지 중시하지 않는다.

(3) 해설 기사

보도 기사는 어떤 사건에 관해 객관적인 사실 위주로 보도한다. 그렇지만 독자는 보도 기사만 보고 그 사실의 의미, 원인, 배경을 제대로 파악하기 어렵다. 따라서 해설 기사는 사건의 배경과 원인을 설명하고 나아가 미래에 대한 예측과 전망을 제시하는 데 목적을 둔다. 해설 기사는 의견 기사처럼 사실에 해석*interpretation*을 덧붙인 것이지만 의견 기사인 논설과 몇 가지 점에서 구별된다. 해설 기사가 정보와 상황에 대한 분석을 토대로 한 객관적인 판단이라면, 논설은 다분히 주관적인 의견에 가깝다.

미국의 신문에서는 사실 위주의 객관적 보도가 지니는 한계점을 깨닫게 되면서 해설 기사가 중요한 기사 양식으로 자리 잡았다. 특히 1차 세계 대전이 터졌을 때 대다수의 미국인들은 왜 전쟁이 일어나게 되었는지 이해하지 못했다. 사건 위주의 보도 기사만 늘 접해 왔기 때문이었다. 그래서 1930년대부터는 해외 특파원의 기사를

중심으로 사실 보도와 해설을 결합해서 보도하는 방식이 점차 자리 잡았다.[10]

다른 경쟁 뉴스 매체가 늘어나고 사회가 갈수록 복잡해짐에 따라 해설 보도의 중요성은 더욱 커지고 있다. 경제, 환경, 과학 기술 등 전문적인 분야에 관한 뉴스를 읽고 일반 독자가 그 의미를 제대로 이해하기란 쉽지 않다. 가령 국제 금융 시장에서 미국의 달러가 약세라는 기사를 예로 들어 보자. 이것이 국내 경제와 서민의 가계에 어떤 파급 효과를 미치는지 또 이에 대비해 어떤 정책을 펴야 하는지에 관해 해설해 주지 않으면, 이 뉴스는 독자들에게 별다른 의미를 갖기 어렵다.

해설 기사는 보도 기사와 마찬가지로 증명 가능한 사실을 근거로 논리적인 분서을 거쳐 결론을 끌어내야 한다. 해설 기사에서는 사칫하면 기자의 의견과 분석의 구분이 모호해질 우려가 있기 때문에 조심해야 한다. 기사가 어떤 측면에 중점을 두고 어떻게 논리를 전개하는지에 따라, 해설 기사는 의미 설명형, 배경이나 원인 분석형, 전망 예측형, 해석 설명형, 혼합형 등의 몇 가지 유형으로 분류할 수 있다.[11]

(4) 논설

뉴스를 제공하는 보도 기사와 뉴스에 해석과 의견을 덧붙이는 의견 기사는 서로 보완적인 관계를 맺고 있다. 논설editorial은 의견 기사의 한 형태로서 그날의 사건에 대해 신문사의 견해를 밝히는 글이다. 신문사의 공식적인 의견이라고 해서 사설社說로 부르기도 한다.[12] 논설은 뉴스가 지니는 의미를 설명해 주고, 뉴스의 배경 정보를 제공해 주며, 이 분석을 근거로 미래에 대한 예측을 하기도 한다. 또한 도덕적, 윤리적 가치 판단이 필요한 쟁점에 대해서는 옳고 그름을 판단해서 신문사의 견해를 밝히기도 한다. 보도 기사가 정보 제공의 기능을 하고 피처가 오락을 제공한다면 논설은 계몽과 교육 기능을 수행하는 셈이다.

논설은 신문사의 공식 견해를 표현하기 때문에 해당 신문의 정파적 입장이 가장 뚜렷하게 드러나는 기사 장르이다. 국내 신문들만 보더라도 북한 관련 문제에 대해 〈조선일보〉와 〈한겨레〉의 사설은 뚜렷한 차이를 보인다. 부유층 과세나 기업 규제와 관련된 쟁점에서도 비슷한 경향이 나타난다. 이처럼 논설은 신문의 개성과 색깔을 드러내고 다른 신문과 차별화하는 장의 구실도 한다.

역사적으로 볼 때, 초창기 신문에서는 뉴스를 전하는 매체와 의견과 주장을 내세우는 매체는 분리되어 있었다. 뉴스는 주로 뉴스레터newsletter에서 다루었고, 의견은 팸플릿을 통해 전파되었다. 1704년 영국의 대니얼 디포Daniel Defoe는 〈리뷰The Review〉에 이 두 가지를 함께 싣기 시작했는데, 그 후 논설은 신문 기사의 필수적인 요소로 정착되었다. 미국 신문에서는 사설을 비롯해 만평, 독자 투고 등 의견 기사를 모아 '논설면editorial page'을 별도로 둔다. 국내 신문에서는 이 지면을 대개 '오피니언' 면이라고 부른다.

논설에서 다루는 주제는 매우 다양하다. 정책이나 정치 쟁점, 유명 인사의 사망, 발명이나 발견, 스포츠 경기 등 거의 모든 뉴스 소재를 논설에서도 다룬다. 유행이나 사회 풍습처럼 비교적 가벼운 주제 역시 논설의 좋은 소재가 된다. 시의성이 있으면 과거, 현재, 미래의 어떤 소재든지 논설에서 다룰 수 있다.

논설은 다음과 같이 아주 단순한 구조로 되어 있다. 첫째, 캡션(또는 제목), 둘째로는 사설이 근거로 삼는 정보(이를 'news peg'이라 한다), 셋째로는 이 정보에 대한 작성자의 의견, 넷째는 이러한 의견을 취하게 된 이유 등이다. 제목은 사설 기사의 주장이나 논조를 잘 표현하고, 독자들의 눈길을 끌 수 있도록 붙인다. 논설은 어느 정도 일정한 구조를 유지하지만 반드시 엄격하게 고정된 규칙을 따를 필요는 없다. 논설은 집필자의 의도에 맞추어 자유롭게 형식을 고안해서 써도 된다. 물론 사실을 단순히 설명하는 데 그치지 말고 나름대로 집필자의 주장과 논리적 근거를 제시해야 한다.

● 만평editorial cartoon　　　논설하면 딱딱한 글만 연상하기 쉬운데 반드시 그렇지는 않다. 논설 중에는 시각적인 언어로 표현한 것도 있는데, 이를 만평이라 한다. 만평은 만화라는 그래픽 형태로 표현한 사설이라고 할 수 있다. 만평은 독자들이 즐겨 보는 기사일 뿐 아니라 짧은 시간에 주장을 압축해서 전달할 수 있어 여론 형성에서도 중요한 구실을 한다.[13]

미국의 퓰리처상은 언론인의 최고 영예로 꼽히는데, 여기서도 만화 부문을 두어 매년 상을 주고 있다. 수상선정위원회의 기준은 다음과 같다. "만화는 사상을 뚜렷이 드러나도록 구체화해야 하고, 뛰어난 그림과 시각적 효과를 보여 주어야 하며,

그림 5-5. 만평의 예: 〈한겨레〉 한겨레 그림판(2013. 8. 9)

공적으로 중요한 대의를 전파하는 데 도움이 되어야 한다." 이 선정 기준은 훌륭한 만평이 갖추어야 할 요소가 무엇인지 잘 보여 준다.

(5) 칼럼

칼럼column 역시 논설과 마찬가지로 의견 기사의 한 형태다. 하지만 논설이 회사 이름으로 나오는 데 비해, 칼럼은 이름을 밝힐 뿐 아니라 집필자의 주관과 느낌이 생생히 드러나는 개인적 스타일로 작성한다. 독자들은 익명의 글보다는 인간적인 개성이 잘 드러나는 글을 좋아한다. 논설은 조직 내부의 의견 조율을 거쳐서 작성한 것이라 독자에게는 다소 딱딱하고 지루할 수도 있다. 반면에 칼럼은 집필자 개인이 보고 생각하고 느낀 점을 쓰기 때문에 흥미롭게 읽을 수 있다.[14]

신문에서 칼럼을 싣기 시작한 것은 19세기 후반 무렵이다. 미국의 〈스프링필드 리퍼블리컨Springfield Republican〉이라는 신문은 1872년에 처음으로 칼럼 기사를 도입했다. 신문에서는 칼럼을 외부 필진에 청탁해서 싣기도 하고, 회사 내의 간부급 기자가 맡아 쓰기도 한다. 한국언론재단에서 국내 10개 중앙 일간지의 칼럼 집필 현황을 조사해 본 결과, 집필자의 직업은 교수(34.4%)가 가장 많았고, 연구원(10.7%), 기업인/회사원(10.1%), 예술인(9.6%), 평론가(6.7%)의 순으로 나타났다.[15] 미국 신문에서는 전국적으로 유명한 칼럼니스트들의 글을 주로 신디케이트에서 받아 싣는다.

칼럼은 어디까지나 집필자 개인의 견해를 반영한다. 그래서 칼럼니스트의 견해가 신문사의 공식적인 의견과 일치할 수도 있지만 때로는 어긋나기도 한다. 이런 상황에 대비해서 국내 신문에서는 칼럼의 끝 부분에 "본 칼럼은 본사의 공식적인 견해와 일치하지 않을 수도 있습니다"고 적는다.

다른 의견 기사와 마찬가지로 칼럼 작성에도 정해진 규칙이 없다. 칼럼은 논설처럼 분석과 비판의 요소를 많이 포함하면서 동시에 오락적인 성격도 띤다. 칼럼에서도 보도 기사처럼 정보 취재는 필수적인 기초 작업이다. 나아가 칼럼은 주장의 논리적 근거뿐 아니라 읽는 이에게 즐거움을 줄 수 있도록 재치와 문장력이 필요하다. 국내 중앙 일간지에서 외부 필진을 선정하는 기준을 조사해 본 결과 전문성을 가장 중시하며, 그다음으로 문장력, 지명도, 이념적 성향을 꼽았다.

(6) 비평 기사

신문 뉴스는 다양한 분야에서 나온다. 책이나 영화, 음악, 만화, 연극 등도 주요한 취재 영역이 된다. 그렇지만 화재 사고와 영화에 관한 뉴스는 취재 방법이 다를 수밖에 없다. 영화에 관한 기사는 주로 비평 기사 형식을 띤다. 신문에는 오래전부터 서평이나 영화 비평, 문화 비평 난을 많이 두고 있다. 요즈음에는 만화나 게임에 관한 비평, 텔레비전이나 다른 대중 매체에 관한 기사(매체 비평)도 많아졌다.[16]

비평 기사는 스트레이트 기사와 마찬가지로 취재한 사실에 근거해 작성하지만 기자의 평가를 덧붙인다는 점에서 큰 차이가 있다. 독자들은 어떤 영화에 관한 사실 정보*facts*를 원하기도 하지만 그것보다는 그것이 볼 만한 영화인지, 어떤 성격의 영화인지에 관한 질적 판단을 더 기대하기 때문이다. 비평 기사는 비평 대상에 대한 보도와 평가라는 두 요소를 모두 포함한다.

평가를 하기 위해서는 평가의 잣대가 필요하다. 그 작품이 얼마나 미학적인 측

No messages, just love of dance

By David Barboza

Photographs by Mark Ralston for The New York Times

Yang Liping performing her signature piece, "Spirit of the Peacock," left, and with performers in her show "Dynamic Yunnan."

KUNMING, China

Ever since Yang Liping won first prize in a national dance competition in 1986, she has been delighting Chinese audiences with her signature dance, "Spirit of the Peacock."

Now Yang, one of China's best-known dancers, is the director, choreographer and star of a new show that is drawing sellout crowds all over the country.

The show, "Dynamic Yunnan," which is expected to travel to Europe and the United States later this year, features Yang and about 70 other performers from Yunnan Province, in southwestern China, staging ritualistic folk dances, beating drums, stomping, singing and floating elegantly across the stage like butterflies.

The show is the latest coming-out party for Yang, 47, who is known here as a stern but creative and independent force in Chinese dance. She dances like a spirited youth, contorting her slender frame and whipping her arms, legs and fingers in vivid representations of animals and other aspects of the natural world.

"I just love to dance," Yang said over dinner after a performance here in Kunming, Yunnan's provincial capital. "My nature is to dance all the time. After I eat, I want to start dancing all over again."

To prepare the show, Yang said she spent more than a year traveling to remote villages in her native Yunnan, studying local dances, recording disappearing folk songs and recruiting dozens of young people from ethnic minority groups. Yunnan is China's most ethnically diverse province.

Many of the villages she visited were wedged between mountains and seemingly lost to the modern world. There she encountered the folk rhythms of farmers and villagers who seemed to have a natural aptitude for song and dance.

"In these villages, people have songs and dances for every event — when they're happy, at harvest time, when they're getting married or mourning," she said. "It's not a choice; it's a lifestyle."

Yang was born about 100 miles, or 160 kilometers, northwest of here, in the town of Dali, the eldest of four children. Her parents and grandparents, members of the Bai ethnic minority, were farmers. As was true for everyone in their village, she said, singing and dancing were a part of their lives.

"My grandmother was the best singer in the village," Yang said. "I clearly re-member when I was 4 years old making

in love with a popular dance that imitates the movements of the peacock, a totem of the Bai people.

In her early 20s, after she moved to Beijing to dance with the Central National

a highly personal style, but has also popularized Yunnan's folk dances.

"She's in the first rank of dancers here in China," said Zhang Jianmin, a leading choreographer in Beijing who devised the

anguish and pain. "My dances are just showing the beautiful side of life," she said.

Her pieces emphasize the intricacies of expression possible with the hands and arms. She is by turns robotic, then fluid. Her long, slender arms and fingers — capped by extremely long fingernails that accentuate her moves — are the wings of a bird, the branches of a tree, sparks bursting into a raging fire. "Nature is simply the best teacher," she said. "I watch the motions of the peacock, birds, animals, anything that moves. That's how I've taught myself."

Now, after years of performing solo and appearing on television as the nation's leading lady of dance, Yang is returning to her roots, seeking to preserve and promote folk dances with her new show, which she financed almost entirely herself.

So many beautiful ethnic dances are being lost or are disappearing with the advance of commerce and modernization, she said. And so she has devoted years to re-enacting or evoking the dances she grew up with or discovered during her travels.

"Dynamic Yunnan" is filled with songs and dances that celebrate the sun, the moon and the region's folk legends. Yang said part of the show's popularity stems from its authenticity; Nearly all the performers are young people from Yunnan's ethnic minorities. And like her, few have had formal training.

One young man, she said, was selected after she heard him crying out for his runaway cow. A young girl was chosen after pleading for the opportunity to dance so she could earn the $48 it would cost her family to buy a cow. Yang said the girl's story moved her to tears. "I picked her even though I thought she was too short," Yang said, laughing. "But she works hard. I can always hear her singing in the back. She puts all her energy into it. You see, this show is nothing but real life."

As for her own life, Yang is far more circumspect. She acknowledges being mar-

그림 5-6. 〈인터내셔널 헤럴드 트리뷴〉의 문화 비평 기사(2005. 3. 9)

면에서 질적으로 뛰어난지를 평가할 수도 있고(고전적 방법classical method), 단순히 작품 내용을 선별해 해설할 수도 있고(보도적 방법reportorial method), 아니면 역사적인 관점에서 그 장르에 속한 다른 작품들과 비교하면서 평가할 수도 있으며(역사적 비평panoramic method), 비평자가 주관적으로 느낀 감동과 직관에 따라 비평할 수도 있다(인상주의적 방법impressionistic method).

3) 보도 기사 작성의 기본 원칙

신문 기사를 작성하는 데에는 지켜야 할 원칙이 있다. 그런데 이 원칙은 기사의 종류, 즉 기사의 성격이나 장르에 따라 달라진다. 의견 기사는 필자가 비교적 다양한 형식으로 자유롭게 작성할 수 있지만, 특히 보도 기사에는 엄격한 규칙들이 적용된다. 보도 기사는 의견을 배제하고 중립적으로 서술한 글이라고 한다. 하지만 어떤 사건을 사실 위주로 객관적으로 보도하는 일은 말처럼 그리 쉽지 않다. 같은 사실이라도 누가 어떤 목적으로 글로 엮어 내는지에 따라 신문 기사가 되기도 하고 학술적 글이나 선전문, 소설이 되기도 한다. 기사는 단순히 사실*facts*을 요약, 정리하는 데 그치지 않고 나름대로 독특한 형식과 관점을 취한다. 이 독특한 형식 때문에 신문 기사는 다른 문장 형식과 구분된다.

보도 기사에서는 다음과 같은 원칙을 지켜야 한다. 첫째는 **정확**해야 한다 *accuracy*. 둘째는 **균형***balance* 또는 **공정성***fairness*을 유지해야 한다. 셋째는 **객관성** *objectivity*을 지켜야 한다. 넷째는 **간결한 문장***concise writing*으로 작성해야 한다.[17] 이 원칙들은 오늘날 저널리즘 직업에서 꼭 지켜야 할 관행으로 굳어져 있다.

● **정확해야 한다**　　신문 보도에 대해 비판적인 사람이 예전에 비해 부쩍 늘었다. 사람들이 신문에 난 것은 곧 진실이라고 믿던 어리숙한 시절은 지나갔다. 하지만 신문이 현실을 제대로 보도하지 못한다고 비판하는 사람들도 신문 기사를 통해 그 사건이 언제, 어디서 일어났는지는 안다. 즉 신문 기사에서 전하는 구체적인 사실은 독자들도 대부분 '진짜'라고 받아들인다.

정확성이란 신문 기사에 포함된 요소들, 즉 이름, 날짜, 나이, 수치 등의 세부 사항이 실제와 일치하는 정도를 말한다. 아무리 단순한 사건이라도 수많은 단편적 사실을 포함한다. 기자는 기사 작성에 앞서 모든 구체적인 사실이 정확한지 일일이 확인해야 한다. 기사는 수많은 사실의 조각들을 엮어 사건의 전반적인 그림을 보여 주는데, 이 보도가 던져 주는 전체적인 인상이 실제에 가까울 때 그 기사는 정확하다고 말할 수 있다.

〈뉴욕 타임스〉의 때늦은 정정 기사

2007년 무렵 〈뉴욕 타임스〉에 짤막한 정정 기사가 실렸다. 상당히 오래전의 사진 기사 설명 부분에서 '제런드'라는 사람의 이름을 '지라드'로 정정한다는 내용이었다. 이는 기사가 나온 지 무려 63년 만의 일이다. 그렇게 긴 세월이 지난 후에 사람 이름 하나를 정정하는 게 무슨 의미가 있나 하고 의문을 가져 볼 수도 있다. 하지만 〈뉴욕 타임스〉의 이 일화는 사소한 일 같으면서도 사실의 철저한 확인이라는 저널리즘의 기본 원칙에 대해 다시 한 번 생각하게 해준다. 사실 보도와 다양한 시각을 제공하는 일은 언론의 가장 기본적인 책무이지만, 특히 사실의 정확성은 모든 기사에서 지켜야 할 기본 중 기본이다.

저널리즘에 종사하는 사람들에게는 시간이 생명이기 때문에 실제로 기사의 정확성은 늘 불완전할 수밖에 없다. 전개 중인 사건을 신속하게 보도해야 하기 때문에 보도에 앞서 충분한 사실을 수집하지 못할 수도 있고, 사실이라 확신한 정보가 나중에 알고 보니 부정확했다거나 아예 허위로 밝혀지기도 한다. 하지만 주어진 여건에서 최대한 사실의 정확성을 유지하기 위해 여러 정보원을 취재하고 계속 보완해 나가는 자세가 기자 직업 정신의 바탕이 되어야 한다.

하지만 사실이 허위로 밝혀졌을 때에는 지체없이 잘못을 시인하고 바로 잡는 정정 기사를 내보내야 한다. 국내 신문들은 바로 이 정정 기사를 내는 데 아주 인색한 경향이 있다. 혹시 매체의 권위와 신뢰성에 손상을 입을까 우려하기 때문이다. 하지만 잘못을 인정하지 않고 감추려 든다면 장기적으로는 그 신문의 명성에 더 큰 타격이 가해질 수도 있다. 정정 기사는 그 신문이 보도의 정확성을 신조로 삼고 있다는 믿음을 독자들에게 심어 주게 되고, 기자들에게 저널리즘에서 기본 원칙의 소중함을 다시 각인해 주게 된다는 점에서 언론사에도 도움이 되는 일이다. 〈뉴욕 타임스〉의 때늦은 정정 기사가 감동적인 것은 바로 이 때문이다.

그렇지만 세부적인 사실이 모두 옳다 하더라도 오류는 생겨날 수 있다. 편집부에서 문장을 약간 고치거나 제목을 조금만 다르게 붙여도 뉘앙스의 차이 때문에 기사 내용이 엉뚱하게 바뀔 수도 있다. 기자가 취재원과 인터뷰한 내용을 기사에 인용할 때에는 발췌를 하게 되는데, 이때 어떤 부분을 어떤 맥락에서 인용하는지에 따라 의미가 상당히 달라지기도 한다. 뉴스 보도에서는 모든 사실이 정확한지 반드시 다각도로 확인해야 한다.

● 균형과 공정성을 유지해야 한다   물론 세부 사실이 아무리 정확하더라도 사건의 의미가 항상 정확하게 전달되지는 않는다. 구체적인 사실을 조금만 부당하게 선정하거나 교묘하게 배열하면 전혀 다른 이야기로 변질할 수도 있다. 세부 사실 중에서 어디에 중점을 두는지에 따라 같은 기사라도 전혀 다른 인상을 주기도 한다. 기사가 진정하게 정확성을 갖추려면 세부적인 정보가 모두 정확해야 할 뿐 아니라 한 사실이 전체 기사에서 차지하는 비중이나 다른 사실과의 관계를 고려해서 사실을 균형 있게 선정, 배열해야 한다. 즉 어떤 사건이나 쟁점을 보도할 때에는 상반되는 여러 견해나 시각을 균형 있게 제시해 독자들이 제대로 판단할 수 있는 자료를 제공해야 한다.

하지만 보도 기사가 마치 업무 일지처럼 사건의 세부 사항을 꼼꼼하게 그대로 기록할 수는 없다. 기자는 결국 어떤 사건의 중요한 측면만 잘 선정해서 요약해 전달할 수밖에 없다. 공정하고 균형 있는 보도가 되기 위해서는 단순히 상반되는 견해에 똑같은 양의 지면을 배정하는 데 그치지 말고 질적으로도 한쪽에 치우치지 않게 신경을 써야 한다.

● 객관성 *Objectivity*   보도에서 객관성이란 기자가 관찰한 결과에 의견이나 해석을 덧붙이지 않고 전달하는 것을 말한다. 객관적인 뉴스란 어떤 사건을 사실에 충실하게 보도한 것이고, 유능한 관찰자인 기자가 아무런 편견 없이 보도하는 사건 자체라는 것이다. 오랫동안 객관성은 언론 보도에서 가장 중요한 원칙으로 통했다. 하지만 다음과 같은 이유로 객관성이란 이상이 과연 가능한지 의문을 품는

사람이 생겨났다.[18]

첫째, 기자도 결국 인간이기 때문에 개인적인 관점을 갖게 될 수 있고 지적, 정서적 반응을 보일 수도 있으며, 자신도 모르는 무의식적인 성향에 좌우되기도 한다. 이것들은 사건을 관찰하고 보도하는 데에도 영향을 미칠 가능성이 있다.

둘째, 어떤 사건이 발생하는 상황에 대해 사실 위주로 객관적으로 보도한다고 하더라도 독자들이 그 사건의 전모를 완전하게 이해하기는 어렵다. 즉 세부적인 사실을 전하는 것과 완전한 진실을 파악하는 것은 별개의 문제이다.

가령 지하철 노조 파업을 취재한다고 하자. 기자가 이 사건의 여러 측면 중에서 어디에 초점을 두는지에 따라 전혀 다른 기사가 되기도 한다. 기자가 파업의 배경이나 원인을 파고들면 노사 관계의 문제점이나 열악한 노동 여건을 부각해 노조 측에 우호적인 기사를 쓰기 쉽다. 반대로 파업 과정에서 기물이 파손되거나 사람이 다칠 수도 있고, 시민들이 큰 불편을 겪기도 하는데, 이 점을 집중 보도하면 자연히 노조의 행동에 비판적인 기사가 되기 쉽다. 이처럼 사건을 보도하면서 객관성을 유지하기란 말처럼 그리 쉽지 않다.

표 5−5. 보도의 공정성을 해치는 관행

기사 유형	경향적 특징	언론 윤리적 가치	극복 위한 실행 규칙
스트레이트 기사	사실의 선택	관련성과 완전성	− 배경 자료 검색 − 관련 정보원 인터뷰
	윤색된 표현	표현의 타당성	− '더하지 말 것' − 표현의 근거 제공
	전제된 가치	전제된 가치의 적절성	− 취재 동기의 투명성 − 예상된 독자의 가치
의견 기사	근거 없는 의견	의견 근거의 정당성	− 관련 자료의 수집 − 정보의 사실성 확인
	비일관성	진정성에 근거한 일관성	− 자신의 과거 주장 검토 − 상황 논리 검토
	불공정	이해 당사자 배려	− 당사자의 목소리 반영 − 적절한 대변자 찾기

출처: 이준웅, 2010, p.206을 발췌하여 재정리.

더구나 사건 보도의 객관성을 유지할 수 있다 하더라도 사건의 의미를 독자가 파악할 수 없다면 보도 자체가 아무런 의미가 없을 것이다. 그래서 한때는 객관성이라는 원칙을 버리고 기자의 주관적 의견과 해석을 자유롭게 덧붙여야 현실을 제대로 볼 수 있다는 주장도 큰 호응을 얻었다. 1960년대 이후의 '뉴 저널리즘' 운동이 이러한 사조 중의 하나다.

하지만 객관성은 많은 비판을 받으면서도 여전히 언론 보도의 핵심적인 원칙으로 존중받고 있다. 단지 예전과는 달리 사건을 일어난 그대로 관찰해서 전달할 수 있다는 순진한 믿음은 많이 퇴색했다. 그 대신에 그 사실이 어떤 맥락에서 발생했는지 독자들이 이해할 수 있도록 더 폭넓은 정보를 제공해야 한다는 의견이 호응을 얻고 있다. 결국 객관성이란 어떤 정보를 어떻게 인용해서 기사를 구성하는지에 관한 기술적인 원칙technique이 아니라 기자가 현상을 접근할 때 취해야 할 태도attitude의 문제다.[19]

● **간결한 문장**Concise writing　　　　뉴스는 늘 시간에 쫓긴다. 기자는 짧은 시간 안에 기사를 써야 하고, 독자도 신문 읽는 데 시간과 노력을 많이 투자하지 않는다. 그래서 보도 기사에서는 다른 데서 보기 힘든 독특한 문장 형식이 정착되었다.

예컨대 기사 문장은 간결하고 명쾌하며 단순해야 한다. 문장이 산만하거나 모호하면 의미 전달에서 효율성이 떨어진다. 신문 기사는 압축미가 있고 직설적이며 일관성이 있어야 한다. 기사는 무엇보다 의미 전달이 느려서는 안 되기 때문에 옆길로 새거나 화려한 수식이 많은 문장은 적합하지 않다. 내용이 아무리 좋아도 읽는 데 시간이 많이 걸리거나 지루한 기사는 독자들이 외면할 것이다.

간결한 문장은 신문 편집자에게도 아주 중요하다. 신문 지면은 제한되어 있는데 실을 기사는 늘 넘쳐난다. 그런데 읽기 쉽고 간결한 기사는 지면을 절약해 준다. 지면의 양이 같더라도 문장이 간결하면 좀더 많은 기사를 실을 수 있다는 뜻이다.

4) 신문 기사의 문장 구조

신문 기사는 뉴스를 문장으로 작성한 것인데, 기사 종류에 따라 문장 작성 방법도 달라진다. 기사 문장 구조는 무엇보다 그 기사가 보도 기사인지 또는 의견 기사인지에 따라 달라진다. 물론 절대적으로 지켜야 하는 사항은 아니지만 신문 기사의 문장은 대부분 다음과 같은 원칙에 따라서 구성된다.

(1) 기사의 구성 요소

신문 기사 중에서도 스트레이트 뉴스는 대체로 **제목**headline, **리드**lead, **본문**의 세 부분으로 구성되어 있다. 리드는 기사가 시작되는 첫 문장이나 단락을 말한다.

● 제목　　기사에서 제일 먼저 눈에 들어오는 부분은 제목이다. 대체로 제목은 크고 선명한 활자로 되어 있기 때문이다. 제목은 기사 내용을 아주 간결하게 압축하여 전달하며 때로는 문학적이고 감각적인 문구로 작성하여 독자의 감성에 호소하기도 한다. 이 제목만 보면 기사의 전반적인 내용과 분위기가 한눈에 들어온다.

　　하지만 제목의 무엇보다 중요한 기능은 독자들의 눈길을 끄는 것이다. 독자들은 대부분 제목을 보고 그 기사를 읽을지 말지를 결정한다. 기사의 방향이나 내용, 중요도 등을 종합적으로 감안해서 제목의 형식과 내용을 정하는데, 대개 중요한 기사일수록 큰 활자로 제목을 붙인다. 제목을 작성하는 일은 기사 작성자인 취재 기자가 아니라 편집부에서 맡는다.

● 리드　　리드는 기사의 첫 문장을 말하는데 전문前文이라고 부르기도 한다. 리드는 전체 기사의 내용을 요약한 문장이다. 리드에는 기사의 흐름이나 중요도, 요지 등이 집약되어 있다. 오늘날의 신문 독자는 달리기를 하면서 읽는 사람에 비유할 수 있다. 독자들이 짧은 시간에 내용을 파악할 수 있도록 해주어야 한다는 말이다. 그래서 신문 기사에서는 제목과 첫 문장에 중요한 정보를 압축해서 배치하는 관행이 생겨났다.

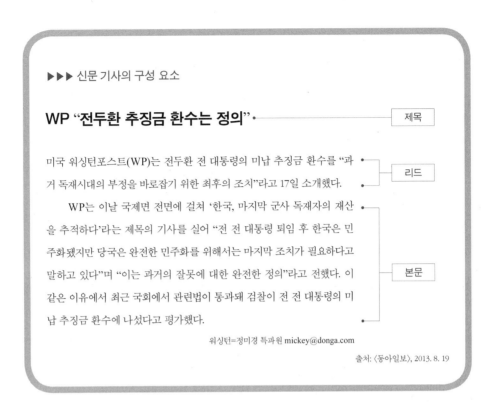

WP "전두환 추징금 환수는 정의" ———— 제목

미국 워싱턴포스트(WP)는 전두환 전 대통령의 미납 추징금 환수를 "과 •———— 리드
거 독재시대의 부정을 바로잡기 위한 최후의 조치"라고 17일 소개했다. •

　WP는 이날 국제면 전면에 걸쳐 '한국, 마지막 군사 독재자의 재산 •
을 추적하다'라는 제목의 기사를 실어 "전 전 대통령 퇴임 후 한국은 민
주화됐지만 당국은 완전한 민주화를 위해서는 마지막 조치가 필요하다고
말하고 있다"며 "이는 과거의 잘못에 대한 완전한 정의"라고 전했다. 이 ———— 본문
같은 이유에서 최근 국회에서 관련법이 통과돼 검찰이 전 전 대통령의 미
납 추징금 환수에 나섰다고 평가했다. •

워싱턴=정미경 특파원 mickey@donga.com

출처: 〈동아일보〉, 2013. 8. 19

　어떤 사건이 터졌다는 소식을 처음 접할 때, 독자들은 아마 다음과 같은 의문을 갖게 될 것이다. 누가, 언제, 무엇을, 어디서, 어떻게, 왜? 리드에는 이 질문에 대한 대답이 모두 들어 있다. 여기서 '누가'는 사람일 수도 있고 기관이 될 수도 있다. '왜'에 해당하는 부분은 기사에서 생략할 때가 많다. 자칫하면 기자의 주관적인 해석이 들어가기 쉽기 때문이다. 리드는 사건의 전말을 간략하게 독자에게 알려주는 구실을 한다. 또 편집 기자는 리드를 보고 짧은 시간 내에 기사 내용을 파악, 그 기사의 취사선택 여부를 판단할 수 있다.

　그렇지만 육하원칙에 따라 구성한 문장은 단조롭거나 지루해지기 쉽다. 이전에 일어난 수많은 다른 사건과 내용이 비슷하기 때문이다. 그래서 리드에서는 사건에 독특한 색채를 가미해 이전의 유사한 사건과 차별화해야 한다. 가장 훌륭한 리드는 사건에 관한 정보를 압축해서 일목요연하게 제공하는 동시에, 독자가 흥미를 갖고 기사를 끝까지 읽고 싶도록 만들어야 한다. 사건 개요 제공과 흥미 유발은 리드의 두 가지 핵심적인 기능이다. 이 때문에 리드는 단순히 기사를 요약하는 형식만 고수하지 않고 기사 내용이나 전달 방식에 따라 다양한 형태를 띤다.

● 본문　　기사에서 제목과 리드를 제외한 나머지는 모두 본문이다. 본문은 여러 개의 문장으로 구성되는데, 리드를 뒷받침하기 위해 구체적인 사실을 제시하는 곳이다. 짧은 기사(가령, 1단 기사)에서는 리드와 본문이 구분되지 않는 수도 있다.

⑵ 신문 기사의 문장 구조

신문 기사는 대개 위에서 소개한 세 가지 요소들을 모두 포함한다. 글에서 이 요소들을 어떤 순서로 배치하는 지에 따라 신문 기사의 구조는 역피라미드형, 피라미드형, 혼합형 등의 세 가지 형태로 구분할 수 있다.[20] 이 중 어떤 형태를 선택할 것인지는 글의 종류나 성격에 따라 달라진다.

● 역피라미드형　　신문 기사에서 제목과 리드를 읽고 나면 우리는 기사 내용을 대충 파악할 수 있다. 역피라미드형 기사 작성 방식은 글의 첫머리에 기사의 핵심인 리드를 먼저 제시한 다음, 본문에서 그에 대한 세부적인 보충 사항을 중요도 순서대로 배열해나가는 것이다. 역피라미드형 기사는 리드에서 결론, 즉 가장 중요한 사실과 사건 개요를 제시한다. 중요도 순서에 따라 가장 중요한 사실을 맨 먼저 제시하고 중요도가 가장 떨어지는 부분은 맨 나중에 둔다. 기사에서 중요도를 무게에 비유하면 마치 피라미드를 뒤집어놓은 것처럼 무거운 부분이 위로 오는 모양을 취하고 있다. 가장 중요한 부분에 지면을 가장 많이 할애할 뿐 아니라 중요한 부분을 가

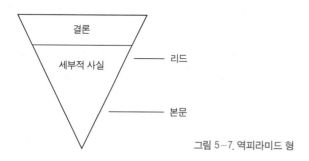

그림 5-7. 역피라미드 형

장 눈에 잘 띄는 곳에 배치한다.

미국 AP 통신사에서 처음 만들어 낸 기사 작성 방식이라고 해서 AP 기사형이라고 부르기도 한다. 이것은 전 세계적으로 신문에서 가장 많이 쓰이는 기사 작성 형식이다. 주로 스트레이트 뉴스 작성에 사용하며 피처 기사에는 잘 쓰지 않는다. 역피라미드형 기사 형식이 등장하게 된 데에는 당시의 기술적인 여건도 크게 작용했다. 19세기 중반 미국의 남북전쟁 동안에 기자들은 전쟁 소식을 본사에 보내기 위해 전신을 많이 사용했는데, 전시라서 도중에 사고로 끊어지는 일이 잦았다. 전신은 이용료가 매우 비싸, 신문사에 재정적으로도 큰 부담이 되었다. 그래서 기사에서 중요한 부분인 전체 내용의 요약 부분을 먼저 보내고 비교적 중요하지 않은 세부 사항을 나중에 보내는 관행이 생겨났다. 첫 문장은 육하원칙에 따라 작성했다. 이것이 바로 오늘날 우리가 흔히 접하는 신문 기사 형식으로 정착했다.

역피라미드형 기사에는 몇 가지 장점이 있다. 우선 바쁜 독자들은 기사 첫머리에 해당하는 리드만 읽고도 기사의 대략적인 내용을 파악할 수 있다. 둘째로 편집부에서 작업할 때 기사 길이를 조절하기에 편하다. 신문사에는 마감 시간이 임박해서 큰 기사가 들어올 때가 많다. 지면이 모자라 기사 길이를 줄일 때에는 중요도가 낮은 기사 밑 부분부터 순서대로 잘라내면 된다.

역피라미드형 기사 작성 방식이 등장한 데에는 기사 작성에서 분량의 제약을 받을 수밖에 없는 인쇄 매체의 특성도 작용했다. 하지만 인터넷 신문이 일반화한 지금도 이 기사 작성 방식은 유효할 뿐 아니라 오히려 더 널리 쓰이고 있다. 원칙적으로 인터넷으로 기사를 작성할 때에는 지면의 제약이 없다. 하지만 사람들은 인터넷 매체에서도 모든 기사를 끝까지 읽지 않으며, 대다수의 기사는 대략 제목이나 기사 첫머리 정도만 훑어보는 데 그친다. 온라인에서는 기사 읽는 시간이 오히려 짧아졌다는 지적도 나오고 있다. 역피라미드형 기사는 짧은 시간 안에 전체 내용을 파악하는 데 편리해 인터넷 신문에서도 표준적인 기사 형식으로 통용되고 있다.

● **피라미드형**　　우리가 보통 문장이나 말로 이야기를 전할 때에는 머리 부분에서 주제를 제기하고 논리적인 귀결에 따라 끝을 맺는다. 피라미드형 기사는 이처럼

그림 5-8. 피라미드 형

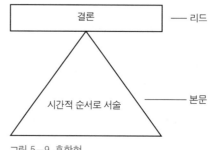

그림 5-9. 혼합형

결론이 기사 맨 마지막에 오는 형태를 말한다. 이것은 어떤 사건이나 주제에 관해 기사를 작성할 때 사건의 발단에서 시작해 시간적·논리적 순서대로 서술해 가면서 마지막에 결론을 맺는 형태로 되어 있다.

피라미드형 기사 작성 방식은 독자의 관심을 계속 끌면서 끝까지 읽도록 하는 데 적합하다. 이야기 줄거리를 전개해 나가는 각 단계마다 새로운 사실이 계속 나오기 때문이다. 《아라비안 나이트》에서 세헤라자데 왕비는 어떻게 1,000일 밤 동안이나 왕의 손에 죽임을 당하지 않고 이야기를 끌어갈 수 있었을까? 세헤라자데는 매일 해 뜰 무렵이면 가장 흥미진진한 부분에서 이야기를 중단했다. 왕은 그다음 내용이 궁금해 계속 이튿날 밤을 기다리다 보니 그렇게 오랫동안 이야기가 지속되었다. 세헤라자데가 채택한 이야기 방식이 바로 전형적인 피라미드형 구조다.

피라미드형 구조에서는 앞뒤 문장이 논리적 순서대로 연결되어 있고 텍스트 전체가 완결성을 띠기 때문에, 기사의 마지막을 잘라내면 의미가 전혀 통하지 않는다. 따라서 스트레이트 뉴스보다는 사설이나 칼럼 따위의 의견 기사를 작성할 때 이 방식을 많이 사용한다. 이 유형에 속하는 기사는 대개 마감 시간에 쫓기지 않으며 기사를 압축해서 고쳐 써야 할 염려가 없다.

● 혼합형　　　신문 기사 중에는 역피라미드형과 피라미드형을 혼합한 형태도 있다. 이 형태의 기사에서는 역피라미드형과 마찬가지로 기사의 클라이맥스에 해당하는 리드를 맨 처음에 제시한다. 그렇지만 리드 다음의 본문에서는 피라미드형처럼 사건 전개의 논리적인 또는 시간적인 순서에 따라 이야기를 서술한다.

(3) 리드 작성법의 유형

효과적인 기사 작성을 위해서는 어떤 형태로 리드를 구성할 것인지 심사숙고해야 한다. 리드는 아주 다양한 형식을 취할 수 있다. 리드 작성에서 반드시 지켜야 할 절대적인 규칙은 없으며, 기자는 얼마든지 독창성을 발휘할 수 있다. 그렇지만 몇 가지 유형들은 자주 쓰면서 효과가 입증되었기 때문에 거의 표준화된 공식처럼 사용되고 있다.

● 요약형 리드 　　요약형 리드*the digest lead*는 기사에서 중요한 사항을 한 문장으로 요약해서 제시하는 방식이다. 요약형 리드는 가장 단순하면서도 다른 리드 형태의 기본이 된다. 전형적인 보도 기사는 요약형 리드로 시작한다고 해도 좋을 정도로 이 형태는 널리 쓰인다. 기사 내용을 한 문장으로 요약하기 위해서는 사건의 핵심 내용을 파악하고 압축해서 표현하는 능력이 있어야 한다.

> ▶▶▶ 요약형 리드
>
> [워싱턴=연합] 미국 텍사스주 포트워스의 한 교회에 15일 저녁(현지시각) 30대로 추정되는 무장 괴한이 침입해 총기를 난사, 범인을 포함해 최소한 8명이 숨지고 7명이 다쳤다고 경찰이 발표했다.
>
> 출처: 〈한겨레〉, 1999. 9. 16.

● 다양한 리드 작성법 　　요약형 리드는 사건의 개요를 짧은 시간에 전하는 데는 효과적이지만 무미건조해서 독자들에게 흥미를 유발하기 어렵다. 그래서 기사 종류에 따라 적절한 리드를 고안해서 사용해야 한다.

신문 기사에서 자주 사용하는 리드 유형은 아주 다양하다. 프레이저 본드*Fraser Bond*는 요약형 리드 외에도 직접 소구형*direct appeal*, 배경 강조형*circumstantial*, 직접

▶▶▶ 리드의 유형

• **직접 소구형 리드**　　이 리드에서는 마치 사적인 편지에서처럼 독자에게 직접 말을 건네거나 암시적으로 독자를 지칭해 독자가 마치 사건에 참여하고 있는 것처럼 느끼도록 한다.

• **배경 강조형 리드**　　배경 강조형 리드는 어떤 사건이 발생하게 된 상황을 기사 첫머리에서 강조한다. 이 형식은 특히 피처의 성격이 강한 미담 기사에서 효과적이다.

• **직접 인용형 리드**　　이 리드는 인용 부호로 표시된 인용문으로 시작한다. 가령 강연이나 연설을 취재할 때에는 발제 내용과 분위기를 잘 나타내는 대표적인 문장을 리드로 삼는다. 더구나 인용문에 기사의 요지인 육하원칙에 해당하는 요소를 담을 수 있다면 더 좋다.

• **묘사형 리드**　　묘사형 리드는 사건의 '그림'을 생생하게 재현하는 데 치중한다. 사건의 전개 과정과 주요 행위자를 자세하게 소개하기도 한다.

• **흥미 자극형 리드**　　리드에서 사건 개요를 요약하되 전부 알려주지는 않고 흥미를 자극할 정도만 제공하는 방식이다. 나머지는 본문에서 시간 순서에 따라 서술한다. 기사가 너무 길어지면 독자들이 싫증을 낼 수도 있어, 짧은 기사에서만 이 방식을 사용한다.

• **나열형 리드**　　기사에 따라서는 딱히 두드러지는 사실 없이 각 요소의 중요도가 비슷할 수도 있다. 이때에는 리드 역시 각 항목을 순서대로 나열하는 방식을 쓴다.

출처: Bond, 1954, pp.93~98.

인용형*statement or quotation*, 묘사형*descriptive*, 호기심 자극형*suspended interest*, 나열형 *tabulated* 리드 등을 들고 있다. 하지만 이 밖에도 기자가 창의력을 발휘하면 얼마든지 기발하고 독창적인 리드를 고안해 낼 수 있다고 말한다.

리드의 유형은 언어나 나라에 따라 달라질 수도 있다. 이재경은 국내 신문에서 자주 사용하는 리드 형태를 다음과 같이 분류했다. 즉 '전체 내용 제시형 리드'(짧은 1단 기사에 사용하는 요약형 리드), '선택형 리드'('감원이냐 감봉이냐'), '질문형 리드,' '나열형 리

드,' '직접 인용형 리드,' '사회 고발형 리드'('대학이 고시로 멍들고 있다') 등이다.[21]

　　리드에서는 단순히 사건의 개요를 요약하는 데 그치지 않고, 다양한 방식으로 독자들의 흥미를 유발할 수 있다. 육하원칙에 따라 작성하는 요약형 리드에서도 중점을 두는 측면을 조금만 바꾸면 단조로운 리드에 큰 변화를 줄 수도 있다. 물론 리드는 위에서 설명한 것보다도 훨씬 다양한 형태를 취할 수 있다. 결국 리드를 어떻게 작성해야 하는가 하는 문제는 사건의 종류나 독자 취향, 사회적 흐름, 다른 신문에서 예상되는 리드 등을 고려해 기자 스스로 판단해야 한다.

1. 한 일간지 지면에서 한 주 동안 여러 번 다루어진 사건을 하나 선택한 후, 같은 사건을 다룬 시사 주간지와 비교해 보라. 두 매체가 사건을 다루는 방식은 어떤 공통점과 차이점이 있는가? 어느 쪽이 더 이해하기 쉽다고 느끼며, 그 이유는 무엇이라고 생각하는가?

2. 오늘자 신문의 정치, 경제, 사회, 문화 1면씩을 선정해 여기에 실린 스트레이트 기사에 어떤 유형의 리드가 사용되고 있는지 분석해 보자. 이 책에 나오지 않는 새로운 형태의 리드는 어떤 것이 있는가? 각 면별로 사용하는 리드들은 어떤 차이가 있는가?

3. 앞의 질문에서 선정한 기사가 기사 작성 원칙을 얼마나 잘 지키고 있는지 살펴보자. 분석 대상 기사는 정확성이나 균형, 객관성, 간결한 문장 등 일반적인 원칙을 얼마나 잘 지키고 있는가?

4. 일간지 지면에서 피처성 기사를 하나 선정해 여기서 어떤 부분이 작성자의 주관이나 평가, 의견을 포함하는지 찾아보라. 스트레이트 기사에서 보기 어려운 구절이나 문장, 단어는 어떤 것이 있는지 찾아보라.

5. 신문 기자들은 기사를 작성할 때 주로 어떤 취재원을 이용할까? 최근에 나온 일간지 한 부를 구해 지면 내용을 실제로 분석해 보자. 우선 경제, 사회, 정치면 중에서 1면씩 선정하여 면별로 스트레이트 기사만 골라낸 다음 각 기사에서 인용한 취재원을 찾아내 다음과 같은 항목별로 집계한다.

  − 기사별로 인용하는 출처가 몇 개인가?
  − 출처를 어느 정도 정확하게 명시하는가?(이름을 밝힌 것, 소속 기관만 밝힌 것, 출처를 확인할 수 없는 것 등)
  − 취재원의 소속 기관(직업)을 성격별(가령 정치 단체, 관공서, 기업, 종교 단체, 사회 단체, 일반 시민 등)로 분류할 때, 어떤 기관(직업)이 어느 정도 나오는가?

6장

비주얼한 신문 기사:
보도 사진

신문에는 문자로 쓴 기사뿐 아니라 사진이나 만화 따위의 시각적 메시지도 많이 실린다. 이것들 역시 신문의 중요한 부분이라는 점에서 '비주얼한' 신문 기사라 할 수 있다. 시각적인 매체로서 보도 사진에는 어떤 특성이 있으며, 사진은 어떤 과정을 거쳐 만들어지는가? 오늘날 보도 사진의 내용과 형식에 관한 잣대는 어떻게 변화하고 있는가? 6장에서는 다음과 같은 내용을 살펴본다.

- 보도 사진이란 무엇인가?

- 보도 사진의 장르에는 어떤 것이 있는가?

- 보도 사진은 커뮤니케이션 매체로서 어떤 '시각적 언어'를 사용하는가?

- 보도 사진은 어떤 기준에 따라 선정하는가?

- 보도 사진은 어떤 기준에 따라 편집하는가?

1. 보도 사진이란

'보도 사진'은 사진을 보도 수단으로 사용하는 취재 분야를 말한다. 어떤 사람은 저 널리즘으로서의 사진이라는 뜻에서 '포토저널리즘photojournalism'이라고 부르기도 한다. 1880년 3월 4일 〈뉴욕 데일리 그래픽New York Daily Graphic〉에서 처음 사진을 싣 기 시작한 이래 사진은 신문 지면에서 빼놓을 수 없는 핵심적인 요소로 자리 잡았 다. 특히 영상 매체가 등장한 이후 독자들은 점차 시각적인 커뮤니케이션에 익숙해 졌기 때문에, 신문에서 사진은 갈수록 늘어나고 있다. 더구나 신문 편집의 경향이 '읽는 신문'에서 '보는 신문'으로 바뀌어 가면서 사진의 중요성은 양적으로나 질적 으로 더 커지고 있다.

신문 뉴스를 결정하는 데 쓰는 일반적인 원칙들은 보도 사진에도 대부분 그대 로 적용할 수 있다. 어떤 사진이 신문에 실리기 위해서는 다른 기사와 마찬가지로 뉴스 가치를 갖추어야 한다. 뉴스의 요건인 시의성, 저명성, 근접성, 영향성, 인간적 흥미 등은 보도 사진에서도 뉴스 가치를 저울질하는 잣대가 된다.

사진 기자도 일반 취재 기자와 마찬가지로 저널리즘 감각을 갖추어야 한다. 보 도 사진은 말 대신에 사진이라는 시각적 언어를 표현 수단으로 사용한다는 점에서 일반 기사와 차이가 있을 뿐이다. 기사 작성에도 원칙과 문법이 있듯이, 사진 역시 글과 다르지만 독특한 규칙을 갖고 있다. 서구의 신문에서는 사진 기자가 사진과 글 을 동시에 잘 구사하도록 요구하는 추세다.

국내 언론에서는 서구에 비해 아직 사진 기자의 위상이 그렇게 높지 않다. 신문 사에는 아직도 글로 쓰는 것만이 진정한 저널리즘이라고 생각하는 사람이 많기 때 문이다. 그렇지만 저널리즘의 한 전문 분야로서 보도 사진의 중요성에 대한 인식은 갈수록 높아지고 있다.

2. 보도 사진의 다양한 장르

보도 사진 하면 어떤 이미지가 떠오를까? 9·11 테러로 화염에 휩싸인 세계무역센터 건물, 쓰나미가 휩쓸고 간 참혹한 현장, 수갑을 찬 연쇄 살인 용의자의 모습이 담긴 사진을 연상하는 사람이 많을 것이다. 하지만 실제로 신문에서는 이보다 훨씬 다양한 종류의 사진을 싣고 있다. 사진의 성격에 따라 보도 사진을 분류해 보면 꽤 긴 목록이 나온다. 뉴스 사진뿐 아니라 피처 사진, 인물, 스포츠, 포토 스토리, 일러스트레이션 등이 신문 사진에서 대표적인 장르들이다. 여기서 뉴스 사진은 다시 스폿 뉴스와 일반 뉴스로 세분할 수 있다.[1]

● 스폿 뉴스*spot news* 사진　　스폿 뉴스 사진은 뉴스 속성 중에서도 시의성을 생명으로 하는 사진이다. 이러한 종류에 속하는 대표적인 소재로는 인질극이나 범죄, 화재, 사고 등이 있다. 뛰어난 스폿 뉴스 사진을 얻으려면 무엇보다도 한시라도 빨리 현장에 도착해야 한다.

● 일반 뉴스*general news* 사진　　뉴스 사진에는 다소 진부하고 지루하지만 반드시 실어야 하는 주제가 많다. 정치인의 선거 유세, 시상식, 회의 장면 등은 신문에서 기사와 함께 단골로 취급하는 뉴스 사진들이다. 이러한 주제들은 성격상 시각적으로 호소력 있는 이미지로 만들기 쉽지 않기 때문에 사진 기자의 창의성이 더 필요한 영역이다.

● 인물 사진　　신문에서는 조그만 증명 사진 크기의 사진을 비롯해 인물을 부각하는 뉴스 사진에 이르기까지 아주 다양한 형태의 인물 사진을 싣는다. 비록 작은 증명 사진 형태*mug shot*라도 인물의 캐릭터와 성격을 잘 표현할 수 있어야 한다. 따라서 인물 사진은 언뜻 쉬워 보이면서도 아주 어려운 작업이다.

● 스포츠 사진　　스포츠 사진을 찍으려면 실제로 경기에 임하는 선수들만큼 집

그림 6-1. 일반 뉴스 사진의 예: 1948년 미국 대통령 선거에서 여론 조사들은 현직인 트루먼보다 토마스 듀이 후보가 우세하다고 예측했다. 〈시카고 데일리 트리뷴〉지는 개표가 끝나기도 전에 트루먼의 패배 기사를 실었다. 사진은 트루먼이 환호하는 지지자들에게 이 신문을 펼쳐 보이는 장면이다. 출처: Al Muto, 1948.

중력이 필요하다. 스포츠 경기는 아주 빠르게 진행되어 촬영이 쉽지 않을 뿐 아니라 경기의 하이라이트에 해당하는 극적인 순간을 포착하기란 더욱 어렵기 때문에 스포츠 사진 촬영은 많은 연습과 순간 포착력, 체력을 필요로 한다. 오늘날의 스포츠는 많은 스타와 팬을 몰고 다니는 거대한 사업이어서 신문 사진에서도 중요시하는 분야다.

● **포토 스토리**_photo story_ 　　보도 사진은 대부분 사건 상황을 하나의 이미지로 압축해서 보여 주어야 하기 때문에, 표현에 한계가 있다. 그러나 포토 스토리나 포토 에세이_photo essay_는 여러 장의 사진으로 이루어지기 때문에 좀더 다양하고 폭넓은 주제에 대해 깊이 있는 보도를 가능하게 해준다. 포토 스토리는 대개 한 가지 주제에 관해 여러 장의 사진과 함께 기사를 덧붙인 심층 보도 형식을 띤다. 여기서는 강렬하면서도 지배적인 리드_lead_ 사진, 사진들 사이의 연속성, 효과적인 지면 편집이

그림 6—2
포토 에세이의 예
출처: Harrower, 1992, p.42.

중요하다.

● 일러스트레이션*illustration*　　　오늘날의 신문 사진은 현실을 그대로 기록, 재생하는 데 그치지 않고 때로는 추상적인 아이디어를 표현하기 위해 사진을 인위적으로 합성하기도 한다. 이것이 바로 일러스트레이션 사진이다. 이 사진 장르는 기존의 광고 사진에서 빌려온 기법을 토대로 해서 형성되었다.

　　이처럼 새로운 장르가 등장하게 된 것은 신문 기능의 변화와 관련이 있다. 방송 매체가 등장하면서 신문은 단순히 단편적 사실의 전달에서 벗어나 현실의 추세에 대한 분석과 평가를 중시하는 쪽으로 옮아갔다. 그런데 신문에서 경제적, 사회적,

In this visual metaphor, a television set becomes the head — and brains — of a TV addict. (Photo illustration by Peter Haley.)

그림 6-3. 일러스트레이션 사진

출처: Kobre, 1991, p.167.

문화적 쟁점이나 과학 등의 추상적인 주제를 많이 다루게 되면서, 기존의 보도 사진 방식으로는 이미지로 표현하기 쉽지 않은 주제가 많아졌다. 그래서 추상적 주제를 시각적으로 표현하는 방안의 하나로 나온 것이 바로 일러스트레이션 사진이다.

일러스트레이션 사진을 만들기 위해 사진 기자들은 여러 장의 사진을 오려서 붙이는 합성 방법을 비롯해 다양한 기법들을 사용하고 있다. 오늘날 미국 신문의 4분의 3 이상이 지면에 일러스트레이션 사진을 싣고 있다고 한다.

● 피처 사진　　보도 사진은 역사적인 장면이나 처참한 사고·사건 현장을 주로 기록한다. 하지만 보도 사진에는 평범하고 일상적인 장면을 기록한 것도 있다. 뉴스 가치를 따지자면 중요성은 크지 않지만 인간적 흥미를 자아내는 사진들인데, 이를 피처*feature* 사진이라 부른다. 뉴스 사진을 우리가 영양분 섭취를 위해 매일 먹는 식사에 비유한다면, 피처 사진은 기분 전환을 위한 청량 음료나 디저트에 해당한다.

그림 6—4
피처 사진의 예
출처: Mildred Totushek, M. Photo Cr.,
FASP, 1954.

그림 6—5
피처 사진의 예
출처: Neal Gechtman, 1966.

그림 6-6. 피처화한 뉴스 사진의 예   출처: Getty Images.

피처 사진은 인생의 단면을 조명하여 독자들의 보편적인 감정(동정심, 웃음, 슬픔 등)
에 호소한다. 어른의 세계를 흉내 내는 어린이, 동물, 명사들의 인간적인 모습 등은
피처 사진이 단골로 삼는 소재들이다. 총을 든 수녀처럼 상식적으로 어울리지 않는
장면도 피처의 좋은 소재가 된다. 그렇지만 피처 사진은 역시 사람에 초점을 둔 것
이 많다.

피처 사진에서는 시의성이 그렇게 중요하지 않다. 피처는 뉴스에 비해 마감 시
간의 제약을 적게 받을 뿐 아니라 주제, 시간, 장소도 상당히 융통성이 있다. 비교적
해묵은 소재라도 참신한 시각에서 새롭게 구성하면 훌륭한 피처 사진이 된다.

보도 사진에서 피처 사진은 갈수록 비중이 커지고 있다. 1930년대만 하더라도
미국 신문에서는 대체로 범죄와 재난 따위의 뉴스 사진들이 1면을 장식했다. 하지
만 오늘날의 신문 독자들은 참혹하고 선정적인 뉴스 사진보다는 피처 사진을 선호
하는 쪽으로 점차 바뀌어 가고 있다. 이 추세에 맞추어 편집자들도 스트레이트 뉴
스 사진보다는 가벼운 피처 사진을 많이 싣고 있다.

보도 사진에서 피처 사진은 분명히 뉴스 사진과 다른 새로운 흐름임에는 틀림 없지만, 뉴스 사진과 피처 사진 사이의 경계는 그렇게 뚜렷하지 않다. 피처 사진에 대한 선호도가 높아감에 따라 뉴스 사진에서도 피처의 성격을 띠는 사진이 많이 늘고 있다. 이것은 '뉴스의 피처화'라고 불린다.

뉴스 사진은 현장을 기록하는 데 치중하다 보면 때때로 지루하거나 지나치게 섬뜩한 느낌을 독자들에게 주기 쉽다. 특히 정치나 선거 보도 사진은 거의 판에 박은 듯해 변화를 주기 어렵다. 그렇지만 사건 현장이나 유세장에서 피처의 성격을 띠는 장면을 발굴해 뉴스 사진과 함께 싣는다면 독자에게 훨씬 큰 흥미와 감동을 줄 수 있다. 가령 대통령이나 거물 정치가가 회의장에서 하품하는 장면은 현장의 분위기를 잘 전달하면서도 인간적인 흥미와 미소를 자아내기 때문에 뉴스 사진과 피처의 성격을 동시에 띤다. 그림 6-6 사진은 당시 미국 대통령이던 조지 부시가 어느 학교를 방문 중 어린 학생들의 당혹스런 질문을 받고 곤혹스러워하는 모습으로서, 피처화한 뉴스 사진의 한 예다.

물론 국내 신문에서는 이처럼 사회 지도층 인사들의 '인간적인 모습'을 담은 사진이라고는 거의 볼 수 없고 매일 판에 박은 듯한 점잖은 사진만 나오고 있다. 이것은 특히 고위층일수록 자신의 인간적인 면모를 담은 '파격적'인 사진이 신문에 실리는 것을 꺼려하는 권위주의적인 문화 풍토 때문이다.

3. 사진 언어의 요소

흔히 사진을 이미지라고 부른다. 이것은 사진을 보는 독자들의 머릿속에 그려지는 그림자에 비유할 수 있다. 물론 물리적으로 분해해 보면 사진은 종이 위에 수많은 점과 선이 찍혀 이루어진 것에 불과하다. 하지만 사진 역시 커뮤니케이션 수단의 하나이기 때문에 나름대로 의미를 결정하는 규칙들이 있다. 사진 기자들이 원하는 이미지를 독자들에게 전하기 위해서는 이러한 시각적 의미 규칙을 익히고 창의적으로 적용할 수 있어야 한다.

▶▶▶ 구도의 예

사진에서는 다음과 같은 구도를 흔히 사용한다. 어떤 사진은 이 중 한 가지만 쓰기도 하지만, 대다수의 사진은 몇 가지가 합쳐진 형태를 띤다.

- 비례법*rule of thirds*
- 선투시도법*linear perspective*
- 프레임의 변화*framing*
- 실루엣
- 결정적 순간 포착*decisive moment*
- 선택적으로 초점을 맞추기
- 배경을 압도적으로 하거나*dominant foreground*, 배경을 부수적으로 하는 방식
  contributing background
- 심도*depth of field*의 조절
- 전체적인 구도 내의 일부에만 파격적인 변화를 주는 방식
- 결*texture*
- 대조적인 것을 나란히 놓는 방식
- 반사된 그림자
- 카메라의 상하, 수평 이동*panning*
- 시선의 각도
- 빛을 독창적으로 활용한 방식

출처: Horton, 1990, p.39.

그림 6-7. 빛을 독창적으로 활용한 구도　　　　　　　　　　　　출처: Loomis Dean, 1951; Getty Images.

그림 6-8. 결을 강조한 구도　　　　　　　　　　　　　　　　출처: Horace Nicholls, 1916.

사진 이미지를 구성하는 요소에는 어떤 것이 있을까? 미국 사진 기자들의 현장 경험을 정리한 《AP 보도 사진 스타일북》에 의하면, **구도**composition, **스타일**style, **크라핑**cropping의 세 가지 요소가 사진의 모습을 결정한다고 한다. 여기에 네 번째 요소로 **카메라의 광학적인 속성**들을 덧붙일 수 있다.[2]

● **구도**　　구도는 사진의 사각형 프레임 속에 어떠한 요소들을 포함할 것이며, 이 요소들을 어떻게 배열하여 사진의 전체적인 모습을 결정할 것인지에 관한 원칙이다. 프레임 내의 요소들이 어떤 위치에 놓여 있고 어떻게 배열되어 있는지에 따라, 그 사진이 독자들에게 주는 효과는 크게 달라질 수 있다. 이는 마치 그림을 그리기 전에 구상하는 구도와 비슷하다.

● **스타일**　　스타일은 사진 기자의 개인적인 특성과 관련이 있다. 어떤 사진 기자가 찍는 사진의 시각적 구성 방식이 나름대로 일관되게 독특한 특색을 보여 준다고 하자. 이때 그의 사진은 그 기자 고유의 스타일을 갖고 있다고 말한다. 스타일은 기존의 관행을 깨뜨리거나 새로운 모습으로 만들어 내는 것으로 어느 창조적인 사진 기자가 처음 시도할 때에는 새로운 스타일이 된다. 그렇지만 이것이 성공을 거두면 수많은 다른 사진 기자들이 모방하여 유행하게 되고 결국에는 또 하나의 진부한 시각적 표현 관행으로 굳어지기도 한다.

● **크라핑**　　크라핑(또는 트리밍)은 사진의 요소 가운데서 어떤 부분을 강조하기 위해 일부를 잘라내는 것을 말한다. 크라핑은 사진 이미지를 훨씬 간결하면서도 강렬하게 만드는 효과를 낳는다. 크라핑은 촬영 단계에서 할 수도 있고, 지면 편집 작업 때 할 수도 있다. 요즈음에는 컴퓨터 화상으로 지면 편집을 하기 때문에 이전에 비해 훨씬 쉽고 다양한 방식으로 크라핑을 할 수 있다.

● **카메라의 광학적 속성**　　네 번째 요소로는 카메라의 광학적인 속성을 들 수 있다. 카메라에는 렌즈의 종류, 초점focus, 프레임frame, 각도angle, 피사체까지의 거리

그림 6-9. 시각에 의한 이미지의 차이　　　　　출처: Robert Walch; *Time-Life Books*, 1971, pp.106~107.

등 이미지에 변화를 줄 수 있는 다양한 특성들이 있다. 원하는 용도에 따라 이것들을 잘 활용하면 아주 색다른 효과를 낼 수도 있다. 똑같이 작은 방이라도 와이드앵글wide-angle 렌즈를 사용하면 보통 렌즈를 사용할 때보다 훨씬 넓어 보인다. 사람을 촬영할 때 빛과 그림자 간의 명암을 강렬하게 하면, 같은 사람이라도 훨씬 강렬한 인상을 준다.

피사체를 향한 각도나 조명 방식에 따라, 클로즈업이냐 원거리냐, 수평 프레임이냐 수직 프레임이냐에 따라 사진이 주는 이미지는 크게 달라질 수 있다. 가령 똑같은 장면을 촬영할 때에도 원거리 숏overall shots은 일종의 상황 설정 기능을 하고, 중거리 숏medium shot은 스토리를 간결하게 전달할tells the story 수 있으며, 클로즈업close-up은 이미지를 극적으로 만든다adds drama. 각도의 예를 들자면 위에서 군중을 내려다보고 찍은 하이 앵글high angle의 사진은 인간을 왜소하게 보이게 만든다. 반면 밑에서 올려다보고 찍은 로우 앵글low angle 사진은 어떤 인물의 카리스마적 '권력과 지위'를 상징하거나 '어린이의 시각에서 본 어른들의 세계'를 표현할 때 쓰인다.

예컨대 그림 6-9의 두 사진은 카메라 각도를 바꾸었을 때 사진의 분위기나 메시지가 어떻게 달라질 수 있는지 잘 예시해 준다. 사진의 두 남녀는 직업 가수를 꿈꾸는 떠돌이 가수 지망생들이다. 첫 번째 사진에서 사진사는 탁자 위에 올라서서 이들을 약간 내려다보고 찍었다. 이 사진은 이들이 숙소로 삼고 있는 미니 버스와 초라한 짐을 배경으로 기타를 들고 있는 소박한 젊은이들을 보여 준다. 이 사진은 이들이 어떤 사람이며 어떻게 살아가고 있는지에 초점을 맞추었다. 이 사진 이미지는 이들의 꿈과 현실 사이의 간격이 너무나 커서 그렇게 쉽게 메워지지 않을 수도 있음을 암시한다.

반면에 두 번째 사진은 인물보다는 음악을 주로 강조하고 있다. 이 사진은 피사체를 클로즈업하고 카메라 앵글을 약간 올려다보며 찍었고, 기타의 윤곽을 사진에서 가장 두드러진 요소로 부각하고 있다. 높게 치솟은 나무들을 배경으로 마치 서로 하나가 된 것처럼 도취해서 기타를 연주하는 젊은이들의 모습은 서정적이고 낭만적으로 보인다. 이 사진을 보면서 우리는 이들이 어떤 사람들인지보다는 이처럼 아름다운 분위기를 만들어 내는 이들의 음악이 어떤 것인지 생각하게 된다.

사진 촬영은 이상의 여러 요소들을 고려하여 마치 영화 제작처럼 계획적으로 이루어진다. 구도는 처음에 사건이나 사물을 접하면서 떠오른 느낌을 통해 형성된다. 그것은 말하자면 셔터를 누르기 전에 머릿속에 그린 그림, 즉 이미지를 통해 전달하고자 하는 스토리*a story to tell*를 말한다. 사진 기자는 이 그림에 따라 다양한 기술, 각도, 렌즈 등을 가지고 실험한다. 물론 전문가들은 이 과정에 숙달되어 거의 순서를 의식하지 못할 정도로 본능적으로 작업을 진행한다.

카메라의 프레임 속에 원하는 이미지가 형성되지 않을 때에는 원하는 장면을 얻을 때까지 계속 기다리기도 한다. 그렇지만 엄격하게 말해 훌륭한 사진은 우연히 얻어지는 것이 아니라 미리 예측한 순간을 기다렸다 포착한다고 할 수 있다. 영화와 다른 점이 있다면, 마음에 들지 않더라도 촬영할 기회가 한 번밖에 오지 않으며, 결단과 실제 작업을 짧은 순간에 마쳐야 한다는 것이다.

물론 이 원칙들이 교과서적인 지식으로 체계화되어 있지는 않다. 청자를 구워내는 장인의 작업처럼 훌륭한 보도 사진은 오랜 경험과 훈련된 감각을 통해 얻어진다. 뛰어난 사진 기자들은 기존의 직업 관행들을 넘어서서 파격적으로 새로운 스타일을 만들어 내기도 한다. 그럼에도 불구하고 보도 사진을 이루는 요소에 관한 지침들, 또는 어떤 것이 훌륭한 사진인지에 관한 합의는 사진 기자들 사이의 직업적 관행이나 교육 과정을 통해 불문율의 형태로 전승되고 있다. 이것은 적어도 시대를 앞서가는 창조적인 소수를 제외한 대다수의 사진 기자들에게 적용된다. 이 지침들은 고정된 규칙이 아니라 사회 문화적 상황이나 독자들의 취향이 바뀌어 감에 따라 조금씩 변화해 간다.

4. 사진 선정의 전략

사진 기자들은 현장에서 매일매일 엄청나게 많은 사진을 찍지만, 데스크에서는 엄격한 선정 과정을 거쳐 아주 일부만 신문에 싣는다. 이 선정 과정은 사진의 가치에 관해 나름대로 정해진 판단 기준에 따라 이루어진다. 하지만 구체적으로 어떤 사진을 선택하고 어떻게 편집할 것인지는 그 사진이 지면에서 차지하는 상대적인 비중이나 신문의 전체적인 모습을 감안해 최종적으로 결정된다.

사진을 선정할 때 가장 중요한 기준은 뉴스 가치다. 데스크에서는 기술적으로 완벽하면서 뉴스 가치가 높다고 판단한 사진을 선정한다. 뉴스 가치란 기자들의 직업적 판단에 의존하지만, 이는 넓게 보면 우리가 자라면서 배워 사회적인 불문율로 받아들이는 관습화된 의미 규칙에 기반을 둔다. 이것은 우리가 살고 있는 사회의 상식, 가치, 윤리, 미적 기준 등과 닿아 있는데 우리가 세상을 보고 사진을 해석하는 틀이 될 뿐 아니라 사진 선정 과정에서도 중요한 기준으로 작용한다. 가령 장례식에 참석하는 사람들이라고 해서 모두 슬픈 표정을 짓지는 않지만 여기서 웃고 있는 얼굴은 일반인의 상식에 어긋난다. 독자들은 사회 통념에 따라 슬프고 우울한 표정을

▶▶▶ 사진 선정·편집의 원칙

- 관심을 끄는 중심 요소가 있어야 한다   좋은 사진은 훌륭한 기사처럼 이해하기 쉽다. 사진에서 가장 중요한 요소가 바로 눈에 띄도록 초점과 구도를 잡아야 한다.
- 설명(캡션)을 붙여야 한다   모든 독자가 사진 내용을 이해하거나 기사를 다 읽을 것이라고 가정해서는 안 된다. 사진의 모든 인물, 장소, 행동에 대해 설명을 달아야 한다.
- 사진의 경계가 뚜렷해야 한다   사진과 주위의 흰색 여백 사이의 경계가 사각형 모양으로 뚜렷이 드러나도록 해야 한다.
- 자연스럽게 보여야 한다   사진에서 다루는 사건과 인물은 실제 상황이어야 한다. 아마추어 사진처럼 피사체가 카메라를 쳐다본다든지 인위적으로 포즈를 취하면 안 된다.
- 기사와 관련성이 있어야 한다   기사에 군더더기가 있으면 안 되듯이 사진도 기사와 직접 관련된 것만 실어야 한다. 사진은 정보 전달을 목적으로 하지 장식이 아니다.
- 인물은 얼굴을 식별할 수 있도록 키워야 한다   신문에서 사진을 지나치게 크게 싣는 일은 거의 없으며, 대부분 줄이는 과정에서 문제가 생긴다. 사진이 강렬한 임팩트를 주기 위해서는 중심 인물에 초점을 두어 가능하면 크게 찍어야 한다.

출처: Harrower, 1992, p.82.

담은 사진을 기대할 것이고 뉴스 관행은 이러한 통념에서 크게 영향을 받는다.

신문은 가능하면 독자들이 좋아하는 사진을 많이 실으려 할 것이다. 사진에 대한 독자 선호도를 조사한 몇몇 연구들은 다음과 같은 흥미로운 결과를 발견했는데, 이는 사진 편집자들에게도 시사하는 바가 많다.[3]

● 독자들이 즐겨보는 사진   찰스 스완슨Charles Swanson은 미국 신문에 실리는 사진에 대한 독자 선호도를 조사했는데, 이 조사에 의하면 신문 독자들이 가장 많이 보는 사진 유형은 화재, 참사, 미담human interest이었고, 가장 적게 보는 유형은 스포츠, 순수 예술, 가정란의 사진들이었다.

● 피처 사진을 선호한다   미국 AP 통신사의 사진위원회는 500명의 독자들을 대상으로 이들이 어떤 유형의 사진을 좋아하는지 조사했다. 이 조사에 의하면 독자들은 미담과 피처 사진을 가장 좋아했고, 일반 뉴스 사진과 스포츠 사진에 대한 흥미가 가장 낮았다. 다른 연구들에서도 독자들은 대체로 뉴스 사진보다는 피처 사진을 많이 보는 경향이 있는 것으로 밝혀졌다.

● 성별에 따라 차이가 있다   하지만 독자들마다 사진에 대한 선호 경향은 편차가 심하다. 스완슨의 조사에 의하면 여성이 남성보다 더 많은 종류의 사진에 관심을 갖고 있으며, 좋아하는 사진의 종류도 다른 것으로 나타나고 있다. 또 다른 연구에서는 남성들이 사건 사진을 선호하는 데 비해 여성들은 인물 사진을 좋아하고 있음을 발견했다. 남녀에 관계없이 독자들은 공통적으로 남성의 사진보다는 여성의 사진을 더 많이 보는 경향이 있었다.

남녀 간에 큰 차이를 보인 사진 유형은 스포츠였다. 스완슨의 연구에서 스포츠는 독자들의 선호도가 아주 낮은 사진 유형으로 나왔다. 그렇지만 이것은 스포츠 사진에 대한 여성들의 선호도가 남성의 절반 정도에 불과했기 때문에 전체 평균이 낮게 나온 것이다.

위의 연구들은 신문 편집인이 갖고 있는 통념과 다소 어긋나는 결과도 보여 주었다. 가령 신문에서는 스포츠 사진을 매우 중시하는 데 비해 독자들은 그렇지 않은 것으로 나왔다. 그렇지만 신문에서는 다양한 종류의 사진을 싣는 것이 바람직하다. 텔레비전은 한 번에 한 장면밖에 보여 줄 수 없는데 비해 신문은 다양한 유형의 사진을 동시에 실을 수 있다. 독자층에 따라 사진에 대한 선호도는 크게 달라질 수 있다. 다양한 사람들이 자신이 좋아하는 종류의 사진을 골라 볼 수 있도록 선택의 폭을 넓혀 주는 것은 신문의 장점을 살리는 길이기도 하다.

5. 사진의 편집

1) 크라핑

신문에 실을 사진을 선정하고 나면 이 사진을 어떤 모습으로 어느 정도 크기로 편집해 실을 것인지 결정해야 한다. 사진의 표준 프레임은 옆으로 길쭉한 모양을 하고 있지만 실제로 신문에서 사진을 이 프레임 모양 그대로 인쇄하지는 않는다.[4]

사진 프레임은 사실상 촬영 시에 어느 정도 정해진다. 기자는 네모 모양의 뷰파인더를 통해 보면서 그곳에 피사체를 어느 정도 집어넣을 것인지 정한다. 프레임에 너무 넓은 범위를 포함시키면 주된 피사체에 독자들의 시선을 끌지 못하고 아주 산만한 사진이 되고 만다. 반면에 너무 좁은 범위만 확대해서 찍으면 때로는 중요한 정보가 누락될 수도 있다. 하지만 아무리 사진 기자가 신중히 촬영하더라도 편집자가 원하는 프레임대로 촬영하기는 어렵다. 그래서 데스크에서는 원하는 이미지를 얻기 위해 크라핑을 하게 된다.

크라핑은 원하는 피사체 모양이 프레임 모양과 다를 때 사용한다. 우리가 쓰는 35mm 카메라의 모양을 마음대로 조정할 수 없기 때문이다. 여의도 63빌딩의 사진을 싣고자 할 때는 가로가 좁고 세로로 긴 모양으로 잘라내야 한다.

또한 이미지의 효과를 최대한 살리기 위해서도 크라핑을 한다. 사진에서 중요한 부분만 남기고 다른 부분을 잘라내면 이미지의 임팩트는 더욱 커지게 된다. 더구나

그림 6−10. 크라핑의 차이　　　　　　　　　　　　　　출처: Robert H. Jackson, *Dollas Times Herald*, 1963.

중요하지 않으면서도 밝은 부분(형광등 불빛이나 흰옷을 입은 행인 등)은 독자의 주의를 분산시켜 산만하게 한다. 이럴 때는 이 부분을 과감하게 잘라낸다.

　　그렇지만 때로는 사진에서 그다지 핵심적이지 않은 요소들이면서도 사진의 분위기를 전하기 위해서 꼭 필요할 때도 있다. 이때에는 지나친 크라핑이 오히려 사진을 망치는 수도 있다. 또 크라핑을 많이 하면 이미지를 지나치게 확대해야 하고 그렇게 되면 자연히 사진의 화질이 떨어진다. 이렇게 위험 부담을 감수하면서까지 손을 봐야 할 것인지는 물론 사진이 얼마나 중요한지에 따라 판단한다.

2) 프레임의 모양

크라핑에서 고려해야 할 또 한 가지 사항은 프레임의 모양이다. 보도 사진은 기본적으로 **수평형, 수직형, 정사각형**의 세 가지 모양으로 편집하는데, 각 모양에는 나름대로 장점과 단점이 있다.[5]

그림 6-11
사진 프레임의 모양
출처: Kraig Scattarella & Tim Jewett;
Harrower, 1992, p.21.

● 수평형   수평형은 신문 사진에서 가장 흔히 볼 수 있는 형태다. 이것은 우리가 눈으로 보는 형태에 가장 가깝기 때문에 친숙하고 안정된 느낌을 준다. 하지만 수평형은 다소 정적이고 지루한 이미지를 줄 수도 있다.

● 수직형   수직형은 수평형이나 정사각형에 비해 좀더 극적이고 동적인 인상을 주기 때문에 강렬한 이미지를 만들어 내는 데 효과적이다. 그렇지만 지면을 디자인하기에 다소 까다로운 것이 단점이다.

● 정사각형   정사각형은 세 가지 모양 중에서 가장 단조롭고 지루한 인상을 주기 때문에 대체로 지면 편집자들이 기피하는 형태다. 그렇지만 사진에서도 모양보다는 역시 내용이 가장 중요하기 때문에 이 모양으로 편집해야 하는 사진도 있을 수 있다. 사진마다 여건이 모두 다르기 때문에, 그 사진에 가장 적합한 모양을 찾아서 사용하는 것이 원칙이다.

3) 크기의 결정

크라핑을 해서 사진의 모양을 정하면서 동시에 이 사진을 어느 정도 크기로 실을 것인지도 결정해야 한다. 이미지가 강렬한 사진은 크기가 작더라도 사람들의 주목을 끈다는 연구도 있다. 그렇지만 대체로 사진은 커질수록 눈에 잘 띄고 독자들이 오래 기억한다. 물론 다른 기사와 마찬가지로 중요한 사진일수록 크게 싣게 되지만, 보도 사진에서는 그 사진의 중요도와 더불어 성격도 고려해서 크기를 정한다. 하지만 사진들뿐 아니라 다른 기사들도 제한된 지면에 집어넣어야 하기 때문에, 사진의 크기 결정을 둘러싸고 편집국 내에서는 신경전이 벌어지기도 한다.

● 큰 사진이 필요한 경우   어떤 경우에 사진을 크게 확대해서 실어야 하는가? 첫째는 평범한 물체라도 실물 크기보다 크게 확대할 경우 아주 극적*dramatic*으로 느껴질 수 있다. 이때에는 사진을 크게 하는 것이 바람직하다. 둘째로 세부적인 모습

detail을 생생하게 전하고자 할 때에도 사진의 크기를 확대하면 좋다. 셋째로 같은 면에 신는 사진들의 크기를 달리 하면 **대비와 강조** 효과를 얻을 수 있다. 똑같은 크기로 늘어놓은 사진들은 산만해 보이기 쉽다. 신문 기사에서 중요한 사항을 리드에 배치하는 것과 마찬가지로 여러 사진 중에서 강조하고자 하는 사진을 크게 신는 것이 효과적이다. 어떤 사진을 크게 하는지에 따라 지면이 주는 효과는 완전히 달라질 수도 있다.[6]

4) 캡션 달기

어떤 사진은 모든 사람에게 똑같은 의미와 인상을 전달할 수도 있다. 하지만 보는 사람마다 의미를 다르게 해석하는 모호한 사진도 많다. 사진이 주는 의미의 혼동을 막고 기사와 잘 어울리는 사진을 만들기 위해 신문 사진에는 글로 설명을 붙이는데, 이를 캡션*caption*이라 한다.

▶▶▶ 사진 캡션의 예

- 문병곤 감독이 31일 오전 서울 동작구 사당동 아트나인에서 열린 기자 회견에서 활짝 웃고 있다. (〈조선일보〉 2013. 6. 1.)

- **등돌린 韓·日** 반기문 외교부장관(왼쪽)과 마치무라 노부타카 일본 외상이 7일 파키스탄 이슬라마바드 메리어트 호텔에서 한·일 외교장관회담을 마친 뒤 등을 돌린 채 돌아서고 있다. (〈경향신문〉, 2005. 4. 8.)

- **엄마, 우리 이민가요?** 27일 오후 서울 강남구 코엑스 대서양홀에서 제9회 해외 이주·이민 박람회가 열려 부모가 상담하는 동안 함께 온 한 아이가 유모차에 탄 동생과 같이 놀고 있다. (〈한겨레〉, 2005. 3. 28.)

이미지는 기사에 비해 메시지 내용에 대한 독자들의 반응을 유발하기 쉬워, 훨씬 효과적이고 강력한 커뮤니케이션 수단이다. 그렇지만 똑같은 사진에 대해서도 독자들의 해석은 다양하게 갈릴 수 있어, 의미 전달의 명확성이 떨어진다는 점은 보도 매체로서 사진의 큰 단점이다. 캡션은 이처럼 사진 이미지가 지니는 의미의 모호함을 보완하는 구실을 한다. 캡션을 어떻게 붙이는지에 따라 똑같은 사진이라도 독자에게 전달하는 의미는 크게 달라질 수 있다. 편집자는 사진 기자가 제출한 수많은 사진 중에서 관련 기사와 전체 지면의 방향에 가장 잘 들어맞는 사진을 선택, 편집하고 캡션을 단다.

캡션은 사진에 따라 길이나 형태가 다양하다. 기사의 리드를 작성할 때처럼 캡션은 사건의 육하원칙에 해당하는 정보나 상황 설명, 인용문 등을 압축해서 작성한다. 하지만 캡션은 짧고 간결하게 작성해야 하기 때문에 사건을 이루는 정보 중에서 어떤 측면을 강조할 것인지 결정해야 한다. 캡션은 주로 1~2개의 간결한 문장으로 만드는데, 별도로 제목을 붙이기도 한다(예 2, 3).

1. 지난 일주일치 신문에 난 사진들을 찾아 이 장에서 제시한 유형에 따라 분류해 보라. 그리고 이것들을 모두 합산해서 어떤 종류의 사진이 어느 정도 실리는지 집계해 보라.

2. 2장에서 제시한 기준에 비추어 위의 사진들이 어떤 뉴스 가치를 갖는지 평가해 보라. 그리고 이것들을 모두 집계해서 어떤 뉴스 가치가 많이 등장하는지 살펴보라. 여기서 한 사진이 여러 종류의 뉴스 가치를 동시에 지니는 경우 중복 집계해도 좋다.

3. 위의 사진들 중에서 기사와 함께 실린 사진과 사진만 실린 것으로 나누어 두 종류의 사진이 어떤 차이가 있는지 비교해 보라. 또 기사와 함께 실린 사진이 어떤 점에서 부족하고, 어떤 점에서 잘 되었다고 생각하는지 설명해 보라.

7장

신문 편집과 제작

종이 신문을 펼쳐 들고 대충 훑어 보면 전체 내용이 한눈에 들어온다. 우리는 이처럼 그다지 많은 시간을 들이지 않고도 신문 지면을 통해 어제 일어난 뉴스의 흐름을 파악할 수 있다. 이것은 바로 '편집' 때문이다. 신문사에서는 매일매일 쏟아져 들어오는 엄청난 양의 뉴스와 정보 중에서 핵심적인 것만 골라내서 잘 다듬어 독자들이 보기 좋게 지면을 편집한다. 이처럼 중요한 기능을 하는 편집은 어떻게 이루어지는가? 7장에서는 종이 신문 위주로 다음과 같은 내용을 살펴본다.

- 편집이란 무엇인가?
- 편집은 어떤 원칙과 절차에 따라 이루어지는가?
- 판갈이와 구역판은 왜 필요하며 어떻게 이루어지는가?
- 오늘날 신문 편집의 추세는 어떤 방향으로 가고 있으며, 이를 어떻게 평가해야 할 것인가?

1. 편집이란 무엇인가

편집이란 단어는 상황에 따라 여러 가지 의미로 사용된다. 신문사에서는 기자들이 모여서 작업하는 공간을 편집국이라 부르는데, 이때 편집이란 아주 넓은 뜻으로 사용된 것이다. 즉 편집 계획에서 시작해 취재, 원고 작성, 원고 수정, 그래픽 작업, 지면 구성에 이르기까지 편집국에서 이루어지는 모든 작업을 가리키는 말이다.[1] 그런데 편집국에는 취재 부서뿐 아니라 편집부라는 부서도 있다. 이때 편집이란 용어는 좁은 의미에서 편집국의 작업 가운데 일부를 지칭하는데, 이 장에서 다루는 편집은 바로 이 부분이다.

간단하게 정의하자면, 편집이란 신문 내용을 손질해서 읽기 쉽고, 보기 편하며, 흥미롭게 지면에 배열하는 작업을 말한다. 기사가 내용이라면 편집은 그 내용을 효과적으로 전달하기 위해 엮고 포장하는 기술적 작업에 비유할 수 있다. 한국 편집기자협회에서는 편집을 "기사를 효과적으로 배열 전시하여 기사를 읽게 하는 기술"로 정의한다. 신문에서 편집이 필요한 이유는 이것이 다음과 같이 독자와 신문사에게 유용한 다양한 기능을 수행하기 때문이다.

▶▶▶ **편집의 기능**

- 시각적인 편집으로 독자의 눈길을 끈다.
- 기사를 읽기 쉽게 해준다.
- 제목의 크기와 위치를 보고 기사의 중요도를 판별할 수 있게 해준다.
- 많은 뉴스 중에서 주요한 흐름에 대한 감을 잡기 쉽게 해준다.
- 고유한 스타일로 그 신문의 특징을 보여 주며 독자에게 친근감을 준다.

'구슬이 서 말이라도 꿰어야 보배'라는 속담이 있다. 이 옛말은 편집의 중요성을 비유하는 데도 사용할 수 있다. 아무리 취재 기자들이 열심히 취재해서 작성한

기사라 할지라도 편집을 제대로 못하면 독자들의 눈에 띄지 않고 버려지기 쉽다. 내용과 편집이 조화를 이룰 때 비로소 신문은 독자에게 메시지를 효과적으로 전달할 수 있다.

1) 편집 작업의 구성 요소

아무리 작은 신문사라도 대부분 편집부라는 부서를 갖추고 있다. 기자들이 취재한 기사는 모두 편집부의 손을 거쳐 인쇄 과정으로 넘어가기 때문에, 편집부는 신문사 작업에서 중심적인 위치를 차지한다. 만일 편집부라는 부서를 두지 않는다 하더라도 편집부 기능을 맡아 수행하는 직책은 있게 마련이다. 가령 미국의 소규모 신문사에서는 데스크 간부들이 편집부 업무를 맡아서 처리한다. 편집 부서에서 담당하는 업무를 살펴보면 편집이 신문에서 어떤 기능을 하는지 짐작할 수 있다.

　편집부에서 하는 일은 크게 다음과 같이 요약할 수 있다.[2]

● 기사의 취사 선택　　편집부에는 매일 엄청나게 많은 기사가 쏟아져 들어온다. 하지만 신문 지면은 한정되어 있기 때문에 아무리 좋은 기사라도 모두 다 실을 수는 없다. 그래서 편집부에서는 들어온 기사를 종합적으로 검토해서 나름대로 정한 우선 순위에 따라 지면에 게재할 기사를 선정한다. 신문마다 추구하는 편집 방향이 다양하기 때문에 기사 선정 기준 역시 신문에 따라 상당한 차이가 있다. 가령 신문의 정치 성향이나 신문 유형(종합지와 경제지, 권위지와 대중지)에 따라 선호하는 기사도 달라지게 된다.

● 기사의 수정　　편집부에서는 일단 선정한 기사를 교정하고 고쳐 쓰는 작업을 한다. 논설이나 외부 청탁 칼럼은 특별한 문제가 없는 한 손을 대지 않는다. 편집 기자는 지면에 맞게 기사의 길이를 조정하고 내용, 문장, 스타일을 규칙에 맞게 수정하고 통일한다. 즉 기사 내용이 기사 작성 원칙(가령 공정성, 정확성, 객관성)에 맞게 작성되었는지, 문장 작성법이나 문법, 철자가 어긋난 점이 없는지 확인하고 고쳐 쓴다. 이전

에는 교열부가 따로 있어 문법이나 철자 따위의 교정을 담당했으나, 요즈음에는 편집부에서 함께 맡아서 하거나 외부에 전담 기관을 두어 맡기기도 한다.

스타일은 주로 문장의 내용이 아니라 회사에서 정한 외국어 표기법, 기호나 문자 사용법 등 형식적인 측면을 말한다. 가령 〈한겨레〉에서는 기사에 영어를 사용하지 않기 때문에 'PC 통신'을 '피시 통신'으로 표기한다. 일부 큰 언론사들은 작업의 편의를 위해 별도로 스타일북을 발행해 사용하는데, 회사 내에서뿐 아니라 다른 언론사들도 이용하기도 한다. 미국의 AP 통신사에서 사용하는《AP 스타일북과 명예 훼손 매뉴얼*The Associated Press Stylebook and Libel Manual*》은 대다수의 언론사와 저널리즘 직업 지망생들의 필수품처럼 활용되고 있다.

● 제목 달기　　기사는 취재 기자가 작성하지만, 기사에 제목을 붙이는 일은 편집부 기자가 맡는다. 편집 기자는 기사 내용이나 지면의 편집 방향을 고려해 제목을 붙인다. 제목 달기는 기사 내용에 대한 이해와 더불어 판단력과 창의력을 동시에 필요로 하는 작업이다. 칼럼을 비롯한 기명 기사도 제목은 편집부에서 붙인다.

● 기사 배정과 조판　　게재할 기사가 정해지면 편집부에서는 기사를 어느 면에, 어떤 위치에 배치할 것인지 결정한다. 그러기 위해서는 뉴스의 성격과 뉴스 가치를 잘 판단해야 한다. 기사 배정이 내용에 대한 판단이라면 조판은 시각적 효과를 최대한 살릴 수 있도록 기사를 입체적으로 배치하는 예술 작업에 가깝다. 조판은 지면의 구성 요소들을 효과적으로 배치하는 기능적 작업이면서도 신문의 시각적 이미지와 정체성을 설정하는 미학적 디자인 작업이기도 하다.

일간지에서는 대개 1차 마감 시간이 끝난 뒤에도 계속 판을 고쳐 짜는 판갈이 작업을 한다. 이때 더 중요한 기사가 들어오면 이미 들어간 기사를 빼고 새로 집어넣기도 한다. 신문 제작에 컴퓨터가 도입되고 나서는 공무국의 소관이던 조판 작업의 기술적인 부분도 편집부 기자들이 많이 떠맡게 되었다.

2) 편집 개념의 4가지 차원

앞서 신문 편집 과정에서 이루어지는 다양한 작업 내용을 살펴보았는데, 편집은 이 작업들을 모두 아우르는 넓은 개념이다. 이처럼 편집은 맥락에 따라 다양한 뜻으로 사용된다는 점을 감안하면, 편집 개념은 편의상 다음과 같은 네 가지 차원으로 정리해 볼 수 있다.

첫째, 편집은 신문이라는 상품을 판매하기 위해 수립하는 '마케팅 전략'이라는 의미로 파악할 수 있다. 편집 방향이나 사시가 여기에 가장 가까운 단어들인데, 이것들은 신문이 공략 대상으로 삼는 독자층의 특성을 감안해서 수립되는 전략과 관련이 있다. 이는 주 독자층의 특성을 파악하고 이에 맞추어 편집 방향이나 신문 운영 전략을 정하는 과정으로, 마케팅에서 말하는 '포지셔닝' 개념과 아주 흡사하다. 신문사에서는 이렇게 정립된 기본 개념에 따라 기사 선정 기준이나 지면 디자인 등 좀더 구체적인 세부 전략들을 수립하는데, 편집은 바로 이 과정을 지칭하는 개념으로도 사용되고 있다.

둘째, 편집의 의미는 '기술적 조합'이라는 측면에서 사용되기도 한다. 신문사 편집부는 기본적으로 취재 부서에서 만들어 낸 개별 기사들을 다듬어 취합하여 지면 판형으로 제작하는 기능을 맡는다. 기사를 수정하고 제목을 달며, 지면을 짜는 작업은 편집 과정의 주요 작업 단계들인데 바로 이 작업들을 일컬어 편집이라 부른다. 즉 이러한 의미에서의 편집은 공장에서 부품을 조립하여 완제품으로 만들어 내는 기술적 조립 과정에 비유할 수 있다.

셋째, 편집은 기술적 조합 과정의 한 변형으로서 지면 제작 과정의 '세분화'라는 의미도 지닌다. 이 장 후반에서 언급하게 될 판갈이나 구역판 제작이 이러한 예에 해당한다. 판갈이는 편집 작업의 시간적 흐름에 따른 지면 세분화라 할 수 있는데, 시간의 경과에 따라 편집부에서 다루어야 할 작업 내용이 계속 바뀌기 때문에 이 작업이 필요하다. 또한 구역판은 독자층의 공간적 분포에 따라 판형을 세분화하여 여러 가지 판형을 만드는 작업인데, 구역판은 신문이라는 상품의 마케팅 대상인 독자층의 지리적 분포에 따라 지면을 세분화하는 전략의 결과로 생겨난 것이다.

넷째, 편집은 신문 지면의 시각적 측면을 잘 활용해 신문의 시각적 정체성을 정립하는 전략의 하나이다. 이때 편집은 지면 디자인이라는 용어와 비슷한 뜻으로 사용된다고 할 수 있다. 편집에서 디자인 요소는 단순히 지면을 보기에 편하고 아름답게 만드는 미학적 고려에 그치지 않고, 신문의 편집 방향이나 특성을 시각적으로 압축해 정체성을 표현하는 수단의 성격도 지닌다.

2. 신문 편집의 기본 방향 설정

내용의 측면에서 보면 신문 편집은 어떤 기사를 선택하고 어떤 기사에 비중을 두는가 하는 문제가 된다. 기사를 선정하는 작업은 뉴스 가치라는 기준에 따라 이루어지지만, 신문사마다 독특한 특성이 있어 이 기준은 상당히 달라질 수 있다. 이 기준은 신문 기사를 선정하는 잣대 구실을 할 뿐 아니라 보도 활동을 통해서 어떤 신문이 추구하는 가치 차이를 보여 준다. 신문 운영에서 이러한 기본 방향은 신문 유형별로 차이가 있으며, 사시나 논조 형태로 표현되기도 한다.

● 고급지와 대중지　　　우선 신문의 기본적인 편집 방향은 신문 유형이나 성격에 따라서 크게 달라진다. 어떤 신문이 종합지인지 아니면 특수지인지에 따라, 권위지인지 대중지인지에 따라, 전국지인지 지역지인지에 따라 다루는 사안이 달라지고, 어떤 사안을 접근하는 방식도 상당한 차이가 있다. 특히 권위지와 대중지는 기사 선택에서 적용하는 잣대가 다르다.

가령 권위지는 대중적 흥미는 낮더라도 사회적 영향력이 큰 정치, 경제 등 중요도가 높은 뉴스를 중시한다. 반면에 대중지는 일반 대중이 이해하기 어려운 복잡하고 무거운 기사를 잘 다루지 않고 흥미있는 기사거리를 선호한다. 또 같은 정치적 사건을 취재하더라도 정치인의 사생활이나 가십거리처럼 대중적 흥미를 유발할 만한 부분에 초점을 둔다. 두 유형의 신문들에서는 뉴스 선정 기준만 다른 게 아니라 지면의 제호나 디자인도 상당히 다른 방식을 추구한다. 대중지가 자극적이고 시선

그림 7-1

고급지 〈월 스트리트 저널〉의 1면

(2012. 12. 17)

을 끌기 쉽도록 지면을 구성한다면, 권위지는 시각적 요소를 적게 쓰고 제호나 디자인을 훨씬 절제되고 품위 있게 보이도록 설계하는 게 일반적이다.

● 논조의 차이　　신문사의 편집 방향 차이는 뉴스 가치뿐 아니라 사안을 보는 시각에서도 나타난다. 특히 정치적 노선 등 가치 판단이 개입되는 논쟁적 사안에서는 신문사마다 독특한 편집 방향이나 논조가 드러나게 되는데, 이는 신문 편집에서도 기사의 큰 흐름을 정하는 잣대 구실을 한다. 이것은 말하자면 신문 편집의 근간이

사례 연구

북한 관련 보도와 논조 차이

한국의 신문들은 북한 관련 보도에서 어느 정도 논조의 차이를 보이는가? 한국언론재단에서는 김대중 정부 출범 직후인 1998년 한 해 동안 4개 중앙 일간지(〈조선일보〉, 〈중앙일보〉, 〈동아일보〉, 〈한겨레〉)의 북한 관련 보도 논조를 분석한 보고서를 발간했다.

분석 결과 〈조선일보〉는 안보 우선주의의 입장에서 대북 유화 정책에 비판적인 태도를 취해 가장 보수적인 논조를 보였으며, 〈한겨레〉는 북한 보도에서 가장 긍정적인 논조를 취한 것으로 나타났다. 〈중앙일보〉는 이념과 체제 문제에 관해서는 반공 논리를 고수하면서 인문주의적 자세를 동시에 취했다. 〈동아일보〉는 안보 우선주의의 입장을 유지하면서도 대북 유화 정책을 선택적으로 지지하는 경향을 보여 주었다. 즉 '보수'와 '진보'라는 차원에 비추어 보면, 조선─중앙─동아─한겨레의 순으로 보수적 논조를 취한다고 할 수 있다.

출처: 〈미디어오늘〉 1999. 3. 17; 〈한겨레〉 1999. 3. 12.

되는 철학인데, 신문사의 소유 구조나 정치적 입장, 주된 독자층의 성향 등에서 영향을 많이 받는다. 특히 의견 기사에서는 같은 사안에 대해 신문사가 취하는 관점 차이가 가장 두드러지게 나타난다. 이 원칙은 사시를 통해 공식적으로 표방하기도 하고, 회사 내에서 묵시적인 관행으로 유지되기도 한다.

국내 신문사에서 지면 편집 방향은 대개 실제 지면을 통해 간접적으로 드러난다. 특히 자사의 이해관계가 걸린 사안이나 예민한 정치 쟁점에 관한 보도에서는 신문마다 논조 차이가 뚜렷이 드러난다. 이때 같은 사건이라도 논조에 따라 다른 신문에 비해 크게 다루거나 아예 빼버리기도 한다. 논조의 차이는 신문 지면을 읽는 중요한 단서가 되는 셈이다. 가령 노무현 대통령 탄핵이나 일제 시대 '민족지'의 친일 행위에 관한 보도가 대표적인 예다. 대북 정책이나 호주제 폐지 문제도 신문 간의 논조 차이가 두드러지는 주제들이다.

표 7−1. 한국 언론사 사시의 시대적 변천

사시의 내용		창간 연도				
		1896~1910	1920~1940	1945~1949	1950~1959	1960 이후
정치적	민족주의·애국심·자주 독립	7	3	2		
	민주주의·여론		1	4	1	
	공공의 이익					1
교육적	국민 계몽·지도성	13	2	1		1
	문화 발전		1	1		
	경제 발전		1	1	1	1
	사회 정의		1	1	1	
전문적(보도)	공정·신속·사실 보도	2	1	4	6	5
	언론 자유				2	2
	언론 책임				1	1
기타		2		1	2	1

출처: 오인환, 1985, p.59를 수정.

● 사시　　　신문사에는 창간 때에 정한 사시社是가 있는데, 이것은 신문 발행의 방향을 공식적으로 표현한 문구다. 창간사도 비슷한 성격을 띤다. 그렇지만 사시는 대개 추상적인 단어로 표현되고 있어 실제 편집 방향에 어떤 영향을 주는지 가늠하기 어렵다. 표 7−1에서 알 수 있듯이 대체로 개화기 신문의 사시는 정치적·계몽적 성향이 강했지만, 해방 이후에는 점차 언론의 전문적 특성을 강조하는 쪽으로 변화했다. 하지만 국내 신문들의 사시는 대부분 여전히 추상적이고 모호하게 되어 있어, 기자들이 이 사시를 신문의 논조나 편집 방향에 실제로 어떻게 적용하는지 판단하기는 어렵다.

3. 기사 제목 달기

우리는 신문을 읽을 때 우선 어떤 기사가 있나 제목 위주로 훑어본다. 말하자면 기사 제목은 독자들이 신문의 내용을 한눈에 파악할 수 있도록 붙인 것이다. 영어에서는 기사 제목을 헤드라인*headline*이라고 부른다. 표제와 제목은 비슷한 뜻이지만 신문에서는 보통 제목이라는 용어를 더 많이 사용한다. 신문 편집에서 첫 번째 단계는 바로 기사 원고를 검토한 후 그 내용에 적합한 제목을 다는 일이다.

1) 제목의 기능과 특징

제목은 기사의 전체 내용을 압축해서 보여 주는 문장이다. 편집 기술이 발달하면서 제목은 다음과 같이 여러 가지 기능을 수행하게 되었다. 첫째, 제목은 독자의 눈길을 끌어 기사를 읽게 한다. 둘째, 제목은 기사 요지를 압축해서 전달한다. 셋째, 제목은 뉴스의 중요도를 가늠하는 잣대가 된다. 그래서 중요한 뉴스일수록 크고 눈에 잘 띄게 제목을 뽑는다. 넷째, 제목은 신문 지면을 보기 좋게 꾸미는 기능도 한다.[3] 제목의 모양은 신문 디자인의 측면에서도 중요한 구실을 한다.

매체가 다양해지고 매체 간의 경쟁이 치열해지면서 신문 지면에서 제목의 중요성은 더 커지고 있다. 정보량은 넘쳐나지만 사람들이 미디어 이용에 할애할 수 있는 시간은 제한되어 있기 때문에, 신문도 이에 맞춰 가능하면 짧은 시간에 기사의 내용을 파악할 수 있게 해주어야 한다.

국내 젊은 독자들의 신문 기사 열독 방식에 관한 조사 결과를 보면, 신문 기사를 처음부터 끝까지 꼼꼼하게 읽는 사람은 많지 않다. 이들은 대개 기사의 앞부분만 읽거나 문장을 건너뛰면서 띄엄띄엄 읽는다. 이들이 기사 내용을 제대로 이해하도록 하려면 기사 리드나 제목이 기사 전체 내용을 잘 압축해 전달해야 한다.

● 제목의 변천 과정　　초창기의 신문은 기사에 제목을 따로 붙이지 않았다. 가령 〈독립신문〉에서는 기사마다 별도로 제목을 달지 않았다. 비슷한 기사를 한곳에 모

그림 7-2. 젊은 독자들이 신문 기사를 보는 방식

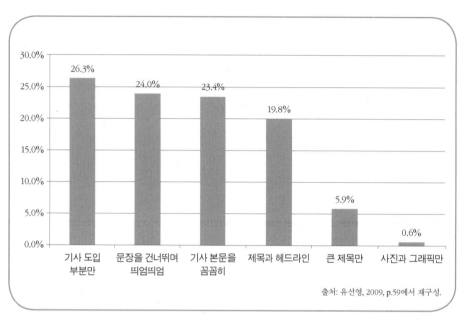

출처: 유선영, 2009, p.59에서 재구성.

으고 관보, 잡보, 외국 통신 등 기사의 종류를 나타내는 큰 제목을 붙였을 따름이다. 다른 나라의 예를 보더라도 편집 기법이 발달하지 않은 초창기 신문에서는 기사를 서로 구분할 수 없을 정도로 줄줄이 늘어놓거나, 기사 사이에 행간을 약간 띄우는 데에 그쳤다. 새로운 기사가 시작할 때마다 부호('약물略物')를 넣어 구분하는 방법을 쓰기도 했다.

　1920년대에 들어서 〈조선일보〉와 〈동아일보〉는 기사에 본격적으로 제목을 붙이기 시작했다. 그렇지만 이때에도 제목은 지금처럼 크지 않았고, 기껏해야 2단 정도에 불과했다. 하지만 그 후 제목의 크기도 점차 늘어나고 형태도 다양해졌다. 1960년 4·19혁명 때에는 신문에 처음으로 통단 제목(通段題目, banner)이 등장했다. 통단 제목은 아주 큰 뉴스에만 제한적으로 사용하는 것이다. 최근에는 편집 기술이 발달하면서 크고 세련된 제목이 더욱 빈번하게 등장하고 있다.

　하지만 제목이 지나치게 커지면서 신문이 내용보다는 포장에 더 치중한다는 비판도 나왔다. 1982년의 한 조사에 의하면 국내 신문 지면에서 제목이 차지하는 비

그림 7-3. 제목을 붙이지 않은 〈독립신문〉의 기사

그림 7-4. 통단 제목을 쓴 4·19 당시의 신문: 〈조선일보〉(1960. 4. 19)

▶▶▶ 제목 작성의 원칙

- 첫 줄에서 정곡을 찔러라　제목은 첫 행에서 전체 기사 내용을 정확하게 표현하거나, 가장 대표적인 특징을 전달해야 한다.

- 움직임을 담아야 한다　제목은 움직임을 표현해야 하기 때문에 동사적 의미를 포함해야 한다. 즉 동사를 쓰거나 동사의 의미를 담은 명사를 써도 된다('이헌제 부총리 사임'). 동사는 피동형보다는 능동형이 더 좋다.

- 각 행은 독립되게　한 제목이 여러 줄로 되어 있을 경우 각 줄은 각기 독특한 내용을 담아야 하며 형태상으로도 서로 독립된 문장이어야 한다.

- 간결하게 만들어라　제목은 너무 길면 안 된다. 주 제목은 보통 6~12자가 적정한 수준이나, 명확하다면 짧을수록 좋다.

- 시제는 현재로　동사의 시제는 현재와 미래뿐이다. 제목은 비록 현재 시제로 표현해도 과거를 뜻하며 현재와는 관계가 없다.

- 반복 표현을 피하라　같은 사실이나 표현을 반복해서는 안 된다.

- 감각적이고 리듬감 있게 표현하라　무미건조하게 사실을 요약하는 데 그치지 말고, 대구법이나 비유를 적절히 이용하면 훨씬 호소력이 있다.

- 기사 성격에 맞는 제목을　사실을 전달하는 기사는 차분하고 이성적으로 제목을 달고, 감동적인 기사는 감성적으로 접근하는 것이 적절하다.

- 마침표는 필요없다　제목 문장의 끝에 마침표는 찍지 않는다.

출처: 한국편집기자협회, 2001, pp.81~90; 한국편집기자회, 1991, p.182.

율은 광고를 제외한 기사 면적의 46.7%에 달했다. 사진과 도표의 비율이 20% 정도임을 감안하면, 실제 기사의 면적은 전체의 4분의 1 정도에 불과하다.[4]

2) 제목의 형태

신문에서는 다양한 내용과 형태의 제목을 사용하는데, 제목도 시대별로 유행이 있다. 한국신문편집기자협회는 최근의 추세를 이렇게 정리하고 있다. 국내 일간 신문들이 1990년대 말에 모두 가로쓰기로 전환하고 난 뒤, 제목의 형태는 세로쓰기 시절에 비해 비교적 단순하고 경쾌해졌다. 이전과 달리 제목에 컷이나 장식을 거의 사용하지 않는 대신에, 통단 제목도 자주 사용하는 등 제목 사용이 시원하고 과감해진 것도 두드러진 변화다. 제목 내용에서도 의미가 압축된 명사형 단어 대신에 시적이고 주관적인 표현, 동사의 사용이 늘어나 감각적으로 바뀌고 있다.[5]

국내 신문에서 자주 사용하는 제목은 형태와 내용(표현이나 기능)에 따라 크게 다음과 같이 분류해 볼 수 있다.[6]

(1) 형태에 따른 분류

● 외줄 제목과 다행 제목 　내용을 한 줄로 요약한 것을 외줄 제목, 여러 줄로 된 것은 다행多行 제목이라고 한다. 다행 제목은 외줄 제목에 비해 기사의 중요성이 크거나 뉴스의 내용이 복잡할 때 사용한다.

● 통단 제목 　통단 제목은 앞의 그림 7—4처럼 지면의 맨 윗부분에 위치하면서 2~3개 단 전체에 걸쳐 왼쪽 끝에서부터 오른쪽 끝까지 가로질러 뻗은 가로 제목을 말한다. 통단 제목은 시각적으로 가장 강렬한 효과를 주기 때문에 매우 중요한 뉴스에만 사용한다. 하지만 신문이 가로쓰기로 전환한 후에 통단 제목은 이전보다 훨씬 자주 사용되고 있다.

● 꺾기 제목과 건너뛰기 제목 　제목을 붙일 때는 기사 내용을 짧은 단어 몇 개로 압축하면 가장 좋다. 그렇지만 불가피하게 제목이 길어질 수도 있는데, 이때에는 꺾기 제목과 건너뛰기 제목을 사용한다. 꺾기 제목은 활자의 크기를 달리하는 방법을 많이 쓰며, 건너뛰기는 비슷한 크기의 여러 줄로 나누어서 배열한다.

[예] 꺾기 제목

"신수야 봤지" 최희섭 打 打

꺾기 제목

모처럼 2안타... 다저스는 져
시애틀 추신수 9회 깜짝데뷔

출처: 〈동아일보〉, 2005. 4. 23.

[예] 건너뛰기 제목

노벨 평화상 여성수상자 5人
하시모토 '위안부 妄言' 비판

건너 뛰기 제목

출처: 〈조선일보〉, 2013. 6. 1.

● 어깨 제목과 역어깨 제목   어깨 제목은 주 제목 위에 짧고 작게 붙인 제목 형태
인데, 주 제목을 수식해 주는 기능을 한다. 흔히 해설 기사에 문패 모양으로 붙이는
데, 고딕체 글꼴을 많이 쓰며 제목 아래에 선을 긋기도 한다.

　　역어깨 제목은 어깨 제목과 반대로 어깨 부분에 큰 글자, 주 제목 부분에 작은
글자를 쓴다. 어깨의 큰 글자로 주제나 사안의 중요성을 강조하고 부제에서 구체적
인 상황을 설명하는 형태로 되어 있다.

● 기사 사이 제목   흔히 박스 형태 기사에서 기사 한복판에 배치하는 형태의 제
목인데, 보통 주 제목을 보조하는 부제목 기능을 한다. 주 제목보다 작은 글자를 사
용하며 2~4행으로 구성된다.

● 대립형 제목   대립되는 사안이나 의견을 나란히 보여 줄 때 사용하는 제목 형
태이다. 크기와 모양이 같은 글자를 좌우 대칭으로 배치하며, 정치 쟁점이나 스포츠
경기에 흔히 사용한다.

[예] 어깨 제목, 기사 사이 제목, 대립형 제목

출처: 〈중앙일보〉, 2005. 3. 5.

● 가지 제목　　　주 제목 앞에 기사의 행위 주체나 문패성 제목을 주 제목의 절반 정도 되는 작은 글자로 표현한 제목 형태이다. 내용을 강조하기 위해 제목의 위아래에 선을 긋기도 한다. 세로쓰기 편집 시절부터 사용하던 형태이나 가로쓰기가 도입된 이래로 많이 줄어들었다.

[예] 가지 제목

美가 부추기는 시민혁명　다음 차례는 벨로루시?

출처: 〈조선일보〉, 2005. 4. 23.

　　좀더 산뜻하면서도 임팩트가 큰 제목을 뽑기 위해 편집부 기자는 이 밖에도 여러 가지 형태로 실험을 한다. 오늘날 기사 제목은 분류하기가 거의 불가능할 정도로 창의적이고 다양한 형태로 발전하고 있다.

(2) 내용에 따른 분류

● **객관 제목과 주관 제목**   객관 제목은 편집자의 주관을 개입하지 않고 사실 위
주로 중립적으로 작성한 제목을 말하는데, 설명 제목이나 스트레이트 제목이라고
부르기도 한다. 육하원칙에 해당하는 사실을 요약하거나(아래의 예 1) 인용문을 붙인
제목(예 2)은 전형적인 객관 제목에 속한다.

[예 1]

외환보유액 달러 비중 50%대로 낮아져

출처: 〈한국일보〉, 2013. 3. 30.

[예 2]

"은행 이사선임은 주주몫"

웨커 외환은행장

출처: 〈서울신문〉, 2005. 4. 8.

[예 3]

'엎친데 덮친' 유통가
사찰의혹 이어 '춘투' 홍역

출처: 〈머니투데이〉, 2013. 3. 30.

[예 4]

'외국인 떠난 배' 순풍? 역풍?

"수출주 살아나면 조선주 소외"-"새달 수주 발표에 선가상승" 맞서

출처: 〈한겨레〉, 2005. 3. 28.

주관 제목은 사실보다는 사건의 정서적 분위기를 전달하려 할 때 사용한다. 인상 제목, 정서 제목, 무드 제목이라고도 한다(예 3, 4). 기사의 분위기를 담은 '톤tone 제목,' 이웃돕기나 시민 의식 캠페인 등에 사용하는 '캠페인형,' 사실에 대한 긍정이나 부정, 조롱, 의문을 제기하는 형식의 '질문형,' 특정한 사건의 특성을 살려 새로운 용어로 붙인 '조어형'(여소야대, 나홀로 차량), 사물을 의인화해서 표현한 '의인화'형(만취 버스), 독자에게 충고나 권고를 하는 형식인 '명령형' 등 여러 가지 형태로 되어 있다.

● 주 제목과 부제목　　제목이 여러 줄로 된 다행 제목에서는 좀더 중요한 내용을 담은 줄과 비중이 상대적으로 낮은 줄이 있다. 주 제목은 여러 줄로 된 제목 중에서 가장 중요한 내용을 담고 있는 줄이다. 다른 줄에 비해 훨씬 큰 활자로 되어 있으며, 쉽게 눈에 띄도록 모양을 정한다. 부제목은 주 제목을 제외한 다른 줄들을 말하며, 주 제목의 내용을 보완해 주는 기능을 한다. 국내 신문에서는 2행 제목에서 주 제목과 부제목으로 구분하는 방식을 많이 사용한다. 이는 세로짜기 시절에 생겨난 전통으로 보이는데, 영미 신문에서는 거의 사용하지 않는다.[7]

[예] 주 제목과 부제목

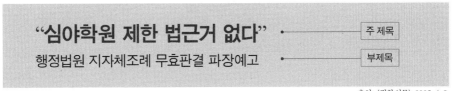

"심야학원 제한 법근거 없다" ●━━━━ 주 제목
행정법원 지자체조례 무효판결 파장예고 ●━━━━ 부제목

출처: 〈경향신문〉, 2005. 4. 8.

● 문패 제목　　기사의 작성 취지를 나타내는 제목인데, 박스 해설 기사에 많이 사용한다. 안내 기사의 타이틀 구실을 할 때도 있다. 제목에 밑줄이나 사방선을 긋거나 제목 앞에 기호를 사용하기도 한다.

英 정부부처에 청소년참여팀 운영

■ 외국의 청소년 사회참여

청소년의 사회 참여는 세계적인 흐름이다.

유엔이 1995년 채택한 '2000년과 그 이후를 향한 세계청소년 행동계획'을 보면 10가지 우선 영역 국가가 청소년 분야에서 수행한 지난 10년간의 실천경과를 평가하게 된다.

호주 퀸즐랜드 주정부는 청소년과 의사소통하기 위해 '제너레이트'(www.generate.qld.gov.au)라는 온라인 사이트를 운영하고 있다.

활동' '교복의 필요성' '공공장소의 성적 소수자' 등에 대한 청소년들의 의견이 올라와 있다.

영국은 아동·청소년부 내에 참여팀을 구성해 청소년이 정부 정책과 서비스의 계획 전달 평가 등 모든 과정에 참여할 수 있는 기회를 제공하고 있다.

지역 사법기관의 협조를 받아 청소년이 직접 판사, 검사 등의 역

출처: 〈동아일보〉, 2005. 4. 23.

60년대 주먹대장에서
21세기 '수퍼 일진' 으로

영화 속 '일진' 변천사

영화 '우리들의 일그러진 영웅'의 주인공 엄석대는 주먹 하나로 급우들 세력싸움에도 끼어들다 고교를 졸업한 뒤에는 폭력배가 된다.

최근 영화에는 21세기형 '명품 일진'이 등장한다. 지난해 개봉한 '늑대의 유혹'의 주인공 태성(강동원 분)과

출처: 〈중앙일보〉, 2005. 3. 11.

4. 지면 설계와 기사 배정

1) 신문 면수와 판형

기사를 고쳐 쓰고 제목을 다는 작업이 끝나면 이를 전체적으로 배치하여 지면을 구성하는 작업에 들어가게 된다. 지면 구성 작업 단계에서는 버릴 기사와 실을 기사를 선별해야 하는데, 이는 전체 지면의 분량, 즉 면수의 제약을 받는다. 신문의 판형, 즉 지면 크기에 따라서도 지면 배치 방식은 상당한 차이를 보이게 된다.

오랫동안 국내 종합 일간지는 발행 면수가 많지 않아서 편집에서 혁신적인 방식을 시도하기 매우 어려운 여건이었다. 그림 7-5에서 볼 수 있듯이 국내 종합 일간

지의 주당 평균 면수는 1980년대 중반까지만 해도 일제 시대에 발간된 신문의 평균 면수에도 채 미치지 못할 정도로 적었다. 그러다가 1980년대 후반 신문 발행이 자유화되고 경쟁이 치열해지면서 면수도 대폭 늘어났고 편집 방식이나 지면 디자인에서도 새로운 시도들이 많이 도입되었다.

신문은 크기와 형태에 따라 대체로 네 종류로 나눌 수 있다. 대판broad sheet, 길쭉형full size, 베를리너판형, 타블로이드tabloid형 등이 가장 흔히 볼 수 있는 형태다. 물론 같은 판형이라도 신문에 따라 크기는 조금씩 달라지기도 한다.[8]

대판은 신문의 가장 표준적인 판형으로 기사 인쇄 면적이 가로 36cm 세로 52cm 내외로 되어 있다. 일본의 일간 신문이나 국내 종합 일간지 중에는 이 판형을 채택한 데가 가장 많다. 길쭉형은 대판과 비슷하지만 가로 폭이 32cm, 세로가

그림 7–5. 〈조선일보〉의 주간 발행 면수 변화

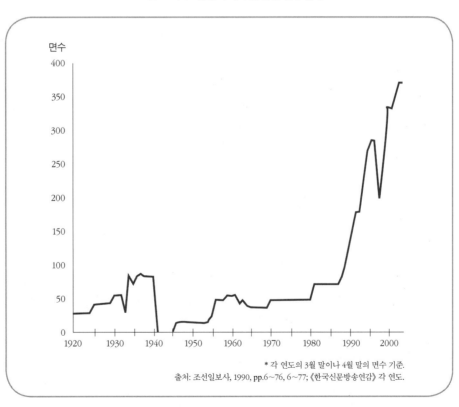

* 각 연도의 3월 말이나 4월 말의 면수 기준.
출처: 조선일보사, 1990, pp.6~76, 6~77; 《한국신문방송연감》 각 연도.

타블로이드판(273mm×394mm)

베를리너판(323mm×470mm)

대판(394mm×546mm)

변형 노르딕판(343mm×577mm)

그림 7-6. 종이 신문 판형 비교
출처: 한국언론진흥재단, 2011b, p.144.

53cm 정도로 가로폭이 좁아 약간 길쭉한 모양을 취한다. 미국의 〈USA 투데이〉, 〈뉴욕 타임스〉, 〈워싱턴 포스트〉 등에서는 이 판형을 채택하고 있다. 국내 신문에서는 대판이 타블로이드보다 훨씬 많고, 무료 신문을 제외하면 일간지는 대다수가 대판을 선호하고 있다(그림 7-7).

타블로이드형은 '컴팩트판 사이즈'라 불리기도 하는데 대판의 절반 정도, 즉 B4판(250×353mm) 크기로 되어 있다. 하지만 같은 타블로이드라 해도 나라마다 실제 규격은 편차가 있다. 국내에서는 생활 정보지나 주간 신문, 전문 신문 중에서 타블로이드 크기로 제작하는 곳이 많다. 베를리너판은 대판과 타블로이드판의 중간 정도의 크기로 되어 있다. 타블로이드는 크기가 작아 지하철처럼 사람들이 붐비는 장소에서도 펼쳐서 보기에 편하다. 이러한 특성 때문에 서구에서는 가판 비중이 높은 대중지가 타블로이드 판형을 많이 채택하고 있다.

타블로이드 신문은 대중적 소재를 많이 다루고 선정적인 헤드라인과 레이아웃을 많이 사용하는 경향이 있다. 영국의 〈데일리 메일〉, 〈데일리 미러〉, 〈선〉 등의 대중지, 미국의 〈뉴욕 포스트New York Post〉, 독일의 〈빌트Bild〉 등이 이에 해당한다. 타블로이드는 원래 신문의 내용이 아니라 판형의 규격을 지칭하는 용어였는데, 타블로이드판으로 나오는 대중지가 많다 보니 선정적인 대중지의 상징처럼 굳어졌다.

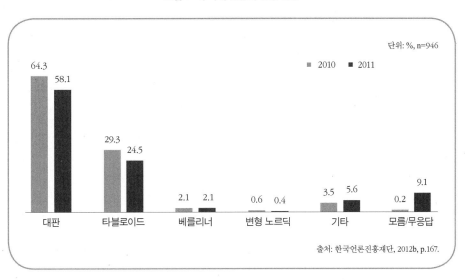

그림 7-7. 국내 신문의 판형 현황

단위: %, n=946

2010　2011

	대판	타블로이드	베를리너	변형 노르딕	기타	모름/무응답
2010	64.3	29.3	2.1	0.6	3.5	0.2
2011	58.1	24.5	2.1	0.4	5.6	9.1

출처: 한국언론진흥재단, 2012b, p.167.

하지만 타블로이드에 대한 이러한 통념은 최근 빠른 속도로 무너지고 있다. 영국에서는 2004년 〈인디펜던트〉와 〈더 타임스〉가 오랜 전통을 버리고 잇따라 컴팩트판으로 전환하면서 고급지 시장에서도 타블로이드 바람이 불고 있다. 이러한 추세는 영국뿐 아니라 독일, 프랑스 등 유럽 각국에서도 번지고 있다. 물론 이전에도 고급지 시장에서 타블로이드 판형이 전혀 생소한 존재는 아니다. 프랑스의 고급지인 〈르 몽드〉, 〈리베라시옹*Libération*〉, 스위스의 〈노이에 취르허 차이퉁*Neue Zurcher Zeitung*〉 등은 오래전부터 타블로이드로 발행되어 왔다. 고급 일간지들이 이처럼 앞다투어 판형 혁신을 시도하는 것은 인터넷이나 무료 신문의 등장을 비롯해 매체 환경의 급격한 변화에 대응해 독자를 확보하기 위해서라고 할 수 있다.

2) 어느 면에 어떤 기사를 배치하나

지면 편집에서 가장 중요한 작업은 기사를 면별로 배치하는 일이다. 몇 면을 발행하며, 면별 분류 기준이 어떻게 되어 있는지에 따라 기사의 배치 방식은 달라진다. 초창기 신문에서는 기사에 제목을 크게 붙이지 않았기 때문에, 면별 배치는 독자들이 기사를 효율적으로 읽을 수 있도록 하는 데 특히 중요한 구실을 했다. 오늘날의 신문은 대체로 정치, 경제, 사회, 문화면 등 면별로 비슷한 기사를 모아서 싣기 때문에, 원하는 종류의 기사를 찾기가 쉽다.

신문은 독자의 편의를 위해 일정한 기준에 따라 기사를 면별로 배치하는데, 이 분류 방식은 시대적으로 조금씩 차이가 있다. 국내 신문들은 대체로 **종류별 편집 ― 면별 편집 ― 종합 편집** 순으로 편집 방식을 바꾸어 왔다.[9]

● **종류별 편집**　　초창기 신문인 〈독립신문〉에서는 종류별 편집 방식을 채택했다. 이 방식에서는 면별로 구분을 하지 않고 비슷한 기사를 종류별로 묶어 순서대로 배열했다. 가령 〈독립신문〉 1896년 4월 25일자는 4면인데, 1면에 광고, 물가, 논설을 싣고 그다음에 관보, 외국 통신, 잡보(지금의 사회면 기사에 해당) 등의 순서대로 기사를 배치했으며 맨 뒷면에 영문으로 작성한 기사를 실었다. 면별 구분이 없기 때문

그림 7―8
〈독립신문〉의 종류별 편집(1896. 4. 25)

에, 어떤 종류의 기사가 한 면에서 넘치면 그다음 면에 넘겨 실었다. 가령 논설은 1면에서 시작해 2면 상단에까지 걸쳐서 실었다. 이 방식에서는 기사의 뉴스 가치나 레이아웃을 고려하지 않고 기사 종류에 따라 순서대로 배치하는 경향이 있다.

● **면별 편집**　　면별 편집은 주제나 성격이 비슷한 기사를 면별로 모아서 배치하는 방식이다. 대체로 정치, 경제, 국제, 사회, 문화 등 취재 부서별로 면을 구분한다. 국내 신문에서는 1920년대에 〈조선일보〉와 〈동아일보〉가 이 방식을 처음 도입했는데, 지금도 사용되고 있다. 당시 두 신문들은 1면에 사설과 논평을 실었고, 2면과 3면에 정치, 사회, 경제 기사를 기사의 중요도에 따른 구분 없이 2단으로 실었다. 그러다가 1937년 편집부가 독립된 부서로 승격된 후에는 면별 편집이 기본 원칙으로 확립되고 편집 기술 역시 다양하게 발전했다.

　　해방 이후에도 면별 편집은 신문에서 대부분 일반적인 원칙으로 정착되었다. 가령 1면은 정치, 2면은 외신, 3면은 특집이나 해설, 4면은 경제, 5면은 문화, 7면은 사회면 등으로 기사를 배치했다.

　　면별 편집에서는 지면마다 뉴스 가치가 일관되게 유지되기 어렵다. 가령 정치면에서는 그 날 뉴스가 넘쳐 중요한 기사가 많이 빠지는가 하면, 경제면에서는 기사거리가 없어 시시콜콜한 기사로 채울 때도 있다. 또 어떤 사건은 정치, 경제, 사회적 측면에서 종합적으로 접근할 필요가 있는데 부서별로 따로 보도하다 보면, 독자들이 사건의 의미를 제대로 파악하기 어렵다.

● **종합 편집**　　종합 편집은 면별 편집과 달리 취재 부서에 관계없이 전체 지면을 유기적이고 신축적으로 운영해 기사를 배치하는 방식을 말한다. 특히 1면을 중심으로 몇 개 면에서 그날의 주요한 관심사가 되는 주제를 집중적으로 보도한다. 면별 편집을 채택하는 신문에서도 대개 1면은 종합 편집을 한다.

　　1920년대의 〈동아일보〉와 〈조선일보〉는 기본적으로 면별 편집을 채택했지만, 이와 별도로 중요한 뉴스를 1면에 모아 싣기 시작했다. 이 무렵부터 부분적으로 종합 편집 방식을 모색하기 시작한 셈이다. 1960년대 말 이후 종합 편집의 경향은 점차 두드러지기 시작했다. 즉 주제에 따라 기계적으로 기사를 분류하지 않고 중요하거나 흥미 있는 기사를 과감하게 1면에 전진 배치하는 추세가 강화되었다. 하지만 오늘날에도 완전한 의미의 종합 편집은 이루어지지 않고 있다. 여기에는 정치부나 사회부 등 특히 비중 있는 취재 부서들이 영토 의식을 쉽게 버리지 않고 있는 것도 주요한 원인으로 꼽힌다.

한국 신문의 지면 배치 방식은 대체로 일본 신문을 많이 본 뜬 것이다. 따라서 신문 지면의 변화 역시 일본 신문의 유행을 뒤쫓아가는 경향이 있다. 그동안 국내 신문의 편집 방식이 크게 변하지 않은 데에는 앞의 그림 7-5에서 볼 수 있듯이 1980년대 말끼지 신문 면수가 그리 많지 않은 점도 중요한 이유로 들 수 있다. 하지만 최근에는 면수가 늘어나고 가로쓰기 편집이 정착되면서 지면 배치 방식도 눈에 띄게 달라졌다.

▶▶▶ 〈동아일보〉의 지면 배치

A섹션	B섹션	C섹션
A1~6: 종합	B1~4: 종합	C1~3: 기획
A8: 종합	B6: 기업	C5~7: 기획
A10: 종합	B8: 기획	
A12~14: 사회	B9: 부동산	
A16: 메트로/수도권	B10: 메트로/수도권	
A18~19: 국제	B11: TV 프로그램	
A21: 문화		
A22~23: 건강		
A24~25: 스포츠		
A27: 투데이		
A28: 만화·운세·바둑		
A29~31: 오피니언		

*2012년 5월 14일자. 광고면은 제외

3) 섹션 신문

섹션*section*이란 기사를 분야별로 묶어서 따로 인쇄한 신문 지면을 가리킨다. 인쇄한 상태에서 보면 대개 하루분 신문은 본지 외에 몇 개 뭉치 단위로 나누어져 있다. 섹션은 내용이 전문적이고 풍부할 뿐 아니라 독자들이 원하는 기사를 찾아보기도 편하다. 물론 섹션 발행은 지면 수가 많을 때에만 가능하다.

서구의 신문들은 우리보다 훨씬 오래전부터 섹션을 발행하고 있다. 〈USA 투데이〉는 본지 섹션 외에도 경제, 스포츠, 생활 섹션을 제공하며, 〈뉴욕 타임스〉도 메트로, 스포츠, 경제, 예술 문화 등 기사를 분야별로 분류해서 편집한 섹션 형태로 발행하고 있다.

국내에서는 〈중앙일보〉가 1994년 9월 매일 48면 체제로 확대하면서 처음으로 3개 섹션으로 된 신문을 발행하기 시작했다. 그 후 섹션 편집은 한때 중앙지 사이에 유행처럼 번졌다. 하지만 국내 일간지의 섹션은 8~12면 정도의 지면에 경제, 스포츠, 생활, 문화 등 여러 유형의 기사를 섞어 놓아 미국 신문처럼 본격적인 섹션이라 하기는 어려웠다. 더구나 그 후 광고 경기 위축으로 신문마다 지면을 감축하는 바람에 섹션 유행은 사실상 수그러들었다.

5. 지면 구성과 디자인

신문을 펼쳐 보면 수많은 기사와 제목, 사진, 삽화 따위가 빈틈없이 질서 정연하게 배치되어 있다. 마치 복잡한 조각들을 짜맞춘 퍼즐판을 보는 듯하다. 이처럼 독자들이 보기 좋고 읽기 쉽게 활자나 사진, 그래픽 등을 배열하여 판을 짜는 것을 지면 구성이라고 부른다.

지면 구성 과정을 지칭하는 데에는 여러 가지 용어가 사용되고 있다. 가령 메이크업*make-up*이니 레이아웃*layout*, 디자인 등은 자주 쓰이는 용어들이다. 이 용어들은 각각 조금씩 다른 뜻으로 사용된다. 편집이란 용어가 기술적인 판짜기뿐 아니라 기사 선정과 제작 방향을 비롯해 내용의 측면을 포함하는 넓은 뜻으로 쓰인다면, 위의 용어들은 지면 제작의 기술적, 미학적 측면을 지칭한다. 하지만 이 책에서는 편의상 이 용어들을 구분하지 않고 사용한다.

편집의 목적은 지면 구성에도 그대로 적용된다. 기사 고쳐 쓰기가 신문의 독이성*readability*을 개선하기 위한 것이라면 지면 구성은 지면의 시각적 가독성*legibility*을 높이는 구실을 한다. 독이성이란 기사의 언어가 얼마나 읽고 이해하기 쉬운가 하는 정도를 말하는 반면, 가독성은 시각적으로 보기 편하게 해주는 외적 속성을 가리킨다. 즉 지면 구성은 기사 내용을 효과적으로 전달하기 위한 포장술에 해당한다.

1) 지면 구성의 원칙

효과적인 지면 구성을 위해서는 어떤 원칙에 따라 작업해야 할까? 신문 지면 구성에서 고려해야 할 가장 기본적인 원칙으로는 **균형, 비례, 대조, 통일감, 리듬** 등을 들 수 있다.[10]

● 균형*balance*   균형은 비중이 비슷한 요소를 지면의 좌우에 배치할 때 얻어진다. 이 요소는 활자일 수도 있고, 사진이나 삽화로 구성되기도 한다. 활자일 때에는 제목이 큰 역할을 한다. 하지만 지면의 좌우가 똑같은 완전 균형을 이루는 일은 드물다. 한쪽 상단에 큰 기사가 들어가면 다른 쪽 하단에는 이를 보상할 수 있는 덩어리를 배치해 시선의 조화를 이루는 불완전 균형이 흔히 사용된다.

● 비례*proportion*   비례는 구성 요소의 크기와 모양, 위치를 정할 때 다른 요소들과의 상대적인 관계를 고려하는 것을 말한다. 지면 구성에서는 크기와 모양이 똑같은 제목으로 지면을 분할하거나 같은 형태의 사진을 두 개 이상 사용하면 곤란하다. 지면에 배치할 요소가 다양할수록 변화를 많이 줄 수 있다.

● 통일감*unity*·조화*harmony*   지면의 구성 요소들은 다양성을 띠기 마련이지만

지면 전체로는 일관성 있고 통일된 분위기와 주제가 있어야 한다. 지면 구성에서 균형과 비례, 조화의 원칙은 서로 분리해서 생각할 수 없다.

● 대조contrast   균형과 비례, 통일감에 지나치게 충실한 지면은 자칫 단조롭고 개성이 없어 보일 수도 있는데, 이때 대조를 활용하면 지면에 변화를 줄 수 있다. 대조 효과를 얻으려면 부분적으로 글자체를 달리하거나 사진 모양을 바꾸어도 된다. 하지만 대조를 남용하면 자칫 지면의 조화를 깨뜨릴 수도 있다.

● 리듬rhythm   리듬은 지면을 구성하는 요소들의 배열이 일정한 박자와 모양, 크기를 유지해 시선의 흐름이 끊기지 않고 자연스럽게 이어져야 한다는 것이다.

이상의 원칙들은 다소 추상적이어서 지면 구성 작업에서 실제적인 지침으로 삼기에는 모호한 감이 있다. 〈USA 투데이〉의 디자인 매뉴얼은 이보다는 좀더 구체적으로 다음과 같은 지침들을 제시한다.[11]

● 정보가 최우선이다   신문의 지면 구성이나 디자인은 내용을 돋보이게 하는 포장 수단이지 포장 자체가 목적이 되어서는 안 된다. 시각적 효과가 아무리 크더라도 기사 내용을 왜곡하거나 손상하는 방향으로 디자인해서는 안 된다. "독자는 정보를 읽을 뿐, 레이아웃은 보지 않는다."

● 간결할수록 아름답다   디자인이 간결한 신문은 읽기도 편하고 정보도 빠르게 전달할 수 있다. 간결한 지면은 독자들에게 안정감과 편안한 느낌을 준다.

● 의미가 명확해야 한다   훌륭한 지면 디자인은 모든 정보가 일목요연하게 배치되어 각 기사의 내용이 한눈에 들어오도록 된 것이다. 기사 본문을 다 읽지 않고도 내용을 파악할 수 있다면 좋은 디자인이라 할 수 있다.

● 차별적인 이미지를 심어라   신문 디자인의 1차 사명은 독자의 시선을 끄는 일이다. 그러기 위해서는 첫 인상이 좋아야 하며 다른 신문과 구별되는 독특한 이미지를 심어 주어야 한다. 차별화된 디자인이란 그 신문의 개성과 성격을 잘 나타내도록 하는 것이다. 대중지는 대중지답게, 권위지는 권위지답게 디자인해야 한다. 그동안 국내 일간지들은 제호만 가리면 어느 신문인지 구별하기 어려울 정도로 디자인이 비슷하다는 비판을 받았다.

● 일관성을 지켜야 한다   일관성 있는 지면 디자인을 고수해야 그 신문의 독특한 이미지를 구축할 수 있다. 그래서 신문들은 제호는 물론이고 가능하면 글자체, 괘선 사용 등에서 한결 같은 모양을 유지하려 한다.

2) 지면의 구성 요소

지면 구성 작업을 효과적으로 하기 위해서는 수많은 구성 요소의 종류와 특성을 잘 파악하고 있어야 한다. 지면을 이루는 중요한 시각적 요소로는 활자가 가장 큰 비중을 차지하지만, 그 외에도 제호, 사진, 삽화, 그래픽, 컷, 괘선(선), 여백, 박스, 컬러 등을 들 수 있다.[12]

● 지면 구도   지면 구성에서는 각 요소들을 배치할 때 밑그림이 되는 청사진이 필요하다. 똑같은 요소들이라도 배치하는 방식을 달리하면 그 지면은 전혀 다른 이미지를 줄 수도 있다.

● 제호*nameplate*   제호는 신문의 간판에 해당하는데 신문의 성격이나 이미지를 표현해 주는 구실을 한다. 회사의 전통이나 일관된 개성을 유지하기 위해 제호는 잘 바꾸지 않는다. 영국의 〈타임스〉처럼 창간 때의 제호를 200년이 넘도록 계속 사용하는 신문도 있다.
　섹션 편집에서는 섹션 표지 면의 문패도 제호와 비슷한 기능을 한다. 섹션 문

스포츠 섹션 안내
left ear

머리띠
topper

제호
nameplate

생활(또는 경제) 섹션 안내
right ear

오늘의 화제 기사
strip, talker

주 컬러 사진
main color art

뉴스라인 *Newsline*:
기사 안내

톱 기사
lead

준톱 기사
off-lead, shoulder

뉴스 그래픽
snapshots

가벼운 피처성 기사
hot corner

청색 띠:
사고社告에 이용

기타 기사 *left/right leg*:
커버 기사의 좌·우에 온다

커버 기사
cover story

그림 7-9. 〈USA 투데이〉 1면의 지면 구도

출처: Prichard, 1987; SND, 1988, p.227.

그림 7-10. 국내외 신문의 제호

그림 7-11. 〈USA 투데이〉의 제호와 섹션 문패

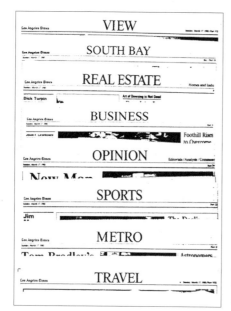

그림 7-12

〈로스앤젤레스 타임스〉의 머리띠

출처: Hutt & James, 1989, p.106.

250

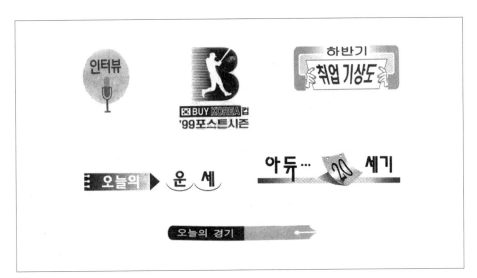

그림 7–13. 컷의 예

패는 대개 제호를 변형시킨 형태로 되어 있다. 이 밖에도 지면 맨 위쪽에는 머리띠 *topper*를 긋는데, 이것은 지면의 종류를 표시하면서 동시에 신문의 이미지를 표현하는 상징 구실도 한다.

● 활자   활자는 신문 지면에서 가장 큰 비율을 차지한다. 제목의 글자 크기는 기사의 뉴스 가치를 매기는 척도 구실을 한다. 이 밖에도 활자의 글꼴이나 크기, 제목 양식을 달리하면 다양한 디자인 효과도 낼 수 있다. 특히 서체(글꼴)는 신문의 인상을 결정하는 중요한 요인이다. 지금까지 개발된 한글 서체는 70여 종에 달하지만, 실제로 신문의 본문에서는 주로 명조체와 고딕체를 쓴다. 물론 제목에서는 이보다 훨씬 다양한 서체를 사용해 변화를 준다.

● 컷, 괘선, 여백, 박스   지면 구성에서는 활자 외에도 컷, 괘선, 여백, 박스 등을 활용해 다양한 시각적 효과를 낼 수 있다. 우선 컷은 제목을 뽑을 때 기사의 중요성을 강조하기 위해 사용하는 디자인 기법이다. 가장 기본적인 방식은 검은 먹판에 흰 글자로 제목을 뽑는 것이다. 세로쓰기 편집에서는 제목에 컷을 많이 사용했지만, 가

로쓰기 편집으로 바꾸고 나서는 거의 사용하지 않는다.

여백도 지면 구성에서 중요한 요소다. 엄격히 말해 여백은 기사 행간의 공백 leading과 진정한 여백space으로 나눌 수 있다. 기사 행간의 공백은 기사를 읽기 편하게 해준다. 또 순수한 의미에서의 여백은 지면 요소들을 조화시켜 지면의 안정감과 미적 효과를 높여 주는 기능을 한다.

괘선(선)은 기사 사이의 경계선 구실을 하고, 지면을 장식하는 기능도 한다. 박스 box는 기사를 사각형 모양의 경계선으로 표시해 다른 기사와 구별되도록 한다. 박스 기사는 미담 기사라든지 스트레이트 뉴스와 관련된 해설, 칼럼, 사건의 전망, 사건 뒤의 화제, 흥미로운 이야기 등 다양한 주제를 다룬다. 박스는 딱딱한 지면에 변화를 가져다준다. 고정물은 대개 박스 모양이나 사진, 문패 배치 등에서 일정한 패턴을 유지한다.

● 컬러　　　요즈음에는 대다수의 신문이 컬러로 인쇄한다. 일부만 컬러 인쇄할 경우 보통 1면이나 스포츠, 문화면, 섹션 표지 면을 컬러로 찍는다. 기사에서 활자는 거의 흑백으로 처리하며 컬러는 그래픽, 지도, 차트 등에 많이 사용한다. 〈USA 투데이〉는 컬러를 일관성 있게 사용해 신문의 정체성을 잘 확립한 사례로 꼽힌다.

● 사진, 삽화, 그래픽　　　사진은 기사의 일부이면서 지면 디자인의 중요한 요소가 된다. 사진의 배치와 크기에 따라 지면의 전체 인상도 많이 달라진다.

삽화는 사진과 마찬가지로 기사 내용을 시각적으로 전달하는 수단이다. 넓게 보면 만화나 만평도 삽화와 비슷하지만 대개 기사의 이해를 돕기 위해 사용한 것만 삽화라고 부른다. 기사에 덧붙일 만한 사진이 없을 때, 기사가 풍자적이거나 경고, 고발의 성격이 강할 때에는 삽화를 써서 회화적으로 기사의 취지를 살릴 수 있다. 그러나 이러한 성격의 삽화는 대부분 기획 기사 면에 국한되고 뉴스 면에서는 잘 쓰지 않는다. 단, 인물은 사진 대신에 삽화를 사용할 때도 있다.

그래픽은 기사 내용을 보완하거나 정보를 일목요연하게 보여 주기 위해 사용한다. 통계 수치를 정리한 도표나 지도, 기사 내용을 그래픽으로 정리한 것이 여기에

해외 유명대 졸업장 따고 국내 U턴 유학생들

한국식 스펙쌓기 열공 왜?

〈열심히 공부〉

중국 베이징대에서 공부한 유학생 김모 씨(25·여)는 지난해 귀국해 '스펙 쌓기'에 6개월을 썼다. 토익 시험, 인성·적성검사, 그리고 면접시험 준비 등 한국 대기업 취업에 반드시 필요하다는 '스펙 3종 세트'를 갖추기 위해서였다.

미국 위스콘신대를 졸업한 강모 씨(27) 역시 귀국 후 3개월 동안 토익 점수 올리기에 '올인'했다. 그는 "요즘 대기업들이 유학생에게 기대하는 수준이 워낙 높아 토익 만점(990점)은 기본으로 받아야 한다. 토익학원도 다니고 모의고사도 여러 번 봤다"고 말했다.

해외 현지 취업이 어려워지면서 늘어난 국내 'U턴' 유학생들이 '한국식 스펙'을 쌓느라 여념이 없다. 방학 때 귀국해 취업 스터디를 하고 어학원에 다니는가 하면, 아예 휴학하거나 졸업한 뒤 한국에 들어와 길게는 1년씩 스펙 쌓기에 투자하는 추세를 보인다.

국내 취업을 노리는 유학생들이 가장 먼저 찾는 곳은 어학원이다. 미국 유학생 출신이 토익학원에

금융위기 이후 현지취업 바늘구멍
국내취업 위해 어학원 먼저 찾아
토익-인성-면접 '3종세트' 준비

유학생 대상 취업컨설팅 학원 성업
귀국 어려우면 현지서 '스펙 스터디'

다녀야 한다는 게 학원 측 설명이다.

한 취업컨설팅 학원이 8일 서울 강남구 대치동 서울무역전시컨벤션센터에서 연 유학생 취업박람회에는 유학생 출신 취업준비생 100여 명이 몰렸다. 자녀를 대신해 참석한 부모들도 눈에 띄었다. 이들은 "유학생은 한국 대학생보다 취업에 대한 이해와 정보, 인맥이 부족해 취업 시장에서 밀릴 수밖에 없다. 컨설팅을 통해 취업에 필요한 정보를 모두 제공해 주겠다"는 강사의 말을 열심히 받아 적고 있었다.

미국 캘리포니아 주의 한 대학에 자녀를 유학 보냈다는 오모 씨(54)는 "글로벌 금융위기 이후 미국에서는 동부 명문 아이비리그 출신들도 취업이 안 된다더라"며 걱정했다. 자녀와 함께 행사장을 찾은 강모 씨(52·여)는 "그동안 1년에 1억 원씩 썼지만 더 들더라도 취업까지는 돕는 게 부모의 도리 아니겠느냐"고 말했다.

일정상 귀국이 어려운 유학생들은 현지에서 취업 스터디를 한다. 최근 삼성, LG, SK 등 대기업

그림 7-14. 삽화의 예: 〈동아일보〉(2013. 8. 12)

취업 자물쇠 비밀번호는 'OPEN'

대한상의 조사 113개 대기업 채용 트렌드는 '스펙 탈피'

Opportunity	보다 많은 구직자들에게 기회	
Personality	영어성적보다 인성평가 중점	
Executive	경영신이 직접 면접에 참여	
Novelty	경력-특기 살리는 참신한 전형	

구직자들 "인성·면접 강화는 新스펙" 볼멘소리도

그림 7-15. 그래픽의 예: 〈동아일보〉(2012. 12. 12)

속한다. 특히 〈USA 투데이〉는 그래픽을 효과적으로 활용해서 읽기 쉽고 시각적으로도 세련된 지면 편집 방식의 예를 잘 보여 주었다.

3) 지면 구성의 과정

본격적인 지면 구성 작업에 들어가기 전에 반드시 점검해야 할 사항이 있다. **기사량의 확인, 기사의 분류, 사진·도표 등의 확인, 광고 확인 등이다.**[13] 편집부에서는 성격이 비슷하거나 서로 관련된 기사를 한데 모으고 기사의 양을 확인한다. 기획면(간지, 間紙)에서는 작업에 들어가기 전에 모든 원고가 다 들어와 있기 때문에 기사의 양을 정확히 계산해 지면을 기획할 수 있다. 하지만 뉴스면은 마감 시간까지 내용이 시시각각으로 변화하기 때문에 기사의 양을 수시로 조절해야 한다.

편집부에서는 이상의 정보를 토대로 지면 설계에 들어간다. 서구의 신문들은 더미dummy라고 불리는 지면 레이아웃용 용지에 그림을 그려 가면서 지면 계획을 짠다. 국내 신문사에서는 주로 묵은 신문 위에 스케치를 해가면서 설계 작업을 한다. 물론 실제 작업은 컴퓨터 화면으로 한다.

지면 구성은 해당 지면의 성격에 따라 다소 차이가 있다. 신문 지면은 크게 뉴스면과 비뉴스면(피처면)으로 나눌 수 있는데, 비뉴스면은 지면 구성에서 훨씬 자유롭게 창의성을 발휘할 수 있다. 섹션 표지면이나 특집 기획면이 여기에 해당한다. 뉴스면은 회사마다 어느 정도 정형화된 패턴에 의존한다. 특히 1면은 신문의 얼굴에 해당하기 때문에 나름대로 통일된 형식을 정해 놓고 작업한다.

● 지면 구성의 원칙 　　지면 구성에서는 몇 가지 고려할 원칙들이 있다. 예컨대, 1면을 디자인할 때에는 다음과 같은 사항에 관해 일정한 지침을 정해 둔다.[14]

　제호를 비롯해 고정물을 어디에 어떻게 둘 것인가? 　　미국 신문에서는 고정물(가령 지면 안내)은 항상 같은 형태로 정해진 위치에 두는데, 영국 신문에서는 다소 융통성이 있다.

그림 7-16. 지면 작업용 더미

출처: Hutt & James, 1989, p.111.

그림 7-17. 구 지면을 이용한 지면 설계   출처: 한국편집기자협회, 2001, p.172.

가로 단(칼럼) 수를 몇 개로 할 것인가?　　국내 일간지들은 대개 7 칼럼 체제를 사용하며, 영국 신문은 거의 8 칼럼이다. 미국 신문에서는 7칼럼을 기준으로 하되, 섹션 표지면에서는 4~5개로 줄이는 등 지면에 따라 변화를 준다. 칼럼의 폭이 넓으면(즉 단수가 적으면) 마치 잡지 같은 인상을 줄 수 있다. 그래서 피처면은 뉴스면보다 칼럼 폭을 넓게 잡기도 한다.

소화할 기사는 몇 건으로 정할 것인가?　　미국의 신문에서는 1면에 7~8건의 기사가 들어가는데, 국내 신문은 대개 이보다 더 많은 기사를 1면에 싣는다.

머리기사는 어느 위치에 둘 것인가?　　머리기사(리드 기사)는 독자의 시선이 처음 가는 곳에 두는 것이 원칙이다. 머리기사의 위치는 나라마다 조금씩 차이가 있다. 국내 가로쓰기 신문에서는 머리기사의 위치가 왼쪽 상단으로 정해져 있다.

제목의 기본 형태를 어떻게 할 것인가?　　이것은 제목의 배치 형태(가로 제목이냐, 세로 제목이냐)와 서체의 선택 폭을 말한다.

1면의 디자인 방식은 다른 뉴스면에도 비슷하게 적용된다. 뉴스면이란 1, 2면을 비롯해 경제면, 국제면, 사회면, 스포츠면 등을 말하는데, 디자인 방식은 1면 형식에 충실하면 무난하다. 단 비교적 소프트한 내용을 싣는 사회면은 다른 뉴스면에 비해 기사 배치나 제목 배열에서 어느 정도 기교를 부려 변화를 주어도 무방하다.[15]

● **모듈러 편집**　　뉴스면은 직사각형의 블록 단위로 기사를 배치하는 '**모듈러 디자인**modular design' 또는 '**블록 편집**'을 많이 사용한다. 모듈러 디자인은 지면을 몇 개의 직사각형 모듈로 분할해서 각 모듈 속에 기사, 제목, 사진, 도표를 넣어 부분과 전면이 모두 직사각형으로 보이게 하는 디자인 방식이다. 즉 서로 관련된 기사와 제목, 사진을 한 단위로 봤을 때, 이 덩어리는 모두 사각형 모양을 하고 있다. 스크랩을 하기 위해 기사를 자르면 모두 사각형 모양이 된다. 구미 신문은 대부분 이 지면 체제를 도입하고 있으며, 국내 신문들도 이제는 거의 이 형식을 사용한다.

그림 7-18
모듈러 디자인의 예
출처: *Washington Post*, 1996. 6. 14.

모듈러 편집에서는 지면의 모양새가 비교적 단순하기 때문에 몇 가지 기본 틀을 응용해 작업한다. 〈USA 투데이〉의 예를 들면 디자인 팀에서 면별로 10여 개의 모델을 만들어 놓으면, 편집부에서는 그 날의 뉴스 상황이나 지면의 재료에 따라 이것들을 적용해 작업한다. 모듈러 디자인은 지면의 단순미를 보여 줄 뿐 아니라 읽기도 편하고, 뉴스면의 분할 편집이 쉬워 제작 시간이 적게 걸리는 장점이 있다.[16]

● 중요도에 따른 배치　　가로쓰기에서는 기사의 중요도 순서대로 독자의 눈길이 가도록 기사를 배치한다. 일반적으로 미국 신문에서는 오른쪽 상단에, 영국 신문에서는 왼쪽 상단에 머리기사가 올라간다. 하지만 〈USA 투데이〉에서는 머리기사의 위치에 집착하지 않으며 머리기사가 지면의 복판에 들어갈 때도 있고, 이미지가 강

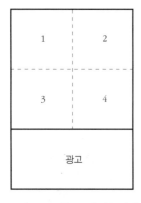 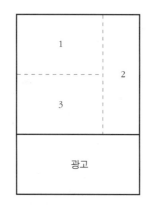 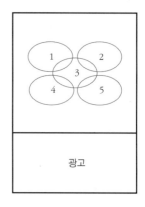

그림 7-19. 중요도에 따른 기사 배치 순위 　　　　　　　　　　　　출처: 임준수, 1998, p.97.

렬한 사진을 기사 대신에 올리기도 한다.[17]

　편집부에서는 지면의 기본 설계를 토대로 머리기사부터 배치한다. 머리기사를 결정한 뒤 함께 실을 사진, 도표, 연결 기사 등을 확인한다. 머리기사(톱기사)의 모양이 확정되면 중톱기사, 세 번째 기사, 단짜리 기사를 선정한다. 단짜리 기사까지도 확정되면 사진이나 컷 제목의 배치를 결정한다. 배치 과정에서 기사가 넘치거나 모자랄 때에는 사진이나 제목을 늘리거나 줄여서 공간을 조절한다. 대체로 기사가 넘치는 때가 더 많기 때문에 중요도에 따라 빼버릴 기사의 순서를 정해 둔다. 기본 설계가 끝나면 기사마다 제목을 붙이는 작업을 시작한다.[18]

6. 지면 편집 과정의 세분화

1) 판갈이

우리는 일간 신문이 하루 한 번 나온다고 알고 있다. 일간지라는 이름도 신문이 하루 간격으로 발행되는 데에서 유래했다. 하지만 전국 일간지들은 보통 하루 몇 차례 내용을 조금씩 바꾸어 새로 찍어 내는데, 이를 '판갈이'라고 한다.[19]

● **왜 필요한가**   판갈이는 작업 과정에서 발생하는 시차 때문에 생겨났다. 전국 일간지는 서울에서 발행되지만, 독자들이 받아보는 시간은 전국 어디서나 거의 같다. 그런데 서울의 독자에게 배달할 조간 신문은 새벽 무렵에 찍어내도 시간이 충분하지만, 지방 발송분은 운송 시간이 많이 걸리기 때문에 일찍 작업을 끝내야 한다. 또 많은 부수를 모두 인쇄하려면 적지 않게 시간이 걸리는 만큼, 이 점도 감안해 작업 일정을 짜야 한다. 즉 이러한 여건 때문에 작업 마감 시간은 서울과 지방 사이에 거의 12시간의 시차가 생긴다. 그래서 그동안 새로운 뉴스가 생기면 지면에 끼워 넣을 수가 있다.

판갈이가 필요한 두 번째 이유는 신문사 직원들의 작업 리듬과 관련이 있다. 조간 신문이 최신의 뉴스를 공급하려면 이론적으로는 마감 시간을 새벽까지 연장해야 한다. 하지만 모든 직원이 24시간 근무하지 않는 한 이것은 불가능하다. 그래서 그 대신에 저녁 퇴근 시간에 일단 기사를 마감하고, 일부 직원만 교대로 남아 근무한다. 야간에는 새로운 뉴스가 별로 없어 모두 대기할 필요는 없다. 만일 돌발적인 뉴스가 생기면 추가하거나 이미 나간 기사를 보완해 판을 고치면 된다.

● **판갈이 일정**   신문사에서는 첫 인쇄가 나온 후 다음 날까지 몇 시간 간격으로 여러 차례 판을 고쳐 인쇄한다. 지역별로는 수도권 가판대에 내보낼 신문과 가장 먼 곳에 보낼 신문을 첫 판에서 찍고, 서울 지역에 배달할 판은 맨 나중에 처리한다. 이 작업 방식에서는 판별로 마감 시간이 따로 정해져 있다. 조간 신문은 내일 날짜로 되어 있지만, 실제로는 오늘 오후 5시에 기사를 일단 마감해서 7시 반쯤 첫판이 나오며, 마지막판은 다음 날 새벽에 발행된다.

국내 전국 일간지 중에서 조간은 대개 하루에 4~5번씩 판갈이를 하는데, 석간은 판갈이 횟수가 이보다 적다. 특히 가판 비중이 큰 스포츠 신문은 판갈이를 더 자주 한다. 스포츠 신문은 전날 낮 12시에 기사를 일단 마감해 오후 2시면 초쇄를 찍고, 오후 4시부터 서울 시내 전철역과 가판대에 신문을 전시한다.

각 판을 구별하기 위해 신문사에서는 숫자를 붙인다. 첫판은 회사에 따라 1판, 10판, 11판 등으로 다양하게 부르며 가판, 나판, 다판 등으로 판을 구분하기도 한다.

이 숫자와 이름은 편의상 자의적으로 붙인 것이다. 공통점이 있다면 늦게 나온 판일수록 숫자가 높아진다는 것이다.

초판은 전날 저녁에 서울 시내 가판대에 깔리는 신문이다. 그래서 초판 신문은 가판 신문이라고 부르기도 한다. 하지만 2001년 10월 〈중앙일보〉가 가장 먼저 가판을 폐지했고 2005년에는 〈조선일보〉와 〈동아일보〉도 폐지에 동참해, 지금은 가판을 찍는 전국 종합 일간지가 거의 없다. 하지만 가판을 폐지했다고 해서 판갈이 일정은 별로 바뀐 것이 없으며 마감 시간도 이전과 거의 같다. 단지 초판은 이제 외부에 배포하지 않고 회사 내에서 내부 검토용으로 몇 부 찍어서 돌릴 뿐이다.

● 판별 내용의 차이　　판갈이를 하면서 내용을 바꾸기는 하지만 지면을 전부 새로 만들지는 않는다. 단지 시의성이 강한 뉴스면만 내용이 일부 달라지며, 이른바 간지(따로 인쇄해 중간에 넣은 지면)나 부록은 판수에 관계없이 바뀌지 않는다. 여기에는 주로 시의성이 적은 기획 기사 따위만 있기 때문이다.

판갈이는 독자들에게 새로운 뉴스를 좀더 빠르게 전달하기 위해 생겨난 제도다. 하지만 판갈이는 언론 통제 수단이나 언론사의 영향력 과시 수단으로 악용되기도 했다. 가령 초판에 기사가 실렸다고 하더라도 정치인이나 광고주 기업은 자신에게 불리한 기사가 나올 경우 신문사에 로비를 해서 기사를 고치거나 빼버리도록 하는 일이 종종 있었다. 하지만 가판이 폐지되고 나서 이런 병폐는 사실상 사라졌다.

2) 구역판

일간지들은 인쇄 시간에 따라 내용을 조금씩 바꿀 뿐 아니라 배포 지역별로 내용을 달리하기도 한다. '지방분판'이나 '구역판zoned edition'이 이에 해당한다. 판갈이가 시간대에 따라 지면을 차별화한 것이라면, 구역판은 공간적 배포 지역에 따라 내용을 세분화한 셈이다. 이들은 중요 거점 지역에 분공장을 세우거나 위탁 인쇄 방식으로 현지에 배달할 지역판을 찍어낸다.

구역판을 발행하는 신문들은 대다수 지면은 동일한 내용을 실으면서도 지역별로 현지 사정에 맞춰 일부 지면 내용을 조금씩 바꿔서 발간한다. 주로 지역면의 기사만 달라지는데, 1면이나 사회면에서 그 지역에 관한 뉴스가 있으면 머리기사로 올리기도 한다. 또한 몇몇 지역판을 묶어서 일주일 중 며칠은 같은 판으로 내기도 한다. 가령 강원판과 충청판은 일주일에 3~4일 정도만 각각 다른 판으로 나오며 다른 날은 똑같은 내용으로 발행되는 식이다. 구역판은 독자들의 거주 지역별로 특화된 정보를 제공할 수 있지만, 제작 비용이 늘어나 경영에 부담을 준다는 단점이 있다.

국내에서는 1991년 말 〈한국일보〉가 창원에 분공장을 설립해 영남판을 찍어 내기 시작한 이래, 한때 신문마다 지방판 발행에 뛰어들었다. 가령 〈조선일보〉는 크게 서울판, 경기판, 인천판, 충청판, 강원판, 제주판, 호남판, 대구·경북판, 부산·경남·울산판 등 모두 아홉 가지로 판을 나누어 발행했다(2005년 4월 기준). 하지만 신문 시장의 경기가 나빠지면서 비용 절감을 목적으로 2011년 11월에 구역판을 폐지하고 일부 지면에 지역 기사를 모아서 싣는 방식으로 바꾸었다.

일부 지방지 중에서도 해당 지역 내에서 지방판을 발행하는 곳도 있었다. 지방지의 지방분판에서도 주로 지역 뉴스면의 내용만 바꾸며, 사회면이나 1면에 해당 시군과 관련된 기사가 있으면 위치를 조정하기도 한다. 가령 〈부산일보〉는 오랫동안 부산 시내판 외에도 울산·대구·경북판, 김해·양산판, 경남 종합판 등 4종의 지역판을 발행한 적이 있는데, 지금은 폐지했다.

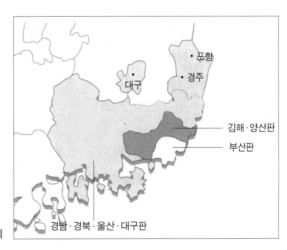

그림 7-20. 〈부산일보〉의 지방판의 예

7. 신문 편집의 새로운 경향

신문 기업들은 주변 환경의 변화에 맞추어 편집 방향을 계속 수정해 왔다. 특히 1980년대 이후 신문의 위상을 위협하는 새로운 매체가 잇따라 등장했고, 독자와 광고주의 수요 역시 크게 바뀌었다. 따라서 신문 기업들은 새로운 상황에 맞추어 경영 방식뿐 아니라 편집 방향에서도 변화를 모색하고 있다.[20]

오늘날 미국 신문에서는 편집국조차도 이전과 달리 순수한 저널리즘 정신보다는 경영 마인드에 의해 운영되는 추세다. MBA 스타일의 경영자가 신문 편집에까지 손을 대기 시작하면서, 뉴스와 지면 편집도 전통적인 뉴스관이나 편집 철학에서 벗어나 독자 조사와 마케팅 전략에 따라 결정하려는 경향이 점차 두드러지고 있다.

신문 편집의 새로운 추세는 '보기 편하고*reader-friendly*'와 '독자 취향에 맞춘 *reader-directed*' 편집이라는 키워드로 정리할 수 있다. 좀더 구체적으로 다음과 같은 변화가 신문 지면에 두드러지게 나타나고 있다. 이것은 주로 미국의 신문 지면에서 나타난 추세이지만 우리에게도 시사하는 바가 크다.

▶▶▶ 신문 편집의 새로운 경향

- 지면 디자인의 변화   기사는 짧게 쓰고 제목을 크게 키웠다. 텍스트 위주에서 벗어나 사진이나 도표, 그래픽을 많이 사용한다.
- 출입처 뉴스 기사에서 주제 중심의 읽을거리로 전환   정부 기관 출입처 뉴스 위주의 기사를 줄이고, 독자들이 관심을 가질 만한 흥미 있는 주제의 읽을거리를 늘렸다.
- 젊은 층 취향의 내용 확대   어린이와 10대를 대상으로 한 섹션을 늘려 젊은 독자들을 확충하려 했다.
- 독자 참여 확대   독자 투고나 독자 칼럼처럼 독자들이 직접 집필하는 기사를 늘리고, 독자들이 편집자와 기자에게 적극적으로 피드백을 제시할 수 있도록 했다.

1) 디자인 중심의 신문

1982년에 창간된 〈USA 투데이〉는 지면 편집이나 디자인에서 여러 가지 혁신적인 변화를 도입했는데, 이 혁신들은 신문 업계 전반에 엄청난 파급 효과를 일으켰다. 지금은 미국의 어떤 신문을 훑어보더라도 지면 디자인이나 편집에서 〈USA 투데이〉의 흔적을 뚜렷이 느낄 수 있다.

〈USA 투데이〉는 지면 구성에서 내용보다 스타일을 중시하는 새로운 유행을 만들었다. 편집자들은 뉴스의 심층성보다 지면의 모양과 분위기, 느낌을 더 중시한다. 이 신문은 독자들이 기사를 빨리 읽을 수 있도록 가능하면 기사를 짧게 쓰는 것을 원칙으로 한다. 기사를 짧게 줄이는 대신에 그래프나 도표, 사진을 기사에 덧붙

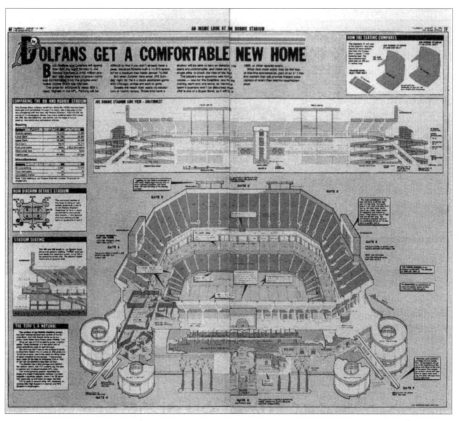

그림 7-21. 정보 그래픽을 이용한 지면

출처: SND, 1988, p.113.

여 독자들이 쉽게 이해할 수 있도록 편집했다. 이처럼 〈USA 투데이〉만의 독특한 편집 방식은 어떤 것이 신문 독자들의 흥미와 만족도를 높이는지에 관한 치밀한 조사 결과를 토대로 결정되었다.

〈USA 투데이〉의 혁신은 바람직한 변화도 많이 가져왔다. 무엇보다 복잡한 기사의 이해를 도와주는 '정보 그래픽*infographics*'의 발전을 들 수 있다. 일기예보란도 화려한 컬러와 다양한 그래픽으로 복잡한 기상 정보를 알기 쉽게 도표화했다.

물론 지면 편집이 시각적 효과 위주로 바뀌면서 바람직하지 못한 변화도 적지 않았다. 어떤 신문들은 형식뿐 아니라 내용면에서도 독자들이 가벼운 즉석 뉴스*fast food news*를 더 좋아할 것이라 믿고시는, 외신이나 진곡 뉴스 따위의 하드 뉴스를 줄

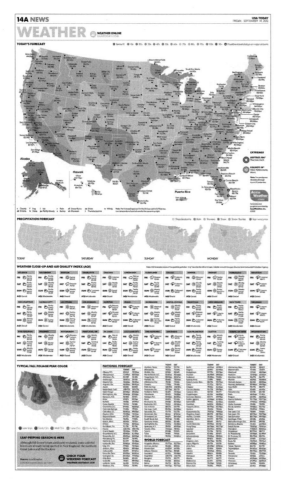

그림 7-22
〈USA 투데이〉의 일기 예보면(2012. 9. 14)

이고 흥미 있는 읽을거리를 대폭 늘렸다. 〈로스앤젤레스 타임스〉나 〈시카고 트리뷴〉처럼 전통적으로 진지한 뉴스를 많이 다루던 신문들조차 최근에는 〈USA 투데이〉식의 편집 방식을 많이 모방하고 있다. 어떤 이들은 이러한 추세를 유행시킨 〈USA 투데이〉를 패스트푸드의 대명사 맥도널드에 빗대어 '맥페이퍼*McPaper*'라 불렀다.

2) 독자 취향에 맞춘 편집

지면 편집에서 또 하나의 새로운 경향은 독자 취향에 맞춘 편집이다. 신문사마다 기사 선정이나 편집에서 독자의 흥미 유발에 주력하는 바람에 뉴스 개념이나 기사 가치의 판단 기준까지도 변하고 있다. 심지어는 전통적으로 무게 있는 기사로 정평이 난 〈뉴욕 타임스〉까지도 이러한 추세에 적지 않게 영향을 받았다.

지금까지 〈뉴욕 타임스〉는 전 세계에서 일어나는 중요한 사건을 기록하는 일을 사명으로 표방했으나, 새로운 추세에 맞추어 종전의 방침을 상당히 바꾸었다. 특히 일요판을 좀더 가볍고, 밝고 부드러운 내용으로 개편했는데, 이처럼 재미있는 기사를 중시하는 지면 연성화 경향은 오래전에 시작된 것이다. 〈뉴욕 타임스〉는 1976년에 주말*Weekend*, 생활*Living*, 가정*Home* 등의 세 가지 주간 섹션을 새로 도입한 이래 점차 연성 기사를 중시하는 편집을 해왔다.

이러한 변화는 독자 선호도가 높은 기사 위주로 지면을 개편해 독자 감소를 만회하려는 전략에서 나왔다. 즉 이제는 기사의 뉴스 가치에 대한 평가를 언론인의 직업 감각에만 의존하지 않고 독자 조사 결과에 따라 결정하는 정책으로 전환했다. 신문들은 주요 독자층인 전후 베이비 붐 세대를 집중 공략했다. 이렇게 되면서 지면에서 학교 스포츠, 여성 스포츠, 레크리에이션, 10대 청소년, 지역 사회 등에 관한 뉴스가 늘어났고 생활 정보 기사도 중시하게 되었다.

취재 방식에서도 출입처 중심에서 벗어나, 독자들의 생활과 밀접한 관련이 있는 기사거리에 치중하려는 추세가 두드러졌다. 미국 사우스캐롤라이나 주의 대표적 일간지인 〈스테이트*The State*〉는 이러한 취지에서 1993년에 편집국 조직을 대대적으로 개편했다. 즉 공공 기관 출입처 위주의 취재 조직을 버리고 지역 역사, 레저, 도시 생활 등 주제 중심으로 조직을 바꾸었다. 혈연적 유대를 중시하는 미국 남부 지역의 독특한 문화에 맞추어 혈연 문제를 다루는 부서도 생겼다.

하지만 정부 기관 취재를 경시하고 출입처 대신에 주제별로 구분한 새로운 취재 조직의 문제점은 곧 드러났다. 1995년 〈오렌지 카운티 레지스터*Orange County Register*〉와 〈로스앤젤레스 타임스〉는 캘리포니아 주의 역사에서 가장 큰 사건이라 할 수 있는 지방 자치 정부 파산 사건을 놓치고 말았다. 이 파산은 주민들에게 20억 달러 이상의 세금 부담을 안겨준 엄청난 사건이라는 점에서 뼈아픈 낙종이었다.

물론 이 두 신문의 새 편집 방침은 지루한 정부 기관 소식 위주에서 탈피하려는 취지에서 나왔다. 하지만 독자 취향에만 영합하면서 저널리즘의 본질적인 사명, 즉 정치 뉴스 취재를 소홀히 할 때 어떤 파국이 올 수 있는지를 이 사건은 잘 보여 주었다. 흥미로운 가십이나 지엽적 정보가 지면을 채우게 되면, 객관성이나 공정성 따위의 전통적인 저널리즘 가치가 설 자리를 잃고, 언론의 신뢰도 역시 타격을 받게 되는 부작용이 나타날 수 있다.

3) 젊은 독자층 중시

미국의 신문들은 새로운 독자층을 개척하고 판매 부수를 늘리기 위해 10대와 20대 독자층에 맞추어 수준을 낮추는 전략을 도입했다. 그중 하나가 바로 1990년대에 신문마다 경쟁적으로 신설한 어린이와 청소년 대상의 섹션이다. 내용에서도 뉴스보다는 오락성 읽을거리를 더 많이 제공하는 전략을 택했다.

젊은 세대가 신문을 잘 읽지 않는 것이 그리 새로운 현상은 아니다. 하지만 신문들은 최근의 경향을 아주 심각한 징후로 받아들이고 있다. 이들의 우려는 독자 조사 결과에 근거하고 있다. 가령 타임스 미러 언론연구소Times Mirror Center for the People and the Press가 1990년에 수행한 조사에 의하면, 젊은 층의 신문 열독률이 눈에 띄게 줄었다. 30대와 40대는 53%, 50대 이상은 65%가 매일 신문을 보는 데 비해, 30세 이하는 40%에 그친 것으로 나타났다.

이에 대해 어떤 신문 발행인은 "만일 우리가 젊은 독자층을 끌어들이지 못한 채 나이 많은 독자층이 사망하고 나면, 우리는 모두 망할 것이다"면서 심각한 우려를 나타냈다. 노스캐롤라이나 대학의 필립 마이어Philip Meyer 교수는 지금 추세대로라면 "2043년 9월이 되면 일간지의 마지막 구독자가 사라지게 된다"는 충격적인 예측을 내놓았다.

이러한 문제에 직면해서 신문들은 10대 관련 기사를 늘리고 젊은이들이 관심을 가질 만한 주제, 즉 청소년 대상의 패션, 유행 상품, 비디오 게임, 화제거리 등을 개발해 젊은 독자를 확충하려 노력했다. 기사 문장에도 고급스러운 표준어 대신에 청소년들이 사용하는 속어나 대화체를 섞어 써서 이들이 신문을 좀더 친숙하게 느끼도록 만들려 했다. 텔레비전에 익숙한 영상 세대의 취향에 맞추어 기사를 짧게 쓰고 화려한 그래픽과 도표, 사진 등을 사용해 MTV를 연상시킬 정도로 입체적으로 지면을 편집하기도 했다.

일부 신문들은 10대들을 모니터 그룹으로 운영해 이들의 의견을 지면에 반영했

그림 7-23
청소년 대상 지면의 예:
〈국제신문〉(2013. 7. 30)

표 7-3. 국내 NIE 시행 현황

신문 유형	신문사명
종합 일간지	〈경향신문〉, 〈동아일보〉, 〈조선일보〉, 〈중앙일보〉, 〈한겨레〉
경제지	〈매일경제〉, 〈한국경제〉
지역 일간지	〈경남신문〉, 〈대전일보〉, 〈매일신문〉, 〈영남일보〉, 〈전북도민일보〉, 〈전북일보〉, 〈한라일보〉
어린이 신문	〈어린이동아〉, 〈소년조선일보〉, 〈소년한국일보〉, 〈어린이강원일보〉
영자지	〈Korea Herald〉

출처: 한국언론진흥재단, 2011a, p.24.

고, 어떤 신문은 10대들이 쓴 글을 싣기도 했다. 별쇄본 잡지 스타일의 청소년 대상 섹션을 도입한 신문도 많았다. 2003년 미국의 〈댈러스 모닝 뉴스*Dallas Morning News*〉는 젊은 층을 겨냥해 〈퀵*Quick*〉이란 타블로이드 무가지를 별도로 발행하기 시작했다. 〈시카고 트리뷴〉 역시 이와 비슷한 형태의 〈레드아이*RedEye*〉를 발간해 젊은 독자를 확보하려 했다.

NIE(Newspaper in Education) 역시 젊은 세대를 신문 독자층으로 포섭하려는 노력에서 나왔다. NIE는 학교에서 신문을 교육용 자료로 이용하도록 하려는 운동이다. 신문 기사를 살아 있는 교과서로 활용해 어린 학생들에게 신문의 중요성을 환기시키고 사회 문제에 대한 관심도 불러일으키려는 취지에서 시작되었다. 신문 업계의 입장에서 보면 이 운동은 미래의 독자층이 어릴 때부터 신문과 친숙해지도록 해주기 때문에 장기적인 판촉 효과도 크다.

하지만 실제로 어린이용 신문 섹션은 공공 문제보다는 재미있는 오락성 피처물을 많이 싣고 있어 NIE의 원래 취지는 많이 퇴색했다. 기사 형식에서도 깊이 있는 보도보다는 텔레비전 식으로 간략하게 가공된 뉴스를 제공하기 때문에 신문들이 원래 기대한 효과를 거두지 못했다는 비판도 있다.

4) 독자 참여 확대

독자들이 신문과 유대감을 느끼도록 하기 위해 이들을 지면에 적극적으로 참여시키는 방안도 나오고 있다. 독자들은 독자 투고나 독자 칼럼을 통해 직접 글을 쓰고 주장을 펼 수도 있다. 단순히 독자가 언론의 내용을 일방적이고 수동적으로 받아들이던 방식에서 벗어나 참여와 피드백을 제공할 수 있게 되었다고 해서 '쌍방향 저널리즘interactive journalism'이라고 부르기도 한다.

독자 여론 조사도 자주 쓰는 방법이다. 전화 조사가 가장 흔하지만, 최근에는 인터넷에서 네티즌을 대상으로 조사를 하기도 한다. 물론 이러한 조사는 과학적·통계적 타당성을 갖추지 못한 사례가 많은데도, 신문들은 홍보 차원에서 이 조사 결과를 여론의 척도인 것처럼 발표하기도 한다. 이러한 조사는 관련 이익 집단들이 결과를 왜곡, 조작하기 쉽기 때문에 상당히 위험하다. 하지만 신문들은 기사에 대해 독자의 반응을 손쉽게 유도할 수 있다는 점에서 이 방법을 적극 활용하고 있다.

신문이 지역 사회 독자들의 참여를 적극적으로 유도하는 전략이 좀더 체계화한 것이 바로 '공공 저널리즘public journalism'이다. 즉 신문이 단순히 사건을 중립적으로 보도하던 자세에서 벗어나, 지면을 통해 지역 사회의 쟁점이나 문제에 적극적으로 참여해서 여론을 유도하고 주장을 실현하려는 움직임을 말한다. 하지만 자칫하면 이해관계가 얽혀 있거나 논란의 여지가 있는 쟁점에서 한쪽의 입장만 일방적으로 옹호하게 될 위험에 대해 경고하는 견해도 있다.

5) 평가와 비판

앞에서 정리한 신문 편집의 새로운 추세는 국내의 신문 지면에서도 점차 두드러지게 나타나고 있다. 가로쓰기, 컬러 인쇄, 섹션 편집이 정착된 후 지면이 점차 시각적으로 화려해지고 있으며, 내용 면에서도 좀더 소프트하고 젊은 층 취향의 지면이 늘어나고 있다.

하지만 이처럼 신문이 타블로이드 신문이나 텔레비전을 지나치게 닮아가는 데에 대해 우려도 높아지고 있다. 이러한 변신은 자칫하면 신문의 정체성과 영향력에 치명타를 가할지 모른다는 것이다. 엘렌 흄Ellen Hume은 신문이 타블로이드 신문을 흉내내다 자칫하면 가장 중요한 독자층, 즉 신문을 단순히 재미로 보지 않고 뉴스를 원하는 사람들까지도 잃게 될지 모른다고 경고했다. 독자들을 신문에 묶어 두려면 여전히 내용이 중요하며, 독자들은 텔레비전에서 다루지 않은 정보를 신문에서 기대한다는 것이다.

따지고 보면 신문의 이러한 변신은 시장 확대의 동기에서 나온 것이지만, 지나친 상업화 경향은 자칫 언론의 존재 기반 자체를 허물어뜨릴 수도 있다. 신문의 자유에는 사회적으로 필요하고 공중이 알아야 할 내용을 제공할 책임이 따른다. 따라서 신문은 이윤 극대화를 위해 독자들이 원하는 것만 주어서는 안 된다. 신문 편집을 시장 전략의 차원에서만 파악하다 보면 자칫 이 의무를 저버리게 될 수도 있다.

신문에서 내용 못지않게 전달 형식을 획기적으로 개선하려는 노력은 높이 살만하다. 하지만 신문이 심층적이고 수준 있는 내용보다는 화려한 포장에만 치중한다면, 단기적으로는 이익이 될지 모르지만 장기적으로는 신문 전체의 미래를 어둡게 할지도 모른다. 신문에서 포장은 매우 중요하기는 하지만 신뢰성 있는 기사를 통해 축적된 권위와 전통의 무게를 대체할 수는 없다.

1. 성격이 서로 다르다고 생각되는 신문 두 종을 선택해 똑같은 사건을 두 신문에서 어떻게 다루는지 비교해 보라. 논조나 기사 종류, 크기, 제목 등 구체적인 차이를 정리해 보고 왜 이런 차이가 생겼는지 생각해 보라.

2. 판갈이는 왜 필요한가? 주로 어떤 신문에서 이를 필요로 한다고 생각하는가?

3. 신문 독자층이 젊어진다는 것은 어떤 의미를 갖는가? 독자층이 젊어짐에 따라 지면을 어떻게 바꾸어야 한다고 생각하는가? 이렇게 지면을 바꾸는 과정에서 예상되는 문제점은 없을까?

8장

직업으로서의 언론인

신문이 만들어져 유통되는 과정이 하나의 커뮤니케이션 과정이라면, 여기서 언론인은 커뮤니케이터 기능을 직업으로 삼는 사람이다. 다른 직업과 마찬가지로 이들 역시 이 직업 분야에서 성공을 꿈꾸며 오랜 세월에 걸쳐 전문 지식과 경험을 쌓으며 경력을 관리해 나간다. 사회적으로 바람직한 기능을 수행하는 훌륭한 언론인이 많이 배출되려면 이들이 평생 능력과 소신을 발휘할 수 있는 직업 구조가 정착되어야 한다. 그렇다면 언론인 직업에는 어떤 두드러진 특징이 있으며 이 특성은 신문이 제대로 역할을 수행하는 데 어떤 영향을 미치게 되는가? 8장에서는 다음과 같이 언론인 직업과 관련된 여러 쟁점을 다룬다.

- 기자란 어떤 직업인가?
- 기자 직업의 바람직한 역할은 어떤 것인가?
- 기자는 전문직인가 아니면 노동자인가?
- 사이비 기자는 무엇이며 왜 생겨나는가?
- 신문사 종사자들이 선택할 수 있는 커리어 구조는 어떻게 되어 있는가?
- 기자 채용과 훈련 방식은 어떻게 되어 있으며 어떤 문제점이 있는가?

1. 기자 직업의 이미지와 실제

1999년 가을 '언론 문건'이라 불리는 괴문서 한 부가 전국을 발칵 뒤집어 놓았다. 이 사건은 정치·언론의 추악한 밀착 관계와 함께 기자 사회의 부정적인 단면을 극적으로 보여 주었다. 즉 기자가 취재 활동에서 권력층과 친분 관계라는 선을 넘어서 정치판의 파워 게임에 깊숙이 개입했으며, 취재 과정에서 얻은 정보를 이용해 금전적인 이득까지 취했다는 사실이다.

그 후에도 대형 정치 스캔들이 터질 때마다 기자는 주요한 배역으로 심심찮게 등장하곤 했다. 일반 시민들은 이 사건들을 보면서 기자 직업에 대해 어떤 생각을 할까? 아마 이들을 윤리적으로는 비난하면서도 다른 한편으로는 어쨌든 기자란 권력이나 돈과 가까운 '잘 나가는' 직업이 틀림없다고 느낄 것이다.

텔레비전 드라마나 언론 보도를 통해 우리는 언론인이라는 직업에 대해 막연하나마 어떤 이미지를 형성하게 된다. 그것은 권력과 맞서 싸우는 정의의 수호자일수도 막강한 권력 기관의 이미지일 수도 있으며, 아니면 그냥 자유롭고 개성 있는 젊은이의 직업일 수도 있다. 이 중에는 미디어가 만들어낸 환상에 불과한 부분도 있고, 직업의 한 측면을 극적으로 과장한 것도 있다. 그렇다면 기자란 과연 어떤 직업이며 직업으로서 기자의 위상은 어떻게 변화해 왔을까?

● 기자라는 용어　　우리는 신문사에 종사하는 사람을 가리킬 때 여러 가지 용어를 사용한다. 기자라고 부르기도 하고 때로는 언론인, 저널리스트라는 이름을 쓰기도 한다. 언론인이나 저널리스트*journalist*란 용어는 신문사의 보도·논평·해설 분야에 종사하는 사람을 일컫는다. 기자는 대체로 이보다는 좁은 의미에서 취재 분야에 종사하는 언론인을 지칭한다. 영어에서는 리포터*reporter*란 단어가 우리말의 기자에 해당한다. 미국에서는 실제로 취재 활동에 종사하는 직종만 '기자'라고 부른다. 하지만 한국에서 기자는 취재 기자뿐 아니라 '조사부 기자'나 '편집부 기자'처럼 편집국의 다양한 직종을 아우르는 용어로 사용된다.

한국 최초의 저널리스트는 방사인訪事人이나 탐방인探訪人으로 불리었는데, 주로

언론인을 소재로 한 영화

- 〈페이퍼*The Paper*〉
- 〈대통령의 음모*All the President's Men*〉
- 〈연인 프라이데이*His Girl Friday*〉
- 〈아이 러브 트러블*I Love Trouble*〉
- 〈조 페시의 특종*The Public Eye*〉
- 〈언더 파이어*Under Fire*〉
- 〈브로드개스트 뉴스*Broadcast News*〉
- 〈업클로스 앤드 퍼스널*Up Close and Personal*〉
- 〈ENG〉
- 〈네트워크*Network*〉

언론인의 직업 활동에는 일반인이 경험하기 어려운 극적인 순간이 많이 있다. 그래서 미디어 종사자의 직업 세계 자체가 종종 드라마나 영화의 소재가 되기도 한다. 위의 목록에서 앞의 네 편은 신문 기자의 세계를 다루었고, 그다음 두 편은 사진 기자, 나머지는 방송 기자와 앵커의 이야기다. 이 영화들이 기자 직업을 어떻게 묘사하는지 살펴보고, 이것이 여러분이 기자에 대해 갖고 있는 이미지와 어떤 차이가 있는지 비교해 보라.

그림 8–1
영화 〈페이퍼〉 속의 기자들

주사主事, 사사司事 등의 하급 관리 출신이 많았다고 한다. 1896년 〈독립신문〉이 창간되던 무렵에는 탐보원探報員, 기재원記載員 따위의 명칭이 사용되었다. 탐보원은 현재의 외근 출입 기자에 해당하고, 기재원은 데스크 기자나 논설위원에 가깝다. 지금 우리가 사용하는 기자라는 용어는 1898년 9월 14일자 〈제국신문〉 논설에서 처음으로 등장했다.[1]

● **기자 직업의 부침**　　현재 한국 사회에서 기자라는 직업은 어떤 위상을 갖고 있을까? 특히 1980년대 이후 젊은이 사이에서는 기자직이 자유롭고 능동적이며 고소득이 보장되는 직장으로서 인기를 끌었다. 이 때문에 기자 공채 시험이 치열해져 '언론 고시'라는 신조어까지 생겼다. 중앙 일간지 수습 기자 채용에서 경쟁률이 1975년에는 평균 30 대 1 정도였으나 1994년 무렵에는 무려 100~400 대 1에 달해 기자 직업의 위상 변화를 잘 보여 주었다.[2]

　　기자 직업이 젊은이에게 인기 있는 데에는 경제적 요인 외에도 직업적 특성이나 성취감 등의 주관적 요인이 중요하게 작용한다. 한국언론진흥재단의 조사 결과에 의하면 기자들은 "창조적이고 개성 강하고 능동적인 직업이라서"(26.3%), "적성에 맞다고 생각해서"(24.5%), "폭넓고 다양한 체험이 가능해서"(15.3%) 등의 이유로 기자 직

표 8-1. 한국 기자들의 직업관

구분	세부 항목	비율(%)
기자 직업을 선택한 동기	창의적이고 개성 강하고 능동적 직업	26.3
	적성에 맞다고 생각해서	24.5
	폭넓고 다양한 체험이 가능해서	15.3
기자 생활의 어려움	미래에 대한 불확실성	56.2
	취재 환경 변화에 따른 업무량 증가	47.8
	자기 계발 시간 부족	46.4
	개인적 신념과 회사 편집 방향 불일치	21.5
	언론·언론인에 대한 사회적 불신	21.2

출처: 배정근, 2012. 8, p.29.

업을 선택했다고 밝혔다.[3]

하지만 지금까지 기자 직업은 어떤 직업보다도 위상의 부침이 심했다. 1950년대 무렵만 하더라도 기자는 제대로 된 직업으로 인정받지 못했다. 대부분 보수가 낮았고 심지어 월급 한푼 못 받는 기자도 있었다. 1970년대에는 기자 직업의 인기가 더욱 떨어졌다. 당시 대졸자가 기자 직업을 보는 가치관이 변화했을 뿐 아니라 처우나 봉급 수준이 낮고 직업의 미래가 불안한 점도 인기 하락을 부추겼다. 1980년대에는 기자 직업이 한때 최고의 인기를 누렸지만, 그 뒤 기자의 위상은 부침을 거듭했다. 특히 1997년 IMF 경제 위기를 거치며 기자 직종은 큰 타격을 받았다. 많은 기자가 구조 조정의 와중에서 퇴출되었을 뿐 아니라, 기자 업종은 방송사와 더불어 한때 소득 삭감률 1~2위를 다툴 정도로 된서리를 맞았다.

기자의 직업 위상에 특히 위협적인 요인은 최근 종이 신문 산업의 침체가 장기화하고 있다는 점이다. 하지만 종이라는 매체는 쇠퇴하더라도 뉴스라는 콘텐츠에 대한 수요까지 줄어들지는 않는다. 한때 기자라는 직종은 종이 신문 종사자에 국한되었지만 점차 라디오와 텔레비전으로 범위가 확대되었듯이, 지금은 인터넷 신문과 포털 등 온라인 매체를 비롯해 다양한 형태의 커뮤니케이션 매체로 영역을 확장하고 있다.

2. 기자의 직업 역할 모델

언론인, 좁게는 기자란 거대 조직에 고용되어 일하는 사람들이다. 하지만 이들은 다른 어떤 직업 종사자와 비교할 수 없는 독특한 직업관과 직업 문화를 갖고 있으며, 일반 사람들도 기자들의 직업 행위에 대해 그러한 기대를 한다. 그렇다면 기자들은 자신의 직업이 어떤 사회적 역할을 해야 하는 직업이라고 인식하고 있을까? 이 직업관은 언론인이 단순히 개인 기업의 일개 피고용인에 그치지 않고 중요한 공적인 기능을 담당하는 특수한 직업이라고 주장할 수 있는 근거가 된다. 그리고 이러한 직업관을 통해 우리는 과연 언론인이 갖추어야 할 직업적 자질과 전문성은 어떤 것인지에 대한 논의를 시작하는 출발점을 찾을 수 있다.

언론인의 직업 역할에 대한 인식은 크게는 나라별로 정치 구조나 문화 풍토에 따라, 좁게는 매체 유형이나 회사별로 큰 편차를 보일 수 있다. 우선 객관적 저널리즘을 주된 직업 기준으로 삼는 미국 언론인들의 사례를 중심으로 이들의 직업 역할관을 살펴본다.

데이비드 위버David Weaver 등은 1986년 이후 몇 차례에 걸쳐 미국의 다양한 매체에 종사하는 언론인들을 대상으로 직업 관련 조사를 수행했다. 2007년 조사 결과에 따르면 언론인들이 인식하는 언론의 역할은 대략 그림 8−2와 같은 패턴을 띠는 것으로 나타났다.[4] 언론인들이 보기에는 사건의 의미에 대한 해석interpretive이 언론의 주 기능이어야 한다는 견해가 가장 많았고(62.6%), 권력에 대한 '적대적 역할 adversarial role'(18.6%), '정보 전파disseminator role'(15.6%), '대중 동원populist mobilizer'(10.4%) 기능이 그 뒤를 이었다. 물론 언론인들 중에서는 이 네 가지 역할 중 한 가지 이상을 동시에 강조하는 사람이 많았기 때문에, 각 유형별 비율은 서로 어느 정도 겹친다. 가령 언론의 적대적 역할이 매우 중요하다고 보는 언론인들 중 79.2%는 이와 동시

그림 8−2. 언론인의 언론 역할 인식

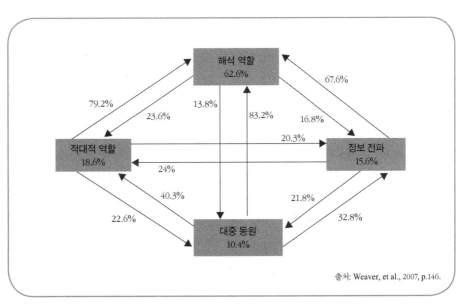

출처: Weaver, et al., 2007, p.146.

에 해석 역할의 중요성도 높게 평가했다

여기서 주목할 만한 한 가지 특징은 언론의 정보 전파자 역할에 대한 인식이다. 1991년 조사에서는 정보 전파 역할이 중요하다고 본 언론인이 51%에 달했는데, 이 비율이 2007년 조사에서는 15.6%로 대폭 하락했다는 점이다. 이는 아마 이 기간 동안에 인터넷을 비롯한 새로운 매체가 다양하게 등장하면서 정보의 빠른 전파라는 전통적 기능의 중요성이 크게 감소했기 때문은 아닐까 하고 추측해 볼 수 있다. 이제는 정보 자체를 어디서든 쉽고 빠르게 접할 수 있기 때문에, 언론인은 정보 자체보다는 그 정보의 의미를 해석하고 맥락을 제공하는 기능에 더 주력해야 한다고 보게 된 것 같다. 물론 지금도 정보 전파라는 언론 본연의 기능은 매우 중요한 부분이면서 다른 기능을 수행하는 데 필수적인 토대이자 출발점이 된다. 하지만 이제는 그 정보를 토대로 권력을 감시, 비판하고 사람들에게 정보의 의미를 깨우쳐 주며 여론을 형성하는 일까지도 수행할 수 있어야 한다는 사실을 이 조사 결과는 말해 준다.

앞서 소개했듯이 영미 언론인들의 직업관은 기본적으로 사실과 정보 제공에서 시작해 이를 어떻게 효과적이고 의미있게 수행할 수 있도록 할 것인가 하는 문제 의식에 근거하고 있다. 그래서 영미권에서는 취재 보도에서 정확한 사실을 수집하고 확인하며 균형 있게 배치해 기사를 작성하는 직업 기준과 전통을 만들어 냈고 이는 전 세계 저널리즘에서 글로벌 스탠더드로 통용되고 있다. 그리고 전문적 언론인이란 바로 이 직업 기준에 따라 취재하고 기사를 잘 쓸 수 있는 사람을 말한다.

하지만 선진국 언론에서는 영미 모델 외에 다른 직업관도 존재한다. 이는 여러 유럽 국가의 정당지, 정론지에서 발견할 수 있는데, 유럽 국가 간에도 상당한 차이는 있지만 편의상 이를 묶어서 '유럽 모델'이라 이름 붙일 수 있다.[5] 영미 모델은 중립적이고 독립적인 관점에서 객관적 사실 전달을 언론인의 핵심 기능으로 보는 반면에, '유럽 모델'은 이념적, 정파적 지향성이 강하다. 영미 언론과 큰 차이는 언론과 정치·정당의 관계에서 잘 드러나는데, 유럽의 신문들은 영미에 비해 정파성을 더 뚜렷하게 띤다는 점이 특징이다. 여기서 저널리즘의 본분은 단순히 정보와 사실 전달에 머무르지 않고, "입장을 취하고, 대의를 수호하며, 그것을 위해 투쟁"하는 데 있다고 본다. 이러한 언론 직업관의 가장 전형적인 형태는 정당지에서 잘 나타난다.

유럽 모델식의 언론인 직업관에서는 글쓰기에 대한 인식도 상당한 차이를 보인다. 영미 모델에서 저널리즘의 글쓰기 방식은 주관을 배제한 객관적이고 공정하며 간결한 스트레이트 기사에서 전형을 발견할 수 있다. 이에 비해, 유럽형 저널리즘 모델에서는 뚜렷한 정파적 시각에 근거한 논평과 평가, 해석에 초점을 두며 문학적 스타일을 매우 중시하는 경향이 있다. 그래서 유럽형 언론인들은 정치인과 작가의 역할을 겸하기도 하며, 직업 커리어들도 서로 중첩되는 사례가 적지 않다. 당연히 언론인에게 필요한 직업 자질이나 전문성도 영미 모델과 상당히 다르다.

물론 유럽 국가라고 해서 모두 이처럼 유럽 모델만 있는 것은 아니다. 여기서는 신문의 유형에 따라서 직업관도 상당한 차이가 있다. 정파적이고 문학적인 저널리즘은 주로 엘리트층 대상의 권위지에서 자주 볼 수 있으며, 대중지는 영미형 저널리즘에 더 가까운 특징을 보인다.

3. 기자 직업의 특성과 쟁점

1) 기자의 직업 여건

기자라는 직업은 앞서 소개한 것처럼 다른 직업군과 차별화되는 독특한 특성을 많이 지니고 있다. 그래서 기자는 어딜 가든 특별한 대우를 받고, 또 당연히 이러한 기대치에 맞게 행동해야 한다. 언론인이라는 직업이 수행하는 중요한 사회적 역할 때문이다. 하지만 순수하게 직업으로서 기자의 직업 여건은 어떠한가?

국내에서 평균적인 기자들의 직업 여건에 관한 조사 결과를 살펴보면 이들의 직업 여건은 사회적 역할이나 기대치에는 미치지 못한다. 전국언론노동조합의 기자 노동 실태 조사 결과를 보면, 일간지 기자들의 노동량은 타 직업에 비해 상대적으로 더 많고 노동 강도는 더 강한 것으로 나와 있다.

우선 중앙지 기자들의 한 달 평균 근무 일수는 23.53일, 지방지 기자는 26.88일로 지방지 기자의 노동 시간이 상대적으로 더 많았다. 1일 노동 시간은 중앙지가 평균 10.96시간, 지방지는 10.59시간으로 모두 일반 노동자에 비해 비교적 긴 것으로 나타났다. 기자의 노동 시간 중 업무별 비중은 중앙지와 지방지 모두 비슷한 패턴을 보인다. 취재 시간이 중앙지는 41.28시간, 지방지는 40.80시간으로 가장 많았고, 그 다음으로 기사거리 기획에 소요되는 시간이 중앙지 25.59시간, 지방지 27.80시간이었으며, 기사 작성에는 중앙지와 지방지 모두 노동 시간의 25.00%를 할애하고 있다.

노동 시간 중 업무별 비중을 보면 왜 기자들의 노동 시간이 비교적 많은지를 이해할 수 있다. 즉 기자들은 정해진 노동 시간과 무관하게 주어진 기사거리를 기획, 취재해서 기사 작성을 마쳐야 업무가 끝나는데, 취재원이나 현장의 상황에 따라 취재 시간이 근무 시간과 일치하지 않을 수도 있다. 그래서 때로는 일반 직장인이 대부분 퇴근한 야간에 사고 현장을 추가 취재하거나 뒤이어 기사 작성을 마무리해야 하는 상황도 종종 발생한다. 특히 기자의 업무는 마감 시간과 속보성이란 시간적 제약 속에서 이루어지기 때문에 정해진 근무 시간을 준수하기가 쉽지 않다.

이러한 업무 부담은 신문사 조직에서 많은 인력을 확보하고 있다면 해결될 수

표 8-2. 중앙지와 전국지 기자의 노동량

	근무 일수(일)			근무 시간(시간)		기사 작성량(건)	
	한 달 평균 근무 일수	연간 규정 휴가 일수	실제 연간 휴가 일수	1주 평균 근무 시간	1일 평균 근무 시간	주당 평균 기사 작성량	적정 기사 작성량
중앙지	23.53	19.33	7.45	65.76	10.96	15.15	9.14
지방지	26.88	19.83	8.24	63.56	10.59	19.32	12.64

출처: 박소라·이창현·황용석, 2001.

표 8-3. 기자 직업 노동 시간 중 업무별 비중

단위: %

	기획	취재	기사 작성	기타	계
중앙지	25.59	41.28	25.00	8.13	100
지방지	27.80	40.80	25.00	6.40	100

출처: 박소라·이창현·황용석, 2001.

표 8-4. 기자 직업의 노동 강도에 대한 인식

5점 척도

	노동 강도 인식	노동 과정의 육체적 피로	노동 과정의 정신적 피로
중앙지	4.28	4.23	4.44
지방지	4.32	4.24	4.08

출처: 박소라·이창현·황용석, 2001.

도 있다. 하지만 국내 신문들의 경영 여건 때문에 이 방안은 말처럼 쉽지 않다. 그래서 기자들이 적정하다고 생각하는 기사 작성량에 비해 실제 기사 작성량이 중앙지와 지방지 모두 비교적 높게 나타났다. 신문 유형별로는 중앙지에 비해 지방지 기자의 작업 부담이 더 컸다. 이는 국내 신문사들의 경영 여건상 적정 인력보다 적은 인원으로 편집국을 운영하고 있다는 뜻이다. 그 결과 신문 기자들은 중앙지와 지방지 모두 5점 만점에서 4점대 이상으로 자신의 직업 노동 강도가 상당히 높은 것으로 인식하고 있다.

2012년 한국언론진흥재단의 조사에 따르면 신문, 방송, 인터넷 매체 종사자를 포함해 한국 언론인의 소득 수준은 5,144만 원이었다. 매체별로는 지상파 3사가 9,154만 원으로 가장 많았고, 지역 방송 8,170만 원, 전국 종합 일간지와 통신사는 5,830만 원, 경제(특수)지 4,672만 원, 지역 종합 일간지 3,515만 원, 인터넷 언론사 3,188만 원 순으로 나타났다. 지역별로는 부산·울산·경남의 언론인이 6,576만 원으로 연봉 수준이 가장 높았고, 서울은 5,379만 원이었으며, 인천·경기 지역이 3,339만 원으로 가장 낮았다.[6]

기자는 사회적으로 중요하고 보람 있는 일에 종사하면서 상당한 특권을 누리는 직업이다. 하지만 이와 동시에 평범한 직장인으로서 매일매일 시간과 여러 가지 제약에 쫓기며 강도 높은 업무를 수행하는 고달픈 직업이라는 점을 이 조사 결과들은 말해 준다.

표 8-5. 한국의 평균적인 언론인

구분		최빈치/평균치
인구학적 속성	연령	평균 40.6세
	성별	남자(77.1%)
	학력	4년제 졸(71.9%)
	대학 전공	어문학(22.8%), 신문방송학(19.7%)
직업 환경	언론계 경력	평균 14.1년
	현 직장에 채용된 방식	신입 기자(63.9%)
	주당 평균 기사 작성 건수	오프라인 기자 11.7건, 온라인 기자 20.9건
	직업 만족도	63/100점
	현 직장 만족도	만족(47.1%), 전국 종합 일간·통신(만족 57.5%)
	업무량 평가	많다(56.7%)
	체감 정년	평균 53.7세
	전직 의사와 희망 직종	있다 31%, 대학·연구직 25.1%
	연봉 수준	평균 5,144만 원
	자신의 소속 계층 인식	중의 상(46.1%)
직업 의식과 관행	이념 성향	중도(4.5/11점 척도)
	편집에 영향력이 큰 집단	편집인·보도국장 등 편집·보도국 간부(50.3%)
	직접 취재 외 뉴스원 (오프라인 기자)	보도 자료(75.6%)
	가장 많이 참고하는 매체	종합 일간지(45.5%)
	가장 중시하는 취재원	관련 전문가(30%)
	가장 중요한 취재 보도 원칙	사실을 정확하게 취재하는 일(96.7%)
	언론의 신뢰 악화 요인	이념과 정파를 대변하는 편향적 보도(50.1%)

출처: 배정근, 2012. 8.

2) 권력으로 간 기자들

일반 기자들의 평균적인 직업 여건만 보면 기자는 그리 화려한 직업이라 할 수 없다. 하지만 기자들은 보도 활동을 통해 사회 전반에 엄청난 영향력을 행사하고 있어, 모든 권력 기관에게 두려운 존재이다. 그리고 오랜 취재 활동을 통해 나름대로 사회를 보는 전문적인 지식과 안목을 축적하고 수많은 영향력 있는 인물과 전문가들을 만나면서 폭넓은 인맥을 쌓게 된다. 그래서 경력 관리를 잘한 기자는 언론계뿐 아니라 정치권, 정부 부서 등의 권력 기관이나 대기업에 나름대로 유용한 자질을 갖추었다고 할 수 있다.

이 때문에 한국 언론의 역사를 살펴보면 언론인이 정계나 관계에 진출한 사례를 무수하게 발견할 수 있다. 근대 이후 언론인들 중에서 정치인들이 대거 배출되었는데, 해방 후 제헌 의원 중 15%가 언론인 출신이었고 초대 대통령인 이승만조차도 사실상 우리나라 기자 1호였다는 점은 한국 정치와 언론 간의 밀접한 관계를 잘 보여 준다. 하지만 언론인이 권력으로 이동하는 추세가 두드러지게 된 것은 박정희 정권 이후였으며, 정관계 진출의 절정기는 김영삼 정권 때였다.[7]

언론인이 언론계를 떠나 다른 분야에 진출하는 사례에 관해 체계적인 조사 자료는 많지 않다. 하지만 1961년과 1987년 사이에 각 분야 진출 상황에 관한 조사에 의하면 청와대(6.3%), 국회의원(24.6%), 행정부·정부 기관(17.9%), 정부 홍보 대변인(21.4%) 등 권력 관련 기관이 압도적으로 많았으며 그밖에 재계·기업체도 27.0%에 달했다. 특히 권력 관련 기관에 진출한 언론인 출신들은 언론에 대한 관리나 통제 등 언론인 시절과 대립되는 입장의 업무에 종사하는 경향이 두드러졌다.[8]

언론인의 정치권 진출은 1987년 민주화 이후에도 지속적인 추세로 자리 잡았는데 14대 총선에서는 40명(전체 의원 수의 13.4%), 15대는 32명(10.7%), 16대는 44명(16.1%), 2004년 17대 총선에서는 전체 국회의원 중 42명(14%)이 언론인 출신이었다. 국회 진출 숫자로 보면 언론인은 직업 정치인 다음으로 많은 직업군에 해당한다.[9]

언론인의 정계 진출은 특히 직업 윤리와 관련해서 논란거리가 된다. 당사자들은 언론인의 공직 진출 역시 개인의 직업 선택의 자유라며, 기자로서 쌓은 전문성을 살려 제2의 커리어를 모색하는 게 무슨 문제냐고 항변한다. 하지만 언론인의 권력 진출은 새로운 권언 유착 형태로서 언론의 도덕성과 신뢰성에 치명적일 수도 있다며 비판하는 견해도 많다. 언론은 신뢰성이 생명인데, 권력을 감시해야 할 언론인이 감시 대상인 권력층에 진출하게 되면, 언론인 시절의 활동 역시 정치권과 은밀한 거래가 있었을 거라는 의심을 받게 된다. 이 때문에 KBS에서는 언론인이 정치권에 진출하기 전에 일정한 유예 기간을 두어야 한다는 윤리 규정을 제정하기도 했으나 실효성 여부는 여전히 논란이 되고 있다.

3) 사이비 기자

'사이비似而非 기자' 문제는 기자 직업에 관해 이야기할 때 빼놓을 수 없는 부분이다. 사이비 기자 현상은 한국 사회에서 언론이 처한 구조적 상황이나 언론의 위상과 밀접한 관련을 맺고 있다. 사이비 기자란 무엇이며 왜 나타나는가?

● 사이비 기자란   사이비 기자는 여러 가지 방식으로 정의를 내릴 수 있다. 좁게 보면 언론인이란 직책을 이용해 비리를 저지르는 기자가 전형적인 사이비 기자에 해당한다. 그렇지만 넓게 보면 언론인 직업의 본질적 사명에 충실하지 않은 기자는 모두 사이비 기자로 간주할 수 있다.

사이비 기자는 크게 두 가지 의미로 구분할 수 있다. 첫째는 언론사에 속해 있지 않으면서 기자를 사칭하는 사람을 말한다. 둘째는 언론사 기자 직책에 있으면서 사사로이 자기 이익을 꾀하거나 이익 단체, 정치 권력의 앞잡이 노릇을 하는 사람을 말한다.[10]

● 사이비 기자의 유형   사이비 기자는 어떤 유형의 비리를 저지르는가? 언론 비리는 다양한 방식으로 이루어지며 복합적인 성격을 띠는 사례가 많지만, 크게 다음과 같은 형태로 구분해볼 수 있다. 즉 이권 개입형, 기업형, 공갈형, 권언權言 유착형, 산언産言 유착형 등이 이에 해당한다.[11]

여기서 이권 개입형은 언론사의 영향력을 악용해 이권에 개입해서 반대 급부를 받아내는 행위를 말한다. 이것은 기자 개인이 반대 급부를 노리고 비리를 저지르기도 하고, 언론사 차원에서 모기업과 관련된 이권에 개입하는 형태를 띠기도 한다. 일부 군소 지방지에서는 사주가 지역 사회에서 이권 사업인 건설업을 겸하는 일이 유독 많아서 기업 차원의 비리가 발생할 가능성이 있다.

기업형 사이비 기자는, 언론사 운영 자금을 조달하기 위해 범하는 비리 유형이다. 광고 강매라든지 신문 구독·간행물 강매, 지사·지국의 보증금 갈취, 기자증 판매 등이 대표적인 사례다. 공갈형은 취재 대상의 약점을 캐낸 뒤 이를 보도하지 않는다는 조건으로 금품을 받는 비리 형태다.

권언 유착형은 언론이 정당, 정치인, 정부 등의 정치 권력과 유착 관계를 맺게 되면서 발생하는 비리 유형이다. 권언 유착은 산언 유착과 함께 거의 언론계 전반에서 볼 수 있는 비리 유형이다. 흔히 언론인에 대한 금품 수수나 향응 제공은 이러한 유착 관계에서 일상적으로 생겨나는 현상들이다.

마지막으로 산언 유착형 비리는 기업과 언론이 유착하면서 생겨나는 비리를 말한다. 중앙 언론사는 좀더 큰 규모에서 대자본과, 지방 언론사는 토착 자본과 유착 관계를 맺어 때때로 공정한 보도·논평의 자세에서 벗어나기도 한다.

이권 개입형이나 공갈형 비리는 일부 군소 언론사에서 흔히 나타나는 유형들로 사이비 기자의 대표적인 사례로 꼽힌다. 하지만 넓게 보면 권언 유착형이나 산언 유착형 비리는 이보다 훨씬 교묘하면서도 사회적으로 큰 폐해를 끼친다.

● 왜 생겨나는가   사이비 기자는 선진국 언론에서는 보기 힘든 현상이다. 한국 사회에서 사이비 기자 현상은 상당히 구조적인 성격을 띤다.[12] 아직도 우리 사회에 투명하지 않은 구석이 많이 남아 있고, 언론을 일종의 권력 기관으로 보는 인식이 사라지지 않기 때문에, 그 틈을 비집고 사이비 언론이 생겨나게 된다.

1960·1970년대에는 신문사들의 경영 상태가 매우 열악했기 때문에 생계형 사이비 기자가 많았다. 당시에는 기자들이 대부분 최저 생활비에 미치지 못하는 살인적인 저임금에 시달렸다. 심지어 급료를 전혀 받지 않고 일하는 무보수 기자도 많았

다. 언론사에서 생활을 보장해 주지 않으니 자연히 기자 스스로 생계를 해결하기 위해 비리와 불법 행위를 저지르는 일이 잦았다.

그렇지만 한국 사회가 정치적·사회적 격동기를 거치는 과정에서 사이비 언론의 유형도 다양해지고 성격도 많이 바뀌었다. 첫째, 신문 사업에 주력하기보다는 권력과 결탁하거나 이권 개입을 통해 다른 형태의 반대 급부를 노리는 조직적인 기업형, 권력형 사이비 언론 형태도 생겨났다. 일부 사이비 언론 경영인은 부당한 이권 개입에 기자를 동원하기도 했다. 특히 4·19혁명 직후나 6공 초반 무렵처럼 정부 규제가 느슨해질 때마다 이 유형의 사이비 기자가 극성을 부리는 바람에 결과적으로 정치권이 언론계 전체에 규제를 강화하는 빌미가 되기도 했다.

둘째로 1960년대 이후 급속한 경제 성장기와 권위주의 정권 시절을 거치면서, 언론을 단순히 생계 유지가 아니라 출세의 발판으로 이용하려는 언론인도 등장했다. 기개와 학식을 갖추어 존경받는 언론인상은 구한말 이래 어려운 시절에도 꿋꿋이 이어져 왔으나 이것이 점차 허물어지고 일종의 도덕적 해이가 생겨났다. 언론의 비리는 언론과 권력, 재계 사이의 구조적인 결탁이라는 새로운 형태로 발전했다.

최근에 와서 사이비 언론은 크게 중앙 일간지의 구조적 악습과 일부 군소 지방지의 비리라는 이중 구조 형태를 띠게 되었다. 1990년대 초 김영삼 정권은 사회 개혁 차원에서 대대적으로 사이비 언론 척결을 추진했다. 그러나 중앙 언론의 구조적 비리보다는 각종 민원을 유발한 일부 사이비성 지방 언론에만 선별적인 형태로 사정 작업을 진행하는 바람에 형평성의 문제가 제기되기도 했다.

4) 기자는 전문직인가, 노동자인가

기자라는 직업도 다른 전문직처럼 전문 지식과 기술, 훈련을 필요로 한다. 특히 우리 사회에서 언론이 갖는 중요성과 특수성 때문에 언론인은 어딜 가나 특별한 대우를 받는다. 일반인들은 기자가 다른 평범한 직업이나 노동자와 똑같다고 생각하지는 않을 것이다. 그렇다면 기자는 어떤 형태의 직업으로 분류할 수 있을까?

기자 직업은 과연 전문직*profession*이라고 할 수 있는가? 이 문제를 둘러싸고 오랫동안 논쟁이 벌어졌지만 아직 뚜렷한 결론은 나오지 않았다. 문제는 전문직이 갖추어야 할 최소 기준을 기자 직업이 충족하는가 하는 점이다. 전문직의 특성들은 크게 태도적 측면과 구조적 측면으로 나누어 볼 수 있다.[13] 전문직의 태도적 특성에 해당하는 항목으로는 (1) 직업에 대한 높은 헌신도, (2) 경제적 보상보다는 내면적 보상을 기반으로 하는 직업적 사명감, (3) 전문인 단체를 통해 맺어진 동료 간의 유대감 등이 있다. 전문직의 구조적 특성에 해당하는 사항으로는 (1) 직무 수행에서 누리는 자율성, (2) 누구나 갖추기 어려운 배타적인 전문 지식, (3) 체계화된 교육 과정 따위를 들 수 있다.

전문직이 갖추어야 할 속성 중에서 어떤 부분에 초점을 두는지에 따라 결론은 달라질 수 있다. 여기서는 언론인을 전문직으로 볼 수 있는지를 놓고 존 메릴John Merrill과 에버렛 데니스Everette Dennis가 벌인 논쟁을 통해 이 문제를 살펴본다.[14]

● "저널리즘은 전문직이 아니다"(메릴)　　　언론인들이 자신의 직업을 지칭할 때 종종 전문직이라는 용어를 사용하지만, 저널리즘은 전문직이라고 볼 수 없다. 언론인들은 전문직이라는 이름이 풍기는 존경과 후광, 집단적인 심리적 안정감에 매료되고 있는 듯하다.

전문직은 표준화된 교육, 자격증 제도, 표준화된 직무 수행 기준 따위의 요건을 갖추어야 하는데, 언론인이 여기에 해당한다고 보기는 어렵다. 저널리스트는 독립된 위치에서 고객과 직접 상대하지 않고 조직에 매인 몸이다. 기자가 되기 위한 최소한의 자격 요건은 없으며, 학위가 있든 없든 경험이 있든 없든 누구나 기자가 될 수 있다. 공통된 윤리 강령이 있다고 하더라도 반드시 모두 따를 필요도 없으며 직업 기준에 대해 일정한 합의가 이루어진 것도 아니다.

언론인은 전문적인 지식 체계를 공통적으로 갖추지 않았으며, 직업 지식에 관해 다른 사람이 넘볼 수 없는 배타적인 권리를 갖고 활동하는 것도 아니다. 가령 의사나 변호사가 되려면 전문 지식이나 기술을 사용할 자격을 인정받기 위해 대학에서 학위를 받고 시험을 쳐서 자격증을 받아야 한다. 그렇지만 언론인은 자격증을 받지도 않고 받아서도 안 된다. 요컨대 언론인은 전문직으로서의 요건을 갖추지 못했다. 당나귀는 말의 속성을 많이 갖추었으니 말과 비슷하다고 말할 수는 있다. 그러나 당나귀는 어디까지나 당나귀이지 말이 될 수 없다.

언론인은 전문직이 될 수 없을 뿐 아니라 그렇게 되는 것이 바람직하지도 않다. 우선, 언론인이 전문직으로 격상되면 덜 전문화된 집단(온갖 종류의 언론사 종사자들)을 언론 활동에서 배제하게 된다. 이는 몇몇 엘리트 언론인의 관점에서는 고상하고 멋있어 보일지 모르나 결과적으로 언론의 다양성을 감소시킬 수 있다. 또한 언론이 전문직으로 자리 잡으면 언론인들은 점점 더 내향적으로 되어 자신의 기득권 수호와 자기 보호 장치를 강화하는 데 힘쓰게 되고 사회에 대한 책임과 서비스에는 무관심하게 될 것이다.

● "저널리즘은 전문직이다"(데니스)　　언론인은 전문직이며 많은 언론인이 실제로 이렇게 믿고 있다. 이에 대해 반대 의견이 나오는 것은 이들이 전문직이라는 개념을 너무 엄격하게 도식적으로 보기 때문이다.

역사적으로 보면 전문직도 계속 진화·발전한다. 어떤 전문직도 전문직의 모든 기준과 조건을 완벽하게 갖추고 태어나지는 않았다. 대표적인 전문직으로 꼽히는 의사나 변호사 역시 지금 같은 형태를 갖춘 것은 그리 오래되지 않았다. 저널리즘 역시 이상적인 전문직 유형에 딱 맞아 떨어지지는 않지만 전문직의 두드러진 속성을 대부분 갖추었기 때문에 전문직으로 불려야 마땅하다.

메릴의 잣대에 비추어 보더라도 언론인은 전문직의 요건을 어느 정도 충족한다. 무엇보다 언론인은 다른 전문직처럼 공공 서비스를 최고의 목적으로 삼는다. 언론인은 공정하고 객관적인 뉴스 보도를 사명으로 하기 때문에 감정과 독선이 얽힌 문제에 대해서도 객관적이고 탐구적인 자세로 판단을 내린다. 언론인이 뉴스 수집과 보도 활동에서 필요로 하는 지식은 나름대로 전문성도 있다. 교육 과정이나 자격증처럼 최소한의 자격 요건을 정하지는 않았지만 언론인 역시 대학 교육과 일정한 경력을 거쳐야 될 수 있다. 그리고 언론인들은 나름대로 엄격한 윤리 강령을 정해 놓고 직업의 행동 지침으로 삼는다.

요컨대 모든 형태의 직업에 똑같은 기준을 요구할 수는 없다. 엄격한 기준을 고수하는 순수주의자의 눈에는 어떤 직업이든지 전문직의 요건에 어긋나는 점은 보이게 마련이다. 종합적으로 볼 때 언론인 직업 역시 자격 요건을 충분히 갖추고 있으며 따라서 당연히 전문직의 하나로 보아야 한다.

● 기자는 노동자인가　　　언론인이 전문직이냐 아니냐 하는 논쟁은 이 직업의 특수성에 관한 논쟁이라고 할 수 있다. 국내에서 이러한 논쟁은 그다지 많지 않았지만 저널리즘에 관한 글은 대부분 언론인 직업에 어느 정도 특수성이 있다고 전제한다. 한국 사회에서는 특히 조선 시대의 언론·언관言官 전통이 강하게 남아 있어 지사志士나 지식인상에 비추어 언론인을 평가하는 경향이 강했다.

그렇지만 언론이 거대 기업화하고 자본의 압력이 거세지면서 기자 역시 조직의 위계 구조에 규제받는 피고용인에 불과하다는 인식이 싹트기 시작했다. 특히 1980년대 말에는 일부 기자들이 자신을 화이트칼라 노동자로 보기 시작했고, '언론 노동자'라는 용어도 자주 사용되기 시작했다. 이는 각 신문사마다 노동조합이 결성되

그림 8-3. 신문사 기자의 노조 활동: 1989년 9월 23일 편집국장 임명 동의제, 사원 지주제, 임금 인상 등을 요구하며 파업에 들어 간 서울신문 노조.　　　　　　　　　　　　　출처: 서울신문사, 2004.

기 시작한 무렵과 시기를 같이 한다.

신문사 노동조합은 단체 협상을 통해 임금, 노동 시간, 후생 복지 등 조합원의 노동 조건을 개선하는 데 노력을 많이 기울였다. 하지만 기자들이 스스로 노동자라는 용어를 사용했다고 해서 언론인 직업의 특수성이나 사회적 책임 의식을 부인하지는 않는다. 언론사 노조들은 노·사가 함께 참여하는 공정 보도 위원회를 도입해 편집권 보호를 제도화하려 노력했고, 중요한 사회적·정치적 이슈가 있을 때에는 외부의 정치·사회 단체와 연합해서 사회 운동에 적극 참여하기도 했다. 한국 사회에서 기자들의 노동자 의식은 직업 권익을 보호하려는 장치인 동시에 언론의 정치적·공공적 성격을 좀더 잘 구현하기 위한 전략이기도 한 셈이다.

4. 기자의 직업 경로 유형

지금까지 서술한 내용은 주로 취재 기자에 관한 것이다. 신문사에는 취재 기자 외에도 다양한 직종이 있다. 이 중에는 취재 기자를 거쳐 도달하는 직책도 있고, 별도 트랙으로 선발해서 운영하는 직종도 있다. 이들은 일반인에게 잘 알려지든 않든 모두 신문을 만드는 데 꼭 필요한 몫을 한다. 이것들은 모두 신문사에서 나름대로 전문성을 띠는 커리어 경로가 된다.

최근 미디어 환경이 다변화하고 새로운 매체 형태가 속속 등장하면서 기자들의 커리어 경로도 점차 다변화하고 있다. 신문 기자로서 쌓은 경력과 전문성은 신문 매체뿐 아니라 다른 매체에서도 필요로 하고 있다. 지금은 신문이나 방송처럼 특정한 매체 유형 간의 구분이 아니라 콘텐츠에 대한 전문성이 직업 이동에서도 지배적인 요인으로 떠오르고 있다. 그래서 지금은 신문 기자들의 커리어 이동 경로도 신문사 내부 이동이나 신문사 간, 신문사—방송사 간의 이동을 넘어서 포털, 뉴 미디어 등으로 확대되는 추세다.

1) 취재 기자에서 편집국장까지

아마 신문사 편집국장의 이름을 기억하는 사람은 드물 것이다. 편집국장의 이름은 신문 한 귀퉁이에 발행인, 편집인, 주필과 함께 조그맣게 나와 있는 게 고작이다. 하지만 편집국장은 신문 발행과 관련해 거의 절대적인 권한을 행사하는 직책이다. 편집국장은 주요 기사의 방향과 중요도를 최종적으로 결정한다. 조간 신문에서는 아침 부장단 편집회의를 시작으로 최종 인쇄에 들어갈 때까지 편집국장은 신문 발행의 모든 과정에 걸쳐 최종 결정권을 갖는다. 편집국장은 사회적으로도 큰 영향력을 발휘할 수 있는 자리다.[15]

직업 군인들이 사성 장군을 꿈꾸듯이 기자 직업을 선택한 사람에게 편집국장은 커리어의 최고 목표라 할 수 있다. 군 지휘관과 마찬가지로 편집국장이 되기 위해서는 일선 취재 부서와 데스크에서 다양한 경험을 두루 쌓아야 한다. 전국 종합 일간지 편집국장의 신상 내역을 보면, 우선 경제부, 정치부, 사회부 등 이른바 핵심 부서에서 경력을 쌓은 사람이 많다. 한국 사회에서 영향력 있는 집단이 정치, 경제 영역에 집중되어 있어, 신문사 취재 조직도 이에 맞추어져 있기 때문이다.

수습 기자로 출입처 취재를 시작한 지 10~15년은 지나야 비로소 차장이 되는데, 다시 중요 취재 부서의 부장을 두루 거친 사람들만 편집국장 자리를 바라볼 수 있다. 2012년 한국언론진흥재단이 국내 언론사(신문, 방송, 인터넷 매체 포함) 종사자를 대상으로 조사한 바에 의하면, 국장 직급에 오르기까지 소요되는 시간은 평균 22.1년, 부국장은 22.2년, 부장 18.0년, 차장 15.1년이었다.[16]

2) 논설위원

신문은 사설을 통해 중요한 사회적 이슈에 관해 신문사의 공식적인 입장을 밝히는데, 바로 이 사설을 집필하는 사람이 논설위원이다. 신문사마다 차이는 있지만 대개 10여 명 안팎의 위원을 두고 있다.[17]

사설은 보통 분야별로 위원들이 나누어 집필한다. 하지만 사설은 신문사의 공식 입장을 반영하기 때문에 논설위원들이 합의해서 내용을 결정한다. 사설은 무기명으로 쓰며 외부에도 누가 썼는지 알리지 않는다. 논설위원들은 대개 하루 한 번 전체 회의를 열어 그날 다룰 사설의 주제와 내용을 결정한다. 회의는 주필이 주재하지만 주필이 결정적인 영향력을 행사하지는 않는다. 위원들 간에 논쟁과 토론을 거치면서 사설은 개인의 주장이나 성향보다는 자연스레 신문사의 입장으로 정리된다. 논설위원실은 신문사에서 가장 민주적이고 자유로운 곳이다. 논설위원들은 대체로 일정이 자유로운 편이라, 세미나나 위원회 참석 등 외부 활동도 한다. 출근 시간은 있지만 그날 일이 끝나면 일찍 퇴근하기도 한다.

과거에는 논설위원이라고 하면 50대 이상의 원로급 기자를 연상했다. 편집국장과 마찬가지로 일선 취재 기자가 오랜 경력을 쌓은 후 논설위원을 맡는 것이 관례였다. 그런데 1993년 〈동아일보〉는 당시 40세의 사회부 평기자이던 김충식을 논설위원으로 발탁하는 파격적인 인사를 시도했다. 그 뒤로 젊은 논설위원은 하나의 추세로 자리 잡았다. 1990년대 중반부터 논설위원은 대폭 젊어지기 시작해, 평균 연령이 40대로 떨어졌다. 중앙지 논설위원 중에는 30대 후반~40대 초반의 차장급도 있다. 지방지에서도 40대 위주로 내려가는 추세다. 그래서 중앙지의 논설위원실에는 이사급부터 평기자에 이르기까지 다양한 직급이 뒤섞여 있다.

논설위원이 젊어지는 데에는 크게 두 가지 이유가 있다. 첫째는 1997년 IMF 경제 위기 이후 고액 연봉을 받던 나이 많은 인력을 구조 조정하는 과정에서 자연스레 연령층이 낮아지게 된 것이다. 둘째는 논설의 시각이나 감각을 현대화하려는 시도에서 나왔다. 신문의 주 독자층이 30~40대로 바뀌면서 신문사들은 논설 역시 젊은 세대의 사고와 취향에 맞추어 변화시킬 필요가 있다고 판단했기 때문이다. 젊은 논설위원의 등장이 가져온 변화는 적지 않다. 우선 사설의 내용이나 형식이 젊어지고 있다. 또한 급격한 시대 변화에 맞추어 논설에도 점점 전문성이 요구되고 있어 논설위원실은 계속 공부하는 분위기로 바뀌고 있다.

3) 편집부 기자

하루치 신문에는 수백 건의 기사가 실리지만, 이것을 모두 읽는 독자는 거의 없다. 그래서 기사의 전체 내용을 빨리 파악하기 쉽도록 내용을 편집하고 지면을 한눈에 보기 쉽게 구성하는데, 이 일을 편집부 기자가 맡는다. 편집부 기자는 취재 기자들이 보낸 기사를 다듬고, 제목을 붙이며 중요도에 따라 기사 크기를 정하는 일을 한다. 컴퓨터를 이용해 신문을 제작하는 CTS 방식이 도입되면서, 편집부는 제작 과정의 기술적인 업무까지 떠맡게 되었다.[18]

이전에는 일반 기자들이 외근(출입처 취재)과 내근(편집부)을 오가며 순환 근무를 하는 것이 일반적인 관행이었다. 그러나 편집 작업이 점차 복잡해지고 전문화하면서 지금은 편집부 기자를 따로 선발해 계속 편집부에 배치하는 추세가 정착되었다.

신문사마다 차이가 있지만 편집 기자는 대략 40~50명 정도 되는데, 이들은 1, 2부로 나뉘어 담당 면을 편집한다. 편집 기자는 조간과 석간이 근무 형태가 다르다. 석간 신문 편집 기자는 오전 8시 무렵 출근해서 오후 5시경에 퇴근한다. 석간 신문에서는 담당 지면이 정해져 있고 판갈이도 2~3회 정도여서 다음 날 새벽까지 야근하는 일은 없다. 반면에 조간 신문에서는 편집 기자 중 상당수가 주간, 야간, 휴무 등의 3교대로 순환 근무한다. 조간 신문은 대부분 야간에 판갈이를 하기 때문에 야근 기자가 필요하다.

최근에 와서는 편집부 작업 방식에서도 여러 가지 형태로 실험이 이루어지고 있다. 가령 〈중앙일보〉는 기사 내용과 디자인 업무가 서로 유기적인 조화를 이룰 수 있도록 하기 위해 기자별로 담당 지면을 분담하지 않고 큰 팀 단위로 편집 업무를 통합 운영하기 시작했다. 또한 〈국민일보〉는 기자 조판제와 취재－편집 일원화의 원칙에 따라 편집 기자를 상당수 일선 취재 부서로 배치하는 변화를 시도하기도 했다. 주 5일 근무제 확산 역시 앞으로 편집 기자의 직업에 큰 변화를 몰고 올 만한 요인이다.[19]

4) 조사부 기자

엄격히 말해 조사부 기자가 하는 일은 다른 기자 직종과 성격이 매우 다르다. 영미권에서는 '기자'라는 용어 대신에 '사서*news librarian*'라는 명칭을 사용해왔다. 원래 조사부에서는 방대한 자료를 수집·분류해 두었다가 취재 기자들이 기사 작성에 필요로 하는 자료를 찾아주는 일을 담당했다. 일반 도서 자료 외에 조사부에서 주로 수집하는 자료는 신문 스크랩이었다. 이 시절의 조사부는 낡은 스크랩 파일로 가득찬 도서관 서고를 연상시키는 곳이었다. 그래서 조사 기자 중에는 문헌정보학 전공자가 많다. 미국에서는 오랫동안 조사부를 '시체공시실'이란 뜻을 갖는 'morgue'라고 불렀다.

하지만 컴퓨터가 등장하면서 조사부의 풍경이나 업무도 크게 달라졌다. 국내 신문사들도 1990년대 초반 신문 제작을 전산화하면서 기존의 문서 중심의 조사부를 확대 개편하기 시작했다. 가령 〈중앙일보〉에서는 이전의 조사부 대신에 뉴 미디어본부 데이터뱅크국이라는 생소한 이름의 부서가 생겨났다.

개편된 조사부에서 하는 일은 크게 두 가지다. 하나는 컴퓨터에 저장된 정보 중에서 편집국 기자들이 기사 작성에 필요로 하는 관련 정보를 찾아주는 일이다. 다른 하나는 입력된 정보를 가공해 전문 주제별 데이터베이스로 만드는 일이다. 신문사에서 구축한 대표적인 데이터베이스는 주로 전문가나 지도층 인사들의 정보를 입력한 인명 정보 데이터베이스다. 〈중앙일보〉의 JOINS가 잘 알려진 사례인데, 다른 신문사도 비슷한 데이터베이스를 운영하고 있다. 조사부에서는 데이터베이스 작업을 전반적으로 기획하고 관리하는 일을 맡는다.

신문의 기능이 속보성보다 심층 보도를 중시하는 쪽으로 옮아감에 따라 조사 기자도 새로운 임무를 담당하게 되었다. 바로 취재 기자와 팀이 되어 데이터베이스의 정보를 검색·분석해서 기획 기사를 발굴해 내는 일이다. 정보화 시대를 맞아 조사 기자는 사서와 취재 기자의 기능을 합친 새로운 직업 형태로 변신하고 있다.

5) 사진 기자

신문이 읽는 신문에서 보는 신문으로 변화해 가면서 사진의 중요성은 점점 더 커지고 있다. 신문사에서는 사진 기자를 다른 기자들과는 별도로 뽑는다. 사진 기자 지원자들은 일반 취재 기자처럼 필기 시험을 통과한 뒤 다시 실기 시험에 합격해야 정식 기자가 될 수 있다. 입사 후에도 신문사에서 요구하는 기본적 기술과 경험을 익혀 사진 기자 대접을 제대로 받기까지는 3년 정도 더 걸린다고 한다. 즉 수습이 끝난 뒤 사건과 행사, 스포츠 등 주요한 사진 취재 영역을 두루 거치고 데스크에서 요구하는 정해진 '공식'들을 익히는 데 이 정도 시간이 소요된다는 뜻이다.

사진부는 신문사에 따라 차이는 있지만 대략 15명 내외로 상당히 큰 부서에 속한다.[20] 사진 기자들은 대개 정해진 출입처가 없이, 데스크에서 지시하는 대로 취재 기자와 함께 현장에 투입된다. 청와대, 국회, 판문점, 공항 등은 신원 확인이 필요하기 때문에 정해진 인력이 출입한다.

그림 8-4. 신문사 사진 기자: 1992년 미국 대통령 선거 때 클린턴 후보의 고양이를 찍는 사진 기자들의 모습.

출처: Greg Gibson, 1992, AP.

사진 기자는 사진을 못 찍게 하는 취재원의 저지를 뚫어야 하고, 몰려드는 사진 기자들 사이에서 조금이라도 더 좋은 촬영 위치를 잡기 위해 치열한 몸싸움도 불사한다. 데스크에서 대개 틀에 박힌 비슷한 사진을 요구하기 때문이다. 업무의 성격이 매우 거칠기 때문에 다른 부서에 비해 여기자는 그렇게 많지 않다.

외국 신문에서는 사진을 전문적으로 선정하고 편집하는 아트 에디터*Art Editor*를 따로 두는 데가 많지만, 국내 신문사에서는 아직 사진 부서의 발언권이 적고 사진 기자를 취재 부서의 부속 요소로만 간주하는 경향이 있다. 하지만 신문 편집이 점차 시각화하면서 사진 기자에 대한 인식도 향상되는 추세다.

이전에는 사진 현상, 인화 과정을 모두 암실에서 수작업으로 처리했다. 하지만 국내에서도 1992년 무렵부터는 컴퓨터 화면으로 사진을 편집하는 기술이 등장해 사진 부서도 본격적으로 디지털 시대로 접어들었다.

5. 기자 채용과 훈련

기자 직업을 제대로 수행하기 위해서는 나름대로 전문적인 지식과 훈련이 필요하다. 국내 신문들은 기자를 어떻게 선발해서 훈련시키며, 기자 재교육은 어떻게 하고 있을까? 현재의 채용·훈련·재교육 제도는 각각 어떤 장점과 단점이 있을까?

1) 기자 채용 제도

언론사에서 기자를 선발하는 데는 크게 두 가지 방식이 가능하다. 하나는 공채 제도이고 다른 하나는 스카우트 제도다. 공채 제도는 언론사 경험이 전혀 없는 일반 대학 졸업자를 선발해 훈련시켜 근무시키는 방식이다. 반면에 스카우트 제도는 보통 응시자의 과거 실적과 경력을 근거로 해서 어느 정도 업무 능력이 검증된 인력을 선발하는 방식이다.[21]

● 공채와 도제식 교육   국내 신문사들은 대개 1차 시험(서류 전형), 2차 시험(영어, 상식), 3차 시험(논술, 면접)을 거쳐 수습 기자를 선발한다. 전공을 특정한 분야로 제한하지 않아 대학 졸업자이면 누구나 응시할 수 있다. 이처럼 공채를 통해 수습 기자를 선발하는 제도는 1954년에 〈한국일보〉에서 처음 생겼다.[22] 공채 시험에 합격하면 대개 6개월 동안의 수습 기간을 거쳐 취재 활동에 투입된다.

수습 과정은 선배 기자의 지도하에 철저한 도제 방식으로 이루어진다. 특히 기자들 사이에는 공채 기수별로 엄격한 위계질서가 자리잡고 있다. 이 채용 방식에서는 조직 내부의 인화를 중시하기 때문에 신문사 간의 이동이나 외부 전문 인력의 채용은 적다.

또한 영어, 상식, 국어 등의 시험 과목이 과연 기자 직업에 필요한 자질을 제대로 평가할 수 있는가 하는 비판도 적지 않다. 이 채용 방식은 일반적인 학력 수준이 높은 기자를 선발할 수 있으나, 특히 전문성 있는 기자를 육성하는 데에는 한계가 있다. 따라서 최근에 와서는 필기 시험 성적보다는 현장 능력 평가 중심으로 채용 방식도 바뀌어 가고 있다.

그림 8-5. 1960년대의 신문 기자 공채 시험 장면   출처: 한국일보사, 2004.

일제 시대의 기자 채용과 교육

기자 채용과 훈련 제도는 상당 부분 언론계 내부의 오랜 전통에서 유래한다. 일제 시대 신문들의 채용 방식을 보면 이 점이 잘 드러난다. 1920년대 〈동아일보〉와 〈조선일보〉 창간 당시 기자 가운데 상당수는 일본어 신문이나 〈매일신보〉의 기자 출신이었다. 당시에는 신입 기자들에게 취재와 편집 기술을 체계적으로 교육하는 과정이 전혀 없었다. 따라서 신참 기자들은 현장에서 경력 기자들의 경험을 그때그때 전수받아 익혔다.

민간 신문이 어느 정도 자리를 잡은 1930년대에도 이러한 사정은 크게 달라지지 않았다. 당시 기자 사회에서는 '기자의 본령이라 할 사회부 훈련과 기량'의 필요성을 주장하는 이가 많았기 때문에, 신입 기자는 사회부에 배속되어 견습 과정을 받기도 했다. 하지만 이것은 단순히 선배 기자를 따라 다니는 수준에서 크게 벗어나지 않았다. 그래서 신입 기자들이 외근을 나가기 전에 먼저 신문사 분위기를 충분히 파악하도록 하기 위해, 정리부(지금의 편집부)에서 견습 과정을 거치게 하는 사례도 점차 많아졌다.

하지만 당시에도 여전히 신입 기자들의 견습 기간은 일정하지 않고 훈련 과정도 그다지 체계적이지 않았다. 〈조선일보〉에서는 견습 기간이 평균 9.4개월이었고 개인별로는 4개월부터 25개월에 이르기까지 편차가 컸다. 견습 기자 시절에는 대체로 사회부나 정리부로 배치되는 사례가 많았지만 바로 정치부나 학예부로 가기도 했다.

출처: 박용규, 1994, pp.246~250.

● **스카우트 제도**   미국에서는 우리와 달리 신문사들 사이에 인력이 활발하게 이동하는 스카우트 위주의 구조로 되어 있다. 기자를 지망하는 사람은 대부분 소규모 도시의 작은 신문에서 기자 생활을 시작한다. 여기서 어느 정도 경력을 쌓은 후 능력이 뛰어난 사람은 더 크고 근무 조건이 좋은 신문사로 이동한다. 가령 〈뉴욕 타임스〉는 다른 언론사에서 5년 이상 근무한 경력 기자 가운데 유능한 기자를 스카우트한다. 여기서 기준이 되는 것은 그 기자가 현업에서 쌓은 실적과 경력이다.

이 제도에서는 군소 언론사가 손해를 보게 되어 있다. 즉 큰 언론사는 유능한 경력 기자를 좋은 근무 조건으로 스카우트하기 때문에, 군소 언론사는 늘 인력을 공급하는 징검다리 구실을 한다. 그렇지만 이 방식에서는 사회 전체적으로 인력을 좀더 효율적으로 운영할 수 있어 언론계 전체의 수준은 높아지게 된다.

인력 이동이 빈번한 이 제도하에서는 신문사가 채용 인력의 교육·훈련에 투자를 꺼리기 때문에 기자 지망생은 직업에 필요한 지식과 기술을 대학에서 갖춘다. 그래서 미국 일간 신문에서는 대학 졸업자 기자 중 저널리즘 관련 학부 출신이 1971년에는 41.7%이던 것이 1992년에는 53.7%로 갈수록 늘어나고 있다.[23] 대학에서도 직업 실무 교육 과정이 체계적으로 갖춰져 있다.

반면에 국내 신문에서는 자체적으로 필요 인력을 양성하기 때문에 저널리즘 전공자가 필요하다고 느끼지 않는 것 같다. 그래서 저널리즘 관련 학과 출신 기자의 비율이 그렇게 높지 않으며, 언론 관련 학과의 실무 교육도 그다지 활발하지 않다. 1994년 초 8개 중앙 일간지 수습 기자의 출신 학과를 조사해 본 결과, 92명 중 정치외교학과가 17명으로 가장 많고, 신문방송학과가 15명, 영문과가 14명, 경제·경영이 12명으로 비교적 많았지만, 그 밖에도 불문학, 신학, 화학, 전기공학에 이르기까지 다양한 분야 출신이 분포되어 있다.[24]

한국 언론계에서는 기자 공채 제도의 문제점을 잘 인식하면서도 쉽게 바꾸지 못하고 있다. 이는 단순히 한 기업의 인사 제도 문제에 국한되지 않고 노동 시장 구조나 교육 제도 등 사회 전반의 구조적인 문제와 얽혀 있기 때문이다.

2) 대기자·전문 기자제

공채와 도제식 교육 방식도 처음 도입되었을 때는 나름대로 장점이 많았을 것이다. 그렇지만 시대 상황의 변화에 따라 이 방식이 갖는 문제점이 점차 드러나기 시작했다. 사회가 점점 복잡해지고 신문이 속보성보다 심층성을 강조하게 되면서, 특히 국제 경제나 환경 문제 따위의 전문적 주제에 관한 분석과 심층적인 해설을 다룰 수 있는 기자가 필요해졌다.

그런데 취재 기자들이 여러 부서를 돌아가면서 근무하는 지금 방식으로는 특정한 분야에서 전문 지식을 쌓기가 쉽지 않다. 더구나 대다수의 취재 기자들이 평기자에서 차장, 부장으로 이어지는 승진의 사다리를 밟는데, 이러한 승진 위계에서 밀려나면 기자로서의 능력과 관계없이 조기 은퇴를 해야 한다. 기자가 부장이나 국장 보직을 받지 않고 평생 전문 취재 분야에서 활동하면서 명성을 쌓는 사례는 드물다. 전문 기자제·대기자 제도는 이 문제점을 해결하는 방안으로 제시되었다.[25]

전문 기자제를 도입해야 한다는 주장은 1960년대 후반에 처음 제기되었지만 오랫동안 실현되지 못했다. 그러다가 1992~1993년 무렵 〈중앙일보〉와 〈조선일보〉에서 이 제도를 처음으로 시도했고, 몇몇 다른 신문도 뒤따랐다. 가령 〈중앙일보〉는 1992, 1993년 두 차례에 걸쳐 국제 경제, 의학, 물리학 등의 분야에서 5명을 채용하고, 이듬해엔 국제 정치학, 도시 공학, 러시아, 여성, 군사, 음악, 환경 등의 분야에서 석·박사 학위 소지자 16명을 채용했다.

언론계 내부에서는 전문 기자제 도입을 대체로 긍정적인 변화로 받아들이고 있으나, 기대한 것만큼 전문화에 기여하지는 못했다고 평가하고 있다. 실제로 일부 신문에서는 이 제도가 도입된 지 얼마 가지 않아 흐지부지되었다.

전문 기자는 해당 취재 분야에서 전문 지식을 갖추었지만 기존 취재 시스템과 기자 문화의 벽 때문에 기자로서는 적응하기 쉽지 않았다. 무엇보다 (1) 경험 많은 평기자가 존재하기 어려운 직책 중심의 인사, (2) 기자들의 기수별 이기주의, (3) 고정 출입처 제도의 배타성, (4) 무원칙한 순환 근무, (5) 공채 중심의 단선적 채용 제도 등의 요인은 전문 기자제의 정착을 어렵게 만들었다. 그래서 〈중앙일보〉를 제외한 다른 신문사들은 전문 기자를 외부에서 영입하는 대신에 내부 인력 양성과 경력 기자 스카우트 채용 쪽으로 대안을 모색하고 있다. 한국 신문에서 전문 기자 제도는 여전히 실험 단계에 있다.

3) 재교육 제도

취재 환경이 갈수록 빠른 속도로 변화하고 있기 때문에, 기자들은 재교육의 필요성을 늘 느낀다. 하지만 국내에서는 기자 훈련이 주로 현장 경험 중심으로 이루어져 재교육 기회가 매우 적고 그나마 내용도 미흡하다는 평가를 받고 있다. 현재 언론인 재교육은 소속 언론사의 사내 교육, 한국언론진흥재단의 연수, 대학 위탁 교육, 언론 관련 재단을 통한 해외 연수 등으로 되어 있다.[26]

언론사의 사내 교육은 주로 인사 부서에서 관리 운영한다. 하지만 실제로는 교육 담당자가 없거나 교육 프로그램은 거의 없는 것이나 마찬가지다. 교육은 비용에 비해 성과가 금방 나타나지 않아 대다수의 신문사들은 투자를 꺼린다.

사내 교육은 대개 수습 기간 중에만 이루어진다. 신문사에서는 이 기간에 수습 기자에게 기획, 취재, 교열, CTS 등 신문 제작 단계별 실무와 인터넷 활용 기법을 가르친다. 언론사에서는 수습 기자들이 대개 이 기간 동안 현장 견학을 통해 회사 분위기를 익히고 일선 부서에 배치되어 취재 요령과 기사 작성법을 배운다. 사실상 교육 훈련은 거의 도제 교육에만 의존하는 셈이다.

하지만 일부에서 서서히 변화의 조짐도 나타나고 있다. 가령 〈조선일보〉는 1999년도 수습 기자 교육에서 사회부 경찰 기자와 국제부 수습을 없애고, 편집·교열·인터넷 교육을 각각 7주로 대폭 늘리는 등 변화를 시도했다. 시대에 따라 필요한 기자 자질도 변화하고 있기 때문이다.

기자 재교육 프로그램은 거의 외부 언론 단체나 언론 재단의 연수 위주로 운영되고 있다. 현재 국내에서 현직 기자를 훈련하는 프로그램은 한국언론진흥재단에서 제공하는 교육 과정이 거의 유일하다. 한국언론진흥재단의 교육은 수습 기자 대상의 기본 연수와 경력 기자를 위한 전문 연수로 구분된다. 기본 연수는 실무 능력 향상, 올바른 언론관 확립, 직업 윤리 제고 등을 목표로 1981년부터 매년 개설되고 있다. 전문 연수는 1984년부터 시행되고 있는데, 1999년 4월부터는 회사별 수요에 맞추어 교육 내용을 다양화한 순회 연수도 실시하고 있다.

각 대학교 언론홍보대학원은 주로 중견 간부를 위한 재교육 기회를 제공하고 있다. 이 밖에도 성곡언론문화재단, 삼성언론재단, LG상남언론재단, 한국언론진흥재단, SBS문화재단 등은 매년 기자들을 선발해서 장기 해외 연수를 보내고 있다. 하지만 이러한 형태의 재교육 과정들은 현장 수요와 연관성이 떨어지거나 교육의 체계성이 미흡해 실효성은 의문스럽다는 지적도 있다.

6. 언론인 단체와 노동조합

언론계에는 전·현직 기자들이 참여하는 단체가 유난히 많다. 어떤 것은 단순히 친목 단체에 그치기도 하지만, 특정 직종 종사자들이 관심사를 공유하기 위해 결성한 모임도 있다. 그 밖에도 언론이라는 장을 이용해 사회 활동을 벌이는 단체나 언론 문제에 관한 연구·출판 활동을 하는 단체도 많다. 한국신문윤리위원회처럼 언론인들이 자율적으로 직업 윤리 문제를 처리하기 위한 기관도 있다.

이처럼 언론인 단체가 다양하게 존재하는 것은 언론이 우리 사회에서 그만큼 다양한 기능을 수행하고 있음을 시사한다. 언론의 자유를 위협하는 문제가 발생할 때 이 단체들은 언론인이 공동으로 대처 방안을 모색하는 구심점 역할을 한다. 이

표 8-6. 한국의 언론인 단체들

구분	단체 이름	창립 연도	웹주소	주요 발간물
연구 친목 단체	관훈클럽	1957	kwanhun.com	〈관훈저널〉
	대한언론인회	1977	www.kjclub.or.kr	〈대한언론인회보〉
	서울언론인클럽	1984	www.pressseoul.co.kr	
	한국신문방송인클럽	1994		
	한국신문방송편집인협회	1957	www.editor.or.kr	〈편집인협회보〉
일반 기자 단체	한국기자협회	1964	www.journalist.or.kr	〈기자협회보〉, 〈기자통신〉
	전국언론노동조합	1988	www.pressunion.or.kr	〈언론노보〉
	한국편집기자협회	1964	www.edit.or.kr	〈프레스〉
	한국여기자협회	1961	www.womanjournalist.or.kr	〈여기자〉
	서울외신기자클럽	1956	www.sfcc.or.kr	〈The Seoul Correspondents〉
	한국사진기자협회	1964	www.kppa.or.kr	〈보도 사진 연감〉
	한구조사기자협회	1987	www.josa.or.kr	〈조사 연구〉
	한국어문교열기자협회	1975	www.malgeul.net	〈말과 글〉
	한국체육기자연맹	1973		
	한국과학기자협회	1984	www.scinews.co.kr	
	한국인터넷기자협회	2002	www.kija.org	

단체들은 한국 사회에서 중요한 정치적·사회적 문제가 있을 때마다 여론을 주도하는 오피니언 리더 구실도 했다.

이 밖에도 각 신문사에는 간부급을 제외한 일반 기자나 사원이 가입하는 노동조합이 있다. 국내 신문사의 노동조합은 기업 단위로 조직되어 있다. 즉 편집국 기자뿐 아니라 인쇄, 판매, 영업 등 회사 내 모든 직종 종사자가 한 조직에 가입하고 있다. 제도상으로 보면 이 단체들은 대부분 전국언론노동조합(언노련)이란 산별 노동조합의 지부 형식으로 되어 있다. 물론 실제로는 각 신문사 단위 노동조합이 개별적으로 활동하지만, 언노련은 전국적인 차원에서 활동 방향과 정책 대안을 마련하고 단체 협상 자료집을 제공해 개별 단위 노조의 활동을 지원한다.

한국에서 언론사 노동조합은 1987년 12월부터 본격적으로 결성되기 시작했다. 그전에도 몇 차례 노동조합 결성 움직임이 있었으나 수명이 매우 짧았다. 언론노조의 시초는 1945년 10월 조선출판노동조합이 결성되고 그 산하에 여러 신문사의 노조 분회가 조직된 데에서 비롯했다. 1963년에는 〈경남매일신문〉(1974년에 해체)에서, 1967년에는 〈충청일보〉(1971년에 해체)에서 출판 노조가 결성되었다. 1960년대까지의 노조가 주로 공무국 종사자 위주로 만들어졌다면, 편집국 기자를 중심으로 한 노조는 1970년대에 처음 생겨났다. 1974년 〈동아일보〉와 〈한국일보〉에서 노조가 결성되었지만 경영진과 정치권의 탄압으로 곧 좌절되었다.[27]

신문사 노동조합은 경영진과 단체 협상을 정기적으로 벌여 임금, 노동 시간, 후생 복지 등 조합원의 노동 조건을 개선하는 일을 맡는다. 언론사의 임금 체계가 점차 성과급으로 옮아가고 있기는 하지만 아직 연공 서열제를 근간으로 하기 때문에 단체 협상 결과는 바로 모든 조합원의 생활에 영향을 미친다.

하지만 노동조합이라고 해서 언론인 직업의 특수성과 사회적 책임을 외면하거나 기자들의 집단 이익을 보호하는 데에만 골몰하지는 않는다. 언론사 노조들은 회사 내부에 노·사가 함께 참여하는 공정보도위원회를 운영해 편집권을 보호하려 노력했고, 큰 사회적·정치적 이슈가 있을 때에는 외부 사회 단체와 연합해서 적극적인 활동에 나서기도 했다. 원래 직업 권익 보호에 치중해야 할 노동조합 활동에서도 언론인이라는 직업의 특수한 성격은 반영되고 있는 셈이다.

1. 기자는 전문직과 노동자 중에서 어디에 속한다고 생각하는가? 또 그렇게 생각하는 근거를 제시해 보라.

2. 사이비 기자를 없애기 위해서는 어떻게 해야 한다고 생각하는가?

3. 언론인 출신이 정치권이나 정부 공직으로 진출하는 데 대해 어떻게 생각하며, 그렇게 판단한 근거는 무엇인가?

4. 신문 기자의 채용과 훈련 방식으로는 어떤 것이 가장 바람직하다고 생각하는가? 그리고 그 방식을 채택할 때 생길 수 있는 문제점을 예상해 보라.

5. 언론인은 특정한 정치적 쟁점에 대해 자신의 견해를 표방해야 하는가, 아니면 중립을 지켜야 한다고 보는가?

9장

저널리즘의 철학과 윤리

우리는 지금까지 신문 뉴스가 어떤 과정을 거쳐, 어떤 기준에 따라, 또 어떤 형식으로 작성되는지 살펴보았다. 기자들은 매일매일 작업하는 과정에서 이 관행들을 거의 자연스러운 것으로 받아들인다. 하지만 이 관행들은 언론이 주변의 기술적, 문화적, 기업적 환경에 적응하는 과정에서 생겨났다. 그렇기 때문에 우리는 현재 언론에서 통용되는 보도 양식을 절대적이고 불변의 것으로 간주하면 안 된다.

가령 1997년 IMF 구제 금융 체제는 경제뿐 아니라 우리 사회를 뿌리째 흔들어 놓았다. 이처럼 중대한 위기가 갑자기 닥친 데에는 언론의 책임이 크다는 비판도 있다. 즉 사회 환경은 복잡하게 변했는데, 언론 보도는 구태의연한 관행에 매몰되어 여론의 방향을 잘못 인도하는 바람에 더 심각한 파국을 초래했다는 것이다.

그래서 우리는 현재의 언론 보도 방식이 어떻게 해서 생겨났으며, 어떻게 변화했는지 역사적인 맥락에서 비판적으로 살펴볼 필요가 있다. 이러한 역사적인 비교를 통해 우리는 현재 방식에 어떤 한계가 있고, 어떤 대안이 가능한지 모색할 수 있다. 9장에서는 다음과 같은 내용을 살펴본다.

- 뉴스 보도에서 '객관성'이란 어떤 뜻으로 사용되며, 어떤 한계가 있는가?
- 뉴스 보도에는 어떤 관행이 작용하며, 어떤 문제점이 있는가?
- 기자가 직업 활동에서 겪게 되는 윤리적, 법적인 문제에는 어떤 것이 있을까?
- 현재의 뉴스 양식에 한계가 있다면 어떤 대안이 있는가?

1. 객관적 저널리즘의 한계와 대안

1) 뉴스 보도에서 객관성은 가능한가

객관성이란 언론 보도에서 아마 가장 중시하는 가치라고 말해도 좋을 것이다. 그렇다면 언론 보도에서 '객관성'이란 과연 어떤 뜻으로 사용되며, 어떤 한계가 있는가? 저널리즘에서 객관성이란 용어는 여러 가지 뜻에서 쓰인다. 그것은 기자가 현실을 바라보고 접근하는 자세를 말하기도 하고, 기자가 관찰한 것을 기사로 작성하는 형식을 말하기도 한다. 즉 객관적 보도란 기자가 사건을 중립적인 입장에서 관찰해 객관적인 서술 형식(가령, 육하원칙)을 통해 전달하는 보도 양식으로 정리할 수 있다.

역사적으로 볼 때 언론 보도에서 중시하는 객관성은 마치 과학자가 사물을 냉철하게 관찰하듯이 기자도 사건 보도에서 그러한 자세를 유지할 수 있다는 믿음에서 생겨났다. 하지만 뉴스 보도에서 이야기하는 객관성이란 우리가 떠올리는 과학적 객관성과는 거리가 있다. 지금처럼 불확실한 시대에는 기자가 중립적인 입장에서 현실을 있는 그대로 관찰해 전할 수 있다고 믿는 사람은 그리 많지 않다.

오히려 객관성이란 이상과 같은 철학적 입장보다는 뉴스 보도에 적용되는 독특한 기사 작성 형식을 가리키는 데 사용되고 있다. 언론인들이 말하는 객관적인 뉴스란 다음과 같은 절차를 갖춘 것을 말한다. 기자의 판단을 덧붙이지 않고 사실, 즉 육하원칙에 해당하는 정보나 믿을 만한 소식통의 인용문 위주로 이야기를 구성하는 관행을 말한다. 인용문은 반드시 출처를 밝혀야 하고, 상반되는 의견이나 해석을 함께 인용해야 하며, 주관적인 색채가 짙은 형용사나 부사는 함부로 쓰지 말아야 한다는 등등의 원칙에 따라 기사를 작성하는 관행을 가리킨다. 그렇지만 이러한 형식이 내용의 객관성을 보장해 줄 수는 없다는 비판이 많이 나오고 있다.[1]

우선 권위 있는 직위에 있는 사람이라면 이상과 같은 뉴스 보도 형식의 맹점을 악용해 얼마든지 거짓말을 전파할 수 있다. 예컨대 1950년대 초 미국의 상원 의원이던 조셉 매카시Joseph McCarthy는 자신의 정치적 목적을 위해 언론을 교묘하게 활용했다. 매카시는 확실한 근거도 없이 정부 내에 공산주의자가 많이 침투해 있다고 주장했다. A씨는 공산주의자라고 매카시가 공개적으로 발언하면, 당연히 A씨는 이를 부인했다. 언론 보도 관행에서 상원 의원은 권위 있는 뉴스원에 해당하기 때문에, 언론은 매카시의 말을 그대로 인용하면서 A씨의 반박도 같이 보도했다. 기사가 객관성이나 공정성이란 형식은 갖춘 셈이지만, 독자들은 매카시의 말에 더 비중을 두고 받아들이기 마련이다. 결과적으로 언론은 매카시의 언론 플레이에 놀아나, 뚜렷한 근거도 없이 수많은 사람을 사회적으로 매장시켰다. 이 사례는 객관성이라는 형식이 뉴스원의 조작에 얼마나 손쉽게 악용될 정도로 취약한지 잘 보여 준다.

● 언론인의 개인적 편향　　뉴스 보도는 결국 무엇을 이떻게 보도할 깃인지에 관해 언론인들이 나름대로 정한 판단 기준에 따라 이루어진다. 그렇지만 언론인은 자신도 잘 깨닫지 못하는 사이에 무의식적인 가치 기준에서 영향을 받을 수도 있다. 언론인들은 어느 정도 비슷한 사회적 배경을 갖고 있다. 1980년대 중반의 한 연구에 의하면, 미국의 주류 미디어에 종사하는 평균적인 언론인은 대학 교육을 받고 평균 이상의 소득을 올리는 백인 남성인데, 정치적으로는 절반 이상이 자유주의 성향을 갖고 있는 것으로 나타났다.

　이 공통된 사회적 배경은 뉴스 선정 과정에 알게 모르게 영향을 미쳐 보도의 편향을 유발할 수도 있다. 가령 중산층 출신의 기자들은 뉴스거리 선정에서 중하위층 노동자들의 관심사보다는 중산층의 관심사를 더 반영할 가능성이 있다. 교통 문제와 관련된 기사를 보더라도 서민들이 많이 이용하는 대중 교통 문제보다는 중산층 자가용 이용자들의 삶과 관련성이 높은 고속 도로 통행료나 자가용 차종에 관한 기사가 더 많은 것도 이러한 편향의 한 예로 들 수 있다.

● 뉴스 선정에 작용하는 편향　　언론인들이 뉴스를 선정하는 과정에서는 어떤 가치 기준이 무의식적으로 작용하고 있을까? 허버트 갠스Herbert Gans는 미국의 언론사 편집국 조직에 관한 사례 연구에서 다음과 같은 가치들이 뉴스 선정 과정에서 일종의 편향으로 작용한다고 보았다. 가장 두드러진 예로는 자민족 중심주의, 책임 있는 자본주의, 소도시 목가주의, 개인주의 등의 경향이다.

첫째, 자민족 중심주의*ethnocentrism*란 특히 외신 관련 사건을 보도할 때 다른 나라나 문화의 맥락에 비추어 이해하기보다는 자국의 잣대, 즉 미국인의 관행이나 가치 기준에 따라 해석하려는 태도를 말한다.

둘째, **책임 있는 자본주의***responsible capitalism*란 기업가들이 단지 자신의 이익만을 위해서가 아니라 국가 전체의 번영을 위해 서로 경쟁한다고 가정하는 경향을 말한다. 오늘날의 경제 부문이 대부분 독과점 체제하에 있음에도 이를 비판하는 보도를 보기 어려운 것은 이 편향의 대표적인 예다.

갠스가 세 번째로 지적하는 것은 **소도시 목가주의***small-town pastoralism*에 대한 향수이다. 이것은 언론 보도에서 도시적인 가치보다는 농촌, 개발보다는 보호, 규모가 큰 것보다 소규모를 선호하는 경향이 나타나고 있음을 가리킨다.

넷째, **개인주의***individualism*는 언론 보도에서 가장 두드러지게 나타나는 가치다. 언론 보도는 개인적인 역경을 헤치고 성공한 인물이나 개인적 비리 등 개인 단위에 초점을 맞추어 현상을 보는 경향이 있다. 그렇지만 이러한 보도 태도는 개인 행위의 맥락이 되는 구조적 배경을 도외시하는 한계가 있다.

물론 갠스의 주장은 미국 언론의 경험에 근거한 것이지만 한국 신문의 보도 관행에서 작용하는 편향이나 가치 기준을 밝혀내는 데에도 시사하는 점이 많다. 뉴스 보도에서 완전한 객관성을 유지하기는 아마 불가능할지도 모른다. 그렇지만 어떤 무의식적인 편향이 개입하고 있는지 깨달으면 언론 보도의 자세를 바로잡는 데에도 도움이 된다. 우리가 객관적 보도 양식을 버리지 않으면서도 그 한계를 알아야 하는 이유는 바로 여기에 있다.

2) 뉴스 보도의 관행과 전통

기자들은 남들에게 끊임없이 캐묻고 비판하는 일을 직업으로 삼는다. 그럼에도 불구하고 기자들은 자신들이 하는 일에 대해 남들이 이러쿵저러쿵 논의하고 비판하는 것을 매우 싫어한다. 하지만 기자들의 뉴스 감각이나 취재 방식에는 자신들도 잘 깨닫지 못하는 관행들이 작용하고 있다. 이 관행들은 언론이 본연의 사회적 기능을 제대로 수행하는 데 장애 요인으로 작용할 수도 있다.

언론 보도에서 흔히 나타나는 관행들은 다음과 같이 정리할 수 있다. 첫째는 현재에 초점을 둔다. 둘째는 사건을 드라마처럼 극화해서 보도한다. 셋째, 전문가의 말에 의존한다. 넷째, 사건을 양비론의 관점에서 파악한다. 다섯째는 기존의 제도와 인물에 대해 적대적이고 냉소적인 태도를 보인다.[2] 이것들은 주로 미국 언론의 보도 관행에 관한 논의를 정리한 것이지만 상당 부분 우리 언론에도 적용할 수 있다.

(1) 현재에 초점을 둔다

신문 뉴스는 현재 일어나고 있는 일이나 새로운 사건에만 초점을 맞출 뿐 거시적 쟁점이나 사건의 역사적 맥락에는 그다지 관심을 두지 않는다. 예컨대 비리와 부실 공사가 낳은 대형 참사는 언론 보도에서 단골 메뉴로 삼는 주제들이다. 성수대교 붕괴, 삼풍백화점 붕괴, 원자력 발전소 공사 비리 사건 등 비슷한 대형 사건들은 기억이 희미해질 만하면 계속 터지고 있다. 이 사건들은 공통점이 있다. 눈앞의 이익을 위해 부실 공사나 불법 영업을 일삼는 업자, 불법을 눈감아 준 감독 관청 공무원, 그리고 넓게 조직적으로 퍼져 있는 비리와 뇌물의 공생 관계 등이 사고를 계기로 밝혀진다. 이 유형의 사고가 계속 일어난다는 사실은 이 비리가 어제 오늘의 일이 아니라 뿌리 깊은 구조적인 사회 문제임을 말해 준다.

하지만 언론 보도에서는 구조적인 문제가 아니라 오직 몇몇 인물들(예컨대, 관련 업자, 경찰, 담당 공무원 등)에만 집중적으로 관심을 기울이며, 그것도 일정한 시점까지만 보도한다. 사건의 열기가 가라앉으면 이 사건의 등장 인물들에 관한 소식은 시의성을 잃어버리고 언론은 더 이상 관심을 갖지 않는다. 모든 사건 보도에서 배후 인물과 범인을 찾아내느라 혈안이지만, 일정 시간이 지나면 이 가해자들이 풀려나 거리를 활보하고 있어도 별 신경을 쓰지 않는다. 그것은 옛날 이야기가 되어 버리며 언론은 비슷하더라도 새로운 뉴스거리를 찾아 나선다. 현재의 사건을 과거의 사건이나 추세, 역사와 관련지어 기사를 쓰는 일은 매우 드물다.

▶▶▶ 1990년대의 대표적인 특종 기사

특종 기사는 치열한 취재 경쟁에서 다른 언론사를 제치고 가장 먼저 보도한 기자에게 주어지는 영예다. 특종 기사는 대개 그 시대의 중요한 사건들을 다루기 때문에, 이를 통해 언론의 뉴스 가치를 엿볼 수 있다. 다음은 1990년대의 대표적인 특종 기사로 꼽히는 사례들이다.

- 수서水西 택지 특혜 政·經·官 개입 의혹 (〈세계일보〉 정치부, 1991. 2. 3)
- 낙동강 상수원 페놀 오염 (대구KBS 보도국, 1991. 3. 17)
- 내각제 합의 각서 (〈중앙일보〉 정치부 1991. 5. 31)
- 후기대 입시 문제지 도난 (〈동아일보〉 정치부, 1992. 1. 21)
- 국립과학수사연구소 허위 감정 (MBC 법조팀, 1992. 2. 8)
- 정보사 부지 사기·670만 달러 국제 무기 도입 사기 사건 추적 (〈조선일보〉 사회부, 1992. 6. 25; 1993. 12. 15)
- 광운대 입시 부정 / 상문고 내신 조작 (MBC 사회부, 1993. 2. 2; 〈중앙일보〉 사회부, 1994. 3. 14)
- 김영삼 대통령 첫 조각 검증 (〈동아일보〉 사회부, 1993. 2. 20~3. 3)
- 김일성·등소평鄧小平 사망 첫 보도 (KBS 통일부, 1994. 7. 9; 〈중앙일보〉 북경특파원, 1997. 2. 20)
- 인천 북구청 세금 횡령 사건 (〈경인일보〉 사회부, 1994. 9. 5)
- 부산 강주영 양 유괴 살해 수사의 고문 조작 (〈부산매일〉 사회부, 1994. 11. 8)
- 노태우 대통령 비자금 파문 (〈동아일보〉 정치부, 1995. 10. 19)
- 시화호 3억 톤 폐수 방류 (SBS 경제부, 1996. 4. 25)
- 한보韓寶 사건 수사 (〈조선일보〉 사회부 법조팀, 1997. 2. 5)
- 김현철 씨 국정 개입 전화 통화 폭로 (〈한겨레신문〉 정치부, 1997. 3. 10)
- 주駐 이집트 북한 대사 부부 잠적·망명 가능성 (연합통신 카이로 특파원, 1997. 8. 24)
- 자연 다큐 KBS '수달' 조작 (〈동아일보〉 문화부, 1998. 5. 24)
- 대전 법조 비리 (대전MBC 보도국 취재팀, 1999. 1. 7)

출처: 허용범, 1999, pp.604~623.

● 특종의 중요성　　　언론계에서 오랜 경력을 쌓은 인사들이 쓴 자서전 류의 책을 읽어 보면 이들이 역사적인 사건 현장에서 겪은 무용담으로 가득 차 있다. 우여곡절 끝에 남들보다 먼저 사건의 단서를 잡게 된 계기라든지, 취재 과정에서 겪은 고초, 특종을 터뜨리고 나서 느낀 희열감 등은 이들이 자신의 직업에 관해 회고할 때 거론하는 전형적인 내용이다.

특종이나 독점 취재 이야기는 기자라는 직업에 화려한 후광을 둘러주는 근거가 되기도 한다. 기자들은 바로 이 때문에 직업의 보람과 매력을 느낀다고 실토한다. 하지만 특종을 중시하는 문화는 다시 한 번 생각해 볼 만한 여지를 많이 남긴다. 지금처럼 정보 전파 수단이 발달한 시대에 특종이란 기자들을 제외한 일반 사람들에게 과연 어떤 의미가 있을까? 결국 특종과 낙종이란 불과 한두 시간 정도의 시차에 불과한데, 특종이란 기자들이 소중히 여기는 것만큼 우리 사회에 기여하는 훌륭한 기사인가? 빠른 보도보다는 다소 늦더라도 충분히 취재한 기사가 우리 사회에는 오히려 더 의미가 있지 않을까? 특종의 문화는 언론이 얼마나 '현재'에 집착하는지 단적으로 보여 주는 예다.

(2) 드라마로서의 사건 보도

기자들은 대부분 자신이 스토리 전달자라기보다는 객관적인 정보 전달자라고 생각한다. 하지만 신문 보도는 다양하면서도 공통된 이야기 구조를 갖추고 있다. 뉴스는 나름대로 등장 인물 간의 갈등 구조에 근거하며, 사건의 시작, 전개, 결말을 포함한다. 이 점에서 뉴스는 소설이나 영화처럼 스토리 전달의 성격을 띤다. 즉 뉴스는 어떤 면에서는 드라마의 속성을 갖는다. 그렇다면 왜 이러한 방식으로 기사를 구성하는 관행이 생겨났을까?

언론 보도는 사실에 충실하고 책임감 있는 보도를 원칙으로 한다. 하지만 신문 보도는 사건을 일어난 그대로 재현할 수는 없다. 기자가 취재하는 사건은 수많은 사실로 구성되는데, 이것들이 서로 일관되게 연결되어 있지는 않다. 국회의사당을 취재한다고 가정하자. 여러 의원들이 순서대로 온갖 내용의 발언을 하고, 일부는 회의장을 계속 들락거리며, 회의는 식사와 휴식 시간 때문에 간간히 중단되기도 한다.

기자는 이 무질서한 현장에서 얻은 정보 중에서 일부를 발췌하고 요약해서 일관된 줄거리를 갖는 이야기를 만들어 낸다. 기자는 국회의사당에서 벌어지는 세부 사항을 회의록처럼 '기록'하지 않고, 가령 '여당과 야당이 정치 현안을 놓고 국회에서 충돌했다'는 식의 흥미로운 이야기를 만들어 낸다.

어떤 사건이든 전모를 자세히 들여다보면 대부분 자잘하고 지루한 사실들로 이루어져 있다. 기자는 그중에서 흥미로운 부분만 엮어 가능하면 극적인 이야기로 구성하려 한다. 그렇지 않으면 그 기사는 독자를 끌어들이기 어렵기 때문이다. 더구나 기자들은 서로 치열한 경쟁 관계에 있어, 좀더 흥미 있고 극적인 뉴스를 남들보다 조금이라도 더 빨리 얻기 위해 안간힘을 쓴다. 이 과정에서 기자들은 두 가지 전통을 만들어 냈다. 즉 좋은 이야깃거리good story를 발굴하고 가장 먼저 얻어 내는 것, 즉 특종을 중시하는 관행이다. 이 전통은 19세기의 옐로 저널리즘 시대에 확립되었지만 지금도 유능한 기자를 판별하는 기준이 된다.

(3) 전문가의 말에 의존한다

신문 기사에서 두드러진 또 하나의 특징으로는 외부 취재원, 특히 특정 기관의 전문가들에게 크게 의존하는 관행을 들 수 있다. 기자들도 오랫동안 취재를 맡다 보면 어떤 분야에서는 전문가가 될 수 있다. 하지만 그렇다 하더라도 기자가 직접 얻은 경험과 지식에 근거해 보도하면 좋은 기사로 인정받지 못한다. 기사가 신뢰감을 주려면 내용이 실제로 전문성을 갖추기보다는 사회적으로 권위를 인정받는 정보원에 의존하는 것이 바람직하다고 간주된다. 따라서 기자들은 어떤 분야에서 권위 있는 전문가를 많이 알아두려고 애쓴다. 기자는 전문가와 독자를 잇는 중계자 노릇을 하면서 어려운 정보와 지식을 알기 쉬운 일상적 용어로 풀어서 옮기는 능력을 갖추는 데 주력해 왔다.

하지만 전문가의 인용문에 의존하는 취재 방식에서도 문제는 생겨날 수 있다. 기자들은 어떤 사람의 말을 어떻게 인용할 것인지 궁리하다 보면 이야기를 얼마든지 다양하게 바꿀 수 있으며, 때로는 교묘하게 자신의 주장을 중립적인 것처럼 위장해 전달할 수도 있다. 이러한 기사 형식에서 기사 내용에 대한 책임은 물론 기자가

표 9-1. 미국 권위지 자체 취재 기사의 정보원 분포

단위: %

	뉴욕 타임스	워싱턴 포스트	계
미국 관리	42.3	62.8	49.9
외국 관리·기관	31.4	13.5	24.7
지자체 관리	3.6	3.9	3.7
타 언론사	3.6	2.2	3.1
비정부(외국인)	2.4	1.1	1.9
비정부(미국인)	14.9	15.2	15.0
기타	1.9	1.3	1.7

출처: Sigal, 1973, p.124.

아니라 출처로 삼은 전문가들에게 돌아간다.

이 취재 방식에서 신문 기사에 등장해서 발언하고 의견을 제시하는 사람들은 전문가, 정부 관리, 기업가 등 우리 사회에서 권위나 지식을 갖추고 공식적인 지위를 차지하고 있는 사람들뿐이다. 표 9-1의 자료를 보면, 다양한 정보원을 활용해 기사를 쓰는 것으로 정평이 있는 〈뉴욕 타임스〉와 〈워싱턴 포스트〉조차도 자체 취재 기사의 정보원 중에서 정부 관리들(연방, 주, 외국 정부 포함)의 비중이 각각 77.3%와 80.2%에 달했다. 이러한 언론 관행에서 일반 독자들은 대부분 취재거리가 되지 못한다고 간주되기 때문에 언론에 자신의 의견을 제시할 기회가 없다. 전문가에 의존하는 기사 관행의 가장 근본적인 문제는 바로 대다수의 시민들을 언론 보도에서 배제한다는 점에 있다.

(4) 양비론兩非論의 시각

보도 기사에서는 중립적인 입장을 강조하는데, 이것은 기사 구조에서 아주 독특한 관행을 낳았다. 어떤 정치 관련 사건을 맡은 기자는 다음과 같은 점을 염두에 두고 취재한다. 즉 여당과 야당의 주장을 동시에 취재해 결과적으로 기사 안에서 양측이 서로 대결하는 이야기 구조를 만들어야 한다. 즉 논란이나 의견의 차이가 있을 만

한 이슈를 취재할 때에는 어떤 특정한 입장만 옮기지 말고 모든 입장을 다 취재해서 기사에 인용하도록 되어 있다.

그렇지만 실제로는 기사를 쓰면서 모든 입장을 다 인용하기는 어렵다. 시간이나 지면도 제한되어 있고, 또 그렇게 되면 기사의 이야기 구조가 너무 복잡해지기 때문이다. 그래서 대개 어떤 이슈에 대해 두 가지 극단적인 입장만 인용하는 것이 관행이다. 가령 낙동강 상류 지역에 공단을 건설하는 문제를 보도한다고 하자. 이때 신문에서는 모든 의견을 찬성과 반대라는 단순한 차원에서만 다루게 된다. 이 이슈에 대한 의견들은 찬성과 반대의 차원 이외에도 아주 다양하게 나올 수 있음에도 불구하고 신문 기사에서 이것들이 설 자리는 없다.

원칙적으로 보도 기사는 어떤 쟁점에 대해 중립적인 자세를 지키도록 되어 있다. 하지만 실제로는 기사의 줄거리 구조는 두 극단적인 입장을 절충한 중간의 견해를 제시하게 된다. 양측이 모두 나쁘니 조금씩 양보해야 한다고 타이르는 듯한 양비론적 관점을 취한다. 기사는 대개 두 주장과 어느 정도 거리를 두고 제3자의 위치에서 서술하는 형식을 띠고 있어, 마치 중립적인 자세를 취한 듯한 인상을 준다.

신문이 이처럼 절충적인 자세를 취하는 것은 신문 기업의 경제적 이해관계와도 관련이 있다. 신문은 관점이 다양한 독자들을 고객으로 삼고 있어, 어느 쪽을 편들게 되면 경영에 큰 타격을 입을지도 모른다. 결국 모호하면서도 중립적인 자세는 모든 독자층을 만족시키는 효과적인 영업 전략의 기능도 하는 셈이다.

(5) 합의 지향적 기사와 갈등 지향적 기사

신문 보도는 어떤 사안에 접근하는 시각에 따라 크게 합의 지향적*consensus-oriented* 저널리즘과 갈등 지향적*conflict-oriented* 저널리즘으로 나누어 볼 수 있다.[3] 합의 지향적 저널리즘은 특정한 집단(가령 기업이나 기관)에게 불리한 부정적인 내용보다는 우호적인 홍보성 내용을 담는다. 이것은 특히 신문사에게 재정적으로 중요한 광고주나 지역 유력 기관에 관한 보도에서 흔히 나타난다. 이는 주로 비교적 소규모 지역 공공체의 신문에서 흔히 보이는 보도 방식이지만, 대규모 신문에서도 자주 발견할 수 있다. 좋게 말하면 지역 사회 구성원에게 공동체 의식을 배양하는 효과를 가져오며,

나쁘게 보면 갈등과 사회적 문제를 소홀히 하는 결과를 낳을 수도 있다.

반면에 갈등 지향적 저널리즘은 언론의 역할이 단순히 중립적인 사실을 전달하는 데 그치지 않고, 사회적 문제점과 제도, 지도자 등의 비리를 감시하고 고발하는 데 있다고 간주한다. 여기에는 다시 두 가지 특징들이 나타나는데, 우선 하나는 복잡하고 논쟁적인 사회적 이슈나 문제들을 보도할 때 관련 사안에서 대립적인 입장을 취하는 여러 이해 당사자의 시각들을 균형 있게 안배하여 보도하는 것이다. 다른 하나는 주요 권력 기관이나 지도층이 잠재적으로 비리를 저지를 가능성이 있다고 보고 이들을 감시하는 데 주력하는 보도 태도를 말한다.

(6) 적대적 시각

신문은 갈등을 내포한 뉴스를 좋아한다. 그중에서도 언론은 바로 권력 기관과 적대적*adversarial*이고 비판적인 관계를 유지해 온 전통을 가장 자랑스러워한다. 이 관계를 상징적으로 가장 잘 보여 주는 기사 형식이 바로 특정 인물의 비리를 파헤치는 기사다. 그 인물은 대개 우리 사회에서 비중 있는 지위를 차지하는 지도자일 가능성이 크다. 이 경향은 특히 정치 보도에서 흔히 볼 수 있다. 언론인들은 지도자들이란 항상 무엇인가 비리를 숨기고 있으며, 집요한 추적을 통해 이를 파헤치는 일이야말로 기자의 가장 보람 있는 작업이라고 여긴다.

그러나 이 관행에 대해 비판하는 사람도 많다. 물론 언론이 권력이나 지도층과 너무 우호적인 관계를 유지해서는 안 되지만, 지나치게 적대적이어도 그리 바람직하지 않다. 정치 세계의 비리와 부정적인 측면을 지나치게 강조하면 정치에 대한 혐오증과 냉소주의를 조장하고 국민의 정치적 무관심을 가져와 민주주의 발전에 해가 될 수도 있다. 정치 세계의 부정적인 측면을 파헤치는 일도 중요하지만, 사회 전체로 보면 건설적인 정치적 쟁점과 이념을 주도하는 일이 훨씬 더 의미가 있다.

지금까지 언론은 정치 보도를 통해 정치 과정을 감시하고 발전시킨다는 적극적인 비전보다는 부정적인 측면을 파헤치고 적대적인 입장을 유지하는 데 더 치중해 왔다는 비판도 있다. 언론의 들춰내기식 보도는 때때로 그 자체가 목적처럼 되어 버리는 경향도 있다. 하지만 언론인의 최고 영예인 퓰리처상은 이보다는 좀더 근본적인 차원에서 어떤 사건의 의미를 분석하거나 대책을 제시해 주는 언론인에게 주어진다. 이것은 적대적인 보도 전통이 어떤 방향으로 나가야 할지 잘 시사해 준다.

3) 변화하는 저널리즘 양식

우리는 보통 사건 보도라고 하면 중립적인 입장에서 육하원칙에 따라 작성한 스트레이트 뉴스를 떠올린다. 그렇지만 이것만이 언론 보도의 유일한 양식은 아니다. 그동안 객관적인 뉴스 보도의 한계가 많이 드러나면서 새로운 언론 보도 양식을 모색하려는 움직임이 활발하게 이루어졌다. 이 운동들은 어떤 형태로든 현실 인식 방식이나 바람직한 언론의 모델에 관해 철학적인 가치 판단 위에 서 있다는 점에서 '언론 사조思潮'라고 부를 수 있다.

(1) 언론 보도 양식의 주요 쟁점

특히 1960년대 이후 미국의 언론을 중심으로 활발하게 나온 언론 사조들의 특징은 크게 다음과 같은 두 가지 차원에 따라 정리할 수 있다. 첫째는 현실을 파악하는 관점에서 객관성을 중시하는지, 아니면 관찰자인 기자의 주관적인 판단을 중시하는지에 관한 것이다. 둘째는 현실을 보도할 때 구체적이고 개별적인 사건을 중시하는지, 아니면 장기적이고 일반적인 추세를 파악하는 데 주력하는지에 관한 문제다.[4] 이 두 쟁점에 대해 어떤 입장을 취하는지에 따라 다양한 언론 사조가 생겨날 수 있다.

● 객관성 대 주관성　　의견과 사실을 분리해서 객관적인 관점에서 사건을 보도하는 것은 오랫동안 언론 보도의 '움직일 수 없는' 원칙으로 통했다. 하지만 어떤 사건을 독자에게 생생하게 보도해 주기 위해서는 기자가 보고, 느끼고, 생각한 바를 서술해야 한다는 주장도 나왔다. 1960년대의 뉴 저널리즘은 사건 보도에 소설의 기법을 도입해서 독자에게 현실의 모습을 좀더 실감 있고 생생하게 전달하려 했다. 나아가 객관적인 입장이 불가능한 환상에 불과하다면 아예 사건에 대한 기자의 관점과 견해를 뚜렷이 밝혀야 한다고 주장 저널리즘에서는 주장했다. 반면에 정밀 저널

리즘과 해설 저널리즘은 객관적 보도의 극복을 추구하면서도 현상에 대해 나름대로 객관적 자세를 유지하려 했다. 이처럼 주관성과 객관성이라는 차원은 다양한 언론 사조들을 구분짓는 중요한 철학적 쟁점이다.

● 추세 보도와 사건 보도 　　신문은 우리 사회에서 시시각각으로 일어나는 사건이나 정보를 빠르게 전해 주는 일을 맡고 있다. 그렇지만 요즈음처럼 복잡한 세상에서는 사건이 어떤 의미를 갖는지 독자가 이해하기 쉽지 않다. 그래서 신문이 단순히 시의적인 뉴스를 전해 주는 데 그치지 않고, 사건의 배경과 의미를 함께 설명해 주어야 한다는 주장도 나왔다. 언론 보도에서 이 기능을 강조하는 언론 사조로는 해설 저널리즘이나 정밀 저널리즘이 있다. 오늘날 신문에서 추세*trends* 보도와 사건*events* 보도는 똑같이 중요한 부분으로 인정받고 있다. 하지만 추세 보도에 치중하는 기사의 비중은 아직도 그리 높지 않다.

(2) 새로운 언론 사조들의 부상

시대 상황에 따라 언론의 기능에 대한 요구도 달라질 수 있다. 언론은 좋은 전통을 지키면서도 시대적 요구에 나름대로 적응하고 변신하려는 노력을 하는데, 이 과정에서 새로운 언론 사조가 자연스럽게 형성된다. 특히 미국 언론에서는 1960년대에 해설 저널리즘, 정밀 저널리즘, 주창 저널리즘 등 아주 다양한 언론 사조가 생겨났는데, 이것들은 지금도 언론의 이상적인 모델에 관해 논의할 때마다 언급되고 있다. 그동안 과연 어떤 언론 사조들이 있었으며, 그 특징은 무엇인지 살펴본다.[5]

● 해설 저널리즘 　　지금까지 언론은 그때그때 일어난 사건을 단편적인 사실 위주로 기록하고 알려주는 데 그쳤다. 하지만 독자들은 이 사건이 왜 일어났는지, 그 사건이 어떤 의미를 지니며 어떤 파급 효과를 가져올지도 알고 싶어 한다. 해설 저널리즘*interpretative journalism*은 바로 이러한 욕구를 채워 주기 위해 등장했다. 심층 보도 *depth reporting* 역시 해설 보도와 비슷한 성격을 띤다.
　　신문에서 해설 기사는 1차 세계 대전 무렵에 본격적으로 등장했다. 당시 객관

그림 9-1. 접근 방식의 특징으로 본 언론 사조

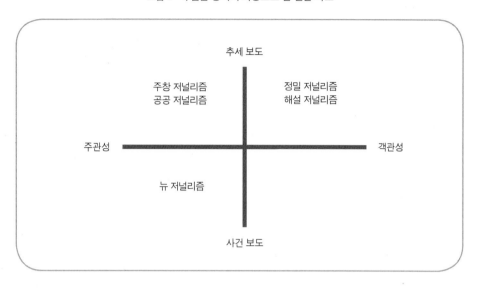

적인 보도 기사만 보던 미국의 독자들은 왜 갑자기 그러한 큰 전쟁이 일어났는지 의문을 가졌고, 신문에서는 이 궁금증을 채워 주기 위해 해설 기사를 싣기 시작했다. 특히 해설 보도를 본격적으로 도입한 것은 1923년에 창간된 시사 잡지 〈타임*Time*〉지였다. 〈타임〉지의 해설 보도가 독자들의 호응을 받게 되자, 신문에서도 본격적으로 해설 기사와 논평을 싣기 시작했다. 1920년 8월 신생 매체이던 라디오가 뉴스를 내보내면서 신문의 위상을 위협하기 시작했는데, 해설 기사 도입은 신문이 속보성의 한계를 보완하려 노력하는 와중에 나온 것이다.

특히 1930년대의 뉴딜 정책이나 이후 2차 세계 대전과 같은 정치, 경제, 사회적 격동기를 거치면서 해설 보도는 더욱 진가를 발휘했으며, 1950년대에 이르면 해설 보도는 저널리즘의 한 흐름으로 자리잡게 된다. 이후에도 환경, 과학, 정치, 경제 등 신문이 보도하는 사회 영역이 점점 복잡해지고 전문화하면서 해설 보도는 갈수록 더 중요해지고 있다.

● 정밀 저널리즘　　　정밀 저널리즘*precision journalism*은 사회과학 조사 방법을 도입해서 취재 보도 기법을 과학화하자는 운동이다. 즉 언론이 스스로 여론 조사, 사회

조사를 시행해 이 결과를 기사로 가공할 수도 있고, 공기관이 보유한 통계 자료를 처리해서 사회적 추세나 경향을 발굴해 기사거리를 만들어 낼 수도 있다. 지금까지 언론 보도는 출입처에서 제공한 정보에 의존했기 때문에 단편적이고 일화적인 사건 보도에서 벗어나기 어려웠다. 그렇지만 정밀 저널리즘을 도입하게 되면 언론은 추세 보도를 좀더 확대할 수 있고 이를 토대로 사회적인 쟁점에 관한 논의를 주도할 수도 있을 것이다.

● 문학 저널리즘　　　문학 저널리즘literary journalism은 뉴 저널리즘new journalism으로도 불리는데, 여러 언론 사조들 가운데서도 객관적 보도 양식의 전통과 관행을 가장 근본적으로 부정한 언론 사조라 할 수 있다. 뉴 저널리즘은 무미건조한 육하원칙에 충실한 스트레이트 뉴스 형식을 거부했으며, 기자는 자신의 감정과 가치관, 주관적 견해를 기사에서 적극적으로 표현해야 한다고 주장했다. 뉴 저널리즘에서는 소설에서 사용하는 서술 방식들, 가령 대화 형식, 상황의 재창조, 등장 인물의 자세한 묘사 등 문학적 기법을 자유롭게 구사했다. 톰 울프Tome Wolfe는 보도의 내용과 픽션 형태를 결합한 것이 문학 저널리즘이라고 규정하면서, 문학 저널리즘은 "저널리즘의 객관적 현실"과 소설의 "주관적 현실"을 모두 살려 낼 수 있는 저널리즘 양식이라고 주장하였다.[6]

　　미국 언론에서 문학 저널리즘은 이미 19세기의 소설가인 마크 트웨인Mark Twain이나 시어도어 드라이저Theodore Dreiser 등의 작품에서 뚜렷한 흔적이 보이기 시작한다. 이들은 작가가 되기 전에 기자 생활을 했다는 공통점도 갖고 있다. 1960년대 이후에는 톰 울프 외에도 헌터 톰슨Hunter Thompson, 지미 브레슬린Jimmy Breslin, 노만 메일러Norman Mailer 등이 문학가이자 언론인으로서 뉴 저널리즘의 바람을 주도하였다. 〈뉴욕 옵저버New York Observer〉 신문이나 〈롤링 스톤Rolling Stone〉 등의 잡지는 뉴 저널리즘 방식의 기사로 이름을 떨쳤다. 하지만 뉴 저널리즘의 기사 작성 양식은 신문에서 보편화하지 못하고 잡지 등지에서 명맥을 이어 가고 있다.

● 주창主唱 저널리즘　　　뉴 저널리즘이 독특한 기사 작성 스타일로 저널리즘 혁

명을 주장했다면, 주창 저널리즘은 전통적 저널리즘의 내용과 스타일을 정면으로 부정하고 대안을 모색했다. "우리는 뉴스를 단순히 인쇄해서 공개하는 것 이상의 일을 해야 한다고 생각한다. 공개 자체로는 사회 개혁을 가져오는 데 불충분하다." 이것은 샌프란시스코 〈베이 가디언Bay Guardian〉지의 발행인 브루스 브루그맨Bruce Brugman이 주창 저널리즘을 주장하면서 한 말이다.

주창 저널리즘에서는 언론인들이 보도에서 자신의 견해나 입장을 공개적으로 표명해야 한다고 주장했다. 이들은 전통적인 객관적 보도 양식을 기만적이라고 비판하면서, 언론인은 보도에서 정치적 견해를 밝혀야 할 뿐 아니라 자신의 주의, 주장을 적극적으로 주창, 실현하려 노력해야 한다고 보았다. 이 사조는 1960년대 미국 사회의 진보적인 분위기 속에서 시민들이 기존 질서에 대해 느낀 불만을 대변했으며, 특히 언론이 사회적 소외층이나 소수 민족에 무관심한 데에 반발해 나왔다.

● 공공 저널리즘   1980년대 후반 미국에서 일부 신문들은 뉴스 제작 과정에 독자들을 좀더 적극적으로 참여시키는 방안을 모색하기 시작했다. 이러한 시도는 〈샬롯 옵저버Charlotte Observer〉, 〈위치타 이글Wichita Eagle〉, 〈버지니안 파일럿Virginian-Pilot〉, 〈미니애폴리스 스타 트리뷴Minneapolis Star Tribune〉 등 주로 그리 크지 않은 신문들을 중심으로 이루어졌다. 이것이 바로 '공공 저널리즘public journalism'이라는 언론 사조로, 지금도 저널리즘에서 크게 주목받고 있다.

전통적인 저널리즘에서는 언론인과 사회 참여 사이에 엄격한 선을 그어 놓고, 기자는 중립적인 보도를 위해서 이 선을 넘지 말아야 한다고 보았다. 반면에 공공 저널리즘은 언론이 단순히 뉴스를 전해 주는 데 안주하지 말고, 공공 영역이 더욱 민주적이고 바람직하게 운영되도록 적극 참여하고 노력할 책임이 있다고 주장한다. 이 언론 사조에서 언론인의 역할은 중립적인 관찰자가 아니라 적극적인 참여자로 바뀐다. 독자들 역시 언론이 전해 주는 사회적 의제를 따라가는 수동적인 소비자에 머무르지 않고 언론이 어떤 방향으로 나갈지 결정하는 데에도 참여하게 된다.

이러한 움직임이 나오게 된 것은 오늘날 정치와 언론이 안고 있는 문제점 때문이다. 현대 정치 제도는 시민들의 참여를 사실상 배제해 정치적 무관심을 조장하고

그림 9-2

〈샬롯 옵저버〉의 공공 저널리즘 기사

있다. 물론 여기에는 시민들을 구경꾼으로 전락시킨 언론의 보도 관행도 한몫을 했다. 언론이 보여 주는 정치 과정은 시민들의 실생활과 동떨어져 있고, 언론은 마치 경마 중계처럼 정치인들의 선거 캠페인이나 판세를 흥미진진하게 보도하는 데에만 몰두하고 있다.

공공 저널리즘을 시도한 신문들은 시민 참여를 확대하는 방안을 다각적으로 모색했다. 언론인들은 지역 사회의 문제를 놓고 독자와 시민이 참여하는 포럼을 조직하기도 했다. 이 활동을 통해 독자들은 자신들에게 직접 영향을 미치는 뉴스 보도의 의제를 결정하는 데에도 발언권을 행사하게 되었다.

가령 1987년과 1988년 미국 조지아 주 콜럼버스는 지역 경제의 침체, 시민 참여 부족, 비효율적인 리더십 등 많은 문제를 안고 있었다. 이때 〈콜럼버스 레저 인쿼러 *Columbus Ledger-Enquirer*〉라는 신문은 지역 사회 지도자들과 시민들의 의견을 조사한 결과를 토대로 8부에 걸친 특집 기사를 내보냈다. 여기에 대한 반응이 좋자, 이 신문은 기사에서 제기한 쟁점들을 놓고 토론하기 위해 주민 모임을 열었다. 이 모임에서 상설 시민 단체가 결성되었고, 이 단체는 지역 사회의 여러 문제를 해결하기 위해 활발하게 활동을 벌였다. 일부 기자들은 이 활동을 보도하는 데 그치지 않고, 이 단체에서 주도적인 역할을 맡아서 활동했다.

공공 저널리즘은 뉴스 결정 과정과 정치 과정에 독자들이 적극 참여하도록 유도하여 놀랄 만한 성과를 낳았다. 하지만 여기에 대한 비판도 적지 않다. 무엇보다 공공 저널리즘은 자칫하면 오랫동안 언론인의 주요한 임무이던 중립적인 감시자 역할을 포기하게 할 수 있다는 것이다. 나아가 이는 기자가 중립적 입장을 지킬 때 얻을 수 있는 신뢰성에까지 큰 타격을 입힐지도 모른다는 우려도 나왔다.

앞서 언급한 언론 사조들은 출현할 당시에는 언론인들에게 많은 호응을 얻기도 했지만, 대부분 오래가지 않아 서서히 사라졌다. 어떤 사조들도 기존의 객관적 보도 양식을 대체하는 대안이 되지는 못했다. 그렇지만 이것들은 기존의 보도 양식이 갖는 한계나 문제점에 대해 언론인들이 다시 한 번 돌이켜보게 해주었고, 해설 저널리즘처럼 일부는 기사 형식이나 장르로 정착되기도 했다. 특히 최근 컴퓨터를 이용한 취재 보도가 활발해져 좀더 폭넓고 깊이 있는 취재가 가능해지면서, 이 언론 사조들의 주장은 새롭게 조명 받고 있다.

2. 취재와 윤리적, 법적 쟁점들

기자들은 취재 과정에서 윤리적, 도덕적으로 민감한 선택이 필요한 상황에 종종 처하게 된다. 도덕적으로 선악이 아주 분명하게 갈라지는 사례도 있지만, 상충하는 가치 중에서 하나를 선택해야 하는 딜레마에 빠지는 상황이 더 많다. 마감 시간과 경쟁에 쫓기는 기자들로서는 순간순간 결정을 해야 하기 때문에, 돌이킬 수 없는 후유증이 나타난 뒤에야 후회하기도 한다. 구체적인 사례는 상황에 따라 아주 다양한 형태를 띠지만, 주요 쟁점들은 다음과 같은 유형으로 분류할 수 있다.[7]

1) 이해관계의 상충

기자들은 때때로 취재 보도라는 직업 활동에 편승해 다른 개인적 이익을 얻을 수도 있는 상황에 처하게 된다. 이것을 이해관계의 상충*conflicts of interest*이나 이해 상충이라 하는데, 취재 활동이 취재라는 원래 목적 이익이 다른 가치에 봉사하게 되는 상황을 말한다. 이해관계의 상충은 아주 다양한 형태로 나타날 수 있다.

이해 상충의 첫째 유형은 출입처에서 기자에게 제공하는 다양한 형태의 물질적인 도움이나 기여인데, 선물이나 공짜 여행, 접대, 공짜 티켓 따위가 대표적인 예들이다. 이것들은 기자가 직업적인 취재 활동을 수행하는 과정에서 부수적으로 얻는 특혜라는 점에서 이해관계의 상충에 해당한다. 이러한 기여 행위는 언론사의 취재에 편의를 제공하는 이점이 있지만, 공정한 보도를 해치는 요인이 된다. 그래서 서구의 권위 있는 언론사에서는 윤리 강령이나 회사 내규를 정해 기자들이 이러한 혜택을 받지 못하도록 하고 있다. 하지만 한국 언론계에서는 취재 편의를 제공하는 데에서 한술 더 떠 '촌지寸志'라는 이름으로 돈 봉투를 건네는 나쁜 관행이 아직도 일부 남아 있다.

둘째로는 기자가 정치 활동이나 사회 운동에 관여하는 것도 이해관계의 상충을 초래할 수 있다. 기자는 자신의 위치를 이용해서 개인적인 사회 활동에 많은 편의를 도모할 수 있다. 하지만 기자가 자신이 몸담은 정치 단체나 운동과 관련된 문제를 취재할 때에는 공정성을 유지하기 어려워질 수도 있다. 서구의 언론사 중에는 기자가 이러한 활동에 관여하는 것을 금지하는 데가 많다. 하지만 개개인의 정치 참여는 시민의 중요한 책무라는 점에서, 이 조치에 반대하는 의견도 만만치 않다.

이 밖에도 기자의 성장 배경이나 신념과 관련된 문제를 취재한다든지 취재에서 얻은 정보를 이용해 영리를 취한다든지 하는 행위도 이해관계의 상충에 해당한다.

▶▶▶ 뉴욕 타임스 이해 상충 지침 (발췌)

1. 타임스의 독립성과 명성의 보호
(1) 타임스는 직원들에게 갈등을 야기하거나 야기할 것으로 보이거나 타임스의 독립성이나 명성을 떨어뜨리는 사업·의무·투자를 피할 것을 요구한다.

(2) 자유 기고, TV와 라디오 출연 또는 연설 등과 같은 무리없는 활동일지라도 그 직원이 TV 프로그램, 출판물 또는 특정 집단과 동일시되거나, 타임스 기자로서의 임무에 방해되거나, 타임스의 성실성과 독립성을 약화시킬 정도로 정규적인 것이 되면 이해상충을 초래할 수 있다.

(3) 자유 기고, 연설이나 기타 활동이 타임스의 후원이나 승인을 받은 것이라고 암시하는 일이 결코 있어서는 안 된다.

(4) 현재 또는 잠재적인 취재원에게서 무료 교통 편의, 선물과 위로 여행을 받을 수 없다.

(5) 이해 상충이나 윤리성 문제는 가명이나 익명을 사용하거나 또는 비근무 시간이나 휴가 기간이라고 해도 적용된다.

2. 타임스에 고용 중 취득한 정보의 부당한 이용 금지
(1) 기업과 금융 분야를 담당한 직원은 일반에게 알려지지 않은 정보를 이용했다는 인상을 주지 않기 위해 어떤 주식도 단기로 사거나 팔아서는 안 된다.

(2) 기업과 금융 기자는 그가 일상적으로 취재하는 회사의 주식을 소유할 수 없다.

(3) 사무원과 복사 요원을 포함하여 편집국 직원은 누구도 타임스에 고용되어 있는 기간 중 취득한 정보를 공개하거나, 그 정보에 의거해 행동함으로써 자신이나 타인을 위해 재정적 이득을 취할 수 없다.

(4) 기업 금융 담당 기자는 보상이 있든 없든 타인을 위해 돈 관리를 할 수 없고 정보 제공이나 투자 자문을 할 수 없다.

출처: 이재경, 1998, pp.229~232.

'촌지'와 기자의 직업 윤리

'촌지'는 기자가 기사를 작성하는 데 어떤 영향을 미칠까? 한국언론재단은 2003년 전국의 방송, 통신, 일간지 기자들을 대상으로 촌지에 대한 '언론인의 윤리 의식'을 조사했다. 최근 1년 사이에 취재원에게서 촌지를 받은 경험이 있는지 알아본 결과, 59.9%가 받은 적이 있다고 응답했다. 촌지 수수 경험자의 비율은 1991년의 65.6%, 2001년의 64.4%에 비해 점차 낮아지는 추세이나 여전히 뿌리 깊은 관행으로 남아 있음이 확인되었다.

촌지 유형으로는 '선물'(30.0%)이 가장 많았고, 그다음은 '향응이나 접대' (24.7%), '금전'(19.6%), '무료 티켓'(16.0%), '취재 관련 무료 여행'(1.3%), '취재와 관련 없는 외유성 여행'(1.3%) 등의 순이었다. 촌지 수수자의 비율은 문화부 (86.8%), 체육/생활부(80.9%), 경제부(72.0%) 등에서 상대적으로 높게 나타났다.

촌지 수수는 어떤 형태로든 기사에 영향을 미칠 수 있다는 점에서 우려할 만한 일이다. 촌지 수수가 기사 선택이나 내용에 어느 정도 영향을 미치는지 조사해 본 결과, '크게 영향을 미친다'는 의견이 8.4%, '약간 영향을 미친다'가 37.3%로 거의 절반 정도(45.7%)가 영향을 미치는 것으로 평가했다.

출처: 한국언론재단, 2003, pp.93~95.

예컨대 석유 회사를 운영하는 집안 출신의 기자가 에너지 문제에 관한 기사를 쓴다면 직업 윤리나 신뢰성에서 문제가 발생할 여지가 크다. 또 증권사 출입 기자가 회사 내부 정보를 이용해 증권 투자를 하는 행위는 윤리적으로뿐 아니라 법적으로도 문제가 될 수 있다.

이해관계의 상충 문제는 기자 개인의 차원뿐 아니라 신문사 조직 차원에서도 발생할 수 있다. 어떤 신문사가 회사의 이해관계에 직접 영향을 미칠 수 있는 인물을 취재할 때가 바로 여기에 해당한다. 가령 재벌 그룹과 관련이 있는 신문사가 모기업에 관한 기사를 다룰 때라든지 그 신문사의 주요한 광고주 기업을 취재할 때가 대표적인 예다.

2) 신뢰 관계와 취재원 보호

기자는 많은 취재원을 만나고 이들과 관계를 유지한다. 기자는 이들에게 출처를 밝히지 않는다는 약속confidentiality을 하고 은밀한 정보를 얻을 때도 있다. 취재원과 맺은 신뢰 관계는 기자 직업에서 중요한 자산이다. 언론인의 윤리는 취재원과 약속을 지키는 일을 매우 중시한다. 국내 언론인 단체들(한국신문협회, 한국신문방송편집인협회, 한국기자협회)이 공동으로 제정한 '신문윤리강령 및 실천요강'에서도 취재원과의 신뢰 관계에 관한 조항을 두고 있다.

취재원 보호에 관한 윤리강령
('신문윤리 실천강령' 제5조)

④ (취재원과 비보도 약속) 기자가 취재원의 신원이나 내용의 비보도 요청에 동의한 경우 취재원이 비윤리적 행위 또는 불법행위의 당사자인 경우를 제외하고는 보도해서는 안 된다.
⑤ (취재원 보호) 기자는 취재원의 안전이 위태롭거나 부당하게 불이익을 받을 위험이 있는 경우 그 신원을 밝혀서는 안 된다.

하지만 취재원과 신뢰를 지키는 일은 상황에 따라 어려운 윤리적 딜레마를 가져오기도 한다. 미국 미네소타 주지사 선거에서 실제로 일어난 사건을 예로 들어보자. 어느 신문사 기자는 한 후보자 진영의 홍보 대행사 관계자에게서 전화를 받았다. 이 관계자는 기사에 출처를 밝히지 않는다면 상대 후보자에 관해 중요한 정보를 제공하겠다고 말했다. 귀가 솔깃해진 기자는 비밀 보장을 약속하고 자료를 넘겨받았다. 그것은 상대 후보자가 가벼운 죄목으로 두 번 체포된 전력이 있음을 보여 주는 자료였다. 그런데 데스크에서는 이 후보자의 전력 자체보다는 오히려 상대방을 뒷조사해서 밀고하는 추잡한 정치 술수가 더 기사거리가 된다고 판단했다. 기자의 완강한 반대를 무릅쓰고 그 신문은 제보자 이름을 밝혔고, 제보자는 이 때문에 직장에서 쫓겨났다.

여기서 두 신문은 기자와 제보자 사이의 약속을 깨뜨리고 제보자를 밝혔다. 반면에 통신사에서는 제보자가 원한 대로 신원을 밝히지 않고 제보 내용을 기사화했다. 한 텔레비전 방송사에서는 제보자에 비밀 보장을 약속하고 정보를 얻었지만, 아예 기사를 내보내지 않기로 결정했다. 그렇다면 여기서 누가 언론인으로서 가장 윤리적인 결정을 내렸을까?

기자는 기사 때문에 언제든 취재 대상에게서 명예훼손으로 소송을 당할 수도 있다. 기자가 명예훼손의 혐의를 벗으려면 보도 내용이 사실임을 증명하기 위해 제보자를 밝혀야 한다. 그런데 기자가 제보자를 밝히면 취재원에 피해를 입히게 된다. 그래서 언론인들은 법정에서 뉴스원에 관한 증언을 명령받았을 때 거부할 권리를 주어야 한다고 주장한다. 정부 기관 내부 비리는 내부의 제보가 있어야 취재할 수 있다. 만일 제보자에 대해 비밀 보장을 해주지 못하면, 심층 취재는 어려워지고 나아가 국민의 알 권리를 실현할 수 없게 된다.

취재원 보호에서 가장 중요한 요소는 법정에서의 증언 거부권인데, 여러 나라에서는 언론 자유의 활성화를 위해 이를 법적으로 보장해 준다. 독일, 오스트리아, 노르웨이, 스웨덴, 스위스 등에서는 언론 보도 종사자에게 법적으로 증언 거부권을 인정한다. 특히 독일은 1975년 기자들이 취재원에 관해 증언을 거부할 권리를 법제화했을 뿐 아니라, 신원이 밝혀질 수 있는 내용의 취재·편집 자료를 수사 기관에서 압수하는 것도 금지했다. 프랑스나 영국에서는 취재원 보호에 관해 별도의 법 조항을 두지 않았지만 판례나 관습법에 따라 언론인에게 증언 거부권을 인정하고 있다.

미국에서는 1990년대까지 28개 주에서 쉴드법shield laws, 즉 '방패법'을 제정해서 합법적으로 취재원을 보호할 권리를 기자에게 보장해 주었다. 그렇지만 이 제도는 주로 주법에서만 시행되고 있고 연방법 차원에서는 몇 차례 입법화 시도가 있었지만 성공을 거두지 못했다. 게다가 주마다 법 규정의 적용 대상, 예외 조항 등에서 차이가 많아서, 취재원 보호가 완전한 권리로 정착하지는 못했다.

우리나라에서도 1980년 12월 언론기본법이 제정되면서 취재원에 관한 '진술 거부권'을 인정하는 조항을 두었다. 이는 독일법에서 보장하는 취재원 보호 제도를 그대로 수용한 것으로 당시로서는 시대에 앞선 상당히 진보적인 성격을 갖는 조항이었다. 하지만 이 조항은 5공하의 경직된 정치 상황에서 별로 실효성을 거두지 못하다가 1987년 말 언론기본법이 폐지되면서 사라졌다.

3) 위장 취재

탐사 보도 기자는 심층 정보를 캐내기 위해 기자 신분을 숨기고 취재하기도 한다. 사람들은 대개 기자와 인터뷰하는 것을 꺼린다. 특히 정보가 언론에 보도되면 명예에 손상을 입거나 심지어 직장을 잃게 될지도 모르는 사람도 있다. 이렇게 본다면 위장 취재는 상당히 비윤리적인 취재 방법이 될 수도 있다. 상황에 따라서는 법적으로도 신분 사칭죄에 해당하는 일도 생길 수 있다. 기자는 필요에 따라서는 위장 취재뿐 아니라 윤리적으로 의심스러운 다른 방법도 사용하고 싶은 유혹에 흔들리게 된다. 그렇다면 독자들에게 알려야 한다는 고귀한 목적을 위해 부당한 방법을 사용하는 행위가 정당화될 수 있을까?

여기에 대해 모든 상황에 적용할 수 있는 정해진 해답은 없다. 절대주의적 윤리 *absolutist ethics* 기준에 따르면 진리 발견이라는 목적이 위장 취재라는 잘못된 수단(즉 거짓말)을 정당화하지는 못한다. 그러나 이와는 반대로 상황 윤리*situational ethics*의 관점에서는 정해진 원칙 없이 그때그때의 개별적인 상황에 따라 판단해야 한다고 본다. 그렇게 되면 기자는 상황에 따라서는 비윤리적인 방법을 사용할 수도 있게 된다. 미국의 언론인 단체인 **SPJ**(Society of Professional Journalists)의 윤리 강령에서도 이 문제에 대해 뚜렷한 해답은 제시하지 않고 있다. 즉 해답은 기자나 언론사가 이러한 상황에 대해 어떤 윤리 기준을 택하는지에 달려 있다.

'취재준칙'에 관한 조항
('신문윤리 실천강령' 제2조)

기자는 취재를 위해 개인 또는 단체를 접촉할 때 필요한 예의를 지켜야 할 뿐만 아니라 비윤리적인 또는 불법적인 방법을 사용해서는 안된다. 또한 기자는 취재를 위해 개인을 위협하거나 괴롭혀서는 안 된다.

① (신문 사칭·위장 및 문서 반출 금지) 기자는 신분을 위장하거나 사칭하여 취재해서는 안 되며, 문서, 자료, 컴퓨터 등에 입력된 전자정보, 사진 기타 영상물을 소유주나 관리자의 승인 없이 검색하거나 반출해서는 안 된다. 다만 공익을 위해 부득이 필요한 경우와 다른 수단을 통해 취재할 수 없는 때에는 예외로 정당화될 수 있다.

② (재난 등 취재) 기자는 재난이나 사고를 취재할 때 인간의 존엄성을 침해하거나 피해자의 치료를 방해해서는 안 되며 재난 및 사고자의 피해자, 희생자 및 그 가족에 적절한 예의를 갖추어야 한다.

③ (병원 등 취재) 기자는 병원, 요양원, 보건소 등을 취재할 때 신분을 밝혀야 하며 입원실을 포함한 비공개 지역을 허가없이 들어가서는 안 된다. 또한 기자는 허가없이 환자를 상대로 취재하거나 촬영을 해서는 안 되며 환자의 치료에 지장을 주어서는 안 된다.

④ (전화 취재) 기자는 전화로 취재할 때 먼저 신분을 밝혀야 함을 원칙으로 하며 취재원이 취재 요청을 거절할 경우 거듭된 통화의 연속적인 반복으로 취재원을 괴롭혀서는 안 된다.

⑤ (도청 및 비밀 촬영 금지) 기자는 개인의 전화도청이나 비밀 촬영 등 사생활을 침해해서는 안 된다.

4) 명예훼손

언론 보도는 범죄나 비리 따위의 부정적인 사회 현상을 많이 다룬다. 이러한 보도는 대개 특정한 인물들의 이름을 거론하기 때문에 자칫하면 명예훼손 시비에 말려들 수 있다. 명예훼손죄란 어떤 개인에 관한 부정적인 정보를 널리 유통시켜 명예를 손상하는 범죄를 말한다. 명예는 어떤 사람에 대한 사회적 평가를 말하는데, 이것은 침해되었을 때에만 드러나는 소극적인 권리다.

● 명예훼손이 성립하지 않는 경우　　언론이 다루는 사건들은 대부분 위의 요건에 맞아떨어지기 때문에, 명예훼손죄가 엄격히 적용된다면 언론 보도는 상당히 위축될 수밖에 없다. 하지만 비록 언론 보도로 개인의 평판이 훼손되더라도 다음과 같은 경우에는 명예훼손죄가 성립하지 않는다.[9]

첫째는 보도 내용에 대해 진실 증명이 가능하면 책임을 면할 수 있다. 또한 마감 시간에 쫓기는 언론 보도의 특성상 모든 정보가 사실과 일치하기는 어렵기 때문에, 기사의 주요한 부분이 진실이면 충분하다고 본다(미국과 일본). 물론 보도 내용에 대해 진실 증명의 책임은 피고인인 언론사가 진다.

명예훼손에서 면책이 되는 두 번째 예는 기자가 취재 당시 허위를 진실로 착각할 만한 상당한 이유가 있을 때다(상당 이유의 이론). 즉 기사를 작성할 당시에 기자가 어떤 정보가 사실이라고 믿을 만한 이유가 있을 때에는 그것이 거짓으로 밝혀지더라도 명예훼손에서 면책된다. 가령 수사당국의 공식 발표나 수사 담당자에게서 비공식적으로 취재해서 얻은 정보라면 당연히 기자가 사실로 믿을 만한 사유가 된다.

세 번째 면책 사유는 공정한 논평이다. 언론은 사회 문제나 관심사에 관해 자유롭게 논평할 수 있는데, 논평 대상 인물에 해를 입힐 목적으로 악의를 갖고 한 것이 아니라면 공정한 논평으로 인정된다. 물론 논평이나 의견은 사실에 근거해 이루어져야 마땅하지만 설혹 주장의 근거가 잘못되었다 할지라도 책임을 물어서는 안된다는 것이다.

● 피해 구제 방법　　명예훼손에 대한 구제 방법으로는 손해 배상, 사과 광고·정정 보도, 반론 기회 부여, (연재 기사일 때에는) 기사 중지 등이 있다. 대체로 독일, 일본, 한국 등 대륙법 계통의 국가에서는 형법에 의해 가해자를 처벌해 사회적 책임을 묻는다. 반면에 영국과 미국 등에서는 민사법에 의해 물질적인 피해 보상을 해준다. 미국신문협회에 의하면 1990~1991년 사이에 신문사가 패소로 입은 손해는 800만 달러에 달했다.[10] 명예훼손 소송은 신문사의 신뢰도를 떨어뜨릴 뿐 아니라 이처럼 경영에도 심각한 타격을 줄 수 있다. 그래서 신문사들은 전담 변호사를 두고 명예훼손을 야기할 만한 기사에 관해 자문을 구하는 등 사전 예방에 힘쓰고 있다.

그림 9-3
설리번 판례의 계기가 된
〈뉴욕 타임스〉(1960. 3. 29) 광고

● **현실적 악의**　　명예훼손에 관한 법규가 엄격하게 적용된다면, 기자들은 인물에 관한 기사를 쓰는 데 많은 어려움을 겪게 될 것이다. 그래서 외국에서는 정부 관리, 배우, 스포츠 스타, 사회 운동가 등 공인公人의 명예훼손에 대해서는 적용을 완화하는 추세다. 즉 공직자의 행위에 대해서는 잘못된 사실을 보도하더라도 그것이 잘못된 줄 알면서도 하거나 조금만 주의하면 알 수 있는 것을 무시한 채 보도하지 않는 한, 명예훼손의 책임이 면죄된다. 악의의 개입 여부도 소송을 제기한 공인이 입증해야 한다. 이것이 바로 '현실적 악의*actual malice*' 이론이다.[11]

　1964년 〈뉴욕 타임스〉 대 설리번(New York Times vs. Sullivan) 사건에 대한 미국 연방 대법원의 판결은 바로 이 경향을 대표하는 사례다. 1960년 〈뉴욕 타임스〉에는 앨러배마 주 몽고메리시를 비롯해 남부 도시 관리들의 인종 차별과 편파적인 법 집행을 규탄하는 전면 광고가 실렸다. 이 광고는 비판 대상자들의 실명을 거론하지 않았는데도, 몽고메리시 행정위원인 설리번은 이 광고가 간접적으로 자신의 명예를 훼손했다며 소송을 제기했다. 설리번은 주 법원에서는 승소했으나, 연방 대법원은 앨러배마의 명예훼손법이 수정헌법 제1조를 침해했다면서 〈뉴욕 타임스〉의 손을 들어주었다.

이 판결에서 대법원은 원고가 공인인지 개인인지 구분해야 한다면서, 공인에 대해서는 일반적인 명예훼손의 요건 외에도 언론 매체가 현실적 악의를 갖고 보도했음을 입증해야 한다고 판결했다. 이 판례는 언론 자유를 보호하기 위해 공직자나 공적인 인물에 대해서는 명예훼손의 범위를 엄격하게 제한했다. 만일 신문이 정부나 공직자를 비판할 때 명예훼손의 책임을 엄격히 묻는다면 언론은 위축되어 자기 검열을 하게 될 우려가 있기 때문이다.

5) 프라이버시 침해

기자는 사건을 취재하면서 독자의 알 권리와 개인의 프라이버시*privacy* 권리 보호 사이에서 위험한 줄타기를 하는 사례가 많다. 기자들은 대형 사고에서 중상을 입은 피해자들을 인터뷰하기 위해 병상에 카메라를 들이대기도 하며, 희생자 유족들을 취재하느라 이들의 아픈 가슴을 자극하기도 한다. 기자들은 독자의 알 권리를 위해서 피해자의 프라이버시를 어느 정도 침해하는 일은 불가피하다고 말한다.

그렇다면 과연 알 권리와 프라이버시 중에서 어느 쪽을 우선해야 하는가? 유족들에게 더 심한 고통을 안겨주면서 따온 인용문 덕분에 독자들은 과연 유익한 정보를 얻었다고 할 수 있는가? 이 두 가지 권리가 충돌할 때 기자들은 대개 알 권리를 택한다. 하지만 이 두 권리를 조화시키는 방법은 과연 없을까? 이러한 상황은 기자들이 심각히 고민해야 할 윤리적 문제를 제기해 준다.

또한 프라이버시 침해는 복잡한 법적 문제를 야기할 수도 있다. 프라이버시 권리는 명예훼손과 밀접한 관련이 있다. 차이가 있다면 명예훼손은 개인의 명성에 손상을 입히는 반면에, 프라이버시 침해는 개인이 홀로 있을 권리, 평화를 유지할 권리를 침해하는 행위이다. 또 명예훼손은 허위 정보를 퍼뜨리는 행위인데 비해 프라이버시 침해는 내용이 진실한 것이어도 성립한다는 점이 다르다. 언론이 개인의 프라이버시를 침해하는 유형에는 네 가지가 있다.[12]

첫째는 **침입**인데, 개인의 공간을 물리적으로 침입하거나 엿보거나 엿듣는 행위를 말한다. 허락을 받지 않고 마이크, 감시 카메라, 도청 장치 등을 사용해도 프라이버시 침해에 해당한다. 둘째는 **사적인 정보의 공표**인데, 사전 허락을 받지 않고 개인의 의료 기록 등 사적인 정보를 공개적으로 유통시키는 행위를 말한다. 셋째는 **공중의 오인을 유발할 표현**인데, 개인에 관하여 일반 사람들에게 잘못된 인상을 줄 우려가 있는 공표 행위를 말한다. 가령 사진에 내용과 무관한 캡션을 붙여 독자들의 오해를 자아내면 프라이버시 침해가 된다. 넷째는 **초상권 침해**로, 개인의 이름이나 사진을 사전 허락 없이 상업적인 목적에 사용하는 행위를 말한다.

6) 범죄 보도와 재판

언론의 자유는 다른 기본권과 충돌할 때 아주 복잡한 문제를 일으키게 된다. 범죄 사건을 보도할 때가 바로 이런 상황이다. 독자들이 궁금해하는 사건 경과를 언론은 알릴 의무와 권리가 있다. 그렇지만 사건에 연루된 피의자들은 공정한 재판을 받을 권리가 있고, 법원은 재판을 공정하게 진행해서 정의를 구현할 책임을 진다. 범죄 사건과 재판 과정의 보도에서 이 두 권리는 서로 갈등을 일으킬 수도 있다. 수사 기관에서 어떤 사람을 사건의 용의자로 지목해 수사하는 단계에 있는데도 언론이 성급하게 이들을 범인으로 단정해서 보도하는 사례를 여론 재판 혹은 언론 재판이라 부른다.

● **용의자의 실명 보도**   우리나라 언론은 범죄 사건을 보도할 때 종종 수배나 체포 단계에서 용의자 이름을 그대로 싣는다. 중요한 사건에서는 용의자뿐 아니라 주변 인물이나 가족에 관한 사항까지 자세히 보도한다. 이 같은 실명 보도는 용의자의 명예와 인권을 침해할 소지가 매우 크다. 이러한 보도는 적법한 절차 없이 피의자나 용의자에게 사실상 가혹한 형벌을 가하는 것이나 마찬가지다.[13]

사례 연구

'도망자'와 언론 재판

여러분은 아마 〈도망자*The Fugitive*〉(1994)란 영화에 나오는 리처드 킴블(해리슨 포드)이라는 의사를 기억할 것이다. 이 영화는 이전에도 같은 이름의 텔레비전 시리즈물로 제작되어 오랫동안 방영된 적이 있다. 이 영화는 1954년 7월 4일 미국 오하이오 주 클리블랜드 지역에서 발생한 살인 사건을 소재로 해서 만들어졌다. 셈 셰퍼드라는 의사의 집에서 아내가 무참히 살해된 시체로 발견되었는데, 이 사건은 곧 미국 전역에서 큰 뉴스거리가 되었다. 이 사건의 수사 과정에서 셰퍼드는 가장 주요한 용의자였는데, 수사가 끝나기도 전에 언론, 특히 클리블랜드 지역 신문들은 셰퍼드를 아예 범인으로 단정해 버렸다. 다음과 같은 선동적인 사설 제목에서 볼 수 있듯이 언론은 일방적인 보도로 셰퍼드를 비난하는 여론을 부추겼다.

"셈 셰퍼드는 왜 감옥에 안 가나?"
"경찰은 왜 가장 유력한 용의자를 심문하지 않는가?"

그렇지만 영화와 달리 실제 사건은 해피 엔딩으로 끝나지 않는다. 선정적인 보도는 재판 과정에서도 계속되었고 일방적인 여론의 압력 속에서 셰퍼드는 유죄 판결을 받고 수감되었다. 셰퍼드는 재심 청구를 거듭했고 마침내 연방 대법원에서 이를 받아들였다. 1966년 셰퍼드는 다시 재판을 받고 무죄로 풀려났다. 하지만 이것은 이미 셰퍼드가 12년간이나 복역한 후였다. 이 사건은 범죄 사건에 대한 언론의 섣부른 보도가 개인에게 얼마나 치명적인 피해를 입힐 수 있는지 극적으로 잘 보여 준 사례이다.

그래서 영국, 스웨덴, 핀란드 등지에서는 형사 사건을 보도할 때 재판이 끝날 때까지 용의자의 실명을 밝히지 않는다. 가령 스웨덴에서는 공익*public interest*에 명백하게 합치되지 않는 한 용의자나 피고인, 죄수의 이름을 밝힐 수 없다. 일반 형사 사건의 용의자나 피고인은 공익과 관련이 없다고 보고 실명 보도를 하지 않는다. 여기서 용의자의 이름뿐 아니라 사진이나 직업, 직위, 연령, 성별, 본인임을 알 수 있는 특징 등 신상 정보도 보도하지 않는 것이 원칙이다.

영국이나 미국에서는 일반인을 재판에 참석시키는 배심원제를 채택하고 있어 언론 재판의 위험성은 더욱 크다. 언론 재판은 법관이나 증인들에게 심리적인 압력을 가해 판결에 영향을 줄 수도 있다. 그래서 용의자나 피의자에게 공정한 재판을 보장하고 이들의 인권을 보호하기 위해 진행 중인 형사 사건에 관한 보도에 여러 가지 제약을 둔다.

7) 정보 접근권과 정보 공개제

민주주의 사회에서 모든 국민은 알 권리를 갖지만 일반 국민들이 이 권리를 행사해 필요한 정보를 직접 접하기란 쉽지 않다. 그래서 언론은 사실상 국민을 대신해서 정보를 수집해 국민에게 알려주는 방식으로 이 권리를 간접적으로 실현한다. 그런데 언론이 정보를 제대로 수집하기 위해서는 정보원에 자유롭게 접근할 수 있어야 한다. 즉 언론에게 정보 접근권을 보장해 주어야 한다.

언론의 정보 접근권이 실현되는 데 가장 큰 장애는 국가 기관이다. 오늘날 정부의 기능은 갈수록 방대해지고 전문화하고 있어, 이 기관들의 활동 내역 정보를 체계적으로 수집하지 못한다면 알 권리의 실현은 사실상 어렵다. 그래서 정보원에 대한 접근을 손쉽게 해주는 여러 가지 제도적 장치가 마련되었다. 국가 기관 회의 공개 제도와 정보 공개제가 대표적인 예다.

● **국가 기관 회의 공개 제도**　　선진국에서는 정부 기관의 정책 결정 과정을 공개해서 언론이 자유롭게 취재할 수 있도록 하는 제도들이 정착되었다. 미국에서 1972

년에 제정된 연방자문위원회법Federal Advisory Committee Act과 1976년에 제정된 선샤인법, 즉 행정기관회의공개법Government in the Sunshine Act의 두 가지가 가장 잘 알려진 예다. 이 두 법은 각종 정부 기관의 자문 위원회와 합의제 연방 정부 기관들의 회의를 일반인에게 공개하도록 하였다. 이 외에도 민주주의 국가에서는 국회나 의회의 의사 진행을 공개하도록 제도화하고 있다. 우리나라 헌법에서도 국회의 회의는 공개하도록 규정하고 있다.

● **정보 공개제**　　정부 기관들은 많은 정보를 보유하고 있지만 대부분 국가 안보나 공익을 핑계로 가능한 한 공개하지 않으려는 경향이 있다. 이것은 관료제의 일반적인 특징이다. 이들은 자기 부서의 특권을 지키고 부정이나 실수를 숨기기 위해 비밀주의를 남발하기도 한다. 그래서 많은 국가에서는 언론인과 다른 사회 단체들이 주축이 되어 알 권리 운동을 벌인 결과, 공공 정보의 공개를 의무화한 정보 공개제가 도입·운영되고 있다.

　　1966년 미국에서 도입된 정보자유법Freedom of Information Act이 대표적인 예다. 이 법은 연방 정부 기관이 보유한 공문서 기록에 대해 누구나 열람을 요구할 수 있는 권리를 부여하고 있다. 한국에서는 1980년 제정된 언론기본법이 최초로 정보개시청구권을 도입하였다. 이 법 제6조는 "국가 및 지방자치단체와 공공단체는 신문·통신의 발행인 또는 방송국의 장이나 그 대리인의 청구가 있을 경우에는 공익 사항에 대한 정보를 제공하여야 한다"고 규정했다. 하지만 언론기본법이 폐지될 때까지 단 한 건도 정보 공개를 청구한 사례가 없었다. 이 조항은 내용이 막연하고 너무 포괄적인 예외 조항을 두고 있어 실효를 거두지 못했다.

　　하지만 1996년 12월 '공공기관의 정보공개에 관한 법률'이 통과되어 국내에도 정보 공개제가 공식적으로 도입되었다. 정보공개법은 국가 안보나 외교 등 국가의 중요한 이익을 해칠 우려가 있는 사항을 제외하고는 국민 누구에게나 정보를 공개토록 하고, 대상 기관은 주요 문서 목록, 정보 공개 편람, 정보 공개 심의회, 정보 청구 비용에 대한 조례 등을 마련하도록 규정하고 있다.[14]

시노하라 사건과 기밀 정보의 관리

1993년 7월 일본 후지 텔레비전 서울지국장 시노하라 마사토 씨는 군사기밀보호법 위반 혐의로 구속되었다. 검찰은 시노하라가 군 내부의 2·3급 군사 기밀을 포함해 군사 정보 27건을 일본 대사관에 넘겨준 혐의를 받고 있다고 발표했다. 이 사건은 외신 기자들이 취재 활동 과정에서 국내 실정법을 위반했다는 점에서 관심을 끌었지만, 또한 한국 정부의 기밀 정보 관리 제도의 문제점을 부각하는 계기가 되었다.

시노하라 사건을 계기로 국방부와 합참이 군사 보안 및 기밀 실태를 조사한 결과에 의하면 한국군의 군사 기밀은 무려 86만 9993건에 달하는 것으로 밝혀졌다. 국방부 집계에 따르면 1급 비밀은 5건에 불과하지만, 2급 비밀은 27만 3163건, 3급 비밀은 32만 8986건, 대외비는 26만 7839건이었다.

국방부의 관계자는 "지금까지 군사 기밀을 필요 이상으로 많이 분류해 정작 지켜야 할 비밀은 누설되는 결과를 초래했다"면서 "현재 진행 중인 비밀 재분류 작업을 통해 불필요하다고 판단되는 것은 과감히 비밀에서 해제할 계획"이라고 밝혔다. 이 사례는 그동안 한국 정부 기관들이 정보의 외부 유출에 대해 얼마나 엄격한 비밀주의 자세를 유지해왔는지 잘 보여 준다. 어떤 점에서는 비현실적일 정도로 엄격한 비밀주의가 비밀에 대한 불감증을 초래해 이 사건을 낳았다고도 할 수 있다.

출처: 〈시사저널〉 1993. 7. 29; 〈조선일보〉 1993. 10. 17.

1. 오늘날 신문 보도에 어떤 문제점이 있다고 생각하는가? 또 신문이 잘하고 있다고 생각하는 점은 무엇인가?

2. 기자의 신분으로 정치 활동에 참여해도 괜찮다고 생각하는가, 아니면 바람직하지 않다고 생각하는가? 이 문제에 대해 자신의 견해를 밝히고 그 이유를 제시해 보라.

3. 기사를 작성할 때 전문가의 말에 많이 의존하는 관행이 왜 문제가 되는가? 이것이 문제가 된다면 어떤 대안이 있을까?

4. 신문 기사에서 '양비론'의 시각을 택하고 있는 사례를 찾아보고, 여기서 어떤 상반된 관점들을 인용하고 있는지 조사해 보라. 당신이 판단하기에 이 입장들은 어떤 차이가 있으며, 혹시 더 포함해야 한다고 생각하는 의견은 없는지 살펴보라.

5. 가장 이상적인 '언론 사조'는 어느 것이라고 생각하는지 밝히고 그 이유를 설명해 보라.

6. 정보 공개제는 왜 필요한가? 정보 공개법이 제도화하면 기자의 취재 방식이 어떻게 달라질 것 같은가?

7. 최근의 신문에서 명예훼손의 가능성이 있는 기사를 찾아내고, 그렇게 판단하는 근거를 제시해 보라.

10장

신문 독자에서
뉴스 이용자로

수용자가 없다면 신문이라는 매스 커뮤니케이션 현상은 성립할 수가 없다. 또 신문 기업 운영에서 독자는 이들의 주된 수입원 구실도 한다. 독자들이 신문을 구독하지 않으면 신문은 기업으로서 존립할 수가 없다. 신문은 이용자들의 사회적 배경과 성향에 맞추어 내용을 특화하기 때문에, 신문 이용자는 신문 매체의 방향과 내용에도 큰 영향을 미치게 된다.

　　신문의 기반이 종이 신문에서 온라인으로 점차 이동하면서 신문 독자 개념도 크게 변화하고 있다. 이제 신문 이용자는 신문이나 텔레비전 등의 매체별로 구분되지 않고 여러 매체를 넘나들며 이용하는 유동적인 존재로 변하고 있다. 이제 이들은 뉴스를 읽는 데 그치지 않고, 온라인에서 뉴스를 퍼나르고 의견을 덧붙이는 등의 참여 활동을 통해 여론을 주도하는 적극적인 존재로 부상하고 있다. 신문 독자는 이제 뉴스 이용자라는 개념으로 대체되어야 한다. 10장에서는 이처럼 새로운 환경 속에서 신문 이용자와 관련된 다음과 같은 문제들을 살펴본다.

- 신문 커뮤니케이션 과정에서 독자는 어떤 구실을 하는가?
- 오늘날 신문 이용자에는 어떤 특성이 있으며, 어떻게 바뀌고 있는가?
- 신문 이용자는 어떤 경로로 신문에 영향을 미치는가?
- 독자 의식이 높아지면서 신문을 비판적으로 읽으려는 움직임이 활발해지고 있다. 의식 있는 독자가 되려면 신문을 어떻게 읽어야 하는가?

1. 신문 이용자란 무엇인가

신문이 만들어지고 독자들에게 전달되는 과정은 하나의 커뮤니케이션 과정이다. 즉 언론인이라는 커뮤니케이터가 신문지라는 매체를 통해서 메시지를 전달하려는 과정인데, 이 과정의 최종 목적지가 바로 신문 이용자인 독자다. 그런데 이 과정은 메시지가 교환되고 유통되는 과정일 뿐 아니라 신문이라는 상품을 사고파는 경제적 거래이기도 하다. 최근에는 커뮤니케이션 연구에서도 커뮤니케이터의 관점에서 이용자를 단순히 수동적 존재로 보던 데에서 벗어나 이용자의 적극적인 행위에 중점을 두는 쪽으로 옮아가고 있다.

신문 이용자라는 현상은 몇 가지 차원으로 세분해 볼 수 있다. 첫째는 경제 행위 주체로서의 이용자라는 차원이다. 둘째는 신문을 접촉하고 정보를 지각, 학습해서 커뮤니케이션 효과가 발생하는 심리적 과정으로 이용자를 파악할 수도 있다. 셋째는 메시지를 수동적으로 이용하는 데 그치지 않고, 피드백을 통해 커뮤니케이션 과정에 영향을 미치는 참여 행위자로서의 이용자를 들 수 있다.

1) 경제 행위자로서의 이용자

신문 이용은 신문 산업의 근간을 이루는 경제 행위의 성격을 띤다. 어떤 사람이 신문 매체의 이용자가 되려면 우선 신문을 접촉해야 한다. 그런데 잠재적인 이용자가 신문을 접촉하는 데에는 일종의 경제적인 장벽이 존재한다. 신문 독자는 비용과 시간을 지출해야 독자가 될 수 있기 때문이다. 그래서 신문사는 잠재적인 독자들이 비용 때문에 제한을 받지 않을 수준에서 가격을 책정한다. 신문 구독료는 다른 상품에 비해 매우 싸다. 더구나 신문 매체는 영상 매체와 달리 값비싼 수신 장비가 필요 없으며, 내용에 대한 비용만 지불하면 된다. 즉 신문 독자가 신문을 접하는 경제 행위에서 비용이 차지하는 비중은 매우 낮다. 독자들이 아주 낮은 가격으로 신문을 이용할 수 있게 된 것은 바로 광고 때문이다.

신문은 사실 제작 원가가 매우 높은 상품인데도, 독자들은 그다지 많은 대가를 지불하지 않는다. 이들이 주로 지불하는 비용은 돈보다는 시간이다. 신문사는 시간을 내어 신문을 읽는 독자들을 광고주에게 팔아서 비용을 충당한다. 말하자면 광고주는 독자들에게 접근할 권리를 신문사에게서 구입한다. 수용자는 신문을 거의 공짜로 보면서 무심코 광고주에게 팔려 가는 상품이 되는 셈이다. 그런데 좀더 자세히 보면 여기서 크게 두 가지 차원을 구분할 필요가 있다.

첫째, 독자는 신문을 읽기 위해 시간을 투자하는데, 독자가 많고 신문 읽는 시간이 길수록 독자의 상품 가치는 높다. 광고주에게 판매할 독자들의 '가격'을 정하려면 얼마나 많은 독자가 신문을 하루 몇 시간 정도 보는지 정확하게 조사해서 제시해야 한다.

둘째, 광고주의 입장에서 보면 독자들이 어떤 사람인지에 따라 이들의 상품 가치도 달라진다. 만일 컵라면이나 치약 판촉을 위해 광고 매체를 선택하려 한다면, 가능하면 구독자 수가 많은 매체가 좋다. 그렇지만 값비싼 골프채나 전문적인 컴퓨터 소프트웨어를 광고할 때에는 독자 수도 중요하지만 이들의 연령, 직업, 소득 수준 등에 관한 정보를 세밀하게 검토해 판단해야 한다. 어차피 광고 제품을 사지 않을 사람이라면 광고를 해 봐야 실질적인 구매 효과는 발생하지 않기 때문이다.

이처럼 경제적 관점에서 볼 때 신문이 상품이라고 한다면, 독자들이 신문을 보는 행위 역시 경제적 행위의 성격을 띤다. 신문은 재화 이용에 대한 대가로 돈보다는 오히려 시간이나 사회 인구학적 특성 따위의 비금전적 요인들을 지불하는 아주 독특한 성격을 띠고 있다. 신문사나 광고 회사에게는 독자에 관한 정확한 정보가 곧 돈이 되기 때문에, 정교한 이용자 조사 기법이 체계적으로 발달하였다. 신문의 콘텐츠 제공 방식이 종이 위주에서 온라인으로 옮아가게 되면서 이용자에 관해 훨씬 자세하고 체계적인 데이터 수입이 가능해졌다. 이렇게 수집한 정보 덕분에 광고 매체로서 온라인 신문의 발전 가능성은 더 커지고 있다.

2) 신문 이용과 효과

신문 이용자는 신문이라는 매체를 통해서 이루어지는 커뮤니케이션 과정의 관점에서도 파악할 수 있다. 이때 신문 이용자는 신문이라는 메시지를 접촉하고 거기에 반응하여 효과가 발생하는 심리적인 과정으로 구성된다. 여기서는 주로 독자들이 신문에서 무엇을, 왜, 또 어떻게 읽는지에 관심을 갖는다.

전통적인 종이 신문 환경에서 독자들이 신문을 접촉해서 읽고 반응하는 과정을 행동*behavior* 과학의 관점에서 보면 독자의 행동 체계로 분류할 수 있다. 그림 10−1에서처럼 이 과정은 편의상 크게 **신문 추구 행동**과 **신문 수용 행동**으로 분류할 수 있다. 신문 커뮤니케이션의 효과란 이처럼 이용 행위의 다양한 단계들에서 발생하는 변화라고 할 수 있다.

신문 추구 행동은 독자들이 신문 매체를 접해서 원하는 뉴스를 선택해서 읽는 행위를 말한다. 이는 좀더 구체적으로는 신문을 접하는 접촉 행위와 신문에서 특정한 내용을 골라서 읽는 선택 행위로 구분할 수 있다. 신문 내용에 접하게 되면 독자들은 다시 주의*attention*, 지각*perception*, 학습과 기억*learning and memory*, 태도 변화*attitude change* 등의 단계를 거쳐 신문 메시지를 받아들이게 된다(수용 행동).

신문 독자의 접촉·수용 행동을 제대로 이해하려면 다음과 같이 여러 요인들에

그림 10−1. 신문 독자의 행동 체계

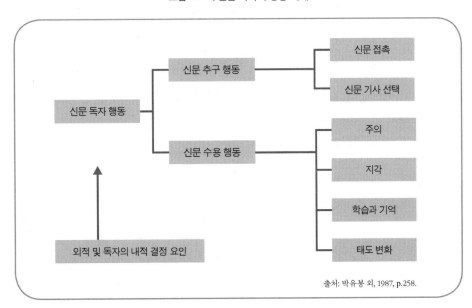

출처: 박유봉 외, 1987, p.258.

관한 정보가 필요하다. 가령 (a) 독자의 속성(인구학적, 사회적, 환경적 요인), (b) 독자의 심리적인 요인, 가령 관심interest, 동기motive, 기대감, 주의의 한계span of attention, 주의의 변동shift of attention 등, (c) 기사의 독이성, 즉 문장이 어느 정도 읽기 쉽게 되어 있는가, (d) 신문 메시지의 특성(크기, 강도, 색채, 위치, 운동, 대조, 반복, 고립 등) 등은 독자 행동에 영향을 주는 대표적인 요인들이다.[1]

신문 독자의 이용 행위에 관한 연구는 이론적으로나 실용적으로나 매우 중요하다. 이론적으로 이용자 행위는 커뮤니케이션 과정을 이해하는 데 핵심적인 요소다. 광고주나 신문사의 관점에서 보더라도 신문 독자의 이용 행동에 작동하는 메커니즘에 관한 정보는 신문 광고 효과를 측정하는 데 필수적이다. 이 정보의 질적 수준 차이는 곧 광고주에게 큰 수익을 가져다주기도 하고 손실을 입히기도 한다.

3) 참여 행위로서의 신문 이용

지금까지는 신문 커뮤니케이션을 주로 커뮤니케이터의 관점에서 파악하는 경향이 있었다. 신문 이용자는 수많은 익명의 사람들로 구성된 수동적인 집단에 불과했다. 그렇지만 때로는 이용자들이 커뮤니케이터에 직접 영향을 행사하기도 하는데, 커뮤니케이션 모델에서는 이를 피드백feedback이라고 불렀다. 전통적인 종이 신문 환경에서 신문 이용자들의 참여는 매우 제한적인 수준에 그쳤다. 하지만 신문의 전달 방식이 종이에서 점차 온라인으로 옮아감에 따라, 이용자들의 참여 범위나 형태가 더 다양해지고 있다. 이처럼 신문 이용자들이 커뮤니케이션 과정에 참여하는 형태를 넓은 의미에서 피드백이라고 본다면 여기에는 크게 세 가지 유형이 있다.

첫째는 미디어 주도의 피드백media-generated feedback인데, 여기서 가장 대표적인 것은 미디어가 이용자에 관한 정보를 수집하는 행위다.[2] 신문사는 이 유형의 피드백을 통해 이용자의 특성과 성향을 파악하고 이에 맞추어 미디어 내용을 다시 조정한다. 신문발행부수공사(ABC)나 신문사 주도의 독자 조사가 이 유형에 해당하는 대표적인 예다. 이 피드백 유형은 신문 독자의 참여 방식 중에서 가장 소극적이고 수동적인 성격을 띤다.

두 번째 유형은 이용자 주도의 피드백*audience-generated feedback*인데, 이것은 이용자들이 독자 투고, 집단 항의, 구독 중지 등을 통해 자신의 의견이나 주장을 미디어에 직접 전달하려 시도하는 행위이다. 이 피드백 유형은 미디어 주도의 피드백에 비해 이용자의 참여 강도는 더 높고 커뮤니케이터에게 상당한 영향을 미치지만, 예외적이고 특수한 상황에서만 발생하는 현상이라는 점이 특징이다.

세 번째 유형은 온라인 환경에서 등장하기 시작한 참여 행위 형태이다. 온라인 환경에서는 이용자들이 과거처럼 기사를 읽는 데 그치지 않고, 다른 인터넷 사이트나 SNS에 퍼나르기도 하고, 댓글로 의견을 개진하기도 한다. 나아가 일부 이용자는 콘텐츠를 스스로 생산해 많은 독자들에게 영향력을 행사하기도 한다. 과거의 적극적·주도적인 생산자와 소극적·수동적인 수용자라는 구분을 전제로 한 피드백이라는 개념은 이처럼 변화한 환경에서의 이용 행위를 설명하는 데 그다지 적합하지 않다. 이 참여 유형은 생산자와 수용자 간의 전통적인 역할 구분을 근본적으로 흔들어 놓는 전혀 새로운 현상이다.

2. 신문 이용자의 특성

신문 이용자는 여러 가지 특성을 지닌다. 소득 수준이나 연령, 직업, 주거 형태, 가족 수, 텔레비전 시청이나 인터넷 이용 시간과 시간대, 구독하는 잡지, 거주 지역 등 신문 구독과 관련된 특성은 매우 다양하다. 이용자에 관한 양적인 지표뿐 아니라 이들의 가치관이나 라이프스타일 등의 질적인 자료도 신문사에게는 귀중한 정보가 된다. 신문 편집의 방향과 논조, 광고 방식 등을 결정하는 데 도움이 되고, 광고주가 독자의 특성을 파악해 광고 전략을 세우는 데에도 중요한 단서가 될 수 있다.

이 장에서는 수치가 상당히 많이 나오는데 이를 일일이 다 기억할 필요는 없다. 이 통계 수치들은 단지 항목별로 어떤 일반적인 특징이나 경향을 표현하고자 한다는 점만 염두에 두면 된다.

1) 이용자의 양적 특성

이용자의 규모나 열독 시간, 신문 이용 경로 따위의 양적 특성은 신문 독자 조사에서 가장 기본적인 항목들이다. 신문 독자 수(발행 부수), 인구 비례당 독자 수를 비롯해 이들이 어떤 기사를 얼마나 보는지, 하루나 한 주 중 어느 시간대에 어떤 경로로 신문과 접촉하는지에 관한 정보가 대표적인 예들이다.

● 신문 구독자 수와 신문 이용 경로　　신문 이용자의 특성을 파악하려면 어떤 신문을 얼마나 많은 사람이 읽으며, 이떤 경로를 통해 신문을 읽는지에 관한 정보가 필수적이다. 우선 신문 구독자 수는 이용자의 특성 중에서 특정 신문이나 신문 유형의 영향력과 광고 효과를 판단하는 가장 기초적이고 중요한 자료다. 이는 일반적으로 신문사별, 신문 유형별(전국 종합 일간지, 전국 특수 일간지, 지역 종합 일간지 등) 발행 부수나 판매 부수 형태로 집계된다.

　　물론 종이 형태의 신문을 구독하지 않는다고 해서 신문을 이용하지 않는 것은 아니다. 최근에 와서는 특히 인터넷과 모바일의 보급으로 종이 신문 구독 이외에도 신문 기사를 이용하는 경로가 다양해졌다. 그림 10−2의 국내 뉴스 이용자 조사를

그림 10−2. 뉴스 이용 경로 (매체별 분포)

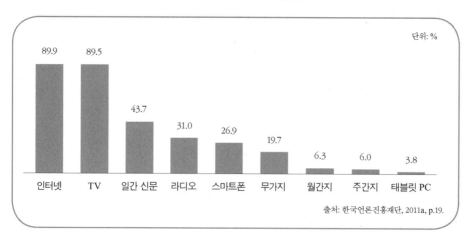

출처: 한국언론진흥재단, 2011a, p.19.

보면, 종이 신문에 비해 인터넷이나 모바일로 뉴스를 접하는 비율이 상당히 높다. 즉 일간 신문에서 뉴스를 얻는 비율은 43.7%에 불과한 데 비해, 인터넷은 89.9%로 텔레비전과 비슷하며 신생 매체인 모바일도 26.9%에 달했다. 하지만 사람들이 인터 넷과 모바일 등 온라인 매체에서 얻는 뉴스는 대부분 종이 신문에서 제공하는 기사 일 가능성이 높다.

종이 신문을 보지 않으면서도 다른 매체에서 신문 기사를 접하는 이용자 숫자 가 증가한다는 사실은, 신문이라는 매체의 기능 자체가 변화하고 있음을 보여 주는 한 징후이다. 지금까지 신문은 뉴스라는 콘텐츠를 생산하는 생산자 역할과 함께 이 를 인쇄물 형태로 유통시키는 매체 기능을 동시에 수행해 왔다. 하지만 점차 포털이 나 인터넷 사이트, 모바일처럼 스스로 뉴스를 생산하지는 않고 다른 매체에서 만든 뉴스를 전달하는 중계자 역할에 초점을 두는 매체가 증가함에 따라, 신문의 기능은 점차 뉴스의 유통보다는 생산에 중점을 두는 식으로 바뀌어 가고 있는 셈이다.

● 신문 읽는 시간과 열독 형태   신문 구독자 수와 밀접한 관련이 있으면서도 다 소 다른 개념으로는 신문 열독 관련 지표들이 있다. 즉 신문 구독 여부와 상관없이 실제로 신문을 읽는 빈도나 시간은 얼마나 되며, 이용 시간은 다른 매체 이용(텔레비 전, 잡지, 인터넷)과 비교해 어느 정도 차이가 있는가? 이들은 어떤 신문(종합지와 스포츠지) 의 어떤 내용을(지면별, 기사 장르별 열독 정도), 어느 정도로(열독 빈도와 시간, 열독 분량), 어디서 (가정, 직장, 지하철) 읽는가? 신문 이용자의 행태에 관한 이 모든 정보는 학자뿐 아니라 신문사나 광고주에게도 귀중한 자산이 된다.

2012년도 국내 매체 이용자들의 매체별 이용 시간 조사 결과를 보면(그림 10-3), 텔레비전이 하루 평균 170.7분으로 가장 많았고, 인터넷이 67.2분으로 그다음을 차 지했다. 신문 이용 시간은 1993년의 42.8분에서 2012년에는 15.7분으로 꾸준히 감 소하고 있다. 특히 주목할 부분은 모바일 이용 시간이 2010년의 16.1분에서 불과 2 년 사이에 3위에 해당하는 41.4분으로 급격히 증가했다는 점이다. 이는 한편으로는 신문의 존립을 위협하는 우려할 만한 변화이지만, 다른 한편으로는 신문 기사 이용 의 새로운 플랫폼을 열어 주고 있다는 점에서 시사점이 매우 큰 현상이다.

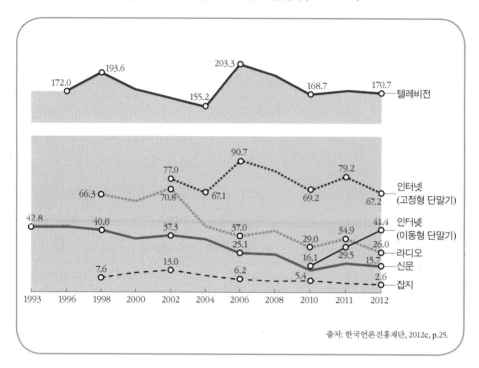

그림 10-3. 하루 평균 미디어 이용 시간 변화 (1993~2012)

출처: 한국언론진흥재단, 2012c, p.25.

지난 한 주 동안 종이 신문을 읽은 사람의 비율, 즉 신문 열독률은 2002년의 82.1%에서 2012년에는 40.9%로 꾸준히 감소하고 있다. 신문 열독자들의 열독 정도를 보면 지면의 기사를 거의 다 읽는다는 사람(32.5%)이 가장 많았고, 절반 정보 가 27.1%, 4분의 1 정도는 21.7%로 나타나, 신문 열독자 수는 줄어들고 있지만 열독자들은 비교적 열심히 신문을 읽고 있음을 알 수 있다.[3]

지난 한 주 동안 신문을 읽은 사람 중에서 신문 유형별 점유율은 전국 종합 일간지(63.8%)가 가장 많았고, 그다음으로는 지역 종합 일간지(10.4%), 스포츠지(8.7%), 경제지(7.2%), 무료 신문(2.9%) 순으로 나타났다. 신문을 접하는 방식에서는 집에서 정기적으로 본다(21.9%)가 직장에서 구독한다(14.7%)보다 상대적으로 많아, 정기적인 가정 구독이 신문을 접하는 주된 경로임을 알 수 있다.

신문 이용 시간이나 이용 방법과 관련된 특징들은 이론적으로도 시사점이 많은 탐구 주제가 된다. 과연 라디오와 텔레비전 시대를 넘어서 인터넷, 그리고 최근에

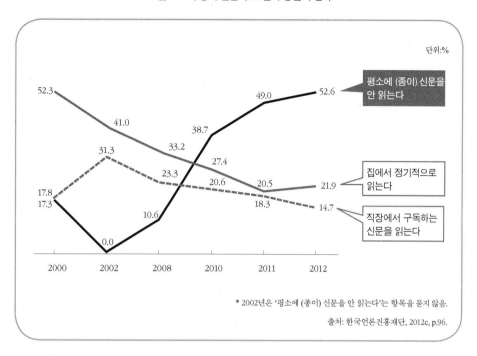

그림 10-4. 종이 신문 주요 열독 방법의 변화

단위:%

52.3
41.0
49.0
52.6
평소에 (종이) 신문을 안 읽는다

33.2
38.7

31.3
27.4
23.3
20.6
집에서 정기적으로 읽는다
21.9

17.8
17.3
20.5

10.6
18.3
14.7
직장에서 구독하는 신문을 읽는다

0.0

2000   2002   2008   2010   2011   2012

* 2002년은 '평소에 (종이) 신문을 안 읽는다'는 항목을 묻지 않음.

출처: 한국언론진흥재단, 2012c, p.96.

그림 10-5. 매체별 이용 시간대 비교

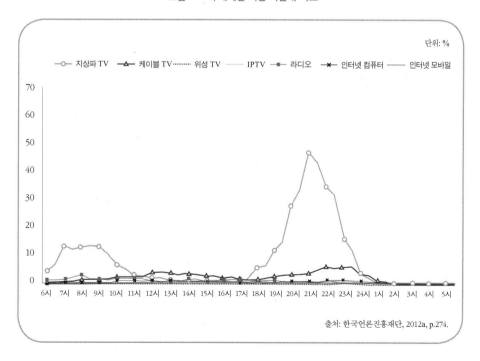

단위: %

─○─ 지상파 TV   ─△─ 케이블 TV ········ 위성 TV   ········ IPTV   ─■─ 라디오   ─✕─ 인터넷 컴퓨터   ─── 인터넷 모바일

출처: 한국언론진흥재단, 2012a, p.274.

는 모바일이 주된 미디어로 부상하고 있는데, 이 매체들의 확산은 신문 이용에 어떤 영향을 미칠까? 신문의 미래에 낙관적인 견해를 펴는 학자들은 새로운 매체의 등장으로 올드 미디어가 사라지지는 않으며, 올드 미디어들이 새로운 도전에 적응해 변신하면서 올드 미디어와 뉴 미디어가 공존하게 되는 패턴이 일반적이라고 주장한다. 이와 반대로 비관적인 전망을 내놓은 견해도 있다. 예컨대, '상대적 불변relative constancy' 가설에 따르면, 사람들이 미디어 이용에 투자할 수 있는 시간이나 비용은 한정되어 있으므로 이용자들이 뉴 미디어에 투입하는 시간이 늘어나면 자연히 올드 미디어 이용은 줄어들 수밖에 없다는 것이다.[4]

모바일로 내표되는 새로운 미디어 환경에서는 이진에 비해 시간의 제약이 상대적으로 줄어드는 게 사실이다. 과거에는 노동과 여가 시간이 비교적 엄격하게 구분되었고, 사람들은 여가 시간의 일부를 미디어 이용에 할애했기 때문에 이 시간을 놓고 미디어들은 서로 치열하게 경쟁을 벌여야 했다. 하지만 모바일 환경에서는 노동 시간이든 출퇴근 시간이든 시간대의 제약에서 비교적 자유롭게 미디어를 이용할 수 있다. 그래서 이전에 비해 미디어 이용이 가능한 시간대나 절대적인 이용 시간은 늘어났다. 이와 더불어 특히 젊은 세대들은 일에 몰두하면서도 여러 가지 미디어를 동시에 이용하는 멀티태스킹에 익숙해, 미디어 이용의 절대량이 정해져 있다고는 할 수 없다. 이러한 특징만 보더라도 우리는 성급하게 상대적 불변성의 가설을 그대로 받아들이기는 어렵다. 이처럼 우리는 미디어 이용 시간이라는 단순한 수치에서 여러 가지 흥미로운 질문들을 이끌어 낼 수 있다.

2) 이용자의 질적 특성

미디어 이용량이나 이용 패턴뿐 아니라 이용자들의 개인적 특성 역시 신문사나 광고주에게는 중요한 정보이자 자산이 된다. 똑같은 신문을 동일한 시간 동안 읽더라도 이들이 어떤 사람인지에 따라 경제적 가치가 달라질 수 있다는 뜻이다. 신문과 광고비를 투자하는 광고주의 입장에서 보면 이들이 어떤 사회적, 개인적 속성을 지녔는지에 따라 광고 전략이나 효과가 달라지기 때문이다. 독자층의 숫자나 이용량

표 10-1. 신문 이용자의 인구학적 특성

단위: %

		전체 응답자	접촉 경로			신문별					
			종이 신문	인터넷 경유	모바일 경유	〈조선일보〉	〈중앙일보〉	〈동아일보〉	〈매일경제〉	〈한겨레〉	〈경향신문〉
성별	남성	50	60	55	54	63	60	63	62	67	64
	여성	50	40	45	46	37	40	37	38	33	36
연령	20대 이하	20	12	30	36	9	13	9	10	17	12
	30대	20	17	29	32	15	17	16	24	23	20
	40대	22	27	25	23	28	30	29	32	38	26
	50대	19	25	12	7	25	25	25	23	16	24
	60대 이상	20	19	3	1	23	15	22	11	7	18
학력	중졸 이하	21	16	4	3	14	11	14	6	3	12
	고졸	40	44	37	35	45	49	45	37	44	37
	대재 이상	39	40	59	62	41	40	41	57	53	51
가구 소득	200만 원 미만	22	17	9	8	15	12	18	14	11	16
	200만~ 400만 원	47	46	50	50	48	48	50	36	42	36
	400만 원 이상	31	36	42	42	36	40	33	49	48	48
가구 계층	낮다	42	38	35	35	37	36	37	30	29	26
	중간	49	51	56	56	53	51	53	54	58	64
	높다	9	11	10	9	11	13	10	16	13	10

출처: 한국언론진흥재단, 2012c, p.143.

뿐 아니라 이들의 질적 특성을 파악하면, 훨씬 더 효과적인 마케팅 전략을 수립할 수 있다. 신문 독자들의 특성은 신문 편집자들에게도 유용한 참고 자료가 된다. 따지고 보면 편집자들은 독자들의 성향이나 관심사를 파악해야 이에 맞추어 신문의 내용과 편집 방향을 정할 수 있기 때문이다.

따라서 신문 독자들을 대상으로 한 조사는 이들의 질적 특성들을 조사 항목에 포함한다. 이 요인들은 다음과 같이 세 가지 유형으로 분류할 수 있다. 물론 신문을 읽는 사람뿐 아니라 보지 않는 사람들의 속성 역시 수용자의 특성과 성향을 파악하고 이에 대한 대응 전략을 수립하는 데 유용한 정보다.[5]

● 인구학적 속성　연령, 성별, 학력, 소득 수준, 직업, 종교, 결혼 여부, 주거 형태, 거주지(대도시, 소도시, 농촌 등) 등은 신문 독자 조사에서 중요한 인구학적 속성들이다. 표 10-1은 신문 기사 이용 경로별로, 또 신문사별로 독자들의 속성 분포를 비교한 것이다. 이 자료를 보면 종이 신문의 평균적인 독자는 40대의 남성으로 학력은 고졸이며, 소득은 200만~400만 원 사이이며, 중간 계층에 속한 사람임을 알 수 있다. 반

그림 10-6. 연령대별 주요 열독 신문의 열독 지수

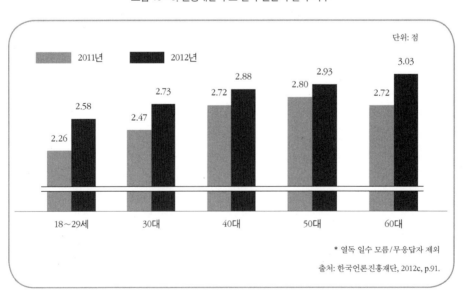

단위: 점

2011년　　2012년

| 18~29세 | 30대 | 40대 | 50대 | 60대 |
| 2.26 / 2.58 | 2.47 / 2.73 | 2.72 / 2.88 | 2.80 / 2.93 | 2.72 / 3.03 |

* 열독 일수 모름/무응답자 제외

출처: 한국언론진흥재단, 2012c, p.91.

면에 인터넷이나 모바일을 통해 신문을 이용하는 사람은 연령은 20대 이하이고 학력은 대학 재학 이상으로, 종이 신문에 비해 더 젊고 교육 수준이 더 높은 것으로 나타났다.

또한 이러한 요인에 따라 신문 열독량이나 열독 방식 등이 어떻게 달라지는지도 독자 조사에서 중요한 항목이 된다. 예컨대 연령대별로 신문을 읽는 정도는 어느 정도 차이가 있을까? 그림 10-6의 조사 결과는 신문을 읽는 일수와 시간, 분량을 바탕으로 열독 지수를 산출하고, 이를 다시 연령대별로 비교한 것이다. 그 결과 연령대가 높을수록 주 열독 신문의 열독 지수도 상승하고 있음을 알 수 있다. 이는 같은 독자라 하더라도 연령대가 높은 사람일수록 신문을 더 열심히 읽기 때문에 신문 광고 효과가 더 높게 나타난다는 뜻이다.

● 사회 문화적 속성　　　사회 지위social status, 준거 집단(소속 단체), 가족 관계(대가족, 핵가족, 자녀 수), 문화적 요인(관습, 규범, 문화적 배경 등) 등이 여기에 속한다. 사회적, 정치적 쟁점에 대한 견해는 한편으로는 심리적 속성의 성격을 띠지만 다른 한편으로는 사회 문화적 속성과 관련성이 높다고 할 수 있다.

표 10-2는 사회적 가치관이 이용 신문 독자층별로 어떤 차이가 있는지 잘 보여 준다. 가령 신문 독자층별로 보면 일반적 통념대로 〈한겨레〉와 〈경향신문〉 독자 중에서 진보 성향의 비율이 평균보다 높고, 〈조선일보〉, 〈중앙일보〉, 〈동아일보〉 독자는 평균보다 낮았다. 〈한겨레〉와 〈경향신문〉이 여러 사회적, 정치적 쟁점에서 〈조선일보〉, 〈중앙일보〉, 〈동아일보〉 3개 신문보다 상대적으로 진보적인 입장을 취하는 것은 독자들의 성향 분포 차이와 무관하지 않을 것이다.

뉴스 이용 경로별로 보면 인터넷·모바일로 뉴스를 이용하는 사람들은 종이 신문 이용자에 비해 자신의 정치 성향이 진보적이라고 생각하는 사람의 비율이 더 높게 나타났다. 이는 뉴 미디어 이용자는 상대적으로 젊고 가치관이 진보적일 것이라는 일반적 통념에 부합하는 조사 결과다. 미국과 외교적 연대, 대북 화해 반대, 복지 확대 등의 정치적 쟁점에 대한 입장에서도 비슷한 성향 분포 차이가 나타나고 있다. 하지만 다문화주의에 대해서는 인터넷·모바일 이용자들이 종이 신문 이용자에 비

표 10-2. 신문 독자의 사회 문화적 특성

단위: %

		전체 응답자	종이 신문	인터넷 경유	모바일 경유	〈조선일보〉	〈중앙일보〉	〈동아일보〉	〈매일경제〉	〈한겨레〉	〈경향신문〉
정치 성향	진보	28	25	35	38	21	25	20	27	41	31
	중도	38	39	40	40	34	40	38	41	41	46
	보수	34	36	25	22	45	35	42	32	17	23
가치관	미국과 외교 연대	34	35	28	26	35	32	41	36	28	26
	대북 화해 반대	33	34	30	29	37	36	39	28	27	21
	복지 확대	70	68	70	70	63	69	67	64	77	72
	환경 보호	57	57	57	58	58	54	62	53	60	52
	근로 기본권	60	60	62	62	58	58	65	52	63	56
	부자 증세	75	74	74	74	75	75	79	66	78	75
	다문화 유지	57	60	58	57	60	56	66	58	71	52

출처: 한국언론진흥재단, 2012c, p.143.

해 오히려 배타적인 견해를 취하고 있다. 미디어 이용자 조사는 바로 이처럼 미세한 특성 차이를 밝혀내어 활용하는 데 목적을 두고 있다.

● 심리적 속성　　동기(단순히 재미로, 실용적 정보를 얻기 위해), 성격적 특성personality traits, 피설득 성향, 태도(어떤 문제에 대한 호감, 비호감도 등), 가치관 등은 신문 독자의 심리적 속성들을 파악하는 데 유용한 대표적인 항목들이다.

3. 신문 매체 속성에 대한 평가

신문 이용자에 관한 조사 결과에서 특히 주목할 만한 점은 이들이 신문 매체의 기능과 특성을 어떻게 평가하고 있느냐 하는 것이다. 각 매체의 속성에 대한 평가는 조사 대상자가 신문 구독자인지에 따라, 혹은 일반 이용자인지 아니면 사회 지도층인지에 따라 흥미로운 추세가 드러나고 있다.

● 신문의 속성에 대한 이용자 평가 국내 미디어 이용자들은 각 매체의 기능을 어떻게 인식하고 있으며, 신문에 대한 평가는 다른 매체와 어떤 차이를 보이고 있을까? 한국신문협회는 신문 독자들을 대상으로 신속성, 정확성, 신뢰성, 유익성, 심층성, 다양성 등 각 매체의 속성을 비교 평가하도록 했는데, 그 결과를 보면 신문은 심층성에서 가장 높은 평가를 받았고, 타 매체에 비해 신속성이 가장 뒤떨어진다는 결과가 나왔다(그림 10-7). 6개 비교 대상 매체 유형 중에서 신문은 심층성이 가장 뛰어났고, 정확성과 신뢰성은 잡지 다음으로 높았으며, 유익성과 다양성은 지상파 TV 다음이었으며, 신속성에서만 타 매체에 비해 훨씬 뒤떨어지는 것으로 나타났다.

한국언론진흥재단의 이용자 조사에서는 이와 조금 다른 양상을 발견할 수 있다. 그림 10-8은 이용자들이 가장 신뢰하는 매체의 비율 분포가 시기별로 어떻게 변화했는지 정리한 것인데, 신문의 신뢰성에 대한 평가가 갈수록 하락하고 있음을 볼 수 있다. 1990년대 후반까지는 사람들이 신문의 보도를 가장 신뢰했지만, 2000년에 들어와서는 텔레비전에 추월당했다. 텔레비전의 신뢰도는 상승세를 타고 있는 반면에, 신문의 신뢰도는 하향 추세를 보이고 있으며, 양자 간의 격차는 갈수록 벌어지고 있다. 신문의 신뢰도는 근년에 와서 인터넷과 비슷한 수준으로 떨어졌다.

한국언론진흥재단의 조사에서는 신문협회 조사에 비해 신문에 대한 평가가 훨씬 가혹하게 나왔는데, 이는 신문을 읽지 않는 사람들까지 조사에 포함했기 때문이다. 친숙하지 않은 매체가 포함되면, 사람들은 실제 매체 이용 경험에 근거하지 않고 그 매체에 대한 인상만으로 속성을 평가하게 되기 때문이다. 이 평가 방식에서는 올드 미디어라는 인식이 강한 신문에 대한 평가가 실제보다 더 낮게 나올 가능성이

그림 10-7. 신문 독자의 매체별 속성 비교 평가

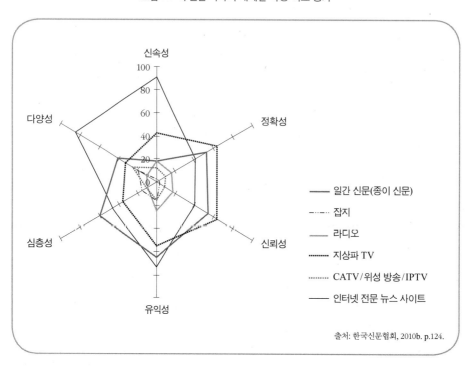

출처: 한국신문협회, 2010b. p.124.

그림 10-8. 한국인이 가장 신뢰하는 미디어 (1982~2011)

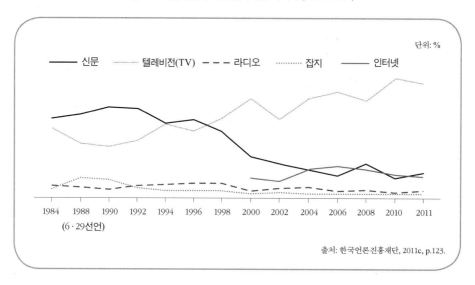

출처: 한국언론진흥재단, 2011c, p.123.

크다.

　이상의 조사 결과가 시사하는 점은 무엇일까? 우선 신문 이용자들은 여전히 신문 매체의 장점을 높게 평가하고 있다는 점이다. 하지만 신문 이용자층은 갈수록 줄고 있고, 이에 따라 신문의 효용성에 대한 전반적인 인식이 점차 낮아지고 있어, 신문은 변신이 불가피하다는 뜻으로 풀이해 볼 수 있다.

● 오피니언 리더층의 평가　　신문 매체의 속성에 대한 이용자 평가 결과를 보면 신문의 미래가 매우 불확실하고 비관적이라는 인상을 받게 된다. 신문은 현재 처한 상황이 매우 열악할 뿐 아니라 미래에 대한 전망 역시 어두워 보인다. 하지만 오피니언 리더층을 대상으로 한 조사는 이와는 좀 다른 모습을 보여 준다.

　그림 10-9는 〈시사저널〉이 매년 사회 각계 전문가를 대상으로 한국 사회에서 가장 영향력 있는 언론사가 어느 것인지 평가하도록 해서 집계한 것이다. 그 결과 KBS와 MBC 등 2개 지상파 TV와 〈조선일보〉, 〈중앙일보〉, 〈동아일보〉 등 3개 전

그림 10-9. 한국에서 가장 영향력 있는 언론사 (1996~2011)

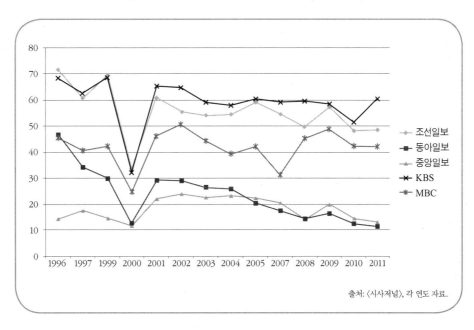

출처: 〈시사저널〉, 각 연도 자료.

국 종합 일간지가 상위권을 차지했는데, 특히 〈조선일보〉가 KBS와 근소한 차이로 2위를 차지하고 있다는 점에 주목할 필요가 있다. 〈시사저널〉의 조사는 앞의 일반 이용자 조사 결과(특히 언론진흥재단의 이용자 조사)와 비교해 볼 때, 신문의 영향력에 대해 상반된 인식을 보여 준다.

이 엇갈린 평가가 의미하는 바는 과연 무엇일까? 이는 무엇보다도 우리 사회에서 신문의 기능이 바뀌어 가고 있음을 잘 보여 주는 징후로 읽을 수 있다. 신문이 일반 대중 매체로서의 영향력은 텔레비전에 비해 뒤질지 모르지만, 적어도 우리 사회에서 오피니언 리더에 해당하는 엘리트층에게는 여전히 큰 영향을 미치는 중요한 매체라는 것이다.

미국의 예를 보면 교육 수준이 높을수록 신문 열독률이 증가하며, 소득 수준이나 사회적 지위가 높을수록 신문을 많이 접한다는 조사 결과가 나와 있다.[6] 가령 대학 졸업자는 66%가 신문을 읽는 데 비해, 고졸 미만의 학력자는 41%만 신문을 보고 있다. 직업별로 보더라도 생산직은 51%만 신문을 접촉하지만 경영, 행정, 관리직은 65%가 신문을 읽는 것으로 나타났다. 다매체 시대를 맞아 어떤 면에서 신문은 다시 엘리트 매체의 성격이 강화되고 있는 셈이다.

● 미디어 종사자들의 평가   미디어의 효과를 설명하는 이론 중에 '의제 설정'이란 개념이 있다. 언론이 특정한 쟁점에 관해 집중적으로 보도하면 사람들이 그 문제를 중요한 이슈라고 인식하게 되어, 결과적으로 특정한 쟁점이 정책 의제로 부상하는 효과가 발생한다는 것이다. 사회적으로 영향력이 큰 언론사일수록 의제 설정 효과를 쉽게 발생시킨다고 할 수 있다.

대체로 의제 설정 효과는 미디어가 일반 대중을 대상으로 해서 발생시키지만, 때로는 언론사 간에 의제 설정이 이루어지기도 한다. 이를 '매체 간 의제 설정inter-media agenda setting'이라고 부르는데, 수많은 언론사들이 유력 언론사의 보도를 참조해서 보도 방향을 결정하기 때문에 생겨나는 현상이다.

이러한 기능을 하는 언론사 중에는 권위지로 명성이 높은 엘리트 신문이 많다. 대중지나 텔레비전은 많은 사람들이 보지만 타매체 종사자에 미치는 영향력에서는 부수가 적은 엘리트 신문보다 훨씬 떨어진다. 엘리트 신문들은 다른 언론사 종사자들의 직업적 판단에 큰 영향을 미치게 되고 이를 통해 간접적으로 큰 사회적 반향을 유도할 수 있다. 대중 매체로서 신문의 전성기가 지났다고 하는 요즘에도 정치인이나 언론인들이 신문을 매우 중시하는 것은 바로 이러한 영향력 때문이다.

4. 수동적 소비에서 적극적 참여로: 신문 이용 행위의 차원들

기본적으로 신문이 유통되는 과정은 커뮤니케이터가 주도하는 매스 커뮤니케이션 과정이다. 여기서 신문 이용자는 정보를 소비하는 소비자의 역할을 주로 수행한다. 하지만 앞에서 언급했듯이 이용자는 여러 가지 형태로 이 과정에 참여하면서 신문에 영향력을 행사할 수 있다.

전통적인 이용자 참여는 크게 두 가지 부류로 이루어져 있었다. 이용자는 미디어 주도의 피드백을 통해 미디어에 간접적으로 영향을 미칠 수도 있고, 이용자 주도의 피드백으로 직접 커뮤니케이터에 영향을 주기도 한다. 미디어 주도의 피드백에는 독자 조사와 ABC 제도 따위의 수용자 조사를 통해 독자의 취향이나 선호를 간접적으로 반영하는 방식이 대표적이다. 수용자 주도의 피드백으로는 개인 단위에서 이루어지는 독자 투고, 구독 거부, 항의라든지 집단 단위로는 수용자 운동 등을 들 수 있다. 신문의 전달 매체가 온라인으로 점차 옮아가면서 이용자의 참여 형태는 갈수록 다양해지고 있다. 이는 그만큼 이용자의 중요성이 커지고 있다는 뜻이다.

1) 독자 투고

전통적인 종이 신문 환경에서 가장 흔히 이루어지던 피드백 방식은 독자들이 신문사에 보내는 독자 투고였다. 독자 투고는 이용자 주도 피드백의 한 형태이며, 가장 역사가 오랜 피드백 양식이기도 하다. 미국의 〈뉴욕 타임스〉는 창간된 지 불과 몇년밖에 되지 않는 1851년부터 독자 투고를 싣기 시작했다. 구한말 최초의 민간 신문인 〈독립신문〉에서도 독자들이 활발하게 투고를 했다고 한다.

독자 투고는 이용자들의 생각을 가장 진솔하게 파악할 수 있는 수단이 된다. 하지만 투고를 하는 사람이 신문 독자의 의견이나 특성을 반드시 대표한다고 보기는 어렵다. 신문에 최종적으로 실리는 원고 역시 투고된 수많은 원고 중에서 반드시 대표성을 띤다고 하기도 어렵다. 다양한 의견이 들어오더라도 신문사에서 나름대로 기준을 정해 선별적으로 게재하기 때문이다. 〈뉴욕 타임스〉에서는 투고된 원고 중 불과 5% 정도만 게재한다.[7] 물론 비교적 규모가 작은 지방 신문에서는 이 비율이 훨

사례 연구

독자 투고의 이상과 현실

독자 투고는 이용자들이 신문 제작에 직접 참여할 기회를 준다는 점에서 긍정적인 평가를 받고 있다. 하지만 독자 투고 제도는 실제로 어떻게 운영되고 있을까? 언론 운동 시민단체인 '언론개혁시민연대'는 1999년 '10대 일간지 수용자 참여 실태 모니터'라는 보고서에서 중앙 일간지의 '독자 투고'란과 '독자 피드백 코너'에 실린 글을 분석했다.

분석 결과 이 글들은 원래 취지와 달리 대부분 시시콜콜한 일상사를 주제로 삼는 것으로 나타났다. 이는 일반 신문 기사가 주로 사회 현상의 보도와 분석에 치중하는 것과 큰 차이가 있다. 독자 투고란이 질서 의식과 공공 윤리(22.4%), 사회 간접 자본과 서비스(20.8%), 행정 민원(19.4%) 등을 주로 다룬 반면, 신문 지면은 정치, 경제, 사회 개혁(79.3%) 등 광범위한 사회 영역을 소재로 삼았다.

독자 피드백 코너는 이전 기사에 대한 동의나 추가 의견(77.5%), 반론과 정정(12.5%)이 큰 비중을 차지했으며, 신문에 대한 비평은 6.3%에 그쳐 기존의 독자 투고란의 성격에서 크게 벗어나지 않았다. 특히 매체 비평 성격의 투고는 거의 없었다.

더구나 독자들은 독자 투고에서 제시된 의견이 그나마 신문 제작에 잘 반영되지도 않는다고 인식했다. 한국언론연구원의 조사에 따르면, 독자란에 게재된 신문 비평이 신문 지면에 '잘 반영되고 있다'는 긍정적인 평가는 21.1%에 불과했다.

출처: 〈대한매일〉, 1999. 10. 13.; 한국언론연구원, 1998a, p.124.

씬 높다.

하지만 최근에 와서는 독자 의견이 편집자의 여과 없이 거의 그대로 반영되는 추세에 있다. 이는 바로 인터넷 덕분이다. 요즈음엔 신문마다 인터넷 기사 밑에 독자들이 자유롭게 글을 남길 수 있는 독자평 난을 두고 있다. 독자들은 이 난을 활용해 기사의 오류를 지적하거나 의견을 올릴 수 있다. 물론 근거 없는 헛소문 유포나 인신 공격성 글, 상업 광고 올리기 등은 이 제도에서 생겨난 새로운 문제점들이다. 이 때문에 일부 신문은 나름대로 정한 원칙에 어긋나는 글은 편집자가 삭제하고 있다. 이전의 독자 투고란에 비해 글의 분량에 제약이 있어, 체계적인 글쓰기가 어려운 것도 온라인 독자 투고의 한계다.

2) 조직화한 이용자 행동

신문 이용자들은 때때로 신문사에 직접 압력이나 영향력을 행사할 수 있다. 이 중에는 개인 단위로 이루어지는 의사 표시도 있고, 많은 사람들이 모여 행동을 함께 하면 조직적인 수용자 운동으로 발전하기도 한다.

독자들은 개별적인 차원에서는 여러 가지 방식으로 신문에 불만을 표현할 수 있다. 가장 극단적인 수단은 구독 거부이고, 그밖에도 항의 전화를 한다든지 집단으로 시위를 벌여 불만이나 의사를 표시할 수도 있다. 구독 거부는 이용자가 신문사에 압력을 가하는 가장 간단하면서도 효과적인 수단이다. 한 개인이 시도할 때에는 그리 실효성이 없겠지만, 많은 사람이 참가하거나 어떤 단체가 주도해서 불매 운동을 벌이면 신문사에 즉시 효과를 미치기도 한다.

이용자들은 비슷한 뜻을 지난 사람들이 단체를 결성해 조직적인 차원에서 신문사에 압력을 가하기도 한다. 수용자 단체들은 대체로 언론 매체의 내용을 모니터하고 그 결과를 기반으로 해당 신문사와 여론에 호소하는 데 주력하며, 언론 정책에 대해 의견을 제시해 신문사에 간접적으로 영향을 미치기도 한다.

3) 디지털 시대의 이용자 참여

디지털 환경에서는 신문 이용자의 이용 행태도 크게 바뀌고 있다. 특히 온라인에서 이용자들은 다양한 형태의 이용 방식을 선보이면서, 미디어 이용의 개념 자체를 새롭게 재구성하고 있다. 우선 미디어가 제공하는 정보를 수동적으로 소비하던 데서 벗어나 여러 매체에서 정보를 선택적으로 취합해 이용하는 적극적 이용으로 바뀌고 있다. 그리고 뉴스를 퍼나르거나 트윗 형태로 온라인에 널리 전파한다든지, 기사에 댓글로 자신의 의견이나 관련 정보를 추가한다든지, 나아가 블로그 등 자신만의 매체를 꾸며 적극적으로 다른 이용자들에게 영향을 미친다든지 하는 행위들이 새로운 미디어 이용 양식으로 정착되고 있다.

(1) '독자'의 해체와 다중 미디어 이용자의 등장

신문 이용이 종이 위주에서 온라인으로 확대되면서 나타난 큰 변화 중 하나는 바로 적극적인 이용자의 등장이다. 과거에는 신문이나 텔레비전 등 매체 단위로 선별되고 편집된 콘텐츠를 이용자들이 수동적으로 소비하는 형태가 주류를 이루었다. 반면에, 지금은 이용자들이 매체 구분을 넘나들며 자신의 용도에 맞게 재구성해서 이용하는 형태로 매체 이용 방식이 바뀌어가고 있다. 이는 바로 인터넷이나 모바일 등 온라인이 오늘날 모든 매체 이용의 기본 환경으로 자리 잡았기 때문이다.

그림 10-10에서 볼 수 있듯이, 사람들은 신문이나 텔레비전 뉴스 이외에도 다양한 경로를 통해 뉴스를 접한다. 포털에 올려진 뉴스를 읽기도 하고, 모바일의 뉴스 애플리케이션으로 보기도 하며 언론사 홈페이지에 들어가 뉴스를 접할 수도 있다. 이처럼 다양한 인터넷 뉴스 매체 외에도 블로그나 SNS 등의 개인적 매체도 뉴스를 접하는 중요한 창구가 되고 있다. 트위터나 페이스북에서는 사람들이 개인적으로 접하고 걸러 낸 소식을 전할 뿐 아니라 기사를 링크해서 지인들끼리 공유하기도 한다. 한 조사에 따르면 국내의 트위터 이용자들은 절반 이상(55.2%)이 한 군데 이상의 언론사를 팔로하는 것으로 나타났다.[8] 이용의 개념도 과거처럼 주어진 뉴스를 수동적으로 읽는 데 그치지 않고 관심 있는 주제의 정보를 검색해 찾아보는 적극적

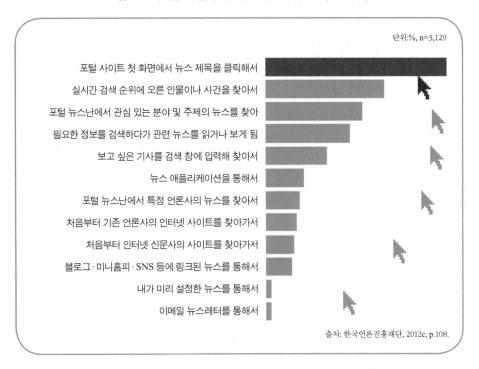

그림 10-10. 지난 1주간 인터넷 뉴스 이용 방법 분포 (복수 응답)

단위:%, n=3,129

포털 사이트 첫 화면에서 뉴스 제목을 클릭해서
실시간 검색 순위에 오른 인물이나 사건을 찾아서
포털 뉴스난에서 관심 있는 분야 및 주제의 뉴스를 찾아
필요한 정보를 검색하다가 관련 뉴스를 읽거나 보게 됨
보고 싶은 기사를 검색 창에 입력해 찾아서
뉴스 애플리케이션을 통해서
포털 뉴스난에서 특정 언론사의 뉴스를 찾아서
처음부터 기존 언론사의 인터넷 사이트를 찾아가서
처음부터 인터넷 신문사의 사이트를 찾아가서
블로그·미니홈피·SNS 등에 링크된 뉴스를 통해서
내가 미리 설정한 뉴스를 통해서
이메일 뉴스레터를 통해서

출처: 한국언론진흥재단, 2012c, p.108.

인 뉴스 이용으로 확대되었다.

이 때문에 지금의 매체 환경에서는 과거처럼 '신문 독자,' '방송 시청자' 등의 표현은 적합하지 않다. 매체 간의 구분을 넘어서 글자 그대로 개별 이용자의 수요와 라이프스타일에 맞춰 조합한 맞춤형 미디어 이용이 더 보편화했기 때문이다. 그래서 지금은 미디어 이용에서 다양한 매체 간의 조합 방식을 지칭하는 '다중 미디어 이용'이나 '미디어 레퍼토리'라는 용어를 제안하는 학자들이 등장하고 있다.[9] 이는 최근의 미디어 환경에서 이용자들이 그만큼 주체적이고 적극적으로 자신에게 적합한 이용 방식을 만들어 가고 있다는 증거다.

(2) 뉴스 이용에서 전파로: 퍼나르기와 트윗

온라인 환경에서 뉴스 이용은 주어진 기사를 읽고 인지적으로 반응하는 데서 더나아가 이를 적극적으로 확산하는 방향으로 발전하고 있다. 원래 뉴스의 확산은 전

표 10-3. 언론사 뉴스를 링크한 트윗 작성 경험

단위: %

빈도	전혀 없다	최근(한 달)에는 없다	월 1~2회	월 3~4회	월 5~10회	11회 이상
비율	77.6	1.8	12.2	6.3	1.2	0.9

출처: 황유선·이재현, 2011, p.96.

표 10-4. 언론사의 기사를 리트윗한 경험

단위: %

	전혀 없다	한 달간 없음	월 1~2회	월 3~4회	월 5~10회	월 11회 이상	계
직접 링크해 리트윗	70.4	5.7	19.2	3.1	1.1	0.6	100
다른 사람 트윗을 리트윗	70.4	6.7	17.6	3.6	1.5	0.3	100

출처: 황유선·이재현, 2011, p.100의 표 재구성.

파력을 갖춘 대중 매체의 전유물이었다. 하지만 온라인에서는 기술적으로는 대중 매체와 이용자 간의 구분이 사실상 없어지기 때문에 이용자 역시 이 전파 과정에서 상당한 역할을 담당하고 있다.

이용자의 뉴스 전파는 원래 인터넷에서 기사를 블로그 등에 '퍼나르기'하던 관행에서 시작했지만, SNS 보급 이후에는 이용자들이 훨씬 다양한 방식으로 뉴스 전파에 참여하는 양상으로 나타나고 있다. 페이스북이나 트위터 이용자들은 개인적으로 흥미를 느끼는 기사를 링크해 지인들과 공유하고 있다.

황유선과 이재현의 조사(표 10-3)에 따르면 일반인의 22.4%가 언론사 뉴스를 링크한 트윗을 작성한 경험이 있다고 밝혔다. 트윗 경험자 중에는 월 1~2회(조사 대상자의 12.2%)가 가장 많았고, 월 3~4회(6.3%)가 그다음을 차지했다. 또한 다른 사람에게서 받은 뉴스를 다시 퍼뜨리는 리트윗도 뉴스 전파에서 중요한 방식으로 통용되는데, 리트윗 경험자도 29.6%에 달했다. 여기서는 다른 사람의 트윗을 리트윗하기도

하고 남에게서 받은 트윗에 기사를 링크해 리트윗하는 형태도 있다.

(3) 글쓰기와 이용자의 참여

종이 신문 시절에만 해도 글쓰기는 거의 직업 언론인만의 권한이었다. 하지만 온라인 환경에서는 이용자들도 여러 가지 형태로 글쓰기에 참여해 언론인, 정책 결정 참여자, 다른 일반인들에게 영향을 미칠 수 있다. 이러한 행동은 온라인 게시판에 댓글 달기, 블로그 활동, 트위터에 글쓰기 등 다양한 형태로 나타나고 있다.

첫째, 온라인 게시판에 댓글 달기는 종이 신문의 독자 투고가 온라인 환경에 맞게 진화한 형태라고 할 수 있다. 단, 독자 투고는 편집자가 선별해서 게재하기 때문에 전체 투고문 중에서 극히 일부에게만 기회가 주어졌다. 반면에 온라인 게시판 댓글에는 아무런 제한이 없이 사람들이 참여할 수 있으며, 이용자들끼리 서로 실시간으로 반응하면서 추가로 내용을 올리게 된다. 이처럼 댓글은 매우 역동적이고 상호 작용적인 형태로 여론 형성에 영향을 미친다는 점에서 이전의 정태적인 독자 투고와 차이가 있다.

댓글은 불특정한 다수에 의해 이루어지기 때문에 내용과 형식이 다양하다. 댓글 내용 분석 결과(표 10-5)에 따르면, 일반적인 댓글에는 개인의 의견 표현을 담은 내용(90.5%)이 가장 많고, 그다음으로는 근거 제시(64.9%), 행동 지시(34.6%), 인신 공격·욕설(27.3%) 순으로 되어 있다. 광우병 촛불 시위처럼 정치적으로 민감하고 정파성이 강한 주제에서는 의견 표현과 근거 제시가 줄어들고, 인신 공격·욕설, 분명한

표 10-5. 댓글의 메시지 특성별 포함 비율

단위: %

유형	행동 지시	의견 표현	근거	대안 제시	기사 오류 지적	인신 공격·욕설	감정 표출	존칭어
평소 댓글	34.6	90.5	64.9	18.3	3.9	27.3	9.6	24.2
광우병· 촛불시위	32.0	76.3	45.5	18.1	2.2	38.0	23.1	19.1

출처: 나은경·이준웅, 2008, pp.106~107.

감정 표현은 늘어났다. 이는 논쟁적 이슈에 대해서는 원색적인 감정이 표출되는 등 이슈에 따라 온라인 이용자들의 의사 표현 방식이 달라지고 있음을 말해 준다.

둘째, 댓글 달기는 대개 특정한 이슈의 글에 대해 반응하는 산발적이고 부정기적인 참여 행위에 그치는 데 비해, 블로그는 이용자들이 훨씬 체계적이고 지속적으로 글쓰기에 참여하는 형태라는 점에서 차이가 있다. 블로그는 대개 개인이 자신의 관심사를 다루는 매체이지만, 글의 전문성과 브랜드 가치를 갖춘 일부 블로거('파워 블로거')는 언론사 못지않게 폭넓은 사회적 영향력을 행사하기도 한다.

셋째, SNS가 보급된 후에는, 사람들이 글쓰기에 참여하는 형태가 훨씬 다양해지고 폭도 넓어졌다. SNS에서는 블로그에 비해 훨씬 다양하고 자유로운 방식의 글쓰기가 가능해졌다. 특히 트위터에서는 140자 이내로 분량이 제한되기 때문에 이용자들에게 글쓰기의 문턱이 대폭 낮아졌다. 전문적인 주제나 심각한 사회 이슈뿐 아니라 일상사의 가벼운 이야깃거리도 다루고 있으며, 자신의 이야기뿐 아니라 남의 글도 재탕하는 등 다채로운 형식으로 글쓰기를 시도할 수 있는 곳이 트위터이다. 트위터에서는 글쓰기가 소재나, 형식, 독창성 등에서 이전의 어떤 글쓰기보다도 다채롭고 자유롭게 이루어지고 있다.[10]

(4) 정보 소통의 민주화와 '역의제 설정'

이처럼 온라인 공간에서 이용자들의 참여가 확대되면서 생산자와 소비자의 구분은 점차 흐려지고 있다. 그래서 이용자들에게 필요한 정보를 판단해 주는 게이트키퍼로서의 직업 언론인의 존재에 대해 의문을 제기하면서 이들의 기능을 새롭게 자리매김해야 한다는 주장도 나오고 있다. 나아가 최근에는 이용자의 위상 변화를 반영해, 생산자producer와 소비자consumer를 혼합한 '생비자prosumer'라든지, 생산자와 이용자user를 합성한 '생용자produser'라는 신조어까지 등장하였다.

'역의제 설정reverse agenda-setting'은 온라인 환경에서 이용자의 높아진 위상과 영향력을 시사하는 새로운 개념이다.[11] 원래 의제 설정이란 특정한 이슈를 언론이 집중적으로 보도하면 그 이슈가 정책 의제로 부각되는 과정을 말한다. 하지만 인터넷에서는 이와 정반대 방향의 여론 형성 과정도 가능해진다. 가령 한 시민 단체가 결식 아동용 도시락 부실 문제를 지적하는 글을 지자체 게시판에 올렸는데, 이를 지역 신문이 보도한 후 포털과 텔레비전 메인 뉴스를 거쳐 전국적인 이슈화한 사례는 의제 설정 과정의 전형적인 특징을 보여 준다.

이처럼 인터넷이나 SNS는 불특정 다수가 주도하는 개방적이고 민주적인 참여 공간으로 인식되고 있지만, 여기서도 파워 블로거처럼 지명도와 영향력이 높은 인사들이 점차 생겨나고 있다. 특히 트위터에서는 팔로어를 수만 명씩 거느린 이용자들도 적지 않아, 이들이 올리는 트윗 하나가 엄청난 반향을 불러일으키기도 한다. 이들의 공통점은 전문성이나 글쓰기 능력 자체보다는 정치인, 기업가, 유명 연예인처럼 이미 오프라인 세계에서 지명도를 쌓았다는 점이다.

온라인 세상에서는 평소 만나거나 대화를 나누기 어려운 사람들과 대화를 주고받으며 관계를 형성할 수 있다는 '친밀함'의 환상이 수많은 사람들을 끌어들이는 유인으로 작용하고 있다. 하지만 이러한 친밀감은 일방 통행적인 관계에 불과하며, 실제로는 소수가 발언과 영향력을 독점하는 새로운 권력 구조가 온라인 이용자 세계에서도 형성되고 있다는 비판도 높다.

5. 신문을 어떻게 잘 이용할 것인가

1) NIE 운동

요즘 사람들은 신문을 잘 읽지 않는다. 특히 젊은 사람일수록 신문을 접하지 않고 지내는 데 불편을 느끼지 않는 경향이 있다. 신문의 독자가 사라지고 있으며, 이는 특히 젊은 층에서 두드러지게 나타나고 있다는 것이다. 최근 신문 업계의 큰 관심사는 이처럼 신문 이용과 점차 멀어지는 젊은 독자들을 어떻게 다시 끌어들일 것인가 하는 문제에 집중되고 있다. 또한 신문 읽기는 민주 사회의 시민으로서 정치적 지식을 얻는 핵심적인 원천이기 때문에, 국가의 정책 차원에서도 신문 이용의 감소는 큰 우려거리가 아닐 수 없다.

표 10-6. NIE를 시행하는 신문사

신문 유형	신문사명
종합 일간지	〈경향신문〉, 〈동아일보〉, 〈조선일보〉, 〈중앙일보〉, 〈한겨레〉
경제 일간지	〈매일경제〉, 〈한국경제〉
지역 일간지	〈경남신문〉, 〈대전일보〉, 〈매일신문〉, 〈영남일보〉, 〈전북도민일보〉, 〈전북일보〉, 〈한라일보〉
어린이 신문	〈어린이동아〉, 〈소년조선일보〉, 〈소년한국일보〉, 〈어린이강원일보〉
영자지	〈Korea Herald〉

출처: 한국언론진흥재단, 2011a, p.24.

NIE 운동은 바로 업계나 정책적 차원에서 신문 이용을 활성화하려는 취지에서 생겨난 움직임이다. NIE 운동이란 학교에서 신문을 교재로 활용할 수 있도록 신문을 제공하고 교사들을 교육시키는 프로그램을 말한다.[12] NIE는 세계 각국에서 활발하게 이루어지고 있다. 미국에서는 20세기 초반에 몇몇 신문사가 NIE를 시작했고, 1961년에는 신문발행인협회 차원에서 공식적으로 후원해 프로그램을 확대하기 시작했다. 오늘날 미국 신문의 절반 정도(발행 부수로 보면 거의 90%)가 이 프로그램에 참여하고 있다. NIE 프로그램에 따라 신문사들은 학교에 신문을 싼 값으로 공급하고, 수많은 학교에서 이를 이용하고 있다. 최근에는 인터넷이 보급되면서 신문사들은 이를 NIE에 적극적으로 활용하고 있다.

원래 NIE는 읽기 운동의 한 방편으로 시작되었다. 그렇지만 텔레비전의 영향으로 젊은 층의 신문 열독률이 감소하는 데 대해 신문 업계가 위기 의식을 느낀 것도 NIE 운동이 활발해지는 중요한 계기가 되었다. 미래의 신문 독자가 될 어린이들이 신문 읽는 습관을 일찍부터 기를 수 있도록 환경을 조성해 주자는 것이다. 이 점에서 NIE는 신문 업계의 장기적인 영업 전략에서 나온 움직임이기도 하다.

이러한 취지와 달리 미국의 사례를 보면 이 프로그램은 어린이들을 딱딱하고 진지한 뉴스보다는 연성 기사에만 길들여지게 하는 부작용을 낳고 있고, 신문 부수를 늘리는 데도 크게 기여하지 못했다는 부정적인 평가도 적지 않다. 그러나 NIE가 글을 잘 읽지 않는 층에게 읽는 습관을 길러 주며, NIE에 참여한 학생은 그렇지

Teachers: Put in your order NOW for your Newspapers In Education for this fall! You can have print or e-edition newspapers in place as early as the first day of school. Click here to place your order.

Free NIE workshop scheduled for Tuesday, August 6 at the Flagler School Distr Offices. Hours: 9-12. Inservice points awarded to Flagler teachers, who should register for the workshop at the Flagler Schools website. The workshop is also open to Volusia teachers, who should contact me using the information below.

Kristen Sternberg
NIE Manager
The Daytona Beach News-Journal
kris.sternberg@news-jrnl.com
386-681-2436

The Mini Page will return August 20. Be sure to look for it every Tuesc in The Daytona Beach News-Journal!

If you are looking for a specific Mini Page topic, follow this link to the searchab archives.

Dropdown directory:
Browse By Topic
Go!

TEACHERS:
Sign Up for NIE Now!
E-News Tools for School
Create a Classroom Newspaper

CURRICULUM TIE-INS:
110 Years of Racing
Career Connections
Today's front pages from around the globe

STUDENTS:
Local high school sports news

FAMILIES:
Family Activities
Help sponsor NIE with your vacation donation
Newspaper Tips

그림 10-11. 〈뉴스 저널〉(미국 플로리다 주)의 NIE 홈페이지   출처: http://www.nieworld.com

않은 학생보다 글에 대한 이해력이 높아졌다는 긍정적인 평가도 있다.

최근에는 국내에서도 NIE 운동에 대한 관심이 높아지고 있다. 하지만 이는 NIE 원래의 취지보다는 대학 논술 고사 강화라는 입시 환경의 변화가 독자들의 관심을 유발하는 큰 계기가 되었다는 지적도 있다. 이와 더불어 국내에서는 신문 산업의 사양 산업화를 막기 위해 재원 지원의 한 방안으로 시작해 여러 신문사의 NIE 사업을 국가 예산으로 지원하고 있다.

2) 신문 읽기와 활용하기

우리는 신문을 통해서 세상을 이해한다. 물론 텔레비전을 비롯해 수많은 매체가 매일 정보를 쏟아내고 있지만, 어제 하루 동안 어떤 일이 일어났으며 그중 어떤 일이 중요한 뉴스인지 일목요연하게 정리해 주는 데에는 신문만한 매체도 없다. 그러나 신문을 통해 그 속에 비춰진 세상을 '읽어 내는' 일은 그리 간단하지 않다.

우리는 무심코 신문 지면을 넘긴다. 하지만 신문 지면이란 수많은 요인이 작용해 만들어 낸 사회적 산물이다. 신문 뉴스만 하더라도 일정한 작업 관행에 따라 기사가 선정되고 구성되기 때문이다. 따라서 기사 작성에서부터 기사 선정, 제목 달기, 지면 배치 등 신문의 편집 과정에 작용하는 요인들을 파악하고 해부해 따져 볼 수 있을 때 올바른 신문 읽기는 가능하다. 이 요인들 가운데는 신문 작업의 성격상 생겨난 불가피한 제약도 있고, 신문사 소유주나 정치 권력, 광고주의 이해관계, 언론인의 편견 때문에 편파적으로 작용하는 것도 있다. 그래서 좀더 적극적이고 의식있는 독자가 되기 위해서는 신문 읽는 법을 깨우쳐야 한다는 주장이 나오고 있다. 이처럼 적극적인 신문 읽기를 강조하는 데에는 여러 가지 이유가 있다.

첫째는 민주주의에 필수적인 여론 형성이 제대로 되려면 신문 독자들이 정치적 사회적 문제에 관해 올바른 관점과 정보를 갖추어야 하기 때문이다. 손석춘은 《신문 읽기의 혁명》(1997)이란 책에서 독자들이 수동적인 신문 읽기에서 벗어나 신문을 비판적으로 읽는 습관을 길러야 한다고 주장했다. 독자들이 신문을 읽을 때에는 지면 순서대로 읽어서는 안 되며 편집자의 선입견과 이해관계에 의해 구성된 신문 지면을 해체해서 이를 독자의 가치 판단에 따라 재구성해서 읽어야 한다는 것이다. 또 기사를 골라 읽을 때에도 편집자가 편집한 제목과 기사 비중에 따라 읽지 않고, 독자 자신이 주체적으로 시시비비를 가려 읽어야 한다고 그는 강조한다. 이를 위해 그는 성격이 확연하게 다른 두 신문을 비교하면서 읽고, 〈미디어 오늘〉이나 〈기자협회보〉 따위의 언론 비평 전문지를 함께 읽어 보라고 권유하고 있다.

둘째로 올바른 신문 읽기는 사회 생활에 필요한 실용적인 지식을 얻기 위해서도 필요하다는 주장도 있다. 《신문소프트: 500% 신문활용술》(1991)이라는 책이 나온 이래로 신문 기사를 체계적으로 활용하는 방법에 관한 실용서가 적지 않게 나왔다. 최근에는 재테크를 위한 경제 기사 활용법에 관한 책도 유행하고 있다. 신문은 매일 엄청나게 많은 정보를 제공해 주지만 활용하는 사람의 수준에 따라 쓰레기도 되고 귀중한 보물이 되기도 한다. 그래서 독자들은 이를 체계적으로 활용하는 능력을 길러야 한다는 이야기다.

1. 만약 당신이 지역 신문사의 편집장으로서 독자 투고란의 원고 선정 기준을 정해야 한다고 가정하자. 어떤 기준에 따라 수많은 독자 투고 중에서 적합한 원고를 골라 내겠는가?

2. 신문을 읽는 사람이나 읽는 시간이 줄어들고 있다고 한다. 왜 이런 현상이 생겨 난다고 생각하며, 또 신문 독자를 늘리기 위해서는 어떻게 해야 한다고 생각하는지 설명해 보라.

11장

신문 기업의 운영 방식

어떤 나라에서나 신문사는 대부분 기업이며, 신문은 상품으로 유통되고 있다. 하지만 신문은 상품이긴 하되 좀 특이한 상품이다. 신문이 중요한 정치적, 사회적 기능을 수행하기 때문에 그렇기도 하고, 순수하게 경제학의 관점에서도 여전히 독특한 점이 많다. 특히 최근 미디어 산업이 전반적으로 디지털 기반으로 변화해 가면서 신문 기업의 운영 원리나 산업 모델 역시 급격하게 바뀌고 있다. 11장에서는 신문 기업이 어떤 특성을 지니는지, 이 특성 때문에 어떤 다양한 문제점들이 생겨나게 되는지 파악하기 위해 다음과 같은 문제들을 살펴본다.

- 신문 상품에는 어떤 특성들이 있는가?
- 신문 기업은 어떤 원리에 따라 운영되고 있으며, 이에 따라 어떤 문제점이 발생하게 되는가?
- 신문 판매는 왜 중요하며, 가격 결정이나 판매 과정은 어떻게 이루어지는가?
- 신문 광고는 어떤 특성이 있으며, 어떤 방식으로 운영되는가?
- 오늘날 신문 산업에서 중요한 쟁점으로는 어떤 것이 있는가?

1. 신문 상품의 특성

1) 신문 상품의 이중성

현대 사회에서 신문사는 엄연히 하나의 기업이며, 신문도 하나의 상품이다. 상품으로서 신문은 다른 상품과 비슷하면서도 독특한 성격을 많이 띠고 있다. 신문 상품의 특성은 다음과 같이 크게 두 가지로 정리할 수 있다.

첫째, 신문은 상품이긴 하지만 오로지 이윤만 추구해서는 안 되며, 다른 상품에 비해 훨씬 무거운 사회적·정치적 책임을 진다. 신문이 좋은 상품이 되기 위해서는 어떤 자질을 갖추어야 할까? 자동차나 주방 세제는 값싸고 품질이 뛰어나야 좋은 상품이다. 신문 역시 좋은 상품이 되려면 재미있고 유익한 내용, 세련된 편집, 값싼 구독료, 좋은 고객 서비스를 제공해야 하지만, 이것만으로는 충분하지 않다.

신문의 품질은 단지 개별 상품의 문제에 그치지 않고 업계 전체 단위로 파악해야 한다. 민주주의 체제가 제대로 작동하려면 언론사가 가능한 한 많이 생겨나 사회 전체적으로 다양한 의견을 개진해야 한다. 어떤 거대 신문이 시장을 독점하면, 사상과 견해의 다양성이 줄어들기 때문에 다른 산업에서 보다 훨씬 심각한 문제가 된다. 그래서 국가 전체로 보면 신문 시장 문제는 단순히 산업적 효율성 측면에서만 판단할 수는 없다. 경쟁력을 갖춘 대기업뿐 아니라 가격이나 기술 경쟁력은 좀 떨어지지만 내용이나 논조가 독특한 작은 신문들도 공존하는 것이 바람직하다.

둘째 순수하게 경제학적 관점에서 볼 때에도 신문 상품은 독특한 특성을 갖고 있다. 신문 기업의 수입은 크게 광고와 신문 판매에서 나온다. 신문사는 신문과 광고를 동시에 판매해 얻은 수입으로 운영한다. 즉 신문은 한 상품으로 거래가 두 번 이루어진다는 점에서 아주 특이한 상품이다.

신문을 사고파는 시장에는 두 종류가 존재하는 셈이다. 첫 번째 시장은 독자와 신문사가 신문을 매매하는 시장이다. 이 시장에서 신문 기업의 실적은 판매 부수로 측정한다. 신문 기업이 참여하는 두 번째 시장은 광고주와 신문 사이에 광고 거래가 이루어지는 광고 시장이다. 신문 기업의 전체 수입에서 광고 시장은 신문 판매 시장

그림 11-1. 상품 시장과 광고 시장

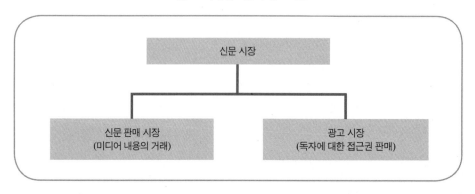

보다 훨씬 큰 비중을 차지한다. 하지만 광고 시장의 판매 실적은 대체로 신문 판매 시장의 실적에 비례한다. 이처럼 두 시장은 별개의 영역으로 존재하면서도 서로 유기적으로 연결되어 있다. 신문 시장처럼 상품 시장과 광고 시장에서 동시에 거래가 이루어지는 것을 '이중 상품 시장*dual product market*'이라고 한다.

그렇다면 어떻게 해서 이중적인 시장이 생겨나게 되는가? 이 점을 이해하려면 우선 광고 시장이 어떻게 운영되는지 살펴보아야 한다. 언뜻 신문 광고 시장은 광고주에게 광고 지면을 판매하는 곳처럼 보이지만, 엄격히 말해 신문은 지면이 아니라 독자들을 광고주에게 판다. 독자들이 신문을 읽을 때 광고도 볼 수 있게 하는 기회를 판매하는 셈이다. 심지어 신문 대금을 전혀 받지 않는 무가지도 가능한 것은 신문 읽기에서 생기는 부수적인 광고 효과 때문이다.

역사적으로 보면 초기의 신문들은 수입을 대부분 신문 판매 대금에 의존했다. 하지만 19세기 초반부터 점차 광고가 활발해지면서 신문 판매보다는 광고 수입의 비중이 압도적으로 높아졌다. 오늘날 나라별로 차이는 있지만 광고는 신문사 수입에서 큰 비중을 차지한다.

그런데 신문이 종이판 위주에서 인터넷 신문으로 점차 옮아 가면서 이 경제적 모델이 흔들리고 있다. 디지털 환경에서도 사람들은 신문이라는 콘텐츠를 구매하고 이를 통해 발생하는 광고 효과가 신문 기업의 주된 수입이라는 기본 틀은 변함이 없다. 문제는 사람들의 인식 변화이다. 과거 종이 신문 시절에는 비용 지불의 대가로 물리적인 종이 형태의 상품을 받기 때문에 실질적인 교환 관계를 맺는다는 느낌을 독자들이 갖고 있었다. 하지만 디지털 형태로 된 신문은 이러한 거래의 느낌을 거의 주지 않는다. 더구나 인터넷 포털 등지에서 많은 정보를 공짜로 접할 수 있는 상황에서 디지털 정보에 비용을 지불하기는 아깝다는 인식을 갖기 쉽다. 종이 신문 시절에 비해 광고 효과를 측정하는 작업도 훨씬 복잡해졌다. 그래서 지금은 신문 기업도 과거의 경영 모델에서 탈피해 새로운 틀을 모색하는 시기로 접어들었다.

언론을 기업이나 산업으로 보는 관점에 대해 어떤 사람들은 거부감을 느낄 지도 모른다. 그렇지만 신문 매체를 '산업적' 관점에서 파악한다고 해서, 언론이 이윤만을 추구해도 좋다는 뜻은 아니다. 신문이 어차피 시장 체제로 운영될 수밖에 없다면, 언론이 잘못된 길로 빠지지 않게 감시하기 위해서는 시민들도 신문의 독특한 경제적 메커니즘을 이해해야 한다.

2) 지리적 시장

신문이라는 상품은 시장에서 거래가 이루어진다. 시장이란 원래 상품 판매와 구매가 이루어지고 판매자들이 서로 경쟁하는 지리적 공간을 의미했다. 하지만 교통과 통신이 발달한 후 시장이란 더 이상 특정한 장소를 지칭하지 않고 어떤 산업 부문을 가리키는 개념적인 단어로 바뀌었다. 신문사의 입장에서 볼 때 자기 신문을 구매하는 사람이 있는 곳은 다 시장 범위 안에 속한다.

그렇지만 신문의 배포·판매 범위는 지리적 거리의 제한을 많이 받는다는 점에서 신문 시장은 여전히 지리적 성격을 많이 띠고 있다. 여기에는 몇 가지 이유가 있다. 첫째는 신문의 배포 방식 때문이다. 전파를 이용하는 방송 매체와 달리 종이 신문은 물리적인 인쇄물 형태로 소비자들에게 전달된다는 점에서 배포 범위를 무한정 확대하기 어렵다. 더구나 신문 제작은 늘 마감 시간에 쫓기면서 이루어진다. 이러한 이유로 신문의 판매 범위는 공간적 제약을 받는다.

둘째는 경제적인 이유로 배포의 범위가 제약을 받는다. 어떤 지역에 신문을 매일 배달하려면 배달 담당 조직을 유지해야 하며, 신문을 운반하는 인력도 필요하다.

도시 구조 변화와 신문의 지리적 시장

신문의 지리적 시장 구조는 신문 기업이 주된 시장 기반으로 삼는 도시 지역의 구조적 환경(즉 인구 변화, 교통 수단, 주거 양식, 직장 분포 등)에서 큰 영향을 받는다. 말하자면 신문은 소재 도시 지역의 흥망과 운명을 같이 한다. 미국 대도시 신문들의 역사는 이 점을 잘 보여 준다.

1870년대 이전의 미국 도시들은 주로 작은 생활권 단위로 되어 있었다. 도시 내에서 사람들의 이동은 많지 않았고, 주민들은 집 주위의 소규모 가게를 주로 이용했다. 광고주가 될 만한 큰 기업이나 백화점도 발달하지 않았다. 이런 여건에서 신문은 큰 기업으로 발전하기 어려웠다. 하지만 교통이 발달하고 도시가 성장하면서 신문의 기업 환경에서도 큰 변화가 생겨났다.

1880년대에 와서는 전차가 도입되고 대중 교통망이 갖추어지면서 인구 이동이 활발해졌다. 도심에는 백화점, 문화 시설, 회사가 속속 들어서 번화가가 형성되었고, 도심은 인근 지역의 사회적, 경제적, 문화적 구심점 노릇을 했다. 사람들은 쇼핑을 하거나 문화 시설을 이용하러 도심에 나왔고, 도시 외곽에 거주하는 노동자들은 도심의 직장으로 출퇴근하면서 가판 신문을 사서 읽었다. 도심의 기업과 백화점은 신문의 주요한 광고주가 되었다. 이처럼 메트로폴리탄 일간지는 도심을 기반으로 빠르게 성장했다.

하지만 2차 세계 대전 이후 대도시들은 큰 변화를 겪었다. 도심 거주자 중에서 중산층 이상은 쾌적하고 범죄가 없는 주거지를 찾아서 시 외곽으로 빠져나가고 도심에는 주로 저소득층만 남았다. 기업뿐 아니라 백화점, 영화관, 식당 등 편의 시설도 상당수 외곽 거주지로 이동했다. 결국 도심은 점차 빈민층 거주자만 남아 공동화했고 교외 주거 지역은 사실상 독립된 도시 기능을 갖추었다. 교외 거주자들은 도심에서 일어나는 일에 점차 무관심해졌다. 또 교외와 도심을 정기적으로 오가는 사람이 줄어들자, 대중 교통 이용률이 급속히 떨어지고 대신에 자가용 운전자가 늘어났다. 그 결과 신문 가판이 급격히 줄어들었다.

이러한 변화는 특히 도심에 근거를 둔 전통적인 석간 신문에 큰 타격을 입혔다. 가령 〈뉴욕 데일리 뉴스〉의 사례를 보면, 과거에는 뉴욕시 도심뿐 아니라 멀리 떨어진 외곽에까지 넓게 독자가 분포했지만, 교외 지역 독자는 점차 눈에 띄게 줄었다. 광고주들은 기존의 도심 일간지 대신 구매력이 높은 교외 지역 거주자를 집중적

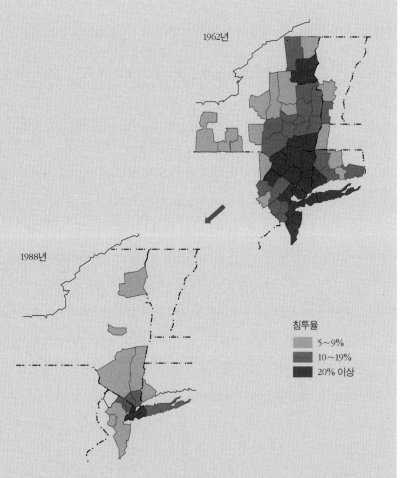

그림 11-2. 〈뉴욕 데일리 뉴스〉의 구독자 분포 변화 　　　　　출처: Kaniss, 1991, pp.38.

으로 공략할 수 있는 새로운 광고 매체를 원했다.

　　여기에 맞추어 교외 부도심 지역 일간지suburban dailies나 생활 정보지 등의 새로운 신문이 늘어났다. 교외 지역 일간지는 도심 일간지에 비해 판매 부수는 적지만 교외의 특정 주거 지역에 독자가 밀집해 있고 광고비도 저렴해서 광고주에게 아주 매력적이었다. 생활 정보지 역시 보급률이 높기 때문에 도심 일간지의 광고 수입(특히 안내 광고)을 갉아먹었다. 이렇게 해서 도심 일간지는 약화되고 부도심이나 위성 도시 일간지와 생활 정보지, 주간지 등 다양한 종류의 신문들이 공존하는 다층적 시장 형태가 형성되었다.

출처: Kaniss, 1991, pp.16~45.

이 배급망을 유지하려면 그곳에서 들어오는 판매 수입이 적어도 유지 비용보다는 많아야 한다. 그 지역에 구독자들을 일정한 규모 이상 확보하지 못하면 판매 구역이 넓을수록 손해는 커진다. 즉 지리적인 판매 범위의 확장 여부를 결정할 때에는 독자들이 그 지역에 어느 정도의 밀도로 분포하는지가 중요한 고려 사항이다.

셋째는 내용의 측면 때문이다. 신문은 특정한 지리적 범위 내의 독자에게 배포되기 때문에, 당연히 그 지역 사람들이 필요로 하고 관심을 갖는 정보를 싣게 된다. 신문의 내용 역시 지역적 성격을 강하게 띠게 되는 것이다. 신문 독자가 어떤 지역에 집중되어 있다면, 이들을 마케팅 대상으로 삼는 백화점이나 할인점이 주로 그 신문에 광고를 싣게 되고, 그렇게 되면서 광고 역시 지역적 성격을 띠게 된다.

이와 같이 해서 신문 기업의 수입은 지리적 시장 형태에서 영향을 많이 받게 된다. 지리적 시장의 범위가 어떻게 되어 있는지, 또 지역적으로 독자가 어떻게 분포되어 있는지는 매우 중요하다. 우선 판매 부수는 비슷한데 지리적 시장이 넓어지면 운영 비용은 늘어난다. 방대한 배달 조직을 유지해야 하고 각 지역 독자들의 취향에 맞는 기사도 실어야 하기 때문에 취재 비용도 증가한다. 판매 구역이 넓어지면 판매 부수는 다소 늘어나지만 독자 분포의 밀집도는 희박해진다. 배포 지역이 넓어지면 신문 제작·배포 비용은 대폭 늘어나지만, 신문 판매나 광고 수입은 상대적으로 완만하게 증가한다. 그래서 부수 확장에 따라 오히려 경영 압박이 심해지는 역설적인 현상이 생겨날 수도 있다.

지리적 시장은 광고주가 어떤 매체의 광고 효과를 계산할 때 중요한 고려 요인이 된다. 광고주가 어떤 신문에 광고를 실을 때에는 전체 부수도 중요하지만, 그 신문의 지리적 시장 형태도 고려해야 광고의 효율성을 높일 수 있다. 어떤 대도시 백화점이 그 지역의 신문들 가운데서 광고 매체를 선택하려 한다고 가정하자. 다른 도시에 있는 독자들은 광고를 접해도 실제로 구매할 가능성이 낮으므로, 가능하면 독자가 그 도시 내에 밀집한 것이 좋다. 또 같은 부수라도 구독자가 구매력이 높은 중산층 지대에 많이 분포하면 광고 매체로서 효과가 더 크다.

2. 신문 기업의 운영 원리

1) 신문 판매의 중요성

신문사는 기본적으로 신문을 판매하고 이를 통해 수익을 얻어 유지되는 기업이다. 물론 신문 판매 매출액도 신문사의 수입에서 큰 부분을 차지하지만, 광고 수입의 비중이 더 크다. 하지만 신문 판매와 광고 수입은 서로 밀접한 관련을 맺고 있다. 신문 판매는 그 자체로도 수입을 창출하지만 광고 수입 역시 판매 부수에 비례해서 들어온다. 신문 판매는 기업의 사활을 좌우한다고까지 말해도 좋다. 신문사들은 독자를 한 명이라도 더 늘리기 위해 지면을 개선하고 서비스의 질을 높이려 안간힘을 쓰는 것도 경영의 측면에서 보자면 바로 이러한 함수 관계 때문이다.

● 신문 판매—광고 매출—지면의 삼각 관계　　신문 기업에서 신문 판매와 광고, 뉴스는 서로 밀접한 관련을 맺고 있다. 가령 판매 부수가 증가하면 광고 수입 역시 따라서 올라간다. 광고주는 광고비를 더 부담하더라도 부수가 많은 신문을 택하는 것이 더 효과적이라고 판단하기 때문이다. 광고 수입의 변화는 기사의 질에도 영향을 주게 된다. 수입이 늘어나면 편집국 인력을 보강하거나 취재에 더 많이 투자할 수 있어 지면의 질도 크게 향상된다. 반면에 수입이 감소하더라도 들어가는 제작 비용은 크게 줄지 않는다. 결국 수지를 맞추기 위해서는 편집국이나 지원 부서의 인력을 줄이는 수밖에 없다. 이는 기사의 질을 떨어뜨리게 되고, 이것은 다시 판매 부수를 감소시키는 악순환으로 이어질 수도 있다. 이 모든 변화는 바로 신문 판매 실적에 의해 좌우된다.

● 판매 부수는 기업 가치를 결정한다　　국내에서는 신문사를 사고파는 일이 아직 드물다. 하지만 시장 경제가 발달한 서구에서는 일반 기업과 마찬가지로 신문을 매각, 인수, 합병하는 일도 심심치 않게 볼 수 있다. 이때 판매 부수는 신문사의 기업 가치를 산정하는 기준이 된다. 대개 매출액이나 발행 부수를 지표로 삼는데, 미국

에서 신문사의 거래가는 총수입의 3~4%, 경상이익의 30~40배, 이자 비용 및 세액 공제 전 수입의 10~12배로 계산한다. 발행 부수 기준으로 보면 한 부당 500~2500 달러로 잡고 여기에 판매 부수를 곱해서 기업 가치를 환산한다.[1] 물론 구체적인 계산 방식은 달라질 수 있겠지만, 신문 기업의 가치를 판단하는 데에는 일차적으로 판매 부수가 가장 중요한 요인이라는 뜻이다.

2) 변화하는 신문 기업의 수익 모델

신문사를 운영하는 데에는 많은 자본과 인력이 들이기는 만큼 이를 지속적으로 충당할 수 있는 재원이 필요하다. 앞서 언급한 대로 신문은 신문을 판매해서 수입을 얻는 동시에 여기서 발생하는 광고 효과를 근거로 광고 수입을 얻으며, 이 두 수입 유형은 서로 밀접하게 얽혀 있다.

나라마다 매체 환경의 여건이 다르기 때문에, 신문 산업의 매출액에서 광고와 부수 판매 수입이 차지하는 비율은 국가별로 상당한 편차가 있다. 한국 신문 산업 전체로 보면 일간 신문에서는 평균적으로 광고가 전체 매출의 60.2%를 차지하고

표 11-1. 신문 산업의 매출액 분포

단위: 100만 원, %

구분		광고 수입	부가 사업 및 기타 사업	인쇄 신문 판매	인터넷 콘텐츠 판매	합계
발간 주기	일간 신문	1,810,585 60.2	640,113 21.3	498,646 16.6	57,939 1.9	3,007,284 100.0
	주간 신문	209,572 49.2	122,751 28.8	84,726 19.9	8,830 2.0	425,880 100.0
온·오프라인	종이 신문	2,020,158 58.8	762,864 22.2	583,372 17.0	66,770 2.0	3,433,164 100.0
	인터넷 신문	244,267 43.2	268,405 47.5	— —	52,874 9.3	565,547 100.0
전체		2,264,425 56.6	1,031,270 25.8	583,372 14.6	119,644 3.0	3,998,711 100.0

출처: 한국언론진흥재단, 2012a, p.120.

인쇄 신문 판매는 16.6%에 그쳤다. 주간 신문은 광고 수입이 49.2%로 일간지보다는 다소 낮았지만 여전히 가장 큰 수입원이었고 인쇄 신문 판매의 비중은 19.9%에 불과했다. 적어도 종이 신문에서는 광고 매출이 신문이라는 기업을 운영하는 주된 기반이자 수익 모델이라는 점을 이 수치를 통해 확인할 수 있다.

국내 신문에서는 해방 이후 1950년대 말까지는 판매 수입의 비중이 무려 70~80%에 달했고 광고 수입은 20% 정도에 그쳤다. 그러나 1960년대 들어와 경제 성장과 함께 광고 수입의 비중이 커지기 시작해 1968년에는 41%, 1970년에는 거의 50%에 달했다. 1975년에는 광고 수입이 판매 수입을 처음으로 앞질렀다.[2]

신문사의 수입에서 광고가 워낙 중요하다 보니 지면에서도 절반 정도는 광고가 차지하고 있다. 이 때문에 신문이 광고지로 전락했다는 비판에서부터 심지어 신문 기사는 독자들이 광고를 보도록 유인하는 미끼에 불과하다는 비판까지 나오고 있다. 하지만 신문에 광고를 싣는 관행을 마냥 부정적으로만 볼 수는 없다. 만일 신문에 광고가 없다면 신문 가격은 지금보다 적어도 몇 배 이상 오를 것이다. 가격이 오르면 독자가 줄게 되고 이에 따라 신문 값은 더 비싸질 수밖에 없다. 19세기에만 해

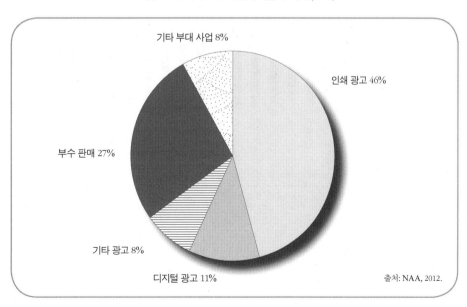

그림 11-3. 미국 신문 산업의 매출액 내역 (2012)

기타 부대 사업 8%
인쇄 광고 46%
부수 판매 27%
기타 광고 8%
디지털 광고 11%
출처: NAA, 2012.

도 신문은 부자나 지식인, 사회 지도층만의 전유물이었는데, 지금은 바로 광고 덕분에 누구나 신문을 싼 값으로 볼 수 있게 되었다.

그렇다면 신문이 종이뿐 아니라 인터넷이나 모바일 등의 온라인 매체로 플랫폼을 확장하면서 신문의 수익 모델은 어떻게 변화하고 있을까? 2012년도 미국 신문들의 매출액 구성을 보면 흥미로운 특징을 발견할 수 있다.[3] 우선 매출액에서 광고는 65%, 부수 판매 27%, 기타 부대 사업 8%로 언뜻 두드러진 특징은 없어 보인다. 그런데 구체적인 내역을 보면 인쇄 광고가 46%, 디지털 광고 11%, 기타 광고(DM 등) 8%로 디지털 광고가 아직 비율은 그다지 높지 않지만 두 자리 숫자를 기록할 정도로 수익의 중요한 부분으로 징착해 가고 있다.

그리고 여기서 부수 판매 역시 종이 신문 판매뿐 아니라 디지털 구독까지 포함된 수치이기 때문에 디지털 부문의 비중은 더 커진다. 전체 부수 판매 수입은 전년도에 비해 5%의 완만한 성장에 그쳤지만, 그 내역을 보면 디지털 신문의 약진이 두드러져 보인다. 즉 순수하게 종이 신문 구독 수입은 전년도에 비해 14%가 감소한데 비해, 디지털 구독은 275%, 종이·디지털 동시 구독은 무려 499%가 늘어났다.

그림 11-4. OECD 주요 국가의 신문 광고 수입과 판매 수입 비중

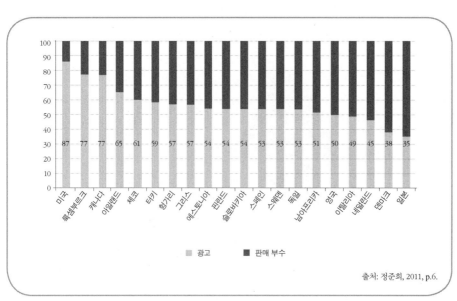

출처: 정준희, 2011, p.6.

이러한 추이는 디지털 사업이 미국 신문 산업에서 이미 주요한 부분으로 빠르게 부상하고 있음을 잘 보여 준다.

국내 신문은 전세계적으로 유래 없을 정도로 일찍부터 인터넷 신문을 도입했지만, 이를 사업 모델로 발전시키는 부분에서는 아직 답보 상태를 벗어나지 못하고 있다. 표 11-1에서 볼 수 있듯이 국내 신문의 매출에서 디지털 콘텐츠 판매 수입은 일간이 1.9%, 주간이 2.0%로 거의 미미한 수준이다. 종이 신문을 발간하지 않는 인터넷 신문의 매출액 내역을 보더라도 광고 수입이 43.2%, 기타 부대 사업이 47.5%를 차지하며 콘텐츠 판매 수입은 9.3%에 불과하다.

인터넷 신문사 중에서도 일부라도 서비스를 유료로 제공하는 회사는 6.1%에 불과했다(그림 11-5). 인터넷 신문에서 유료로 제공되는 기사 콘텐츠 서비스 유형은 지면 PDF(44.7%), 사진·영상(39.5%), 전문 정보(31.6%), 지난 기사 아카이브(23.7%), 증권 정보(10.5%) 등으로 이루어져 있다(복수 응답).[4] 국내 인터넷 신문의 디지털 사업은 독자 서비스 차원에 그칠 뿐 아직 본격적인 수익 모델로 정착하지는 못했다고 할 수 있다.

그림 11-5. 인터넷 신문의 기사 콘텐츠 유료 서비스 시행 현황

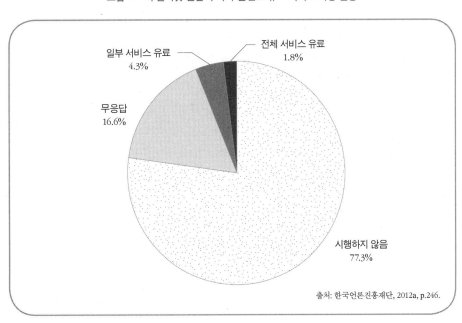

일부 서비스 유료
4.3%

전체 서비스 유료
1.8%

무응답
16.6%

시행하지 않음
77.3%

출처: 한국언론진흥재단, 2012a, p.246.

영국 신문들, 신대륙에서 새로운 시장 개척

〈더 타임스〉, 〈파이낸셜 타임스〉, 〈이코노미스트〉 등 유서 깊은 영국 언론들은 오래전부터 북미 대륙에서도 상당히 폭넓은 독자층을 유지하고 있었다. 가령 〈파이낸셜 타임스〉는 영국과 아일랜드에서 판매되는 총 부수와 비슷한 규모의 독자층을 미국에서 확보하고 있다. 그런데 인터넷 신문이 일반화하면서 북미에서 상대적으로 지명도가 떨어지거나 시장 기반이 약한 매체들도 점차 미국 시장에 더 깊숙이 침투하고 있다.

영국의 매체들은 앞다투어 북미를 비롯한 해외 이용자 대상의 지면과 웹사이트를 강화하고 있다. 〈더 타임스〉는 영국 독자용과 별도로 해외 독자 대상으로 특화된 글로벌 인터넷 홈페이지를 개설해 운영하고 있다. 〈가디언〉 역시 미국인 편집자를 고용해 미국에 초점을 맞춘 웹사이트를 도입했다. 미국인들은 언론사 홈페이지에 바로 접속하기보다는 구글 등 포털의 검색 장치를 통해 영국 매체의 기사를 접하는 경향이 있다. 이에 맞추어 영국 신문들은 이러한 검색 방식에 최적화한 편집을 해 검색 트래픽을 늘리는 방안을 강구하고 있다.

미국인 이용자들이 이처럼 증가한 데에는 반드시 인터넷이라는 기술적 편의성 요인만이 작용한 것은 아니며, 미국 언론이 제공해 주지 못한 보도의 공백을 영국 언론들이 파고들었기 때문이다. 특히 미국의 이라크·아프가니스탄 참전으로 중동의 중요성이 커지고 있는 상황에서 미국 신문들은 재정난에 따른 인력 감축으로 오히려 국제 뉴스를 대폭 축소했다. 어떤 사안에 대한 보도에서 미국 신문이 중립성을 강조하는 반면에, 영국 언론은 훨씬 과감하게 입장을 표명해 미국 독자들의 궁금증을 해소하는 데 도움을 준 것도 또 다른 가점 요인이었다.

이처럼 적어도 독자 수 확보 면에서는 영국 신문들이 미국 시장 진출에서 상당한 진척을 거두었지만, 광고 수입 측면에서는 그리 성과가 좋지 못했다. 적어도 이론적으로는 인터넷을 통한 뉴스 소비에 국경이 없지만, 광고비 지출은 국가 간의 경계나 미디어 포맷별로 구분되어 집행되고 있는 것이 현실이다. 광고주 입장에서 보면 영국 신문을 읽는 미국 독자라는 지출 항목은 아직 만들어지지 않은 셈이다. 인터넷을 비롯한 새로운 테크놀로지는 신문 기업의 활동 방식을 크게 바꾸어 놓고 있지만, 새로운 미디어 환경에 적합한 경영 모델을 만들어 내는 일은 아직 갈길이 멀다.

출처: Pfanner, 2007.

3) 신문사 운영의 비용 구조와 규모의 경제

신문사를 운영하려면 여러 가지 형태의 비용이 들어간다. 건물과 시설 유지비, 통신사와 신디케이트에 지출하는 비용이 고정적으로 나가며, 신문을 찍을 종이와 잉크도 필요하다. 특히 신문사에는 많은 직원이 일하고 있어 인건비 부담도 만만치 않다. 그렇다면 신문사 운영 비용 지출에는 과연 어떤 특징이 있으며 이러한 독특한 비용 구조 때문에 어떤 문제점이 생겨날까?

미국 내륙지방신문협회Inland Daily Press Association가 대규모 신문사(발행 부수가 115,800~230,400부 사이)와 소규모 신문사(10,000~11,100부)의 비용 지출 내역을 조사한 결과 대략 다음과 같은 패턴이 나왔다. 대규모 신문사의 지출 내역을 보면 인건비가 총지출의 26.7%를 차지해 가장 많았고, 그다음이 인쇄 용지와 잉크 등의 비용(21.5%)이었다. 소규모 신문에서는 인건비가 38%, 용지와 잉크 항목이 33.0%를 차지했다.[5]

신문사의 운영 경비 내역을 들여다보면 한 가지 두드러진 특징을 발견할 수 있다. 신문사의 매출액 규모와 무관하게 고정적으로 지출하는 비용의 비중이 높다는 점이다. 전체 지출 중 판매 부수에 따라 신축적으로 조절할 수 있는 비용은 사실상 신문 용지 비용뿐이며 나머지 비용은 단기적으로 줄이거나 늘리기 매우 어렵다. 신문사를 운영하는 데 소요되는 비용은 크게 '고정 비용fixed cost'과 '가변 비용variable cost'으로 구분할 수 있다. 고정 비용은 신문사의 생산 규모, 즉 발행 부수에 관계없이 지출되는 비용으로 임금이나 감가 상각, 시설 유지비 등을 들 수 있다. 임금은 신문 기업의 고정 비용에서 가장 큰 몫을 차지한다. 신문은 인건비 비율이 높은 노동 집약적 업종이다. 반면에 가변 비용은 발행 부수에 비례해서 늘어나는 비용 항목을 지칭하는데, 신문 용지와 잉크는 대표적인 가변 비용 항목이다.

신문 기업은 전체 비용 중에서 고정 비용이 차지하는 비율이 매우 높은 것이 특징이다. 따라서 발행 부수가 급격히 늘어나더라도 추가로 들어가는 경비는 아주 완만하게 증가한다. 총 경비를 발행 부수로 나누어 신문 한 부당 생산 원가를 계산해 보면 이 수치는 그림 11−6에서처럼 부수 증가에 따라 급격히 감소한다. 즉 신문 기업의 비용 구조에서는 생산량 증가에 따라 단가가 급격히 떨어지는 '규모의 경제

그림 11-6. 신문 발행 부수와 단위 원가

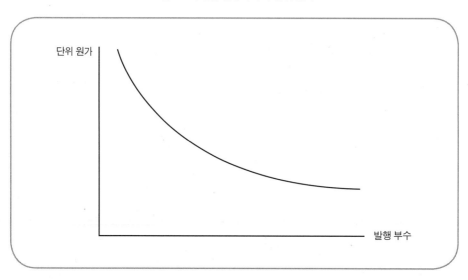

단위 원가

발행 부수

economy of scale'가 작용한다.

　신문 제작의 비용 구조가 갖는 이러한 특성은 신문 정책과 관련해서도 매우 중요한 정책적 함의를 던져 준다. 판매 부수가 많은 신문은 상대적으로 적은 신문보다 제작 원가를 크게 낮출 수 있어 시장 경쟁에서 절대적으로 유리한 위치를 차지하게 된다는 것이다. 이러한 특성을 감안할 때 기업 규모가 상대적으로 작은 신문은 시장 경쟁에서 갈수록 위축될 뿐 아니라 새로운 신문이 기존 시장에 뛰어들기도 사실상 어려워진다.

3. 신문 판매 관련 쟁점

1) 신문 가격과 무가지

소비자 입장에서 볼 때 신문은 정말 값싼 상품이다. 수십 쪽에 달하는 신문을 비가 오나 눈이 오나 매일 제 시간에 집까지 배달해 주고 한 달에 받는 돈이 1만 5000원

정도에 불과하다. 어쩌다가 배달이 늦어지거나 누락될 경우 전화 한 통이면 보급소에서 금방 가져다준다. 대략 한 부에 500원 정도에 불과한 상품을 가정에 배달까지 해주는 저렴하고 서비스 만점의 상품인 셈이다. 게다가 독자들이 모두 구독료를 다 내고 보는 것도 아니다. 몇 달씩 무료로 넣어 주기도 하고 구독료를 할인해 주기도 한다. 그렇다면 도대체 어떻게 해서 이런 터무니없이 저렴한 가격 책정이 가능한가?

● 신문 가격은 어떻게 결정될까　　원칙적으로 제작 원가나 보급 비용은 신문 가격(즉 구독료)을 결정하는 데 중요한 고려 사항이지만 이것만으로 가격이 정해지지는 않는다. 다른 신문사와 경쟁이 얼마나 치열한지, 또 신문 가격이 광고 매출액에 미치는 파급 효과는 어떤지를 감안해서 정한다.

　　신문사에서 신문 요금을 결정하는 일은 그리 간단하지 않다. 신문 가격을 올려 판매 수입에서 이윤을 남겨야 할지, 아니면 신문 가격에서 손해를 감수하더라도 판매 부수를 늘려 광고 요금을 높게 받도록 해야 할지 판단하기는 쉽지 않다. 신문 요금이 인상되면 줄어든 독자를 만회하기 위해 자칫 구독료 수입 증가분보다 판촉비가 더 많이 들어갈 수도 있다. 더구나 독자 수가 줄어들면 광고 수입도 자연히 감소하게 된다. 실제로 스포츠 신문 시장에서는 점유율이 선두이던 스포츠지가 신문 요금을 올렸다가 실패한 사례가 있다. 이 신문은 가격을 올린 뒤 판매 부수가 급속히 감소해, 가격을 올리지 않은 경쟁지에 선두 자리를 빼앗겼다.[6] 신문 시장에서 선두와 두 번째의 차이는 광고 유치에서 더 큰 격차를 가져올 수도 있다.

　　그동안 국내 신문들은 대개 신문 판매에서 손해를 감수하고 부수를 확장하려는 전략을 선택했다. 이는 광고 수입을 늘리는 효과를 낳을 것이라 기대했기 때문이다. 하지만 이러한 출혈 전략은 1997년 IMF 경제 위기 이후 신문사 경영에 큰 타격을 주었다. 비용은 늘어났는데 광고 시장 위축으로 수입은 줄어 수익성이 급격히 나빠졌기 때문이다.

● 무가지는 왜 생겨나는가　　신문을 정기 구독하는 독자 중에서는 정해진 구독료를 그대로 내는 사람도 있지만, 어떤 사람들은 일부만 내거나 일정 기간 공짜로 받

아본다. 신문사는 지국에 '확장지'라고 하는 판촉용 신문을 일정 비율 내려 보낸다. 즉 이것은 지국에서 공짜로 사용할 수 있는 부수인데, 신문사 지국에서는 이 부수를 이용해 일정 기간(3개월이나 심지어 1년 동안) 구독자 가구에 무료로 배달해 주거나 비구독 가구에 강제로 넣기도 한다. 신문사는 확장지 배포로 상당한 손실을 입게 되지만 이 지출을 광고 수입 확대를 위한 판촉 비용으로 여기고 감수한다.

일간지들의 무가지 배포는 이론적으로는 광고 수입 확대에 기여할 수 있지만, 실제로는 많은 부작용을 낳는다. 무가지 살포는 다른 경쟁사를 자극해 무가지 남발을 조장하기 때문에 모든 신문의 경영 상태를 악화시키는 악순환으로 이어진다. 수백만 부에 달하는 무가지 인쇄 때문에 엄청난 자원 낭비와 환경 파괴가 발생하는

사례 연구

신문 전쟁

1996년 7월 15일 〈중앙일보〉의 어느 보급소장이 경쟁자인 〈조선일보〉 보급소 지국장을 살해한 사건이 발생했다. 이는 당시 신문사 보급소들이 과열된 판매 경쟁을 벌이던 와중에 터진 어처구니없는 사건이었다.

1987년 이후 새로운 신문이 잇따라 복간, 창간되면서 국내 신문 시장은 본격적인 경쟁 시대를 맞았다. 신문사들은 한정된 독자 시장에서 조금이라도 더 독자를 끌어들이기 위해 갖가지 편법과 불공정 거래를 일삼았다. 신문사마다 조금씩 차이는 있지만 이삿짐 날라주기, 무가지 배포, 판촉물과 경품 제공 등은 거의 일반화한 판촉 방식들이었다. 특히 〈중앙일보〉를 비롯해 자금력을 갖춘 재벌 그룹 계열 신문사들은 적극적인 물량 공세로 시장 질서를 교란해 기존의 신문사들에게 위기감까지 조성했다.

이 사건을 계기로 〈조선일보〉뿐 아니라 다른 언론사들까지 가세해 재벌 언론사들을 공격하기 시작했고, 사건은 급기야 '재벌 신문'과 '신문 재벌' 사이의 전면전 양상으로 확대되었다. 이 기회에 개혁을 통해 신문 시장 질서를 바로잡아야 한다는 목소리도 높았으나 결국 신문사들 사이의 막후 타협으로 이 사건은 흐지부지 되고 말았다.

것도 큰 문제다. 이 때문에 신문사들은 1999년 7월부터 한국신문협회 차원에서 구독약관을 제정해 2개월 이상 무료로 신문을 제공할 수 없도록 했지만, 이 규정은 이후에도 제대로 지켜지지 않았다. 하지만 2000년대 이후 신문부수공사(ABC) 제도가 정착되고 신문 산업이 장기적인 침체에 빠지면서 이처럼 무분별한 무가지 배포는 점차 줄어들고 있다.

2) 신문 배포 방식의 유형

신문은 판매 부수에 따라 판매와 광고 매출액이 모두 좌우되기 때문에 부수를 늘리기 위해 다양한 경로를 개척해 왔다. 신문의 배포 경로는 크게 보아 정기성을 띠는 배달(정기 구독subscription)과 부정기적인 가판single copy sales으로 나눌 수 있다. 배달 방식을 통한 판매는 그중에서도 가장 큰 비율을 차지한다. 정기 구독자 확보는 판매량 예측이 가능한 안정적인 판로를 의미하기 때문에, 신문사들은 특히 이 부문의 판매를 늘리려고 심혈을 기울인다.

(1) 종이 신문의 유통 방식

신문사는 매일 제작한 신문을 독자들에게 배포할 수 있는 조직을 필요로 한다. 종이 신문의 배포 조직은 운영 형태에 따라 자체 배달, 자영 배달원 고용 방식, 외부 배달사 계약 방식, 우편 발송 등으로 구분할 수 있다.[7] 이 중 **자체 배달**은 신문사가 배달 인력을 직원으로 고용해 배달, 수금을 직접 담당하는 방식으로 운영하는 제도이다. **자영 배달원 고용 방식**independent contractors에서는 배달원들과 개별적으로 계약을 맺어 가정에 배달한다. 이들은 신문사에서 신문을 도매로 사서 소비자에게 파는 소매상 구실을 한다. **외부 배달사 계약 방식**circulation agencies은 신문사가 외부 배달사와 계약을 맺고, 이 회사는 다시 직원을 고용해서 배포하는 방식이다. **우편 발송**은 전체 배포에서 비중이 가장 작은 방식인데, 주간 신문이나 소규모 일간지처럼 발행 부수가 많지 않거나 구독자가 여러 지역에 흩어져 있는 신문에 적합하다.

　미국의 일간지들에서는 자영 배달원 고용 방식이 70% 정도로 가장 많이 사용

그림 11-7. 한국의 신문 유통 흐름도

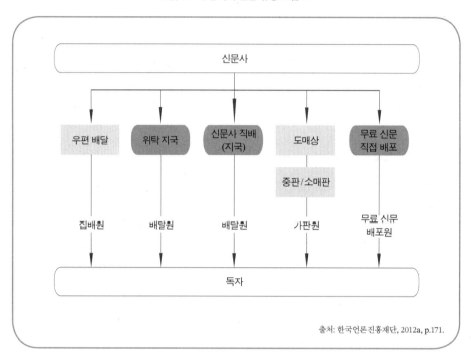

출처: 한국언론진흥재단, 2012a, p.171.

표 11-2. 신문 유형별 유통 유형 분포

구분		배달	우송	가판	해외	기타
일간	전국 종합 일간 I	92.3	2.0	4.0	0.6	1.1
	전국 종합 일간 II	87.5	3.0	9.0	—	0.5
	지역 종합 일간	85.3	13.0	0.7	—	0.5
	경제 일간	76.6	9.6	12.1	0.5	1.1
	스포츠 일간	83.3	2.0	13.6	0.1	1.0
	외국어 일간	65.0	1.0	30.0	3.0	1.0
	기타 전문 일간	64.1	18.7	4.3	—	12.9
	무료 일간	18.3	16.7	33.3	—	31.7
주간	전국 종합 주간	30.7	53.3	3.3	5.3	7.3
	지역 종합 주간	35.9	50.6	7.9	—	5.6
	전문 주간	27.7	61.1	4.0	0.5	6.8
합계		38.5	49.9	5.4	0.4	5.7

출처: 한국언론진흥재단, 2012b, p.176.

'신문팔이 소년'

미국에서도 초창기에는 주로 우편으로 신문을 발송했는데, 1760년대에 이르러 어린아이들을 고용해 집집마다 배달하기 시작했다. 19세기에는 대중지가 성장하면서 가판 방식도 도입되었다. 가판대에서도 신문을 팔았고, 소년들이 신문 뭉치를 안고 거리를 돌아다니며 팔기도 했다. 〈뉴스보이Newsies〉라는 영화는 당시 신문팔이 소년들의 모습을 생생하게 묘사하고 있다.

하지만 당시의 신문 판매원들은 신문사에 고용된 신분이 아니라, 신문사에서 신문을 다량 사들여 소비자에게 되팔았다. 팔지 못한 신문은 이 아이들의 부담으로 돌아가기도 했다. 이것은 말하자면 신문사와 배달 조직이 도매상과 소매상의 관계를 맺는 방식이다. 지금도 이 방식으로 신문을 판매하는 신문이 많다. 그러나 20세기 중반에 오면서 신문팔이 소년은 점차 사라졌고 그 대신에 무인 자판기가 널리 보급되었다.

출처: Picard & Brody, 1997, p.71.

그림 11-8. 1890년대 미국 대도시의 신문팔이들　　　　출처: Alice Austen.

되고 있으며, 국내에서는 주로 외부 배달사 계약 방식으로 배달 조직을 운영하고 있다. 국내에서 신문사 보급소들은 흔히 '지국'으로 불리는데, 이름이 주는 인상과 달리 일선 지국은 신문사 부서가 아니라 독립된 대리점에 가깝다.

(2) 신문 가판

가판은 부정기적이고 일회적인 구매에 의존하는 배포 방식인데, 특히 국내 대도시에서는 지하철의 유동 인구를 대상으로 가판 판매망이 형성되어 있다. 국내 신문 가판 시장은 주로 수도권에 집중되어 있다. 국내에서 가판은 대개 소규모 판매상을 통해서 나가지만 유럽이나 북미 국가에서는 지판기 형태의 무인 가판대를 통해서 판매되기도 한다.

서울 지역은 지하철 유동 인구만 해도 하루 수백만에 달할 정도로 시장이 크다. 지방에서도 가판은 많이 늘어났지만 아직 수도권에 비해 규모가 작다. 신문 가판 시장은 1969년 〈일간스포츠〉의 창간을 계기로 급속히 성장했다. 스포츠 신문은 당시 고교 야구 열기와 때맞추어 가판에서 대단히 인기를 끌었다. 스포츠 신문은 지금도

그림 11-9. 독일의 무인 신문 가판대   출처: 임영호, 2006.

가판 시장에서 큰 몫을 차지한다. 가판 시장의 현황은 수도권 지역의 사례를 통해 대략 추측해 볼 수 있다.[8]

수도권의 가판 신문은 총판 ― 중판 ― 가판의 경로를 거처 독자들의 손에 들어간다. 총판은 대개 신문사별로 1개소 정도로 운영되고 있으며, 신문사와 계약을 맺고 매일 신문을 중판에 공급한다. 중판은 총판에서 신문을 받아 가판에 배달하고 팔리지 않은 신문을 회수하는 일을 맡는다. 중판 이하의 가판 조직은 지상 가판과 지하철 가판으로 나누어진다. 가판 조직은 주로 유동 인구가 많은 대중 교통 노선을 따라 조직되어 있다. 수도권 지하철에는 홍익회에서 운영하는 곳을 제외하면 모두 270여 군데의 가판이 운영되고 있다. 가판 실적은 그날의 날씨나 뉴스거리에 따라 기복이 심하다. 비가 오거나 큰 뉴스거리가 없는 날에는 반품 비율이 높고, 큰 스포츠 경기나 중요한 정치적 사건이 있는 날에는 매진되기도 한다.

하지만 성장을 거듭하던 가판 시장은 2002년 〈메트로〉를 비롯한 무료 신문의 창간을 계기로 급격하게 위축되었다. 2003년 중앙일보 미디어마케팅연구소의 조사에 의하면 무료 신문이 등장한 지 1년 만에 가판은 30% 이상 감소했다. 그동안 호경기를 누리던 가판 업자들이 체감하는 어려움은 물론 이보다 더 심각한 수준일 것이다.

가판 의존 비율은 신문 유형에 따라 차이가 있다. 전국 종합 일간지에서는 대개 전체 판매 부수에서 가판이 차지하는 비율이 아주 작다. 그중에서도 그래도 상대적으로 가판 비율이 높은 신문들은 대개 종합 일간지 시장의 후발 주자들이다. 신문 종류별로 보면 대체로 경제지가 종합 일간지에 비해 가판 비율이 다소 높으며, 특히 스포츠 신문에서는 가판의 비중이 매우 크다(표 11-2 참조).

3) 온라인 유통 방식의 새로운 실험들

종이 신문 유통은 기업 경영의 측면에서 볼 때 고비용, 저효율의 매체 운영 방식이다. 세계적으로 환경 의식이 강화되면서 일회성 소비에 엄청난 자연 자원을 낭비하는 종이 신문으로서는 경제적 비용뿐 아니라 여러 가지로 압박감을 느낄 수밖에 없다. 최근 종이 신문에 대한 수요가 완만하게 감소하고 온라인의 비중이 증가하고 있는데, 이에 대해 신문 기업은 한편으로는 위기를 느끼면서도 다른 한편으로는 경영 모델을 획기적으로 개선할 수 있는 새로운 기회로 여기고 있다.

최근 종이 대신에 모니터나 모바일로 신문 기사를 읽는 사람이 늘어나면서 종이 형태로 배달되는 신문의 비율은 점차 줄어들고 있다. 2012년도 미국신문협회의 조사에 따르면 순수하게 종이 신문 구독 수입은 전년도에 비해 14%가 감소한 데 비해, 디지털 구독은 275%, 종이·디지털 동시 구독은 무려 499%가 늘어났다. 그래서 신문의 광고 효과 측정을 위해 발행 부수를 집계하는 ABC 공사에서도 최근에는 온라인 신문 접속자 수를 포함하기 시작했다.

이처럼 온라인을 통한 신문 이용이 점차 보편화하고 있기는 하지만, 이를 신문 기업의 수익 모델로 제도화하는 방식은 아직 혼선을 거듭하고 있다. 지금까지 시도된 온라인 뉴스의 비즈니스 모형은 크게 두 가지로 분류할 수 있다. 하나는 콘텐츠를 무료로 제공하고 여기서 발생하는 광고 효과를 통해 수익을 창출하는 방식이다. 다른 하나는 종이 신문 구독처럼 정기 구독료를 지불하고 보게 하는 유료 모델이다. 유료 모델은 유료화 정도에 따라 모든 콘텐츠에 요금을 부과하는 전면 유료화 방식에서부터 기사 건별 유료화 방식(*pay-per view*, 혹은 *micro-payment*)에 이르기 까지 다양한 형태가 가능하다.[9] 이 두 가지 방식에는 모두 장단점이 있다.

● **온라인 유료화 전략의 명암**　　지금까지 신문사가 온라인 구독을 유료화해 성공을 거둔 사례는 그리 많지 않다. 가장 대표적인 성공 사례는 세계적인 경제지인 〈파이낸셜 타임스〉와 〈월 스트리트 저널〉이다. 가령 〈파이낸셜 타임스〉는 2001년 유료화 정책을 본격적으로 도입한 후 2007년에는 '종량제' 방식으로 상당한 성공을 거두었다. 즉 매달 일정 건수 이하의 기사는 무료로 접근할 수 있게 하되 그 이상은 유료 서비스에 가입하거나 등록 독자가 되도록 했다. 특히 구독 형태도 내용의 전문성 정도에 따라 계층화해 전문적인 정보일수록 구독료를 높게 부과하는 정책을 도입해, 개인 독자뿐 아니라 기업이나 법인 고객을 대거 확보했다. 이러한 성공은 경제지의 콘텐츠 자체가 희소성과 전문성을 갖추었을 뿐 아니라 이 콘텐츠에 대해 독자들

의 지불 의사가 높기 때문에 가능했다.[10]

　반면에 영국의 권위지이자 미디어 재벌 루퍼트 머독Rupert Murdoch 소유인 〈더 타임스〉의 유료화 전략은 그리 좋은 성과를 거두지 못했다. 머독은 〈더 타임스〉의 온라인 기사를 전면 유료화했을 뿐 아니라 아이패드 등 새로운 모바일 매체에 맞추어 2011년 2월 〈더 데일리The Daily〉라는 새로운 온라인 유료 신문도 창간했다. 하지만 이 신문은 2년을 채 넘기지 못하고 폐간되어, 결국 무모한 도전에 불과했다는 평가를 받았다.

　물론 머독의 유료화 조치는 종이 신문 구독자의 꾸준한 감소에 장기적으로 대처하기 위해 필요한 전략적 선택이었고, 유료화 후에도 불과 1년 만에 8만 명 정도의 디지털 구독자를 확보한 것은 상당한 성과로 볼 수 있다. 하지만 온라인 구매 가격은 종이 신문보다 낮아 매출액 확대에는 큰 도움이 안 된다는 점, 유료화에 따른 구독자 수 감소로 온라인 광고 효과가 급감한다는 점, 인터넷 포털의 검색에 노출되지 않아 기사의 파급 효과가 줄어든다는 심각한 부작용도 뒤따랐다.[11]

● **무료화 모델의 딜레마**　　그렇다면 지금까지의 경험으로 보면 온라인 신문의 수익 모델 모색에서는 광고 중심의 무료화 모델이 대세인 것으로 보인다. 그래서 전세계의 대다수 온라인 신문들은 이 모델을 채택하고 있다. 무료화 모델이 대세인 것은 신문사들의 전략적인 선택이라기보다는 대안이 많지 않기 때문이다.

　인터넷에서 온라인 뉴스 이용은 매체별 사이트를 통한 접근보다는 포털이나 검색 엔진(구글 등), SNS의 링크 형태를 통해 주로 이루어지고 있다. 이용자들은 대부분 이렇게 접촉한 뉴스를 잠깐 읽고는 공급자가 누군지조차 인식하지 못한 채 빠져나가 버리는 경향이 있다. 이용자들은 이미 인터넷에서 무료로 콘텐츠를 이용하는 데 익숙해 있어 유료로 뉴스를 판매하기 쉽지 않을 뿐 아니라, 신문 뉴스 자체가 유료화할 수 있을 정도로 차별화된 장점을 갖추기도 어렵다.[12] 이 때문에 대다수 신문들은 유료화의 유혹을 버리고, 광고에 의존하는 전략을 채택하고 있다.

　하지만 무료화를 통한 광고 효과 창출 모델에도 단점은 있다. 인터넷에서는 이용자들이 특정 사이트에 고정적으로 접속하는 충성스런 고객이 아니라 주로 관심사에 따라 여기저기 떠돌아다니는 경향이 있기 때문에, 광고 효과에서도 매체별 사이트보다는 포털이나 검색 엔진 등이 더 유리하다는 것이다. 이 때문에 신문 매체들은 여러 면에서 구조적으로 어려움을 겪을 수밖에 없다. 더구나 온라인 광고는 종이 신문에 비해 광고 효과가 아직 그리 높지 않기 때문에 온라인 광고의 증가가 곧 광고 수입의 증가로 이어지지는 않는다는 난점이 있다. 그래서 현재 신문들은 온라인 환경에 맞는 새로운 수익 모델을 창출하려 고심하면서, 여러 가지 실험을 거듭하고 있다.

4. 신문 광고

1) 광고 매체로서의 특성

신문들은 광고 매체로서 더 많은 광고를 유치하기 위해 서로 치열하게 경쟁을 벌인다. 그러나 넓게 보면 텔레비전, 라디오, 잡지 등 광고로 운영되는 다른 매체도 신문과 경쟁 관계에 있다. 광고주는 가능하면 적은 비용으로 많은 수용자들에 도달할 수 있는 매체를 선호한다. 어떤 매체든지 비용에 비해 광고 효과가 뛰어나거나 용도에 더 적합하다면 광고주는 당연히 광고 매체를 바꾸려 한다.

하지만 단순히 비용 대비 도달 수용자 수라는 효율성만 근거로 광고 매체 선택이 이루어지지는 않는다. 매체의 질적 특성 역시 광고주의 판단에서 중요한 고려 사항이 된다. 그래서 신문은 광고 매체로서 다른 매체와 구별되는 독특한 장점을 살리는 방향으로 변신해 왔다. 다음 박스에 소개한 내용은 신문이 광고 매체로서 지니는 대표적인 특징으로 꼽히는 것들이다.[13]

- 신문 광고는 텔레비전처럼 상품 이미지만 잠깐 비추지 않고 상품의 특성을 자세하게 설명할 수 있다. 신문은 상품에 관한 정보나 제품 특성을 자세히 설명해야 하는 광고주에게 적합한 광고 매체이다.

- 독자들은 신문을 오래 두고 볼 수 있기 때문에 신문 광고의 효과 역시 방송에 비해 상대적으로 지속성을 띤다.

- 신문은 특정한 지역에 국한해서 광고를 전파할 수 있어 적은 비용으로 광고 효과를 높일 수 있다. 이것은 신문이 구역판*zoned edition*을 발행하기 때문에 가능하다.

- 신문 광고는 백화점이나 할인 매장 따위의 지역 광고에 적합하다. 신문은 방송 매체에 비해 대개 수용자가 특정한 지역에 밀집되어 있기 때문에 특정한 지리적 시장을 대상으로 하는 광고에 적합하다.

- 신문 광고는 1단 짜리 안내 광고에서 전면 광고에 이르기까지 다양한 크기로 광고할 수 있다.

- 신문 독자는 방송 매체에 비해 상대적으로 소득이나 교육 수준이 높다.

만일 신문 매체가 타 매체와 차별화된 독특한 성격을 띤다면, 신문은 다른 광고 매체와 경쟁하더라도 큰 영향을 받지 않을 수도 있다. 즉 신문 광고가 다른 매체 광고와 대체성이 높지 않다고 광고주가 판단하면 자연히 다른 광고 매체의 위협을 덜 받게 된다. 실제로 미국의 사례를 보면 매체별로 주력 광고가 큰 차이를 보인다. 가령 텔레비전이나 케이블 텔레비전은 전국 광고의 비율이 높은 반면에 신문이나 라디오는 지역 광고가 많다. 미국의 신문은 광고 수입의 85% 정도를 해당 지역에서 얻으며, 라디오에서는 75%가 지역 광고이다.[14]

하지만 이러한 분업과 공존 구조가 항상 고정되어 있지는 않다. 신문은 새로 등장한 매체와 치열하게 경쟁하면서 나름대로 공존의 지혜를 체득했는데, 그 결과 이러한 구조가 정착되었다. 매체 시장 상황의 변화에 따라 이 구조는 조금씩 변화해 가고 있다. 역사적으로 볼 때 다양한 매체가 새로 등장해 신문의 지위를 위협했다. 가령 한동안 생활 정보지나 DM(*direct mail*)은 가구 침투율이 100%에 달해 신문 광고 시장을 크게 잠식했다. DM은 우편으로 배달되는 광고지를 말하는데, 광고 비용이 저렴하고 우편 번호에 따라 광고 구역을 세분화할 수 있다. 따라서 광고 효과에서 신문 매체의 장점을 살리면서도 더 유리한 특성을 추가로 갖춘 셈이다.

최근에는 인터넷 매체들이 잇따라 등장하면서 신문의 전통적인 광고 영역을 위협하고 있다. 특히 안내 광고*classifieds*는 소규모 판매자와 소비자를 이어 주는 값싼 광고 형태로서 신문 광고의 전문 영역이다시피 했으나, 인터넷 매체에게 시장의 상당한 부분을 넘겨 주고 말았다. 가령 중고 자동차 거래나 부동산 광고 정보를 전문으로 삼는 인터넷 사이트는 실시간으로 제품 거래 상황을 업데이트할 수 있을 뿐 아니라 가격도 저렴하기 때문에 신문의 안내 광고를 빠른 속도로 대체해 나가고 있다. 일부 신문 기업들은 크레이그리스트*craiglist*나 이베이*eBay* 같은 안내 광고 사이트에 대항해 유사한 안내 광고 데이터베이스를 출범시키기도 했다. 영국의 4개 지역 신문 그룹이 공동으로 설립한 피쉬4*Fish4*가 대표적인 예다.[15]

2) 신문 광고 구매 결정 요인

신문의 광고 요금은 원칙적으로 광고 효과에 따라 정해지는데, 지금까지는 주로 발행 부수를 기준으로 이를 측정해 왔다. 하지만 실제 가격이 결정되는 과정은 이보다 훨씬 복잡한데, 양적 지표뿐 아니라 질적 요인까지 고려하기 때문이다. 다음과 같이 다양한 요인들은 신문 광고 요금을 결정하는 데 영향을 미친다.[16] 이 중 광고 도달 효과나 시장 침투율이 기계적으로 산정되는 양적 지표라면 나머지는 각 매체의 특성을 고려해 판단해야 하는 질적 요인이라 할 수 있다.

● 광고 도달 효과   광고주가 매체를 선정할 때에는 우선 광고 비용에 비해 광고 효과가 얼마나 있는지를 고려한다. '1000명당 도달 비용*cost-per-thousand*'이란 개념을

404

흔히 사용하는데, 이것은 독자 1000명에게 광고를 도달하게 하는 데 드는 비용을 계산한 수치이다. 하지만 이 지표는 독자 숫자만을 계산하기 때문에 효과의 질적인 측면은 파악할 수 없다.

● 시장 침투율　　　대체로 신문사의 발행 부수가 많으면 광고 효과가 높지만 반드시 그렇지는 않다. 어떤 신문이 부수는 많더라도 구독자가 넓은 지역에 흩어져 있으면 지리적 성격이 강한 백화점 광고 등 특정 광고 유형에는 부적합하다. 시장 침투율market penetration은 어떤 신문의 총 발행 부수를 그 지역의 가구 수로 나눈 수치인데, 위의 광고 유형에서는 이 수치가 높을수록 광고 요금을 유리하게 책정할 수 있다. 생활 정보지가 급속히 성장하고 있는 이유는 시장 침투율이 이론적으로 100%에 달하기 때문이다.

● 신문의 질　　　판매 부수를 비롯해 다른 조건들이 비슷하다면 내용이 좋은 신문이 광고 요금을 높게 매길 수 있다. 전문가를 대상으로 한 조사에 따르면, 신문의 질을 결정하는 요인들을 중요도 순으로 보면 보도의 완결성, 정확성과 윤리, 신문 디자인과 외관, 기사 문장과 편집, 지역 서비스, 칼럼과 사설, 적극성, 사진, 경제란, 피처난 등을 들 수 있다고 한다.

● 독자층의 인구학적 특성　　　일반적으로 어떤 신문을 구독하는 독자들의 소득 수준이 높으면 상품 구매력도 높아지기 때문에, 광고 요금을 더 높게 부과할 수 있다. 독자의 규모뿐 아니라 질적 특성(연령, 소득 수준, 교육 수준, 직업, 라이프스타일 등)도 광고 요금을 책정할 때 중요한 고려 사항이 된다.

● 광고의 종류와 형태　　　종류별로 보면 안내 광고와 전단 광고가 가장 광고 비용이 적게 든다. 그다음이 지역 광고이고, 전국 광고가 요금이 가장 비싸다. 광고의 크기와 게재 위치에 따라서도 가격은 달라진다. 중요 지면일수록 가격이 비싸고, 같은 지면에서도 눈에 잘 띄는 '돌출 광고'는 가격이 훨씬 높게 책정된다.

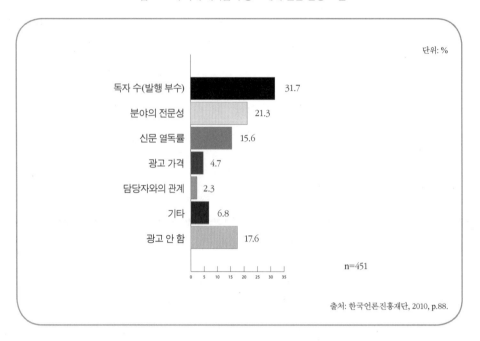

그림 11―10. 국내 대기업의 광고 게재 신문 결정 요인

단위: %

독자 수(발행 부수) 31.7
분야의 전문성 21.3
신문 열독률 15.6
광고 가격 4.7
담당자와의 관계 2.3
기타 6.8
광고 안 함 17.6

n=451

출처: 한국언론진흥재단, 2010, p.88.

국내에서 신문 광고 요금 결정은 아직 위에서 설명한 것처럼 과학적으로 이루어지지는 못하고 있다. 광고 효과를 판단하는 잣대가 되는 판매 부수가 오랫동안 공개되지 않았기 때문이다. 그동안 신문 업계에서는 원칙적으로 정해진 가격표에 따라 광고 요금을 매겨 왔다. 하지만 이 표에서 같은 가격대의 신문이라도 실제 판매 부수는 큰 차이가 나기 마련이다. 이렇게 되면 가격은 같더라도 광고 효과는 달라지기 때문에 광고주가 선호하는 매체와 기피하는 매체가 생기게 된다. 그래서 실제로는 이 가격표와 상관없이 비공식 관행에 의해 가격이 책정되었는데, 이는 신문이 그동안 광고 매체로서 발전하는 것을 막는 전근대적인 요인으로 작용해 왔다.

하지만 2000년대에 들어와서는 사실상 대다수의 신문들이 ABC협회를 통해 실사를 거쳐 실제 판매 부수를 공개하기 시작했다. 그래서 과학적인 광고 효과 산정이 이루어지는 토대가 마련되었다. 하지만 대기업 광고주들이 광고 효과에 관한 과학적인 조사 결과를 토대로 매체를 선정하는 관행이 정착되기까지는 아직도 시간이 좀더 걸릴 것 같다.

3) 신문 광고의 유형

상품의 성격에 따라 광고주가 광고 매체에 요구하는 내용도 달라진다. 따라서 신문은 광고주들의 다양한 수요에 맞추어 여러 가지 유형의 광고를 제공한다. 물론 광고 유형에 따라 가격도 달라진다. 신문 광고는 크게 지역local 광고, 전국national 광고, 안내classified 광고, 전단preprints 광고 등으로 나눌 수 있다.[17] 최근에는 대다수의 종이 신문들이 온라인판을 동시에 발간하게 되면서 온라인 광고도 신문의 주요 광고 형태 중의 하나로 부상하고 있다.

● 지역 광고　　 지역 광고는 특정한 지역 내의 독자들을 대상으로 하는 광고이다. 슈퍼마켓, 백화점, 할인점 등의 유통 업체 광고가 대표적인 예다. 신문은 독자가 특정한 도시나 지역에 집중되어 있기 때문에 지역 광고 매체로 매우 적합하다.

● 전국 광고　　 전국 광고는 상품에 관한 구체적인 정보를 전하기보다는 상품 브랜드의 인지도를 높이는 데에 적합하다. 원래는 신문에서도 주로 전국 광고를 실었으나 텔레비전이 등장하고 나서는 신문에서 전국 광고의 비중이 많이 줄었고 광고의 성격도 많이 바뀌었다.

● 안내 광고　　 안내 광고는 소규모 업체나 개인이 싣는 1단짜리 광고를 말한다. 광고 제품이나 서비스 유형(공고, 모집, 사고·팔고, 부동산, 금융 등)에 따라 광고를 분류해서 싣는다고 해서 '분류 광고classified'라는 이름을 얻었다. 미국 신문에서는 1960～1970년대 이후 전국 광고가 점차 줄어들고 그 대신에 안내 광고가 늘어나 신문의 중요한 광고 수입원 구실을 했다. 하지만 2000년대 이후 신문 산업에서 안내 광고의 비중은 급속히 감소하고 있다. 안내 광고를 전문으로 하는 생활 정보지가 급성장하면서 신문의 안내 광고 수입을 잠식했고 최근에는 안내 광고 기능을 제공하는 인터넷 매체들이 대거 등장했기 때문이다.

그림 11-11. 전시 광고의 예

그림 11-12. 안내 광고의 예

● 전단 광고 　　전단 광고는 별도로 인쇄해서 신문에 끼워 배포하는 광고를 말한다. 요금은 대개 광고지 매수로 계산하며, 신문 지면과 달리 고급 용지에 화려한 컬러 인쇄를 많이 한다. 국내에서는 대개 각 신문 보급소에서 개별적으로 전단 광고를 받아서 배달하는데, 일부 전국 일간지들은 별도로 자회사를 차려서 전단 광고를 유치하고 있다(가령 〈조선일보〉의 조선아이에스, 〈중앙일보〉의 제일PR, 〈동아일보〉의 동일애드컴).

● 온라인 광고 　　온라인 광고는 신문이 온라인으로도 발간되기 시작하면서 신문의 주요 광고 유형 중 하나로 등장했다. 온라인 광고의 주요 유형으로는 배너 광고와 검색 광고가 있다. 하지만 신문의 광고 수입 중에서 차지하는 비중은 아직 그다지 크지 않다.

4) 신문발행부수공사(ABC) 제도

광고주는 신문 독자들이 광고를 볼 것이라고 믿고 막대한 광고비를 신문사에 지불한다. 그러나 광고주는 단순히 신문사에서 주장하는 광고 효과만 그대로 믿고 비용을 지불할 수는 없는 노릇이다. 신문이 광고 효과를 주장하는 근거는 그 신문의 발행 부수인데, 광고주는 그 신문이 실제로 어떤 지역에서 얼마나 팔리는지 알 권리가 있다. 광고주는 부수 자료를 기초로 소비자의 광고 접촉률을 추정해 효과적인 광고비 지출 계획을 수립한다. 말하자면 판매 부수 자료는 광고 지면에 정당한 가격을 매기는 근거가 된다.[18] 신문발행부수공사(Audit Bureau of Circulations) 제도, 즉 ABC 제도는 이러한 정보를 체계적으로 검증하기 위해 생겨났다.

　1914년 미국에서는 광고주와 광고 대행사, 신문사 발행인들이 모여 세계 최초로 ABC라는 기관을 세웠다. 그 후 프랑스(1922), 영국(1931)을 비롯해 여러 나라에서 잇따라 ABC를 설립했고, 1963년에는 ABC 제도를 시행하는 15개국이 참여해 국제 ABC연맹을 창설했다.

● ABC에서 하는 일 　　미국의 사례를 중심으로 ABC가 어떤 일을 하는지 살펴보

그림 11-13. 미국 신문 광고 유형별 매출액 추이

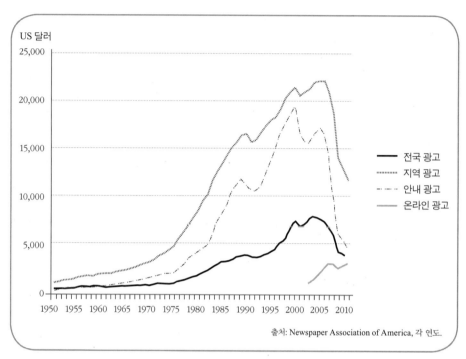

자. 첫째, 회원 신문사가 보고한 판매 부수와 판매 자료를 취합해서 보고서로 내는데, 필요하다고 판단할 때에는 회원사가 제출한 수치를 감사해서 확인한다. 최근에는 인쇄 매체뿐 아니라 전자 신문, 인터넷 사이트도 담당하고 있다.

　ABC에서는 유가만 집계하며 무료로 배포하는 생활 정보지는 제외한다. ABC 규정에 따르면 유가지 신문은 총 부수에서 적어도 70% 이상이 유가로 판매하는 부수이어야 한다. 또 독자가 적어도 정가의 50% 이상을 지불하는 부수만 유가 부수에 포함한다. 이렇게 엄격한 제한을 두는 것은 신문사들이 대량 할인이나 무료 배포로 발행 부수를 부풀리지 못하도록 하기 위해서다.

　신문사들은 1년에 두 번 배달, 가판, 우편 판매 등 판매 방식별로 부수를 집계해서 ABC에 보고하는데, ABC는 이를 광고주나 광고 대행사 등의 고객에게 발송한다. 1년에 한 번 ABC는 신문사에서 보고한 부수가 실제로 맞는지 신문사를 방문해 실사하는데, 이들은 신문사의 모든 관련 자료를 열람해 검사할 수 있다. ABC의 운

표 11-3. 미국 일간 신문사 온라인-종이판 부수 순위

신문명	종이판	온라인판	Branded Editions	계
Wall Street Journal	1,566,027	552,288	–	2,118,315
USA Today	1,701,777	115,669	–	1,817,446
New York Times	779,731	807,026	–	1,586,757
Los Angeles Times	489,514	100,221	26,840	616,575
New York Daily News	400,061	156,470	23,105	579,636
San Jose Mercury News	139,825	66,213	369,748	575,786
New York Post	408,579	146,748	–	555,327
Washington Post	467,450	40,156	–	507,615
Chicago Sun Times	200,503	68,986	152,846	422,335
Chicago Tribune	387,217	27,373	–	414,590
Dallas Morning News	202,123	49,795	153,431	405,349
Denver Post	240,200	150,920	10,000	401,120
Newsday	284,357	113,616	–	397,973
Houston Chronicle	254,696	91,422	37,889	384,007
Philadelphia Inquirer	205,412	55,921	63,658	325,291
Pheonix Republic	320,696	904	–	321,600
Minneapolis Star Tribune	239,797	60,533	–	300,330
St. Petersburg Times	239,190	19,955	40,352	299,497
Orange County Register	162,821	20,774	97,217	280,812
Newark Star-Leader	197,034	81,906	–	278,940

출처: KABC Journal, 90호, 2012 봄.

영 비용은 회원사들이 내는 회비와 감사 요금으로 운영한다.

ABC는 신문사의 총 부수뿐 아니라 시장 구역에 관한 정보도 보고서에 포함한다. 가령 도시 크기별·행정 구역별 판매 부수에 관한 자료도 같이 낸다. 최근에는 종이 신문 부수뿐 아니라 온라인 독자 수, 변형된 신문판(특화된 지면판 등)의 부수 등 다양한 형태들을 모두 망라해 집계하고 있다.

● 한국의 ABC 제도　　　한국은 1989년 신문사, 광고주, 광고 회사, 여론 조사 회

사 등 78개 회원사가 모여 한국ABC협회를 설립했다. 그리고 1992년부터 본격적으로 부수 공사를 시행하겠다는 계획을 발표했으나 여러 차례 시행이 연기되었다. 유가 부수 개념이나 조사 방법을 둘러싸고 회원사들 간에 이해관계가 엇갈린 데다, ABC 제도는 업계 자율로 운영되기 때문에 신문사들의 협조가 없이는 정착되기가 어렵기 때문이었다.

ABC 제도가 제대로 시행되지 않다 보니 신문 부수 계산이나 광고 요금 책정도 기형적으로 이루어져, 오랫동안 신문 산업의 발전을 가로막는 요인이 되었다. 여러 신문사들은 판매 부수를 부풀려 실제 부수에 비해 높게 광고 요금을 책정한다든지, 무가지 살포, 덤핑 판매, 강제 투입 등의 방식으로 부수를 부풀린다든지 하는 등 변

표 11-4. ABC협회 2011 정기 공사 인증 결과

	매체명	발행 부수	유료 부수
전국 종합 신문(6)	〈국민일보〉	295,932	211,632
	〈내일신문〉	61,827	40,270
	〈동아일보〉	1,248,503	866,665
	〈서울신문〉	172,130	116,541
	〈조선일보〉	1,810,112	1,392,547
	〈중앙일보〉	1,310,493	983,049
경제 일간(5)	〈매일경제〉	881,317	621,974
	〈머니투데이〉	75,207	55,486
	〈서울경제〉	80,446	54,710
	〈한국경제〉	503,525	394,340
	〈헤럴드경제〉	63,901	36,726
스포츠 일간(3)	〈스포츠동아〉	187,255	142,363
	〈스포츠조선〉	331,965	267,998
	〈일간스포츠〉	259,566	188,913
기타 전문 일간(1)	〈전자신문〉	59,992	47,173
외국어 일간(2)	〈중앙데일리〉	20,258	16,949
	〈코리아 헤럴드〉	34,898	21,300

* 2010, 1~12월 수치.
출처: 한국언론진흥재단. 2011a, p.187.

칙적인 관행이 시행되었다. 하지만 2002년 무렵 일부 신문이 참여한 부수 공사 보고서가 발간된 이후, 점차 풍토가 개선되기 시작했고, 2012년에는 처음으로 거의 모든 신문사가 참여하는 완벽한 공사 보고서가 발간되었다. 이는 한국ABC협회가 창립된 지 무려 20여 년 만의 일이다.

5. 신문 산업의 변화와 정책적 쟁점

오늘날 신문 기업들은 급격하게 변화하는 환경 속에서 여러 가지 어려움을 겪고 있다. 지금 신문 기업들이 직면한 문제들은 단순히 개별 기업이나 업계 차원의 고민거리에 그치지 않고 사회 전체에도 적지 않은 파급 효과를 가져올 수 있다. 최근 신문 산업에서 주요한 쟁점으로 논의되고 있는 문제들을 하나씩 짚어본다. 물론 나라마다 신문 기업이 처한 법적, 사회적, 경제적 환경이 다르기 때문에, 각 나라의 신문 산업이 안고 있는 구체적인 문제들은 조금씩 달라질 수밖에 없다.

1) 신문사 수의 감소와 부실화

현재 많은 국가에서 신문사 수의 감소가 심각한 사회 문제로 떠오르고 있다. 민주주의 사회에서는 원칙적으로 다양한 언론이 존재하면서 다양한 정보와 사상을 제공할 수 있어야 민주적이고 건전한 여론이 형성될 수 있다. 그런데 만일 신문 숫자가 줄어들면 신문 시장에서 소비자의 선택 범위가 좁아질 뿐 아니라 사회 전체적으로 사상의 다양성마저 위협받는 심각한 결과가 발생하게 된다.

특히 선진국에서는 해를 거듭하면서 신문 숫자의 감소가 뚜렷하게 나타나고 있다. 표 11-5에서 볼 수 있듯이 지난 60여 년 동안 이 현상은 북미와 유럽에서는 일부 국가들을 제외하면 뚜렷한 추세로 나타나고 있다. 더구나 지방 신문 시장에서는 지역별로 가장 큰 신문 하나만 남고 모두 사라지는 독점화 현상이 두드러진다. 이 문제를 해결하기 위해 서구 국가들은 신문 기업에 대해 세금 감면이나 보조금 지급

표 11-5. 국가별 일간 신문 종수의 추이

국가명	1950	1980	2010
벨기에	51	33	25
덴마크	–	47	37
핀란드	–	66	51
프랑스	142	85	119
네덜란드	115	77	30
노르웨이	91	84	73
스웨덴	–	93	88
영국	113	100	114
미국	1,772	1,745	1,382

출처: De Bens & Ostbye, 1998, p.9; NAA, 1999; World Press Trends 2012.

을 비롯해 갖가지 재정 지원 정책을 펴서 이 추세를 완화하려 노력하고 있다.

● 국내 신문 기업의 부실화   전 세계적인 추세와 달리 한국에서는 신문 수의 감소 현상은 아직 그다지 심각하지 않다. 이와 반대로 1987년 이후 정치 민주화로 신문사 설립이 자유화되면서 신문 수는 오히려 급속히 증가했으며 1995년 이후에도 거의 줄지 않고 유지되고 있다.

하지만 정작 심각한 문제는 신문의 종수가 아니라 신문들의 재정 상태가 매우 부실하다는 점이다. 많은 신문이 서로 치열하게 경쟁하고 있지만 몇몇 대규모 신문사가 시장을 과점하고 있어, 대다수의 신문사들이 매우 영세한 상태에 있다. 또한 대다수 신문사들의 경영 상태가 매우 취약하다. 2011년도 수치를 보면 11개 전국 종합 일간지 가운데서 5개사가 적자를 기록했다.[19] 시기별로 정도 차이는 있지만, 이처럼 구조적이고 만성적인 적자는 이 해에만 국한된 현상이 아니라 신문 산업에 일반화한 추세라는 데 문제가 있다. 이것은 장기적으로 볼 때 외부 지원이나 다른 수입 없이는 많은 신문이 살아남기 쉽지 않음을 말해 준다.

2) 소유 집중과 여론의 다양성 문제

고전적인 자유주의자들은 '사상의 자유 시장*free marketplace of ideas*'이라는 비유를 써 가며 언론의 다양성이 건전한 민주주의에 필수적인 요소라고 역설했다. 하지만 만일 신문 수는 많더라도 몇몇 개인이나 회사가 다수의 신문들을 실질적으로 장악하고 있다면 사상의 다원주의를 기대하기 어렵다. 그래서 어떤 나라에서든지 언론사의 소유 구조, 특히 소유 집중 문제는 공익성 측면에서 중요한 정책적 쟁점으로 다루고 있다.

● **소유 집중의 형태와 추세**   현재 전 세계적으로 흔히 볼 수 있는 언론사 소유 집중 형태는 신문 그룹*newspaper group*, 교차 소유*cross-ownership*, 복합 기업*conglomerate* 등이다. 신문 그룹은 신문 체인*newspaper chain*이라고 부르기도 하는데, 한 회사가 신문을 두 개 이상 소유할 때 형성된다. 서구에서는 오랫동안 치열한 시장 경쟁을 거쳐 많은 신문사가 도태되거나 인수, 합병하는 과정에서 몇몇 거대 신문 그룹들이 형성되었다. 신문 그룹은 원자재를 공동으로 구입하거나 신문 기사를 서로 교환하고, 첨단 마케팅 기법을 도입해서 경영 효율화를 꾀할 수 있다. 이처럼 신문 그룹은 가격과 질에서 모두 뛰어난 경쟁력을 갖추었기 때문에, 상대적으로 여건이 열악한 소규모 신문사들을 압박해 도태시키는 요인으로 작용한다.

교차 소유나 복합 기업처럼 신문이 다른 매체나 비매체 업종과 서로 결합하는 소유 형태도 많이 등장하고 있다. 교차 소유는 한 소유자가 신문과 텔레비전, 잡지 등 여러 유형의 매체를 동시에 소유하는 형태다. 교차 소유는 서로 연관된 미디어 업종끼리 결합하기 때문에 경영에서도 일종의 시너지 효과를 기대할 수 있다. 복합 기업은 석유 회사, 양주 회사, 음료 회사 등 미디어와 무관한 기업이 매체 기업을 소유하는 방식을 말한다. 1980년대 이후에는 여러 선진국에서 미디어 기업의 소유 구조에 대한 규제를 완화하는 '탈규제*deregulation*' 정책을 펴고 있어 복합 기업이나 교차 소유는 급속히 늘어나고 있다.

한국에서는 서구에서와 같은 대규모 신문 체인이나 복합 미디어 기업은 아직 등장하지 않았다. 지금까지의 미디어 관련 법률이 사실상 소유 집중과 교차 소유를 엄격히 제한했을 뿐 아니라 언론사 소유 집중에 대해 사회적인 저항이 유난히 강했기 때문이다. 하지만 2009년 하반기부터 2010년 상반기까지 이명박 정권하에서 개정된 미디어 관련 법들은 미디어 간의 겸영을 허용하고 이종 미디어 간의 융합 가능성을 열어 주었다. 이 법에 따라 〈조선일보〉, 〈중앙일보〉, 〈동아일보〉, 〈매일경제〉 등 4개 신문사가 종합 편성 채널에 진출해 본격적인 교차 소유 시대가 열렸다.

한국 사회에서 미디어 소유 집중은 아직은 미미한 수준에 있지만, 현재의 추세를 통해 볼 때 미래를 낙관하기는 이르다. 무엇보다도 테크놀로지의 발전으로 매체 간의 통합이 현신화하고 있어 매체 간의 구분이나 국가 간의 경계가 점차 무의미해지고 있다는 점을 들 수 있다. 해외에서는 선진국을 중심으로 매체 소유 구조에 대한 규제를 점차 완화하는 쪽으로 정책을 바꾸어 가는 추세에 있다. 국내에서도 이러한 추세를 타고 매체에 대한 규제가 완화되고 있어 소유 집중 문제가 앞으로 뜨거운 사회적 쟁점이 될 가능성이 커졌다.

● 미디어 다양성 위원회　　미디어 시장의 규제 완화에 따라 미디어 시장의 소유 집중이 심화되고 이에 따라 여론 다양성이 위축될지 모른다는 우려의 목소리도 커졌다. 이러한 비판에 대한 타협책으로 개정 방송법(2009년 7월 개정)은 '미디어 다양성 위원회'를 두어 규제 완화에 따른 문제점에 대비해 대책을 논의하는 장을 마련했다. 이 기구는 방송법 규정에 따라 방송통신위원장이 위촉하는 9인의 인사로 구성되는데, 방송 사업자의 시청 점유율 조사, 매체 간 합산 영향력 지수 개발, 여론 다양성 증진을 위한 조사, 연구 사업을 담당하고 있다. 여기서 특히 주목할 부분은 매체 융합이라는 추세에 맞추어, 여론의 집중도를 개별 매체 단위로 각각 산정하지 않고, 전체 미디어를 아우르는 지표를 산출하도록 규정했다는 점이다.

3) 석간에서 조간으로

오늘날 석간 신문의 퇴조는 신문 시장에서 두드러진 또 하나의 추세다. 전 세계적으로 석간 신문의 숫자가 점차 줄어들고 있으며, 석간에서 조간으로 전환한 신문도 많이 늘었다. 최근 신문 시장의 여건들이 석간 신문에 점점 불리하게 바뀌어 가고 있기 때문이다.

미국에서는 원래 석간 신문이 조간보다 훨씬 많았다. 그렇지만 1950년대 이래로 석간 신문이 점차 줄어들기 시작해 1980년대 이후 눈에 띄게 감소했다. 신문 종수는 조간과 석간이 비슷하지만, 총 발행 부수는 1980년대 초반을 기점으로 이미 조간이 석간을 앞질렀다. 석간 신문은 대부분 소규모인데 비해, 부수가 많은 신문은 주로 조간이기 때문이다. 국내에서도 최근 중앙 일간지들은 대부분 조간으로 전환해 현재 석간은 〈문화일보〉뿐이다.

신문의 조간화가 대세인 데는 몇 가지 이유가 있다. 첫째, 석간은 조간에 비해 제작 여건에서 불리하다. 조간에서는 불가피하게 취재가 늦게 끝나더라도 이튿날 아침까지 인쇄해 배달할 시간이 충분하다. 반면에 석간은 저녁 배달 시간에 맞추려

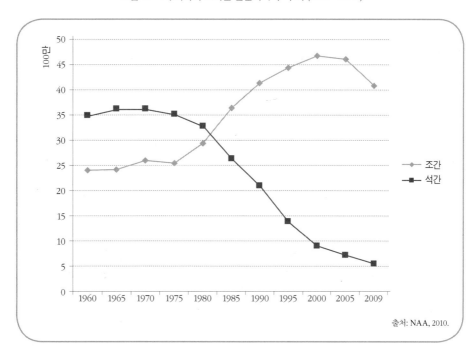

그림 11-14. 미국의 조석간 일간지 부수 추이 (1960~2009)

출처: NAA, 2010.

면 점심 때까지는 일단 취재를 마감해야 한다. 따라서 석간은 오후에 발행한 뉴스를 저녁 시간까지 독자에게 전하기 쉽지 않다.

둘째, 조간은 한적한 새벽 시간에 신문을 운반하는 데 비해, 석간 신문은 퇴근 시간대에 신문을 배달해야 하기 때문에 작업 여건이 훨씬 불리하다. 자가용이 갈수록 증가해 퇴근 시간의 교통 체증이 극도로 악화되고 있어, 이 시간대를 이용해야 하는 석간 신문은 더욱 고통을 겪고 있다.

셋째, 독자들의 라이프스타일이 점차 석간 신문에 불리하게 바뀌어 가고 있다. 우선 사람들이 석간 신문을 보는 시간은 주로 퇴근 직후부터 저녁 시간까지인데, 텔레비전 때문에 이 시간대가 점점 짧아지고 있다. 도시 팽창과 교통난으로 출퇴근 시간이 길어진 것도 이 시간을 더욱 단축시키고 있다. 신문 읽는 시간이 줄면 광고 효과도 감소하기 때문에, 석간은 큰 타격을 받게 된다.

이상은 석간 신문의 전망을 어둡게 하는 상황 요인들이다. 그렇지만 모든 신문이 조간으로 전환해야 한다고 단정할 수는 없다. 나라마다 지역마다 신문이 처한 구체적인 상황이 다르기 때문에, 신문 발행 시간 역시 어느 쪽이 더 낫다고 일률적으로 말하기는 어렵다.

4) 공동 판매제

앞서 설명한 것처럼 신문은 지리적 성격을 강하게 띠며, 제작 비용 구조에서는 판매 부수에 따라 단가가 급격히 떨어지는 규모의 경제 원리가 작용하는 특성을 지닌다. 신문 상품이 갖는 이 두 가지 성격은 신문 기업 운영에서도 독특한 문제점을 낳게 된다.

원칙적으로 신문사는 독자가 있는 곳이면 어디든 빠르게 배달할 수 있도록 조직을 갖추어야 한다. 배달 조직을 유지하는 비용은 판매 부수의 변동과 별 상관 없이 늘 지출되는 고정 비용의 성격을 띤다. 문제는 신문사가 어떤 지역에 배달 조직을 계속 운영하려면 유지 비용보다는 수입이 많아야 하는데, 그러기 위해서는 그 신문을 받아보는 독자가 일정 숫자 이상이어야 한다는 것이다.

표 11−6. 지역별 보급소의 평균 수입과 지출 내역

단위 %

	수입 구성				지출 구성			
	신문 배달 수입	전단지 수입	본사 보조금	기타 잡수입	지대 납금	사무실 운영비	인건비/ (지국장 제외)	영업·판 촉 비용
전국	71.9	19.3	6.2	2.7	45.5	14.1	26.6	13.8
서울 특별시	67.4	22.8	8.1	1.7	43.0	12.4	29.8	14.9
광역시	68.4	22.2	5.7	3.8	37.9	14.6	30.8	16.6
중소 도시	72.8	18.9	5.8	2.5	46.6	15.2	25.0	13.1
군(읍면)	76.5	14.9	6.7	1.9	54.4	12.3	22.5	10.8

* 출처: 정연구, 2004, pp.145~146, 154.

실제로 신문 보급망 유지에 드는 고정 비용은 신문사 재정에 상당히 큰 부담으로 작용한다. 표 11−6은 국내에서 행정 단위나 지역 규모별로 보급소의 평균 경비 지출과 수입 내역을 정리한 것이다. 평균적으로 보급소는 수입의 45.5%를 신문사에 지대로 납부하고 40.7%를 사무실 운영비와 인건비로, 13.8%를 영업·판촉 비용으로 지출하는데, 이 중 사무실 운영비와 인건비, 판촉 비용은 판매 부수 규모와 관계없이 거의 고정적으로 지출되는 비용이다. 또한 신문 보급소의 수입에서 신문 배달 수입과 전단지 수입이 91.2%를 차지하는데, 이 두 수입원은 모두 신문 판매 부수에 따라 정해진다. 따라서 관할 지역 내에서 일정 부수 이상을 확보하지 못하면 보급소를 계속 운영하기가 어렵다.

이 같은 특성 때문에 신문 판매는 판매 부수가 많고 넓은 보급망을 확보한 거대 언론사에 절대적으로 유리하고, 군소·신생 신문사가 기존의 보급 시장을 뚫고 들어가기는 매우 어렵다. 하지만 거대 신문사들에게도 현재의 보급소 운영 체제는 유지 비용이 너무 많이 들어 신문사의 수익성을 악화시키는 요인이 된다.

독자층이 상대적으로 얇은 지역에서 손실을 감수한 채 보급망을 유지한다면, 독자가 밀집된 대도시에서는 그 대신에 높은 수익을 올려 손실을 만회해야 한다. 하지만 대도시 지역 보급소들 역시 치열한 경쟁 때문에 막대한 홍보 비용을 뿌리며 손실을 감수한 채 운영하는 사례가 많다. 이렇게 되면 구독자는 늘어나도 신문사의 재정적 손실은 커지는 기현상도 생겨나게 된다.

이처럼 기존의 신문 판매 방식이 심각한 문제점을 드러냄에 따라 대안을 모색하려는 노력도 활발해졌다. 특히 프랑스나 일본의 제도를 벤치마킹하여, 공동 판매제나 공동 배달제를 실시해 보급망 유지 비용을 줄여야 한다는 주장이 꾸준히 제기되었다. 공동 판매제는 별도로 전담 회사를 설립해서 신문 판매와 배포를 맡기는 방식을 말한다. 그래서 마침내 2005년 1월 개정된 신문법에 따라 신문유통원이 설립되어 신문 공동 배포 업무를 담당하게 되었다. 신문유통원은 신문의 공동 배달, 잡지와 기타 긴행물의 배달, 신문 수송 대행 등의 사업을 담당하며, 운영에 필요한 경비는 국고에서 지원할 수 있도록 되어 있다. 2010년 신문법의 관련 조항이 개정됨에 따라, 이 기구의 업무는 한국언론진흥재단에 이관되었다.

5) 디지털 미디어 환경과 저작권 문제

신문 기사가 종이 신문뿐 아니라 디지털 형태로도 유통되면서 저작권이라는 새로운 쟁점이 부상하게 되었다. 물론 저작권은 인쇄물 시절에도 중요한 이슈이긴 했지만, 디지털 환경에서는 기존의 매체가 생산한 내용들이 수많은 복제, 전재 과정을 거쳐 확산하기 때문에 이 문제의 중요성이 더욱 커졌다. 특히 종이로 신문 기사를 읽는 독자층이 점차 줄어들고 사람들이 뉴스를 접하는 경로가 인터넷이나 모바일로 옮아 가는 추세라는 점을 감안하면, 뉴스 저작권은 단순히 윤리적 문제가 아니라 앞으로 신문 산업의 미래를 가늠하는 중요한 쟁점이 될 것으로 보인다.

신문 기사는 신문사가 인력과 자본을 투자해 생산해 낸 결과물이므로 법적으로 보호받아야 할 지적 자산이라는 점에는 이의가 없다. 하지만 다른 창작물과 달리 뉴스라는 장르는 저작권이라는 잣대에 의해 배타적 권리를 부여하기에는 애매한 점이 많다. 지금까지 저작권의 법적 보호 여부는 '아이디어/표현의 이분법'이라는 잣대에 의해 판단해 왔다.[20] 아이디어 자체는 특정 인물이 독점할 수 없는 공유 영역에 속하지만, 이를 표현하는 형태는 법적으로 보호를 받는다는 뜻이다. 이 원칙에 따라 시사 보도는 단순히 사실 전달에 그친다고 보고 한국의 저작권법이 보호하는 범위에 포함되지 않는다. 하지만 뉴스 보도라 하더라도 그 표현은 보호 대상이 되므로 기사 내용을 그대로 복제하면 저작권 침해에 해당한다. 스트레이트 기사 외에 논설이나 칼럼에는 작성자의 판단과 해석 등의 지적 활동이 가미되었기 때문에 저작권의 보호 대상이 된다.

그런데 매체 테크놀로지가 발전하면서 신문 기사는 인터넷 사이트나 데이터베이스 등 다양한 형태로 재활용되어 유통되고 있다. 신문사가 별도의 장벽을 설치하지 않는 한, 포털은 여러 신문사의 관련 기사를 검색 결과로 제공하고 이용자는 이 기사를 자유롭게 이용하면서 아무런 대가를 지불하지 않는다. 문제는 이 이용에 의해 발생하는 이익을 포털이 가져 간다는 데에 있다. 신문사가 많은 노력과 돈을 투입해 생산한 기사에 포털이 무임 승차하고 있는 셈이다. 즉 과거에는 한 번 게재하고 버리던 신문 기사가 온라인으로 반복 유통되면서 새로운 수입을 창출할 수 있기 때문에, 여기에 얽힌 저작권 문제는 신문 업계에서 초미의 관심사로 부상하고 있다.

원칙적으로 신문사가 공개를 허락하거나 별도의 계약을 체결하지 않은 경우, 신문 기사의 상업적 활용은 저작권 위반이 된다. 하지만 저작권 관련 제도가 아직 정비되지 않았고 이용자, 온라인 사업자, 신문사 모두 저작권 문제에 대한 인식도 부족한 실정이다. 국내에서는 개인 이용자는 물론이고 기업체, 공공 부분을 막론하고 뉴스 저작권 침해가 광범위하게 이루어지고 있다. '뉴스는 공짜'라는 인식이 광범위하게 퍼져 있기 때문이다. 한국언론진흥재단에 따르면 조사 대상 사이트의 93.7%가 허가 없이 뉴스를 게재해 저작권을 침해한 것으로 나타났다.[21]

표 11-7. 국내의 뉴스 저작권 침해 사례 수

구분	뉴스 이용 사이트 수	불법 이용 사이트 수	위반율(%)
기업체	622	599	96.3
공공 부문	1,002	923	92.1
계	1,624	1,522	93.7

출처: 한국언론진흥재단, 2011a, p.23.

이 때문에 뉴스 기사의 저작권을 보호하려는 움직임도 강화되고 있다.[22] 2006년부터 한국언론진흥재단은 뉴스 저작권 신탁 대리 기관으로 지정되어, 신문사의 저작권 관련 업무를 대행하고 있다. 또한 2011년부터 정부는 공공 기관의 뉴스 이용 비용으로 24억 원의 예산을 처음으로 편성했다. 신문 업계 역시 신문사의 저작권을 강화해 정당한 권익을 확보할 수 있는 방향으로 저작권법을 개정해야 한다고 주장하고 있다. 즉 독자적인 뉴스 콘텐츠에도 저작권을 인정하고, '현안 뉴스 보호 원칙hot news doctrine'에 따라 시의성이 높은 최신 뉴스에 대해서는 저작권을 부여하며, 저작권 침해 시 민형사 책임을 강화해야 한다고 주장한다.

6) 신문 기업 지원 제도

신문은 다양한 정보와 의견을 제공하면서 사상의 시장에서 서로 경쟁한다. 동시에 신문은 하나의 기업으로서 상업적 경쟁도 벌이게 된다. 그런데 문제는 사상의 시장에서의 경쟁력이 시장 경쟁력과 반드시 일치하지는 않는다는 점이다. 오늘날에는 경영난을 겪거나 심지어 문을 닫는 신문이 점차 많아지고 있어 사상의 자유 시장이 크게 위협받고 있다. 그래서 가능하면 많은 신문을 유지하기 위해 신문 기업의 경영 부담을 덜어 주는 재정 지원 제도를 채택한 나라가 많다.

신문 산업에 대한 국가 지원은 크게 직접 지원과 간접 지원으로 구분할 수 있다. 신문사의 경영 상태에 관계없이 주는 일반적 지원과 경영이 어려운 기업에만 주는 선별 지원으로 나눌 수도 있다. 대표적인 간접 지원 제도는 용지 수입에 대한 관세 혜택, 통신사 지원, 신문 상품에 대한 면세·감세, 광고 비과세, 교통·통신 요금 할인 등을 들 수 있다. 국내에서는 신문·잡지에 대해 부가세와 특별 소비세 면제, 지방세인 사업소득세 50% 감면, 준조세인 채권 매입 의무 면제, 우편 요금과 철도 운송 요금 할인 등의 혜택을 신문사에 주고 있다.[23]

특히 우편으로 신문이나 정기 간행물을 발송할 때에는 어떤 나라든지 대개 요금을 할인해 준다. 국내에서는 우편법 시행령에 의해 신문·잡지는 일반 우편 요금의 약 70%를 할인받는다. 단지 상품 광고와 선전을 위주로 싣는 정기 간행물은 감액 대상에서 제외한다. 광고가 지면의 절반을 넘는 정기 간행물은 원칙적으로 우편 요금 감액의 혜택을 받을 수 없지만, 1990년대에 들어와 일간 신문의 광고 비율이 대부분 절반을 넘게 되면서 이 제한은 없어졌다.

신문 기업에 대한 지원은 이 외에도 저리 융자나 지원금, 정부 기관 광고의 제공 등 직접 지원 방식으로 이루어지기도 한다. 이 방식의 도입은 나라마다 큰 차이를 보이고 있다. 독일, 영국, 스위스에서는 헌법 규정 때문에 신문에 대한 지원은 극히 부분적인 데에 그치고 있다. 반면에 스웨덴, 노르웨이, 핀란드 등 스칸디나비아 국가들은 배달 조직에 대한 지원을 비롯해 광범위한 지원 제도를 채택하고 있다. 오스트리아는 모든 신문에 연방 보조금을 제공한다. 1992년에 개정된 법은 신문을 덤핑

표 11-8. 국가별 지원 형태

지원 형태	프랑스	독일	이탈리아	스웨덴	노르웨이	덴마크	핀란드	네덜란드	벨기에	스위스	오스트리아	아일랜드	영국
부가가치세 면제	√	√	√	√	√	√	√	√	√	√	√		√
기타 세금 감면	√			√					√				
직접 지원금	√			√	√				√		√		
저리 융자		√	√	√	√	√			√				
우편 요금 할인	√	√	√	√	√	√	√	√	√	√	√		√
통신 요금 할인	√	√	√	√	√	√	√	√	√	√	√		
철도 요금 할인	√			√					√	√			
교통 지원		√					√				√		
정부 기관 광고		√		√	√		√		√				
훈련 지원·연구 지원금				√	√		√					√	
통신사 지원	√		√	√	√								
정당 지원				√	√			√					
공동 배달 지원				√	√								
공동 제작 지원				√									

출처: Smith, 1977.

판매하는 기업을 수혜 대상에서 배제했으나, 경영이 어려운 신문에 대한 특별 지원을 늘려 16개 신문 중 7개 사가 지원을 받고 있다.

국내에서 신문 기업에 대한 직접 지원을 목표로 처음 만들어진 제도는 '지역신문발전지원특별법'(2004년 3월 공포, 이하 지역신문법)이다. 지역신문법은 지역 신문의 육성 발전을 위한 제도적 장치와 지원 기금 운영에 관한 규정을 담고 있는데, 6년 기한의 한시법으로 제정되었지만 6년간 추가로 연장되었다. 이 법은 정책 목표, 지역신문발

공동경영협정(JOA)

미국에서는 1900년대 이후 신문 숫자가 계속 줄어들고 있다. 대다수의 도시들이 시장 규모가 너무 작아 신문을 여러 개 유지하기 어렵기 때문이다. 그래서 몇몇 신문들은 JOA(joint operations agreement)라는 공동 경영 방식을 도입해 운영 비용 절감을 모색했다. 일반적으로 이것은 두 신문사가 공동으로 제3의 회사를 설립해서 편집 부문을 제외한 인쇄, 배포, 광고 등을 담당하게 하고 수익은 서로 나누는 형식을 취한다. 보통 두 신문은 시설을 공동으로 이용하기 위해 조간과 석간으로 분담해 발행하고 일요판은 같이 낸다. 이렇게 되면 두 신문사는 서로 편집의 독립성을 유지하면서도 경영의 효율성을 크게 개선할 수 있다.

미국에서 최초의 JOA는 1933년 뉴멕시코 주의 앨뷰커크Albuquerque에 있는 〈저널〉과 〈트리뷴〉 두 신문사에 의해 시작되었다. 이후 다른 신문들도 이 제도를 채택하여, 1960년대 말까지 전국적으로 22개소에서 시행되었다. 그렇지만 이 제도는 독과점금지법에서 금지하는 담합 행위에 해당했기 때문에 연방 법무부에서는 이를 저지하기 위해 곧 소송을 제기했다.

이에 위기감을 느낀 신문 업계가 적극적으로 로비를 벌인 결과 1970년 신문보호법Newspaper Preservation Act이 마침내 통과되었고, JOA는 합법화되었다. JOA는 독과점 금지법에서 금지하는 가격 담합, 이윤의 공동 관리, 시장 분할 행위를 신문 기업에 한해 예외적으로 인정한 조치다. 이는 시장에 대한 개입 배제를 원칙으로 하는 미국에서조차도, 신문 시장의 독특한 경제적 메커니즘이 '사상의 시장'에 악영향을 주는 것을 막기 위한 고육지책이었다.

전위원회의 구성과 직무, 지역신문발전기금의 설치, 관리, 용도, 지원 대상 등을 내용으로 한다.

신문법 역시 신문 산업 지원을 위해 한국언론진흥재단과 한국언론진흥기금에 관한 근거 조항을 두고 있다. 이 법에 따라 언론진흥재단은 각종 언론 산업 진흥 사업들과 신문 유통 지원 기구를 운영하고 있다. 현재 언론진흥재단은 신문 산업 진흥, 신문 잡지 유통 구조 개선, 독자 권익 보장 사업, 언론 공익 사업과 교육 연수, 신문 산업 디지털화 사업, 신문 발전 인프라 구축 지원 등의 다양한 지원 사업을 관리하고 있다.

1. 오늘자 일간 신문에서 광고가 어느 정도 되는지 비율을 계산해 보라. 또 광고를 전국 광고, 지역 광고, 안내 광고로 분류해서 이들이 지면에서 각각 어느 정도 비율을 차지하는지도 조사해 보라.

2. ABC 제도 시행에 반대하는 사람들 중에는 발행 부수 정보가 정확하게 공개되면 신문들 사이의 격차가 지금보다 더 커지고 군소 신문들이 도태되어 소비자에게 결과적으로 선택 폭이 좁아질 것이라는 이유를 내세우는 이가 있다. 이 주장에 대해 찬반 의견을 밝히고 논리적인 근거를 제시해 보라.

3. 한 신문사가 신문을 여러 개 소유하거나(신문 그룹), 다양한 매체를 동시에 소유(교차 소유)할 수 있도록 허용해야 한다는 주장에 대해 찬반 의견을 밝히라. 그리고 이 의견을 뒷받침하는 근거를 제시해 보라. 또 상대편 입장에서 제기할 만한 비판을 예상해 보고 거기에 대해 어떻게 반박할 것인지도 정리해 보라.

12장

사회 제도로서의 신문

신문은 사회 체제와 아주 밀접한 관련을 맺고 있다. 우리가 상식처럼 알고 있는 언론의 자유란 이념도 따지고 보면 사회적, 정치적 환경의 산물이다. 한국 사회에서 신문은 어느 정도 언론 자유를 누리고 있으며, 구체적인 언론 자유의 정도와 성격을 결정하는 데 어떤 요인들이 영향을 미치고 있을까? 12장에서는 다음과 같은 문제를 살펴본다.

- 언론 자유는 사회 체제나 제도와 어떤 관련이 있는가?
- 언론 자유도는 어떤 기준에 의해 평가하는가?
- 신문의 특성에 영향을 미치는 구조적인 요인으로는 어떤 게 있는가?

1. 신문과 사회 체제

어떤 사회든지 신문은 정치적인 성격을 강하게 띠는 사회 영역이다. 신문이 누리는 자유, 즉 언론 자유 역시 사회 환경이나 정치 체제에서 영향을 많이 받을 수밖에 없다. 그렇다면 언론 자유란 무엇이며, 사회 체제에 따라 언론 자유의 개념이나 정도는 어떻게 달라지는가? 언론 자유와 사회 체제는 어떤 관련이 있는가? 이 문제에 관한 고전적 저술로 인정받는 《언론의 4이론*Four Theories of the Press*》에서는 이 문제를 어떻게 다루고 있는지 살펴보고, 이 책이 주는 함의와 문제점을 짚어 본다. 그리고 오늘날 각국 신문들의 언론 자유도를 어떤 기준에 따라 측정하는지도 살펴본다.

1) 언론의 4이론

16세기 이래로 언론과 정부의 관계, 또 이 관계가 언론 자유 문제에 주는 함의에 관해서 수많은 이론과 철학적 주장이 나왔다. 특히 1956년에 프레드 시버트Fred Siebert, 시어도어 피터슨Theodore Peterson, 윌버 슈람이 쓴 《언론의 4이론》은 이 주제에 관해 가장 체계적인 이론적 유형을 제공해 이후의 연구에도 많은 영향을 주었다. 이 책은 언론의 자유와 통제 문제에 현실적으로 적용되는 이념을 네 가지로 구분하였다. 바로 권위주의*authoritarian* 이론, 자유주의*libertarian* 이론, 공산주의*communist* 이론, 사회적 책임*social responsibility* 이론 등이 바로 그것이다.

● 권위주의 이론　　권위주의 이론은 16세기 영국에서 인쇄기가 도입되던 무렵에 등장했다. 즉 인쇄술의 발달로 혁신적인 주장과 정보가 자유롭게 전파되자 불안감을 느낀 지배층이 언론 규제를 정당화하기 위해 내세운 이론이 권위주의 이론이다. 권위주의 이론에서는 일반 대중들의 지적 능력이나 판단력이 아주 낮아 믿을 수 없기 때문에, 지배 엘리트층이 도덕적, 지적 리더십으로 이들을 올바른 방향으로 이끌어야 한다고 보았다. 언론이 아무 주장이나 사상을 마음대로 퍼뜨리면 사회의 도덕적·정신적 질서를 어지럽히기 때문에 국민들에게도 해로울 것이라고 보았다.

권위주의 체제에서는 이러한 이념적 근거에 따라 신문사 설립 허가제, 사전 검열제, 비판적인 언론에 대한 탄압 등 다양한 수단들을 사용해 언론의 활동을 규제한다. 어떤 사회에서는 정부와 권위에 대한 비판을 금지할 뿐 아니라 국가가 표방하는 정치적, 종교적 가치나 이념을 실현하는 데 언론이 적극적으로 기여해야 한다고 규정하는데, 이것도 권위주의 언론 이론의 한 유형이다.

● 자유주의 이론　　자유주의 언론 이론은 권위주의와 정반대되는 이념이다. 자유주의 이론에서는 인간이 이성적인 존재로서 스스로 합리적인 판단과 결정을 내릴 수 있다고 본다. 개개인이 진리와 거짓을 분간하고 올바른 판단을 내리기 위해서는 어떤 쟁점에 관해 다양한 정보와 주장을 섭렵해야 한다. 그런데 정부가 사상의 자유로운 표현을 제한한다면 시민의 권리를 침해할 뿐 아니라 오히려 진리의 발견을 방해할 우려도 있다. 따라서 자유주의 이론은 언론에 대해 일체 간섭하지 않는 것이 최선이라고 본다.

진리를 보는 관점에서 자유주의 이론은 권위주의나 공산주의 언론 이론과 근본적인 차이가 있다. 그것은 바로 진리란 알 수 없으며 아무리 어리석은 의견이라도 진리를 찾는 데 기여할 수 있다고 보는 상대주의적인 관점이다. 반면에 권위주의 이론에서는 진리가 절대적이며 엘리트만이 이를 발견할 능력을 갖추었다는 전제에서 언론 규제를 정당화하는 근거를 찾는다.

● 공산주의 이론　　《언론의 4이론》에서는 공산주의 이론을 권위주의 이론의 한 변형으로 간주한다. 공산주의 이론에 의하면 국가와 당은 '인민'을 대표하기 때문에 국가가 언론을 소유하는 것은 곧 인민이 직접 소유하는 것이나 마찬가지이다. 언론은 공식적으로는 인민의 소유이기 때문에 이들의 목소리를 대변한다고 가정한다. 나아가 언론은 마르크스주의 이념을 실현하고 공산당을 통해 체제의 목표를 성취하는 데 기여하는 일을 존재 이유로 삼는다.

그렇지만 실제로는 언론이 당과 국가의 관료화나 부패를 견제하지 못하고 인민들과 동떨어진 특권층으로 군림하게 되면서 이론은 탁상공론이 되어 버렸다. 특히

1980년대 이후 소련과 동유럽의 사회주의 체제가 붕괴한 후, 공산주의 언론 이론을 채택하는 국가는 아주 극소수로 줄었고, 그나마 남은 일부 사회주의 국가에서도 이 이론의 영향력은 크게 쇠퇴했다.

● 사회적 책임 이론   오늘날에는 자유 민주주의 국가에서도 자유주의 언론 이론이 현실에서 실현될 수 있으리라는 낙관적인 견해가 많이 수그러들었다. 첫째는 언론이 시장 경쟁을 거치면서 점차 소수의 손에 집중되었고, 새로운 매체가 들어서기 점점 어려워졌기 때문이다. 자유주의자들은 '사상의 자유 시장'에서 '자동 조정 장치'가 작동해 결국 진리가 승리할 것이라고 낙관했지만, 이 견해는 수많은 언론이 활동하면서 서로 경쟁할 때에만 현실성이 있다. 둘째는 일반 시민들이 '진리와 거짓을 식별할 수 있는 합리적 존재'라고 보는 자유주의 언론 이론의 전제에 대한 믿음이 흔들리고 있다는 점이다. 사회가 갈수록 복잡해지면서 일반 시민이 상식에 의하거나 신문 보도 내용만으로 어떤 쟁점에 대해 올바르게 판단할 수 있는 식견을 갖추기란 점점 어려워졌다.

사회적 책임 이론은 바로 자유주의 이론의 한계를 극복하려는 대안으로 나왔다. 이 이론은 1947년 미국 허친스위원회Hutchins Commission 보고서에서 처음으로 제시되었다. 책임 이론은 기본적으로 자유주의 이론과 매우 비슷하다. 그렇지만 자유주의 이론은 언론이 제 구실을 하도록 내버려 두기만 하면 된다고 낙관하는 데 비해, 책임 이론은 자유주의의 이상을 실현하려면 언론과 사회의 적극적인 노력과 조치가 필요하다고 강조한다. 허친스위원회 보고서는 언론이 '전문적인 공공 봉사의 임무'를 적극적으로 수행할 사회적 책임을 진다고 주장했다. 그리고 자유주의 이론과 달리 책임 이론에서는 언론이 이 책임을 제대로 수행하도록 하기 위해 필요하다면 정부나 외부 기관의 개입도 가능하다고 보았다.

이 네 유형은 꼭 현실에서 그대로 존재하는 형태로 볼 수는 없다. 역사적으로나 세계 각 나라에서 실제로 볼 수 있는 형태는 이 중 어느 한 유형에 속하기보다는 몇 가지가 섞인 형태를 하고 있다. 개념적으로는 한쪽 극단에 권위주의 언론 체제가 있다면 또 다른 극단에는 완전한 자유주의 언론 체제가 있다. 실제로는 대다수의 국가가 이 두 축 사이의 어느 지점에 위치하고 있다고 보면 된다.

《언론의 4이론》이 나온 후 많은 시간이 지나고 사회적 상황도 많이 바뀌면서 이 유형을 수정한 이론들이 나오기 시작했다. 예컨대, 윌리엄 학텐William Hachten은 《세계의 뉴스 프리즘World News Prism》(1981)이라는 책에서 '권위주의,' '서구형Western' (자유주의와 사회적 책임 언론을 포괄), '공산주의' 언론 외에 '혁명적revolutionary' 언론과 '발전development' 언론 등을 추가한 새로운 분류틀을 제시했다. 그렇지만 이것들 역시 4이론이 제시한 틀에서 크게 벗어나지는 않았다.

2) 언론 자유도

《언론의 4이론》은 언론 자유와 통제의 문제를 주로 정치 체제의 차이에 따라 파악하는 경향이 있다. 하지만 언론에 대한 통제는 이보다는 훨씬 다양한 형태와 교묘한 방식으로 작용하고 있다. 그렇다면 특정 국가의 언론 자유도를 체계적으로 평가하려면 어떤 기준을 적용해야 할까?

미국의 프리덤 하우스Freedom House는 1972년 이후 매년 세계 각국의 언론이 어느 정도 언론 자유를 누리고 있는지 평가해서 발표해 오고 있다. 여기서 언론 자유의 정도를 측정할 때 고려하는 요인들은 다음의 네 가지다. 첫째는 뉴스 미디어의 내용에 영향을 미치는 법과 행정 결정, 둘째는 정치적 압력과 통제, 셋째는 경제적 영향력, 넷째는 언론에 대한 억압적 행위의 정도(물리적 폭력, 검열, 내부 검열, 언론인 체포 등) 등의 요소들이다.

이 중에서 앞의 세 요인들에는 0점에서 15점까지 점수를 부여하고 마지막 항목은 0점에서 5점까지 점수를 매겨 합산을 한다. 여기서 합산한 수치가 낮을수록 그 나라의 언론 자유도는 높은 것으로 간주한다. 이 결과에 따라 여러 국가들은 '자유로운free' 국가, '부분적으로 자유로운partly free' 국가, '자유롭지 못한not free' 국가로 구분된다.

그림 12-1. 국가별 언론 자유도

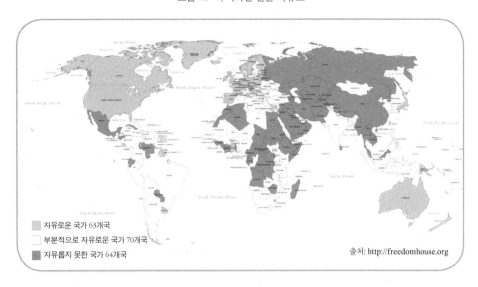

자유로운 국가 63개국
부분적으로 자유로운 국가 70개국
자유롭지 못한 국가 64개국

출처: http://freedomhouse.org

● **한국 신문의 언론 자유**　　우리나라에서도 신문이 제 목소리를 내지 못하던 시절이 있었다. 1970년대의 유신 정권 때나 1980년대의 5공 정권 때는 언론이 사실상 정부의 직접적인 통제를 받았다. 그러나 1987년 6월 항쟁 이후 정치적 민주화로 언론은 거의 무제한의 자유를 누리기 시작했다. 그동안 많은 여론 조사에서 언론은 한국 사회에서 가장 영향력 있는 세력 중 하나로 꼽혔는데, 이는 언론에 대한 정치적인 통제가 거의 사라졌다는 뜻이기도 하다.

언론 자유의 정도를 평가할 때 우리는 대개 독재 정권으로 상징되는 정치적 규제나 탄압을 먼저 떠올린다. 그렇지만 실제로 언론인들이 피부로 느끼는 자율성 정도는 정치적인 요인 외에도 다양한 요소들에서 영향을 받는다.

국내 언론인들은 자유롭고 공정한 언론 보도를 가로막는 장애 요인이 무엇이라고 보고 있을까? 2012년 한국언론진흥재단의 조사에 따르면, 언론인들(신문, 방송, 인터넷 등)은 언론의 자유를 직·간접적으로 제한하는 가장 영향력이 큰 요인으로 '광고주'(65.3%)와 더불어 '정부나 정치 권력'(65.3%)을 지목했고(37.8%), 그다음으로는 '사주·사장'(48.8%), '편집·보도국 간부'(41.5%) 등을 들었다(3순위까지 합산해 산출).[1]

이 조사에서는 광고주를 언론 자유의 장애 요인으로 꼽은 비율이 2003년 한

표 12-1. 한국 언론인이 보는 언론 자유 제약 요인

단위: %

	정부나 정치 권력	언론 관련 법, 제도	사주/ 사장	편집·보도국 간부	자기 검열/ 조직 내적 구조	광고주	이익 단체	시민 단체	독자나 시청자 네티즌	기타
전체	65.2	14.2	48.8	41.5	36.7	65.3	10.2	5.4	11.4	0.6
경제지	44.5	5.8	44	55.7	34.4	85.5	10.2	3.4	16.5	0
전국 종합 일간·통신	71.2	5.2	44.6	39.5	45	72.1	8.4	4.1	8.6	0
지역 종합 일간	59.5	15.1	59.6	39	28.7	65.7	12.6	7.9	11.8	0
인터넷 언론	68.9	24.3	37.9	40.8	35	60.2	10.7	3.9	15.5	1
지상파 3사	83.9	16.8	51.8	48.8	42.4	36.8	4.4	7.7	7.2	0

* 각 요인을 3순위까지 합산해서 비율 산출.
출처: 배정근, 2012. 8, p.27 발췌.

해를 제외하면 1999년 이래 가장 높게 나왔다. 이는 그만큼 시장 경쟁이 치열해지고 기업 경영이 어려워지면서 언론인들이 보도에서 광고주의 압력을 점점 심각하게 의식하고 있다는 뜻이다. 또한 정부와 정치 권력의 제약을 심각한 제약 요인으로 지목하는 비율이 상승하고 있다는 점도 주목할 만하다. 이 비율은 2003년 조사의 60.3%에서 점차 낮아지다가 2009년에 56.7%로 다시 높아지더니 이번에는 62.5%로 상승했다.

언론사 유형에 따라 언론 자유 제약 요인의 비중도 상당한 차이가 있었다. 광고주의 압력에 대한 체감 정도는 전국 종합 일간지나 통신사 기자가 72.1%를 기록했고 경제지 기자는 85.5%로 상대적으로 압력을 더 심각하게 느끼고 있는 데 비해, 지상파 3사 기자는 이 비율이 36.8%에 불과해 매체 간에 상당한 편차가 있었다. 반면에 정부나 정치 권력의 압력에 대한 인식 정도는 지상파 3사가 83.9%로 가장 높

았지만, 전국 종합 일간지나 통신사가 기자는 71.2%로 상대적으로 낮았고, 경제지 기자는 44.5%에 불과해 권력의 압력을 비교적 덜 느끼는 것처럼 보인다. 이러한 인식 차이는 매체마다 시장 여건이나 소유 구조가 다르기 때문이다. 언론 자유와 통제 문제는 정치적 규제 정도 외에 다양한 요인들을 고려해서 파악할 필요가 있다.

3) 신문과 정치 제도의 관계

《언론의 4이론》은 정치 체제에 따라 미디어 제도의 다양한 형태를 유형화했지만, 자유주의 체제 내에 존재하는 세부 유형들 간의 차이는 거의 반영하지 못했다. 이는 이들이 기본적으로 언론 자유의 정도에 따라서 체제를 분류했기 때문일 것이다. 하지만 《언론의 4이론》에서 자유주의 유형으로 분류되는 서유럽, 북미 국가들 사이에서도 신문과 정치 제도 간의 관계는 여러 면에서 상당한 특징 차이를 보여 준다.

다니엘 핼린Daniel Hallin과 파올로 만치니Paolo Mancini는 서구 국가들 안에서도 역사적, 정치적 환경 차이에 따라 어떻게 다양한 체제들이 나타나고 있는지를 유형화해 제시하였다. 이들은 서유럽과 북미 국가들의 미디어 체제를 '양극화된 다원주의Polarized Pluralist,' '민주적 조합주의Democratic Corporatist,' '자유주의 모델Liberal Model' 등으로 분류하였다. 또 이 유형들은 해당 국가들의 지리적 위치를 기준으로 '지중해형Mediterranean,' '북·중유럽형North/Central European,' '북대서양형North Atlantic' 등으로 분류하기도 한다.[2]

구체적인 정치 제도나 역사적 경험의 차이에 따라 같은 모델 안에서도 나라마다 구체적인 특징은 차이가 있는데, 이 중 북대서양 모델에 속하는 미국과 지중해형 국가의 예를 비교해 가면서 차이를 살펴본다. 미국의 정치 제도나 저널리즘 문화는 우리와 비슷한 점이 많다. 미국은 대통령제를 채택하고 있고 정당은 여야 모두 온건 중도에 가까운 대중 정당들이어서 이념적 차이가 그리 크지 않다. 국민들은 그 때그때 판단해 개인적으로 마음에 드는 후보에게 투표를 한다. 신문 역시 특정 정당이나 후보자들을 지지하기보다는 객관적 정보 위주의 중립적 보도를 하는 대중지가 주류를 이룬다. 특정 사안이나 쟁점에 관해 사회 전체적으로 다양한 의견이 존재할

표 12-2. 자유 민주주의 미디어 체제의 세 유형

유형	지중해형 혹은 양극화된 다원주의 모델	북유럽형 혹은 민주적 조합주의 모델	북대서양형 혹은 자유주의 모델 (미국)
해당 국가	프랑스, 그리스, 이탈리아, 포르투갈, 스페인	오스트리아, 벨기에, 덴마크, 핀란드, 독일, 네덜란드, 노르웨이, 스웨덴, 스위스	영국, 미국, 캐나다, 아일랜드
신문의 특징	• 발행 부수가 적고 정파성이 강한 엘리트 신문 • 논평 지향적 저널리즘	• 발행 부수가 많은 대중지와 소규모 정당지/정론지 발달 • 중립적 상업지로 점차 이행	• 중립적인 대중적 상업지가 일찍부터 발달 • 정보 지향적 저널리즘
미디어와 정당 정치의 관계	• 정당 간의 이념 차가 크다 • 언론은 외부적 다원주의 • 미디어-정당 간 연계가 강함 • 신문에 대한 국가 지원	• 정당 간의 이념 차가 크다 • 특히 전국지에서 외부적 다원주의 • 신문에 대한 지원 제공(특히 스칸디나비아 국가)	• 정당 간의 이념 차가 작다(미국) • 언론은 내부적 다원주의(미국) • 미디어-정단 간 연계가 약함(미국) • 신문에 대한 자유 방임주의(국가 개입/지원 없음)
언론인의 직업 문화	전문직화 정도가 약함; 언론인 직업의 정치 도구화	전문직화 정도가 강함; 제도화된 자율 규제	전문직화 정도가 강함; 제도화되지 않은 자율 규제

출처: Hallin & Mancini, 2004, pp.67~68.

수 있는데, 언론은 이 의견들을 종합해서 균형 잡힌 보도를 내보낸다(이를 '내부적 다원주의'라 한다). 특히 언론인이 특정 정당이나 정파에 예속되지 않고 중립적 위치를 지키며 직업적 판단에 따라 기사를 쓰는 것이 직업 전통이다.

반면에 지중해형 국가에서는 정치 제도에서도 의원 내각제를 채택한 데가 많아, 정당의 이념적 스펙트럼이 대개 극좌에서 극우까지 넓게 퍼져 있다. 각 정당은 나름대로 확고한 지지 기반을 갖고 있어, 국민들의 투표 성향도 상대적으로 집단적 성향이 강한 편이다. 정당 이념이 다양한 것처럼 신문들도 각자 특정 정당, 정파를 지지하는 정론지가 많이 있어 언론계 전체로 보면 언론 간의 이념 차이가 매우 크고 다양한 의견이 존재하게 된다(이를 '외부적 다원주의'라 한다). 정론지들은 정치적 사안이나 정책에 대해 특정 정파의 견해를 충실히 반영하며, 이 때문에 객관적 보도보다는 논평이 중요한 저널리즘 양식이 된다. 정론지 소속 언론인들은 지지 정당이나 정파와 밀접한 관계를 맺고 있고 보도에서도 정당, 정파의 이익을 고려하기 때문에 직업적 자율성과 독립성의 전통은 약한 편이다.

이처럼 정치 제도가 나라마다 매우 다양한 특성을 보여 주듯이 사회 제도로서 신문 역시 나라마다 독특한 특징과 전통을 갖고 있다. 핼린과 만치니는 이러한 제도적 환경 차이에 따라 신문의 특성이 어떻게 다양한 방향으로 발전할 수 있는지 잘 보여 주었다.

2. 언론 자유와 통제에 관한 구조적 모델

신문이 만들어져 독자들에게 전해지는 과정은 사회적인 차원에서 이루어지는 커뮤니케이션 과정이라 할 수 있다. 사회 각 부문의 수많은 정보원에서 흘러들어온 정보는 신문 조직 내부에서 취사선택되어 신문 내용으로 구성되는데, 많은 외적, 내적 요인은 신문 제작 과정에 다양한 방식으로 작용하게 된다. 그렇다면 신문의 활동이나 내용에 영향을 미치는 요인들은 무엇이며, 어떻게 작동하는가?

신문 조직을 하나의 '게이트키퍼gatekeeper'로 보면, 게이트키퍼 활동에 영향을 주는 것은 모두 통제 요인으로 볼 수 있다. 여기서 '통제'라는 용어는 단순히 외부적인 압력만을 가리키지 않는다. 그보다는 신문에 투입된 정보input가 결과물output로 만들어져 나오는 과정에 영향을 미치는 모든 외적·내적 요인들의 작용이나 힘을 말한다. 그래서 통제 요인이라고 해서 모두 언론 자유에 부정적으로 작용하지는 않으며, 직업 윤리에 따른 자율적 통제처럼 긍정적인 것도 있다.[3]

신문의 활동에 영향을 주는 통제 요인들을 정리해 도식으로 만들어 보면 그림 12 −2와 같다. 첫 번째로 신문은 신문 내용의 원자재가 되는 정보를 정보원에게서 제공받는데, 이 과정에서 '정보원에 의한 통제'를 받게 된다. 두 번째는 '정치적·법적 통제'인데 언론에 대한 법적 규정이나 정치적인 압력이 여기에 해당한다. 세 번째는 '경제적 통제'인데 소유주나 광고주의 압력이 대표적인 예이다. 네 번째로는 수용자나 공중에 의한 통제(사회적 통제)를 들 수 있다. 다섯 번째는 '내적 통제'인데 조직 내부의 의사 결정 구조, 기자들의 가치관, 직업 윤리에 의한 자율적 판단 등이 여기에 속한다.

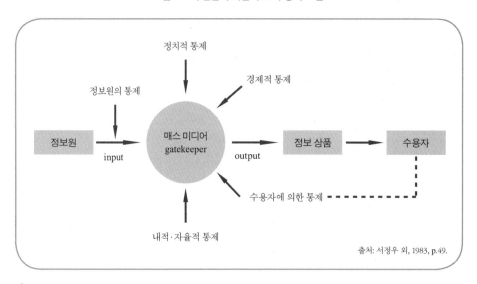

그림 12—2. 신문에 대한 구조적 통제 모델

출처: 서정우 외, 1983, p.49.

　물론 언론 활동에 작용하는 통제 요인들은 위의 구분 외에도 여러 가지 방식으로 분류할 수 있다. 첫째는 내적 통제와 외적 통제다. 위에서 열거한 다섯 유형 중에서 다섯 번째인 내적 통제를 제외한 나머지 요인들, 즉 정보원에 의한 통제, 정치적, 경제적, 사회적 통제는 모두 외적 통제 요인으로 분류할 수 있다. 하지만 내적 통제와 외적 통제의 구분은 그다지 뚜렷하지 않다. 경제적 통제의 한 형태인 소유 구조의 영향을 외적 통제로 분류하지 않고 내적 통제로 보기도 한다.

　둘째로는 공식적 통제와 비공식적 통제의 구분이다. 이것은 통제 요인들이 공식적인 절차나 구속력을 갖는 법규, 규칙으로 제도화되었는지에 따라 분류한 것이다. 비공식적 통제로는 정치적 압력이나 광고주의 압력, 독자들의 항의 등을 들 수 있다. 반면에 법적 통제나 신문평의회는 규제나 통제가 제도화한 형태로 이루어진다는 점에서 공식적 통제에 속한다.

● 다층적 게이트키핑 모델　앞서 언급한 모델과 좀 다른 관점에서 접근하려는 시도도 있는데, 이는 거시적인 시각에서 미디어 자체를 사회의 하부 체제로 보고 미디어 외부의 사회 체제나 상황이 조직 내부의 게이트키핑 과정에 어떤 영향을 미치

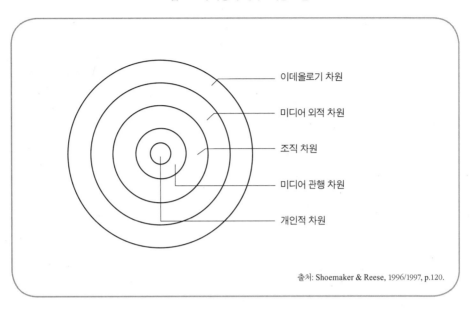

그림 12-3. 다층적 게이트키핑 모델

- 이데올로기 차원
- 미디어 외적 차원
- 조직 차원
- 미디어 관행 차원
- 개인적 차원

출처: Shoemaker & Reese, 1996/1997, p.120.

는지에 초점을 둔다. 예컨대, 슈메이커와 리스는 뉴스 생산 과정에 미치는 요인을 (1) 개인적 차원, (2) 미디어 관행 차원, (3) 조직 차원, (4) 미디어 외적 차원, (5) 이데올로기적 차원 등으로 분류했다. 나아가 이들은 미시적인 요인에서 거시적인 요인으로 점차 확장해 가면서 다차원적인 틀로 뉴스 생산 구조를 설명하기 때문에 게이트키핑의 이론적 틀은 이전에 비해 훨씬 넓어졌다.[4] 이 접근 방식은 말하자면 일종의 '다층적 게이트키핑 모델*Hierarchical Gatekeeping Model*'이라고 할 수 있다.

3. 신문의 특성에 영향을 미치는 구조적 요인

1) 정치적 요인

신문의 특성에 영향을 미치는 가장 기본적인 구조적 요인으로는 정치적 통제를 들 수 있다. 언론의 자유에 대한 통제라고 하면 정치적 통제를 떠올릴 정도로 언론과 정치적 통제는 밀접한 관련이 있다. 역사적으로 보나 나라별로 비교해 보나 언론의 성격은 정치 체제에서 가장 큰 영향을 받는다고 할 수 있다. 《언론의 4이론》이 주로 정치적 통제 요인을 중심으로 언론 체제의 유형을 분류한 것도 이 때문이다.

정치적 통제에서는 국가 권력이 주체가 된다. 넓게 보면 정치적 통제에는 행정부 뿐 아니라 입법부(법률을 통해), 사법부(판례를 통해)까지도 관여하므로 정치적 통제와 법적 통제는 엄격히 구분하기 어렵다. 그렇지만 민주 사회에서는 정치적 통제 역시 주로 법적·제도적 장치를 통해서 이루어지는 것이 원칙이다. 여기서는 편의상 정치적 통제와 법적 통제를 구분해서 살펴본다.

국가 권력과 언론은 영원한 숙적 관계에 있다. 국가 권력은 집권의 정당성을 여론 동향에 의존하기 때문에 가능하면 자신에게 유리하게 언론에 보도되기를 바란다. 그래서 국가 권력은 어떤 방식으로든 언론에 대해 영향력이나 압력을 행사하고 싶은 충동을 느끼게 된다. 민주화가 덜 된 나라일수록 정치적 통제 방법은 더욱 직접적이고 억압적으로 된다. 레이먼드 닉슨Raymond Nixon은 신문에 대한 통제를 다음과 같은 7개의 범주로 나누었다.[5]

- 명예 훼손·음란에 관한 법규, 그 외의 형법, 법외적인 처벌에 의한 통제.
- 신문의 압수, 신문 용지·기자재의 공급 제한, 정부에 우호적인 기사 취급을 조건으로 한 발행 허가 등을 통한 발행인에 대한 통제
- 정부 뉴스의 제공 거부, 취재 접근권access 봉쇄나 제한
- 정부에 의한 언론인의 직접 임명·임명 동의·견책 등을 통한 통제
- 정부 검열 기관이나 경찰에 의한 내용 검열
- 정부에 의한 기획·정책 지도·압력 등에 의한 내용 통제
- 직·간접적 방법에 의한 정기 간행물의 배포 통제

이 밖에도 특정 신문에 광고를 싣지 못하도록 정부가 광고주에게 압력을 행사하는 통제 방식도 있다. 국내에서는 1974년 광고주들이 〈동아일보〉에서 광고를 집단적으로 철회하는 바람에 모든 광고 지면이 백지로 나온 적이 있다. 이것은 당시

그림 12—4
보도 지침을 폭로한 〈말〉지

보도 지침과 〈말〉지 사건

5공 정권은 언론에 대해 극심한 탄압을 가했는데, 1986년 10월 '보도 지침 사건'으로 탄압의 실상이 만천하에 폭로되었다. 당시 문화공보부 홍보정책실에서는 언론사에 보도 기사의 내용이나 형식에 관해 자세한 지침을 매일 은밀히 내려 보냈는데, 이것이 바로 보도 지침이다. 이 사건을 폭로한 김주언(당시 〈한국일보〉 기자), 신홍범, 김태홍(민주언론운동협의회) 등은 옥고를 치르기도 했다.

이 지침은 사건이나 상황의 보도 여부는 물론, 보도 방향과 보도의 내용·형식까지 구체적으로 결정해서 시달했다. 이 지침은 권위주의 정권의 광기 어린 언론관을 잘 보여 주는 사례다. 다음은 보도 지침의 몇 가지 예다.

- 전대통령 '수출의 날' 치사. 1면 톱기사로 보도할 것(1985. 11. 30).
- UPI통신이 보도한 '86 한국 경제 악화 가능성' 기사는 취급하지 말기 바람
  (1985. 12. 23).
- 당국의 학생들 유인물 분석 자료, "좌경 격렬화……"는 박스 기사로 취급 바람
  (1986. 2. 7).
- 민정당(당시 여당) 정치 연수원 사건 공판 보도에서 사진이나 스케치 기사는 쓰지 말 것(1986. 2. 11).

출처: 민주언론운동협의회, 1988.

정부에 비판적인 논조를 펴던 〈동아일보〉를 통제하기 위해 정부가 광고주들에게 압력을 행사했기 때문이었다. 이 사례는 겉으로 보면 광고주에 의한 통제이지만 실제로는 국가 권력이 주도했다는 점에서 경제적 통제와 더불어 정치적 통제의 성격도 강하게 띤다.

2) 법적 요인

법적 통제는 크게 보면 정치적 통제의 한 형태로서 공식적으로 제도화된 정치적 통제 방식이다. 첫째, 가장 일반적인 수준에서는 헌법에서 기본권으로 보장된 언론 자유의 가치를 들 수 있는데, 이때에도 어떤 형태로든 언론 자유의 한계를 정하는 원칙이 나와 있다. 둘째, 언론 자유라는 기본권은 국민 개개인에게 보장된 기본권이나 공익적 가치 등 다른 종류의 헌법적 가치와 충돌할 때 제한을 받는다. 셋째로 신문은 기업으로서 관련 법규의 테두리 안에서 활동해야 하는데, 이 법적 장치 역시 신문의 활동에 적지 않은 영향을 미친다.

(1) 언론 자유와 헌법적 근거

지구상의 어떤 나라든지 헌법에서 언론 자유 보장에 관한 규정을 두고 있다. 언론 자유가 그만큼 중요한 국민의 기본권이라는 뜻이다. 하지만 언론 자유의 실제 내용은 상당한 차이가 있으며 대개는 언론 자유를 제한할 수 있는 요건을 함께 규정하고 있다. 가령 우리나라 헌법에서는 제21조에 언론 자유에 관한 조항을 두고 있다. 이 조항은 언론 자유를 가장 기본적인 권리로 보장하면서도 이 권리를 제한할 수 있는 단서 조항을 붙여 두고 있다.

예를 하나 더 들어 보자. 헌법 규정만으로 보면 지구상에서 미국의 수정 헌법 제1조the First Amendment만큼 언론 자유를 완벽하게 보장하는 곳은 없다. 이 조항은 아무런 단서나 유보 조건 없이 언론 자유를 절대적인 권리로 규정하고 있다.

그렇지만 현실에서 이 조항을 그대로 집행하기는 사실상 불가능하다. 그래서 실제로 언론 자유와 관련된 재판에서 이 조항을 어떻게 해석해야 할지를 둘러싸고 다음과 같이 다양한 이론이 나왔다. 이것들은 미국의 헌법 조항 해석에 적용될 뿐 아니라 언론 자유의 원칙과 한계를 이해하는 데에도 도움이 된다.[6]

● 명백하고 현존하는 위험의 원칙clear and present danger test   어떤 행위의 성격은 그 행위가 이루어지는 상황이 어떤지에 따라 달라진다. 언론의 행위가 실질적으로 사회적인 해악을 가져올 만한 명백하고 현존하는 위험을 조성할 경우 규제할 수

있다는 해석이다. 가령 전쟁 중에 참전을 거부해야 한다고 선동하는 언론은 제약할 수 있다고 본다.

● 위험한 경향의 원칙*bad tendency*   이는 언론의 행위가 실질적인 해악을 초래할 경향이 있거나 그런 경향이 있다고 입법부가 합리적으로 믿을 수 있는 표현이면 금지할 수 있다는 해석이다. 어떤 발언의 효과를 정확히 예견할 수 없다고 해서 위험이 없다고 볼 수는 없기 때문에, 선동적인 언론에 대해서는 그 결과와 상관없이 규제할 수 있다는 것이다.

● 우월한 지위*preferred position*의 이론   표현과 언론의 자유는 헌법이 보장하는 기본적인 권리 중 하나에 불과하지만, 다른 이익이나 권리보다는 우월한 지위를 부여해야 한다는 해석이다.

● 이익 형량의 원칙*ad hoc balancing test*   언론의 자유를 제한할 때에는 그것을 보호할 때 생기는 이익과 제약해서 얻을 수 있는 이익을 개별적 사건마다 구체적으로 비교·고려해서 결정해야 한다는 주장이다.

● 절대권론*absolutist-literalist approach*   언론의 자유란 아무 예외나 조건 없이 절대적인 권리로 보호해야 한다는 주장이다. 단 표현 행위의 시기와 장소, 방법(가령, 심야에 주택가에서 확성기로 떠드는 행위)만은 규제할 수 있다.

이상에서 살펴본 것처럼, 대체로 사회적 이익을 우선할 것인지 아니면 언론 자유 자체에 더 큰 가치를 둘 것인지에 따라 같은 조항을 놓고도 아주 다양한 해석 이론이 나왔다. 언론 자유라는 가치를 중시하는 정도에 따라 이 이론들을 비교해 보면 그림 12−5와 같이 순위를 매길 수 있다.

위에서 살펴본 이론들은 언론 자유의 예외 조항을 명시한 구체적인 지침이라기보다는 개별적인 상황 판단에서 고려해야 할 일반 원칙에 가깝다. 실제로는 판결 당

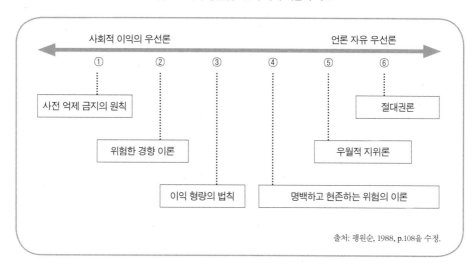

그림 12-5. 수정헌법 1조의 해석 이론의 비교

사회적 이익의 우선론 ← ① ② ③ ④ ⑤ ⑥ → 언론 자유 우선론

① 사전 억제 금지의 원칙

② 위험한 경향 이론

③ 이익 형량의 법칙

④ 명백하고 현존하는 위험의 이론

⑤ 우월적 지위론

⑥ 절대권론

출처: 팽원순, 1988, p.108을 수정.

시 대법원 판사들의 성향이나 정치적·사회적 상황, 국제 정세 등이 법 해석에 영향을 미쳐 시대마다 해석 방식이 상당히 다양하게 나타났다.

하지만 해석의 이론적 차이에 상관없이 공통되는 기본 전제는 어떤 형태든 언론 활동에 사전 제약을 가해서는 안 된다는 점이다(사전 억제 금지의 원칙). 결국 언론 자유란 단순히 법 조항의 문제가 아니라 그것을 적용하는 사회의 정치 의식 수준이나 정치적·사회적 여건이 성숙해 있어야 가능하다.

(2) 다른 공익적 가치와 언론 자유의 갈등

민주주의 사회에서 언론 자유는 아주 중요한 기본권이지만 그 밖에도 법이 보호하는 가치는 많다. 가령 개인의 기본권이라든지 공익이 여기에 해당한다. 그렇다면 언론 자유와 이 가치들이 충돌할 때에는 어느 쪽을 우선해야 하는가?

우선 언론의 자유가 개인의 권리를 침해할 우려가 있는 경우 언론의 자유는 불가피하게 제약을 받게 된다. 가령 명예 훼손, 프라이버시 침해, 공정한 재판을 받을 권리의 침해, 저작권 침해 등이 대표적인 예다. 가령 신문은 저자의 허락 없이 저작물 내용을 무단으로 실어서는 안 되고, 허위 사실을 사실인 것처럼 보도해서도 안 되며, 개인의 사생활 정보를 마구 보도해서도 안 된다. 또 재판이 끝나기도 전에 피의자가 마치 범인인 것 같은 인상을 주도록 보도해서는 곤란하다.

언론의 보도가 특정한 개인에게는 해를 끼치지 않지만 사회 전체적으로 바람직하지 못한 결과를 가져올 우려가 있을 때, 즉 다음과 같이 공익public interest을 침해할 우려가 있는 때에도 언론의 자유를 어느 정도 제한할 수 있다.

첫째, 신문은 원칙적으로 표현 내용에 제약을 받지 않지만, 음란물이나 과대 광고는 예외적으로 규제할 수 있다. 미성년자나 소비자에게 큰 피해를 끼칠 우려가 있기 때문이다. 둘째로 언론 자유가 국익(가령 국가 안보나 국가 기밀 보호)을 침해할 때도 마찬가지다. 셋째, 언론은 원칙적으로 기업 활동에 대해 제약을 받지 않고 경쟁할 수 있지만 때로는 공익을 위해 이를 제한하기도 한다. 즉 거대 신문사가 시장을 과도하게 점유해 여론 시장을 왜곡하지 못하도록 시장 독점이나 교차 소유를 제한하는 조치가 대표적인 예다.

(3) 신문의 기업 활동 관련 법제

신문은 기업으로 운영되면서 여러 가지 법적 제도에서 영향을 받는다. 신문사 설립이나 소유 구조, 경영 정보 공개, 시장 독과점 등 운영 과정에 관한 규정들은 신문사 경영에도 적지 않은 영향을 미치게 된다. 광고는 신문사의 수입에서 상당한 비중을 차지하는 만큼 광고 관련 규정들도 기업 활동에 상당한 영향을 미친다.

국내에서 신문의 기업 활동과 관련된 법적 장치로는 신문사 설립에 관한 기준을 정한 '신문법'(박스 참조), 신문 기업에 대한 각종 지원 제도, 광고 영업이나 내용에 관한 규정 등을 들 수 있다. 표 12−3에서 볼 수 있듯이, 신문 시장 관련 규제는 나라별 상황에 따라 상당히 다양한 양상을 보이고 있다.

(4) 광고와 법제

광고는 언론이 아니라 순수한 기업 활동의 일부이지만, 광고 내용 역시 독자에게 상당한 영향을 미친다. 이처럼 신문 광고가 초래할지도 모르는 문제점을 예방하기 위해 다양한 법적 규제 장치가 만들어졌다. 원래 19세기 말까지만 해도 자유방임주의 이념에 따라 '구매자의 위험 부담caveat emptor' 원칙이 광고에 적용되었다. 즉 소비자

표 12-3. 각국의 신문 시장 관련 규제 현황

		소유권 등록	외국인 소유 규제	교차 소유 규제	자본 구조의 투명성 규제	시장 집중 규제	소유 집중 규제 도입 예정
미주	미국	×	×	○	×	○	×
	캐나다	○	○	×	×	×	×
	브라질	○	○	×	○	○	×
	칠레	×	×	×	○	○	×
아시아	중국	×	○	×	×	×	×
	일본	○	×	×	○	×	×
	한국	×	○	○	○	○	—
	대만	×	×	×	×	×	×
대양주	호주	○	○	○	○	○	×
	뉴질랜드	×	×	×	○	×	×
유럽	오스트리아	○	×	○	○	○	×
	프랑스	○	○	○	○	○	—
	독일	○	×	—	○	○	○
	아일랜드	×	×	×	×	×	×
	이탈리아	○	×	○	○	○	×
	네덜란드	○	×	×	○	○	○
	노르웨이	×	×	×	×	○	○
	러시아	○	○	×	×	×	×
	스페인	×	×	×	×	×	×
	스웨덴	×	×	○	○	×	×
	영국	○	×	○	○	○	×

출처: World Press Trends 2010, p.1224.

신문법

국내에서 신문사나 인터넷 신문사 설립, 운영과 관련해 적용되는 대표적인 법규는 '신문 등의 진흥에 관한 법률'(2010년 2월 1일자 공포, 이하 신문법)이다. 이 법에서는 종이 신문뿐 아니라 인터넷 뉴스 서비스에 관한 조항도 두었기 때문에 포털도 언론 영역으로서 책임과 법적 지위를 갖게 되었다. 신문법의 내용은 정치 상황이나 정권에 따라 수시로 개정되었지만, 이 법에서 규정한 주요 항목들은 다음과 같다.

- **등록에 관한 규정** 신문을 발행하려면 일정 자격 요건을 갖추어 문화관광부에 등록해야 한다. 전국을 대상으로 한 일반 일간 신문 이외의 정기 간행물은 시·도지사에게 등록 업무가 위임되어 있다. 등록 시에는 제호, 종별(일반, 특수), 간별(발간 회수·주기), 발행인·편집인의 인적 사항, 발행 소재지 등을 기재해야 한다. 발행 목적과 발행 내용, 주된 보급 대상과 보급 지역도 신고해야 한다.

    발행인과 편집인의 자격에 대한 규정도 있다. 가령 대한민국 국적을 갖지 않은 사람, 금고禁錮 이상의 형을 선고받고 형 집행이 종료되지 않은 사람을 비롯해 주로 범죄 행위와 관련된 사람들은 발행인이나 편집인이 될 수 없다. 한때 외국인에 대해 정기 간행물 발간을 제한한 적도 있었지만, 지금은 외국 자금의 출자 등에 대해서만 신고제로 바꿔 규제를 완화하였다.

- **미디어 시장 규제 관련 조항** 신문법은 한때 일간 신문과 타 매체의 겸영에 대해서도 엄격한 제한 규정을 두었으나 관련 조항이 헌법 불합치 판결을 받은 것을 계기로 2010년 개정된 신문법에서는 규제를 완화하였다. 즉 일간 신문과 뉴스 통신, 일간 신문과 종합 편성·보도 전문 채널을 함께 운영할 수 있도록 하였다. 단, 자산 총액 10조 이상의 대기업이나 계열 기업들은 여전히 일간지나 뉴스 통신사 지분을 2분의 1 이상 소유할 수 없도록 제한하고 있다.

- **여론 집중도 조사** 2010년에 개정된 신문법은 신문 시장에 대한 규제를 대폭 완화하여 여론 집중에 대한 우려를 낳았다. 따라서 신문법은 여론의 다양성 확보를 위해 여론 집중도 조사 관련 규정을 두었고, 이에 따라 미디어 집중도 조사위원회가 설립, 운영되고 있다. 여론 집중도 산정에는 신문 시장 내부뿐 아니라 인터넷 신문,

인터넷 뉴스 서비스, 텔레비전, 라디오, 이동 멀티미디어 방송 등 모든 매체를 종합적으로 고려하도록 하고 있다.

• 편집위원회와 편집 규약　　신문법은 편집의 자율성을 보장하기 위한 장치로 편집위원회를 둘 수 있다고 규정한다. 편집위원회에는 사업자를 대표하는 사람과 취재 제작 종사자 대표가 편집위원으로 참여한다. 편집위원회는 신문 제작 활동에 관한 편집 규약을 제정할 수 있다. 이 위원회의 구성은 신문사 자율에 맡겨져 있으나 신문발전기금에 따른 지원 시 중요 평가 항목이기 때문에 사실상 대다수의 신문이 이를 따르도록 강제하는 효과를 지닌다.

• 독자 권익 보호　　신문법은 사업자가 독자의 권익 보호를 위해 노력해야 한다고 선언하고, 이를 실현하기 위한 자문 기구로 '독자권익위원회'를 둘 수 있다고 규정했다. 비록 임의 사항이긴 하나, 독자 권리를 보호하기 위한 장치로 사업자는 매월 1회 이상 독자권익위원회를 열도록 했으며, 구독자의 의사에 반하는 구독 계약 체결, 연장, 해지나 불공정 거래 행위에 해당하는 무가지, 무상 경품 제공도 금지했다. 언론중재법에서는 신문사가 독자 권익을 보호하기 위한 '고충 처리인'을 두도록 규정하고 있다.

가 광고 내용을 잘 판단해 구입 여부를 결정해야 하며 정부가 이에 개입해서는 안 된다는 뜻이다. 하지만 기업의 횡포를 견제하려면 생산자에게 책임을 물어야 한다는 인식이 20세기에 들어서 강화되면서 광고 내용에 대한 규제가 점차 도입되었다.[7]

　신문 광고만 대상으로 하지는 않지만, 국내에는 법률, 시행령, 부령 등을 합해서 수많은 광고 관련 법규가 있다. '독점 규제 및 공정 거래에 관한 법률'이나 '표시·광고의 공정화에 대한 법률'은 기업 간의 공정한 경쟁을 보장하기 위해 광고와 경품 따위의 마케팅 활동에 관한 규제 조항들을 두고 있다. 이 밖에도 약사법, 의료법, 식품위생법처럼 특정 상품별로 광고 내용과 형식을 제한하는 법규들도 있다.

● 규제 대상 광고　　　광고 관련 법규들은 신문 광고 중에서 특정한 형태의 광고를 금지하거나 제한하기도 한다. 이처럼 규제 대상이 되는 광고로는 허위 광고, 기만 광고, 불공정 광고, 비교 광고 등을 들 수 있다.[8]

허위 광고　　　허위 광고란 광고 내용이 실제 상품과 차이가 있을 때를 말한다. 첫째는 광고 내용 자체가 사실과 다르게 표현되었을 때인데, 치료 효과가 불확실한 약을 만병 통치약인 것처럼 주장하는 광고가 좋은 예다. 둘째, 소비자의 구매 결정에 영향을 미치는 중요한 정보를 생략해도 허위 광고에 해당한다. 가령 판촉 행사에서 DVD 플레이어를 1000원에 판매한다고 광고하면서, DVD를 10장 의무적으로 구매해야 하다는 점을 밝히지 않으면 허위 광고가 된다.

기만 광고　　　허위 광고는 광고주가 의도적으로 사실을 왜곡한 것인 데 비해, 광고 내용의 사실 여부와 관련 없이 소비자가 다른 의미로 받아들일 경우 이는 기만 광고가 된다. 예를 들어 ○○ 유업은 광고에서 '무균질' 우유란 표현을 썼다. 이 회사는 균질均質하지 않다는 뜻에서 무균질無均質이라고 주장했지만, 전문 지식이 부족한 일반인에게는 이 용어가 무균無菌의 의미인 무균질無菌質로 오해될 소지가 있어 기만 광고라고 법원은 판결했다.

불공정 광고　　　불공정 광고는 허위나 기만 광고는 아니지만, 소비자에게 부당한 피해를 입히거나 공공성에 어긋나는(가령 건강이나 안전에 위험을 초래하는) 광고를 말한다. 사전에 입증되지 않은 주장, 어린이나 노인처럼 속기 쉬운 집단을 악용하는 주장, 중요한 상품 정보를 생략해 소비자가 합리적인 선택을 할 수 없게 하는 광고는 불공정 광고에 속한다.

● 광고와 표현의 자유　　　광고와 관련해 또 한 가지 쟁점은 헌법에서 보장한 표현의 자유가 광고에도 적용되는가 하는 문제다.[9] 이는 광고라는 표현 형식이 언론·출판 영역에 속하는지, 아니면 경제 활동의 일부에 불과하다고 보는지에 따라 달라진다. 20세기 초반까지만 해도 광고는 경제 활동의 일부로만 간주되었지만, 점차 커뮤니케이션의 한 형태로 인정하는 쪽으로 인식이 바뀌었다. 더구나 정치 광고나 의견 광고 따위의 비상업 광고에는 표현의 자유를 인정하는 추세다. 그렇지만 구매 의사

를 자극하는 상업 활동으로서의 광고는 표현에서 어느 정도 제한이 불가피하다고 보고 있다.

3) 경제적 요인

1980년대에 소련과 동유럽의 사회주의 체제가 붕괴한 후에는 사실상 전 세계 어느 나라든지 신문은 대부분 상업적 체제하에서 운영되고 있다. 이렇게 되면서 경제적 통제가 언론의 자유를 위협하는 요인으로 점차 부상하고 있다. 광고주의 압력과 신문사 소유 구조에 의한 통제는 대표적인 경제적 통제 방식들이다.

(1) 광고주의 영향력

신문사들은 대개 사기업으로서 수입을 대부분 광고에서 얻기 때문에, 광고주는 신문 활동에 상당한 영향력을 행사할 수도 있다. 물론 광고주가 언론사에 노골적인 압력이나 통제를 가하는 예는 그다지 많지 않지만, 언론사가 광고주의 로비나 영향력에서 자유롭기는 쉽지 않다. 광고주에 의한 통제는 다음과 같은 형태를 띤다.

첫째는 광고주 기업이나 상품에 불리한 기사에 대한 통제다. 기업들은 자사나 기업주에 불리한 사건이 발생할 경우, 이 사건을 은폐, 축소하거나 익명으로 처리되도록 치열하게 로비를 벌인다. 물론 이 기업이 신문사의 주요한 광고주라면 로비는 좀더 실질적인 영향력을 미칠 가능성이 크다

국내 대기업의 광고 집행이 유력 중앙 일간지 기사에 미치는 효과를 분석한 연구에 따르면, 기업 광고가 실제 신문 보도에 미치는 긍정적 홍보 효과가 확인되었다. 즉 대기업 중 삼성의 광고는 자사 관련 기사의 긍정성과 부정성의 방향까지 바꾸지는 못했지만, 적어도 삼성에 상대적으로 유리한 의제를 설정하는 효과는 발생한 것으로 나타났다. 현대의 광고는 자사 관련 부정적 기사의 감소와 중립적 기사의 증가 등의 효과를 낳고 있었으며, 롯데의 광고 효과는 검증되지 않았다.[10]

둘째는 광고주 홍보의 성격이 짙은 기사를 취급하는 경우다. 기업은 신제품이나 기술을 개발했거나 새로운 사업을 시작할 때 이를 널리 알리려 애쓴다. 기업은

가능하면 언론에서 이 소식을 기사 형식으로 다루어 주기를 바란다. 그런데 그 기업이 큰 광고주일 경우, 뉴스 가치가 별로 없는 사실을 기사화한다든지 뉴스 가치에 비해 너무 비중 있게 다루는 사례가 발생하기도 한다.

셋째는 광고주가 신문에 영향을 주는 가장 간접적인 형태로, 신문의 내용이나 편집 방향이 광고주의 주 소비자층에 맞게 적응해 나가는 현상을 말한다. 예컨대, 광고주들은 주로 구매력 있는 중산층을 대상으로 하는 광고에 적합한 매체를 찾는다. 그래서 신문사는 광고주들이 선호하는 광고 매체의 특성을 갖추기 위해 중산층 독자의 취향에 맞는 내용 위주로 편집 방향을 조정한다. 이렇게 되면 신문은 중산층 이외의 독자층을 소외시키는 결과를 가져오게 된다.

⑵ 소유 구조의 영향

신문사 소유주는 한 개인일 수도 있고 수많은 주주들로 이루어진 집단일 수도 있다. 그렇지만 어떤 형태든지 신문사의 소유 구조는 언론 활동에 큰 영향을 미치게 된다. 여기서 특히 논란이 되는 쟁점은 소유의 집중 문제다. 세계적으로 흔히 볼 수 있는 소유의 집중 형태는 신문 그룹newspaper group과 교차 소유cross-ownership, 복합 기업conglomerate 등을 들 수 있다.

● **신문 그룹의 성장**　　신문 그룹은 신문 체인newspaper chain으로 부르기도 하는데, 한 개인이나 회사가 다른 신문사를 두 개 이상 소유하는 형태를 말한다. 미국에서는 19세기 말 에드워드 스크립스Edward Scripps, 윌리엄 허스트William Hearst, 조셉 퓰리처Joseph Pulitzer 등의 신문 기업가들이 여러 지역에서 신문을 사들이면서 거대한 신문 그룹이 등장하기 시작했다. 그룹 소속 신문의 비율은 1910년에는 2.4%에 불과했고, 1953년에는 27.0%이었으나 그 후 빠른 속도로 증가하고 있다. 그 결과 1996년 기준으로 129개의 신문 그룹이 전체 신문 종수의 76.2%를 장악했으며, 전체 부수 기준으로 그룹의 점유율은 무려 81.5%에 달했다.

신문 그룹은 시장 경쟁에서 여러모로 유리하다. 신문 용지를 비롯해 원자재를 구입할 때도 대량 구매로 규모의 경제 혜택을 입을 수 있고, 광고 판매에서도 그룹

표 12-4. 미국의 신문 그룹 소유 일간지의 추이

연도	그룹의 수	그룹 소유 일간지 수	그룹 소유 신문의 평균 수	그룹 소유 일간지 비율(%)	그룹 소유 일간지의 부수 점유율(%)
1910	13	62	4.7	2.4	N.A.
1930	55	311	5.6	18.9	43.4
1940	60	319	5.3	17.0	N.A.
1953	95	485	5.1	27.0	45.3
1960	109	552	5.1	31.3	46.1
1970	157	879	5.6	50.3	63.0
1980	154	1139	7.4	65.3	72.9
1996	129	1146	8.9	76.2	81.5

출처: Compaine & Gomery, 2000, p.12.

차원에서 관리하기 때문에 좀더 효율적인 마케팅이 가능하다. 뉴스나 피처 기사도 그룹 소속 회사끼리 공유할 수 있어 질 높은 기사를 상대적으로 적은 비용으로 확보할 수 있는 장점도 있다.

그룹 소속 신문사의 경쟁력 강화는 시장에서 다른 비그룹 신문사들을 위축시키는 결과를 가져왔다. 물론 신문 그룹의 확산이 기사의 질이나 논조에 구체적으로 어떤 영향을 주는지 아직 실증적으로 밝혀 내지는 못했다. 하지만 신문 기업이 너무 비대해져 스스로 이익 집단의 성격을 띠게 되면, 정책적 쟁점에서 자신이나 모기업의 이해관계에 유리하게 여론을 왜곡하는 심각한 문제가 발생할 수 있다.

● 교차 소유와 복합 기업의 성장   오늘날에는 여러 개의 신문이 결합해 신문 그룹이 형성되는 데에서 한걸음 더 나아가 다른 매체나 비매체 업종과 서로 결합하는 교차 소유나 복합 기업 형태도 등장했다. 미디어 산업의 글로벌화 추세와 맞물려 이러한 경향은 더욱 두드러지게 나타나고 있다.

교차 소유는 대체로 한 소유자가 신문사와 텔레비전 등 여러 종류의 매체를 동시에 소유하는 형태이다. 최근 국가마다 소유 구조에 대한 규제를 완화하는 탈규제

deregulation 바람을 타고 이 소유 형태는 계속 확산하고 있다. 가령 〈워싱턴 포스트〉라고 하면 오랫동안 권력에 맞서온 외골수의 신문사 이미지만 연상하기 쉽지만, 실제로는 통신사, 텔레비전, 케이블 텔레비전, 〈뉴스위크〉처럼 유명한 잡지를 비롯해 신문 용지 생산 기업에도 진출한 거대 미디어 기업이다. 복합 기업은 다양한 매체 기업뿐 아니라 코카콜라나 양주 회사, 정유 회사 등의 비매체 업종이 같은 계열사로 연결된 소유 형태를 말한다.

한국에서는 오랫동안 관련 법률이 소유 구조의 집중과 교차 소유를 엄격히 제한해 왔을 뿐 아니라 언론 소유의 집중 문제에 대해 사회적인 저항이 강해 대규모 신문 체인이나 복합 미디어 기업이 발달하지 못했다. 하지만 2000년 초 개정된 미디어 법에 따라 신문사의 종합 편성 채널 진출이 허용되는 등 미디어 간의 교차 소유가 점차 증가하고 있다. 언론을 단지 공익 기관이 아니라 일종의 산업으로 보는 시각이 확산하고 있고, 해외에서도 매체 간 장벽이 점차 사라지고 있는 추세라는 점도 이러한 규제 완화에 영향을 미쳤다.

● 신문 재벌과·재벌 신문   국내 전국 종합 일간지의 소유 구조는 크게 네 가지 형태를 띤다. 첫째는 개인 가족이 소유하는 형태(흔히 '신문 재벌'로 불린다)인데, 〈조선일보〉나 〈동아일보〉, 〈한국일보〉 등이 대표적인 신문들이다. 둘째는 재벌 그룹에서 직접·간접적으로 소유하는 형태('재벌 신문')인데, 삼성 그룹에서 분리된 보광 그룹 계열의 〈중앙일보〉가 대표적인 예다. 셋째는 종교 재단에 의한 소유(〈국민일보〉와 〈세계일보〉) 형태이고 넷째로는 종업원 소유 형태(〈한겨레〉, 〈경향신문〉, 〈서울신문〉)를 들 수 있다. 〈경향신문〉은 재벌인 한화 그룹에서, 〈서울신문〉은 정부 소유에서 독립해 종업원 소유 회사로 바뀌었다.

서구 국가들에 비하면 한국 신문의 소유 집중 문제는 그리 심각한 수준은 아니다. 그렇지만 한국 사회에서 신문의 정치적 영향력이 매우 크다는 점, 또 소수 신문의 시장 점유율이 지나치게 높다는 점에서 이 문제는 매우 중요하다. 노무현 정권이 들어선 후 신문 관련법 개정을 논의하면서 신문사 소유 구조 개혁과 시장 독과점 규제 강화를 추진한 것도 바로 이런 취지에서였다.

표 12-5. 국내 중앙 일간지 소유 구조 현황

신문사	주주	지분(%)	비고
〈경향신문〉	소액 주주(개인, 임직원 등)	70.54	
	최대 주주	8.28	
	소액 주주(법인)	3.28	
	기타 주주(법인)	17.90	
〈국민일보〉	국민문화재단	100.0	
〈내일신문〉	장명국	6.70	
	최영희	6.56	
	소액 주주(법인)	3.54	
	소액 주주(개인)	83.87	
〈서울신문〉	우리사주조합	37.58	기타 4.45
	기획재정부	30.49	
	포스코㈜	19.40	
	한국방송공사	8.08	
〈동아일보〉	인촌기념회	24.14	기타 38.39
	김재호	22.21	
	자기주식	15.26	
〈문화일보〉	우리사주조합	38.46	기타 0.28
	문우언론재단	30.63	
	동양문화재단	30.63	
〈세계일보〉	세계기독교통일신령협회유지재단	39.16	기타 60.8
〈조선일보〉	방상훈	30.03	기타 11.40
	방성훈	21.90	
	방용훈	10.60	
	방일영문화재단	15.00	
	방준오	7.70	
	방우영	3.40	
〈중앙일보〉	홍석현	43.79	기타
	CJ올리브영	26.20	
	소액 주주	20.99	
〈한겨레〉	우리사주조합	23.96	기타(소액 주주) 76.04
〈한국일보〉	장재구 외 특수 관계자	100.0	

출처: 한국언론진흥재단, 2011a, pp.410~411.

4) 수용자의 영향력

신문의 활동은 독자에게서 직·간접적으로 영향을 받는데, 이를 '사회적 통제'나 '수용자에 의한 통제'라고 부른다. 독자들은 미디어의 메시지를 수동적으로 수용하는 데 그치지 않고, 때로는 개인적으로나 집단적으로 언론에 압력이나 영향력을 행사한다. 수용자에 의한 통제는 다음과 같은 형태를 띤다.

● 독자 투고, 의견 광고   일반 시민들은 독자 투고를 통해 신문에 대해 불만이나 의견을 표현할 수 있다. 물론 독자 편지 중 극히 일부만 지면에 실리며, 게재 내용의 적합성 여부도 신문사의 판단에 맡겨진다는 한계가 있다. 하지만 인터넷과 모바일 보급으로 온라인 환경이 구축되면서, 일반 이용자들이 언론에 영향을 미칠 수 있는 경로는 훨씬 다양해졌다. 기사 퍼나르기나 리트윗 등으로 특정한 이슈나 사건의 중요성을 부각할 수도 있고, 댓글 달기나 트윗·블로그 등을 통해 이용자의 의견을 적극적으로 개진할 수도 있게 되었다.

　　독자 투고와 달리 의견 광고는 독자가 광고 요금을 지불하고 지면을 구매해서 자신의 견해를 전파하는 방식이다. 그렇지만 의견 광고는 지면을 구매할 경제적 능력이 있는 사람에게만 기회가 주어지며, 이 광고의 수용 여부 역시 신문사의 결정에 달려 있다.

● 미디어 비평   미디어 비평은 주로 다른 매체(신문, 잡지 등)를 이용해 어떤 신문의 기사 내용이나 형식을 평가하고 비판하는 것을 말한다. 언론 문제에 대한 관심이 높아지면서, 몇몇 신문들은 미디어 비평란을 두고 정기적으로 비평 칼럼을 싣고 있다. 이 방식은 주로 몇몇 전문가나 신문 모니터 단체 위주로 이루어지기 때문에 일반 독자에게는 거의 기회가 주어지지 않는다.

● 개인적 저항에서 수용자 운동으로   신문 이용자로서 독자들은 다양한 방식으로 신문에 대해 불만을 표현할 수 있다. 항의 전화를 한다든지 구독 거부로 불만이

나 의사를 전달할 수도 있다. 개인 단위의 저항은 영향력이 미미하지만, 많은 사람이 참여하거나 조직화한 단체 형태로 전개되면 신문사에 큰 압력으로 작용하게 된다. 2000년 이후 일부 지역에서 '안티조선운동'의 일환으로 벌어진 〈조선일보〉 절독 운동은 바로 이 유형에 속하는 대표적인 사례다.

단체 차원의 수용자 운동은 구독 거부 운동 외에도 다양한 형태로 이루어진다. 수용자 운동 단체들은 언론의 내용을 모니터하거나 수용자 교육에 중점을 두며 언론 정책에 대해 집단적으로 의견을 제시해 영향을 미치기도 한다. 국내에서는 특히 1980년대 이후 수용자 운동이 매우 활발해졌다. 하지만 대개 텔레비전 방송 프로그램의 선정성이나 공정성에 대한 감시 운동이 많으며, 신문에 대해서는 지속적이거나 체계적인 독자 운동이 그렇게 흔치 않다.

사례 연구

신문 불매 운동

1990년 3월 〈스포츠조선〉의 창간과 더불어 스포츠 신문 시장의 경쟁이 치열해지면서, 특히 신문 만화 내용이 지나치게 선정적이고 폭력적이라는 비판의 소리가 높아졌다. 이 무렵 '기독교윤리실천운동본부'를 비롯한 기독교 관련 단체들은 스포츠 신문의 음란, 폭력성에 항의하는 운동을 전개했다. 이 단체들은 해당 신문사에 항의 서한 발송, 성명 발표, 야외 규탄 대회 개최 등을 통해 스포츠 신문의 선정성 문제를 사회적 이슈로 부각했다.

하지만 해당 신문사들이 자사 입장만 옹호하는 기사를 내보내며 항의 운동을 비난하고 나서자, 급기야 이 항의 운동은 스포츠 신문 게재 광고 상품 불매 운동을 선언하는 데에까지 확대되었다. 이렇게 되면서 일부 광고주들이 실제로 광고를 철회할 움직임을 보이자, 결국 해당 신문들이 자율 규제를 통한 시정을 약속하면서 사태는 마무리되었다.

이 사건은 신문 독자 운동이 간접적이고 산발적인 항의 표시에서 벗어나 조직적인 압력을 행사하고 또 언론사의 '항복'까지 받아냈다는 점에서 수용자 운동사에서 상당히 의미 있는 사례로 꼽힌다.

출처: 김기태, 1991.

그림 12-6. 시민 단체들의 언론 개혁 운동: 언론계, 학계, 노동계 등 200여 단체로 구성된 '언론개혁국민행동'이 2004년 6월 4일 출범식을 하고 있다.
출처: 〈신문과 방송〉, 2004. 7.

1964년 정부가 추진한 언론윤리위원회법에 대한 반대 운동이라든지, 1974년 〈동아일보〉 백지 광고 사태 때 전개된 격려 광고 시민 운동은 신문과 관련된 예외적인 주요 사례들인데, 이것들은 언론 자유를 수호하기 위한 정치적 운동이 성격이 강하다. 1980년대 말 이후 정치 민주화가 이루어지고 나서 신문 수용자 운동은 주로 공정한 선거 보도 감시 운동이나 신문의 선정주의 감시에 주력했다. 1990년 기독교 관련 시민 단체들이 중심이 되어 벌인 스포츠 신문의 음란, 폭력성에 대한 항의 운동은 이 무렵의 대표적인 운동 사례다.

● 제도화된 참여 기구 이용   수용자들은 대개 비공식적인 경로를 이용해 언론 매체에 영향력을 행사한다. 그렇지만 일부 국가에서는 수용자가 언론에 대해 의견이나 요구 사항을 제시할 수 있도록 공식적인 제도를 운영한다. 예컨대 신문평의회 *press council*나 반론권 제도가 여기에 해당한다.

신문평의회는 1916년 스웨덴에서 최초로 생겨났다. 신문평의회는 전문 언론인

언론 보도 피해 구제 제도

어떤 개인이 언론 보도로 피해를 입었을 경우, 이를 구제하기 위해 생긴 기관이 바로 언론중재위원회이다. 언론중재위원회에서 하는 일은 크게 두 가지다. 하나는 언론 보도를 둘러싸고 언론사와 피해자 간에 분쟁이 생겼을 때 이를 중재하는 일이다. 다른 하나는 언론의 보도 내용이 인권이나 사회적 법익을 침해했을 때, 이를 심의하여 해당 언론사에 시정을 권고하는 일이다.

• **피해와 구제 방법**　　언론 보도로 피해가 발생했을 때 피해자가 이를 해결할 수 있는 방법은 **반론 보도 청구, 정정 보도 청구, 추후 보도 청구, 손해 배상 청구** 등이 있다. 반론 보도 청구는 피해자가 작성한 반론문을 언론에 게재해 달라고 요구하는 것을 말한다. 정정 보도 청구는 허위 보도를 한 언론사 스스로 해당 기사의 잘못을 인정하고 정정 기사를 게재하도록 요구하는 것이다. 추후 보도 청구는 언론이 범죄 혐의자나 범인으로 보도한 후 법원에서 무죄로 밝혀졌을 때, 사후에 해당 매체에 정정 기사의 게재를 요구하는 것을 말한다.

• **중재위의 중재 절차**　　피해자가 언론사에 반론 보도를 청구했으나 합의가 이루어지지 않으면 언론중재위원회에 중재를 신청할 수 있다. 피해자는 언론사에 먼저 반론 보도를 청구해도 되고 이를 거치지 않고 바로 중재 신청을 할 수도 있다. 반론보도청구권을 요구할 때에는 반드시 중재 절차를 거쳐야만 법원에 소송을 제기할 수 있다. 다만 민법에서 규정한 정정보도청구권을 행사할 때에는 중재를 거치지 않더라도 바로 법원으로 갈 수 있다.

언론중재위원회의 해결 방식은 두 가지가 있다. '조정'은 분쟁 당사자에게 타협안을 제시하고 화해를 권유하는 절차이고, '중재'는 중재부의 중재 결정에 의해 분쟁을 해결하는 방식이다. 조정을 통해서도 양자 간에 합의가 이루어지지 않으면 중재위는 직권으로 중재 결정을 내릴 수 있다. 조정에 의한 합의는 재판에서 화해와 동일한 효력을 갖고, 중재 결정은 확정 판결과 같은 효력이 있다. 하지만 어느 한쪽이라도 이의를 제기하여 중재가 이루어지지 않으면, 중재 신청인은 법원에 반론 보도 청구 소송을 제기할 수 있다. 이처럼 법원 심판을 받기 전에 중재 과정을 거치도록 의무화한 것은 외국에서는 보기 힘든 독특한 제도다.

들과 일반 시민 대표로 구성되며 미디어 활동에 대한 시민들의 불만을 처리한다. 여기서 결정된 사항은 비록 법적 구속력은 없지만 언론사에 윤리적, 도덕적인 압력을 가하게 된다. 영국, 독일, 프랑스 등을 비롯해 세계 20여 개국에서 이 제도를 시행하고 있다.[11]

반론권은 허위이거나 일방적인 언론 보도로 피해를 입은 사람이 자신의 입장을 해명할 수 있도록 해당 언론 매체에 지면을 요구할 수 있는 권리를 말한다. 프랑스에서는 프랑스 혁명 직후인 1822년 신문지법에서 처음 도입되어 지금까지 운영되고 있다. 국내에서도 제5공화국 시절 '언론기본법'에서 '정정보도청구권'이라는 제도를 처음 도입했는데, 지금은 '언론중재 및 피해구제 등에 관한 법률'(2005년 1월 27일 공포)에 의해 보장되고 있다.

● 대안 매체 설립　　이는 수용자들이 기존 매체에 대항하여 아예 새로운 매체를 설립하는 것을 말한다. 기존 매체의 문제점을 비판하거나 시정을 요구하는 데 그치지 않고 독자들이 원하는 방향으로 매체를 만들 수 있다는 점에서 이는 가장 적극적으로 기존 언론에 압력을 행사하는 방법이다. 그렇지만 언론사 설립에는 많은 자금이 필요할 뿐 아니라, 진입 후에도 기존 매체와 경쟁 속에서 살아남기는 그리 쉽지 않다. 국내에서는 6만 명이 넘는 주주들에게서 자본금을 모아 설립된 '국민주 신문' 〈한겨레〉가 예외적이면서도 가장 대표적인 성공 사례다.

5) 정보원의 영향

신문사는 사회 전역의 정보원source에서 수집한 정보에 의존해 신문을 제작한다. 정보원은 이때 기자들의 정보 수집 행위에 직접·간접적으로 영향을 미칠 수 있는데, 이를 정보원에 의한 통제라 부른다. 정보원에 의한 통제는 조작된 제보 등을 통한 간접 통제와 취재 접근권 제한 등의 직접 통제로 나누어 볼 수 있다.[12]

● 조작된 제보　　뉴스거리를 제공하는 정보원은 정보 내용을 의도적으로 조작

하거나 가공해서 내보낼 수 있다. 정당, 정부 기관, 기업 등의 기관들은 대개 홍보 담당 부서를 두고 언론에 유출할 정보를 체계적으로 관리한다. 이들은 기자들이 기사 작성에 이용하기 편리하게 보도 자료를 만들어 배포한다. 때로는 언론 보도를 의식해 자신들에게 유리한 뉴스거리가 될 만한 이벤트를 만들기도 한다. 대니얼 부어스틴은 이를 '거짓 사건'이라 불렀다. 이 전략들은 언론의 취재 방식이 갖는 취약점을 조직적으로 활용한다는 점에서 간접적인 언론 통제 형태로 볼 수 있다.

● 취재 접근권의 제한　　조작된 제보가 정보원에 의한 간접 통제라면 취재 접근권의 제한은 직접 통제라 할 수 있다. 여기에는 정보원에 대한 기자의 접근을 제한한다든지 기록 열람이나 회의 참관을 금지하는 행위가 포함된다. 특히 정부 기관에서는 국가 안보나 기밀 유지를 이유로 언론의 취재 기회를 차단하는 사례가 많아 국민의 알 권리를 제한할 우려가 있다.

6) 조직 내적 요인

앞에서 설명한 통제 요인들은 주로 언론사 조직 외부에서 언론 활동에 영향을 미친다. 그렇지만 언론 활동은 언론사 내부의 조직 구조라든가 기자들의 가치관, 직업 규범 등 내부적 요인들에서도 영향을 받는데, 이를 '내적 통제'라고 부른다. 내적 통제에 해당하는 요인들은 편집권과 경영권의 관계라든지 게이트키핑 과정, 전문직업주의와 윤리 기준에 의한 자율 규제, 옴부즈맨 제도 등으로 구분할 수 있다.

(1) 편집권과 경영권의 관계

신문사는 이윤을 추구하는 기업이면서도 정보 전달과 여론 주도라는 공적 기능을 수행한다. 대개 신문사 경영자는 경영을 담당하고 편집 책임자는 신문 내용과 관련된 일을 나누어 맡는다. 물론 언론 본연의 기능을 잘 수행하면서 수익도 올릴 수 있다면 가장 이상적이다. 그런데 논조나 편집 방향을 결정할 때, 편집진의 직업적 판단이나 저널리즘의 원칙에 비추어 합리적인 결정이 기업 경영에 불리하다고 판단할 때 문제가 발생한다. 이때 편집권과 경영권은 서로 충돌하게 된다.

편집권 개념은 1948년 일본에서 본격적으로 제기되기 시작했다. 일본신문협회는 편집권에 대해 "편집권이란 신문의 편집 방향을 결정, 시행하여 보도의 진실, 신문의 공정성 및 공표 방법의 적정성을 유지하기 위해서 신문 편집에 필요한 일체의 관리를 행사하는 권리"라고 규정했다.[13] 편집권 이념은 정치 권력을 비롯한 외부 압력뿐 아니라 언론사 내부, 즉 경영진의 영향에서 언론이 자유로워야 한다고 본다. 독일을 비롯해 유럽 국가에서는 "내적 언론 자유*internal press freedom*" 개념을 사용해 이 원칙을 강조한다.

국내에서 편집권 이념은 오래전에 나왔지만 시기별로 내용은 조금씩 변화해 왔다. 1960년대와 1970년대의 편집권 이념은 주로 언론사 외부의 간섭을 배제하는 데 초점을 두었다. 그래서 편집권은 원칙적으로 사주나 이사회에 속하지만 경영 관리자나 편집 책임자에 위임된다고 보았다. 하지만 1980년대 이후에는 편집권이 일선 기자를 포함해 언론사 종사원에게 모두 속한다고 보는 경향이 있다.[14] 이러한 변화는 신문의 독립성을 위협하는 요인이 외부의 정치적 압력에서 점차 자본의 영향력으로 옮아 가고 있는 추세와 관련이 있다.

오늘날 신문은 대부분 일반 기업처럼 사적인 소유 형태를 띠고 있다. 그래서 이러한 소유 구조의 문제점을 개선하고 편집권 독립을 유지하기 위한 제도적 방안을 마련한 곳도 있다.[15] 첫째는 위탁 소유*trust*나 공동 소유 방식으로 소유주의 간섭을 제도적으로 배제하는 방안이다. 이것은 프랑스의 〈르몽드〉지와 영국의 〈가디언〉지에서 채택한 방식이다. 〈르몽드〉에서는 주식의 40%를 기자가 소유하고, 40%는 창업자와 임원, 경영자가 11%를 소유하고 있다. 사실상 기자와 편집인이 신문사를 공동 소유하고 있는 셈이다.

둘째로는 소유 구조를 바꾸지 않으면서 소유·경영권과 편집권을 분리하는 방안이다. 가령 〈뉴욕 타임스〉나 〈워싱턴 포스트〉는 일반 기업처럼 개인 소유이면서도 편집권의 독립성을 엄격하게 유지하고 있다. 별도의 제도적인 장치가 없으면서도 사회적 전통과 관행의 차원에서 편집권을 보장하고 있다.

(2) 게이트키퍼

신문사 조직은 외부에서 수많은 정보를 받지만 이 중에서 아주 일부만 선정, 편집해서 독자들에게 전달한다. 이 과정에서 언론인의 개인적 주관이라든지 조직 내부의 정책, 그 밖에 잘 드러나지 않는 요인들이 영향을 미치게 된다. 게이트키퍼gatekeeper 이론은 이 요인들을 분석해 체계화한 것이다. 게이트키퍼 연구는 언론사 조직을 하나의 게이트키퍼, 즉 문지기로 보고 언론사가 뉴스 선정 과정에서 어떤 외적·내적 요인들의 영향을 받는지 분석했다.[16]

게이트키퍼 개념은 1947년에 커트 레윈Kurt Lewin이 처음 사용했는데, 데이비드 화이트David White는 이를 뉴스 선정 과정 연구에 적용했다. 화이트는 1949년 미국 중서부의 어느 일간 신문 외신부장이 어떻게 뉴스를 선정하는지를 조사했다. 그 결과 외신부에 들어오는 기사 중 실제 선정되는 기사는 10% 정도에 불과했는데, 게이트키퍼의 경험·태도·기대 등 주관적인 가치 판단에 의해 뉴스가 탈락되거나 선택되는 것으로 밝혀졌다. 초기의 게이트키퍼 연구는 대체로 편집자 개인 차원에 중점을 두고 연구했다.

그러나 1960년대 말부터는 점차 개인 차원에서 벗어나 '미디어 조직 전체가 게이트키퍼'라는 관점에서 게이트키핑 과정을 미디어 조직 구조의 틀 속에서 접근하기 시작했다. 가령 워렌 브리드Warren Breed는 신문사에서 어떻게 기자들이 사회화 과정을 통해 발행인의 방침, 신문 정책, 조직 규범을 익혀서 주어진 역할을 자연스럽게 수행하는지 연구했다. 조직 자체가 게이트 키퍼라는 인식은 이 무렵의 게이트키퍼 연구에서 공통된 전제가 되었다.

앞서도 언급했듯이 엄격히 말해 게이트키핑은 내적 통제의 한 요인이라기보다는 내적 통제 과정을 이해하는 이론적 접근 방법에 가깝다. 하지만 이 개념은 신문사 조직 안에서 이루어지는 내적 통제 과정을 이해하는 데 많은 도움을 준다.

(3) 전문 직업주의와 윤리에 의한 업계 자율 규제

언론인은 대규모 조직에 고용되어 일하는 직업인이다. 하지만 언론사는 무거운 사회적 책임을 지는 공익적 조직이며 언론인은 상당한 자율성을 누리며 일한다. 이 직업의 성격이나 직업 윤리 규범 역시 언론 활동에 많은 영향을 미친다.

물론 언론인은 변호사나 의사처럼 체계적이고 전문적인 지식과 훈련을 받지 못했고, 자격증도 갖추지 못했으며 조직 위계 내에서 일한다는 점에서 전문직*profession*이라고 보기 어려운 점이 많다. 하지만 언론인은 다른 직종과 달리 폭넓은 직업 자율성, 높은 윤리 의식, 공익을 우선하는 독특한 직업 문화를 갖고 있다는 점에서는 전문직의 성격을 띤다. 언론사의 내적 통제라는 측면에서 보면, 언론인 직업의 이 특성은 상당한 직업적 자율성을 보장해 주는 요인이 된다.

언론인들은 소속사와 관계없이 업계 차원의 직업 규범을 공유하고 있는데, 이는 흔히 윤리 강령 형식으로 명문화되어 있다. 언론인들은 언론의 사회적 책임을 의식해 직업적 권위와 품위를 유지하기 위해 이 규정을 두고 있다. 이 직업 규범은 직업 활동에서 발생하는 문제점을 자율적인 규제를 통해 어느 정도 스스로 해결하기 때문에 외부 규제와 간섭을 사전에 차단하는 효과도 얻는다.

● 신문윤리위원회의 자율 규제   국내 신문에 종사하는 언론인들은 1961년 7월 한국신문윤리위원회라는 자율 규제 기구를 설립해 지금까지 운영하고 있다. 이 위원회에서는 1957년 신문윤리강령을 제정하고, 1961년에는 이를 토대로 신문윤리실천요강을 만들어 회원사들이 준수하도록 하고 있다. 1976년부터는 '신문광고윤리강령 및 실천요강'을 제정해 신문 광고에 대한 심의도 맡고 있다.

신문윤리위는 외국의 다른 단체에서 보기 힘들 정도로 강력한 권한을 갖고 있다. 신문윤리위는 논란이 된 언론 보도 사안을 심의해 문제가 있다고 판단하면 해당 신문사나 통신사에 권고나 제재를 가할 수 있다. 구체적으로는 ① 피해자의 명예 회복과 구제를 위해 가해 언론사에게 제제를 가하고, ② 관련 기자와 편집인을 윤리위 결정대로 징계하도록 해당 언론사에 요청하며, ③ 해당사에게 윤리위의 결정문 게재를 의무화하고 있으며, ④ 이 조치를 이행하지 않는 언론사는 경고를 거쳐 윤리위에서 추방하거나 자격 정지 조치까지 내릴 수 있다.[17]

그렇지만 1981년에 언론중재위원회가 생겨 사실상 신문윤리위의 기능까지 도맡아 하게 되면서 신문윤리위는 큰 타격을 받았다. 한국신문윤리위는 한때 세계에

표 12-6. 국내의 광고 자율 심의 단체

단체	심의 대상	심의 근거와 활동 내용
한국신문윤리위원회	신문 광고	• 신문광고윤리강령과 신문광고윤리실천요강에 따라 사후 제재 • 주의, 비공개 경고, 공개 경고, 취소, 사과, 관련자 징계 요구
한국간행물윤리위원회	도서·잡지를 비롯한 정간물에 게재된 광고	• 광고 심의 규정에 따라 사후 제재 • 주의, 경고, 게재 중지, 고발
한국광고자율심의기구	주로 인쇄 매체 광고	• 광고주, 광고 대행사, 매체사 등이 연합해서 만든 기구 • 광고자율심의규정에 따라 사후 제재 • 주의, 경고, 해명 등의 결정

출처: 김광수, 1999, p.115.

서 가장 발전되고 능동적인 언론 자율 기관의 하나라는 평가를 받았지만, 이제는 언론중재위 때문에 사실상 유명무실한 기관으로 전락했다는 의견도 있다.[18]

● **광고와 자율 규제** 신문 광고는 기사 못지 않게 폭넓은 영향을 미치기 때문에 광고에 대한 법적 규제가 점차 강화되고 있다. 많은 비용을 들여 제작한 광고가 문제가 되면 광고주 기업은 직·간접적으로 큰 피해를 입을 가능성이 있다. 이에 대비해 광고주나 광고 업계는 자율 규제를 강화해 규제의 빌미를 제공할 만한 문제를 사전에 예방하려 한다. 국내에서 신문 광고와 관련해서 자율 심의를 담당하는 주요 기구들은 표 12-6과 같다.

(4) 옴부즈맨 제도

언론사가 회사 차원에서 자율적으로 수용자의 의견을 반영하기 위해 제도적 장치를 마련하기도 하는데, 옴부즈맨ombudsman 제도가 가장 잘 알려진 예다. 옴부즈맨 제도는 1809년 스웨덴에서 처음 생겨났는데, 원래는 국민을 대신해 정부나 기업, 사회 단체 등 공공 조직의 활동을 감시하고 견제하는 행정 감찰 제도였다. 하지만 이 제도는 이후에 언론을 비롯해 사회 각 분야에도 도입되어 수용자나 소비자의 불만

을 수렴하여 시정하는 제도로 발전하였다.[19]

특히 미국에서는 1960년대부터 신문 간의 과열 경쟁으로 무책임한 미확인 추측 기사가 남발되고 이 때문에 피해가 속출하자 신문사 자율로 규제하는 제도가 필요하다고 느끼기 시작했다. 옴부즈맨 제도는 바로 이러한 취지에서 생겨났다. 이 제도를 통해 신문사는 자체 비평을 강화해 오보에 의한 피해를 줄이려고 노력하고, 피해가 발생했을 때 피해자에게 보상도 해준다.

우리나라에서도 최근 언론사 간의 치열한 경쟁으로 상업주의, 선정주의의 폐단이 적지 않았다. 이런 상황에서 몇몇 신문사가 옴부즈맨 제도를 도입해 운영하고 있으며, 이 제도는 다른 매체에서도 점차 확산되는 추세다.

1. 언론의 자유는 언론사를 소유한 자의 자유에 불과하다는 주장이 있다. 이 주장에 대해 당신이 찬성하는지 반대하는지 입장을 밝히고 그 이유를 설명하라. 그리고 당신의 주장에 대해 반대하는 사람들은 어떤 비판을 할 것인지 예상해 보고 이를 반박할 수 있는 근거를 제시해 보라.

2. 언론의 4이론은 오늘날의 언론 상황을 설명하는 데 어떤 점에서 도움이 된다고 보는가? 또 현재의 상황에 맞지 않는 점이 있다면, 어떤 점에서 그렇다고 보는가?

3. 이용자들의 참여는 언론 보도에 어떤 영향을 미친다고 보는가? 이들의 참여를 활성화하는 방안은 어떤 것이 있으며, 이 방안의 시행 과정에서 어떤 문제점이 예상되는가?

주

1장

1. "미국 뉴스 61% 신문이 생산," 〈중앙일보〉, 2010. 1. 13.
2. "미국 쇠퇴 산업 1위는 '신문'," http://www.wikitree.co.kr/main/news_view.php?id=61918, 2012. 3. 19.

2장

1. *Random House Dictionary of English Language* (2nd ed.), 1987, p.1295.
2. Picard & Brody, 1997, p.7.
3. 한국언론연구원, 1993, p.1197.
4. 한국언론연구원, 1993, pp.925~926.
5. 차배근, 1991b, pp.72~73을 정리, 보완.
6. Hodgson, 1996, p.1.
7. 이상철, 1997, p.8.
8. 이상철, 1997, p.9.
9. 가령 Dominick, 1999, pp.352~353.
10. 이 부분은 임영호, 2010, pp.35~37을 정리.
11. Campbell, 2000, p.430.
12. Schramm, 1949, pp.259~269; 박유봉 외, 1987, pp.191~192.
13. 임영호, 2010, pp.38~40을 수정, 정리.
14. Dominick, 1999, pp.363~365.
15. 〈조선일보〉, 1999. 8. 27.
16. 한국언론재단, 2004.
17. 장호순, 2012, p.103, 105.

3장

1. Picard & Brody, 1997, pp.63~66.
2. Picard & Brody, 1997, p.68.
3. Picard & Brody, 1997, p.151.
4. Campbell et al., 2012, pp.43~48.
5. Campbell et al., 2012, p.9.

6. 이상철, 1997, p.3에서 재인용.

7. Merrill & Lowenstein, 1979, pp.29~35.

8. 전근대적 신문 현상 부분은 차배근, 1991b, pp.77~80; 박유봉 외, 1987, pp.32~41을 참조.

9. 채백·박용규, 1996, pp.33~34.

10. World Association of Newspapers, 2005.

11. 서양 신문 부분은 Dominick, 1999, pp.89~95; 채백·박용규, 1996, pp.33~42를 참조.

12. 차배근, 1991b, pp.450~451.

13. *World Press Trends 2010.*

14. 한국 신문의 역사는 채백·박용규, 1996, pp.48~79; 박유봉 외, 1987, pp.93~108을 참조.

15. 한국신문협회, 2010a, p.244.

16. 최진봉, "광고 시장의 지각 변동: 뉴스 소비 반영 여파 NHN 광고 1조 1천억······ 특정 소비자 겨냥한 광고 전략 새 틀 짜야," 〈미디어오늘〉, 2011. 6. 20.

17. 백강녕, 2012, pp.36~42.

4장

1. 이 세 가지 특성 분류는 차배근, 1991b, pp.97~101에서 따온 것이다.

2. 이재경, 1998, pp.24~25.

3. 이재경, 1998, p.23.

4. 박용규, 1994, pp.238~242.

5. 이준웅, 2011. 3, pp.22~25.

6. Tuchman, 1978/1995, 3장.

7. Willis, 1990, pp.144~145.

8. 미디어오늘, 1999, pp.44~45, 49, 51~52; 성한용, 1998; 조복래, 2003.

9. 미디어오늘, 1999, pp.94~95, 296~297.

10. 미디어오늘, 1999, pp.248, 252~253.

11. 이상철, 1997, pp.212~214.

12. 이문호, 2001, pp.74~77.

13. 한국언론진흥재단, 2012a, pp.399~404.

14. 미디어오늘, 1999, pp.176~177.

15. Agee, et al., 1994, p.143.

16. 차배근, 1991b, pp.446~447.

17. 김지운, 1999.

18. 차배근, 1991b, pp.457~458; Agee, et al., 1994, p.141을 보완.

19. Agee, et al., 1994, pp.146~147.

5장

1. 김재홍, 1998, pp.28~33.

2. 이재경, 1998, p.79.

3. 〈중앙일보〉, 2005. 2. 3; 조복래, 2003.

4. 이재경, 1998, pp.80~82.

5. 이재경, 1998, pp.118~120.

6. Charnley & Charnley, 1979, p.340.

7. 이재경, 1998, p.205.

8. 이재경, 1998, pp.206~207, pp.222~223.

9. Rivers, 1975, pp.283~286.

10. Rivers, 1975, p.263.

11. 김숙현, 1994, pp.43~46.

12. Bond, 1954, pp.191~197; 박유봉 외, 1987, p.221; Rivers, 1975, p.450을 재구성.

13. Bond, 1954, p.198, 202.

14. Rivers, 1975, pp.460~471; 박유봉 외, 1987, pp.224~226; Bond, 1954, pp.206~213.

15. 한국언론재단, 2000.

16. Bond, 1954, pp.216~218.

17. Charnley & Charnley, 1979, pp.32~33.

18. Charnley & Charnley, 1979, p.38.

19. Charnley & Charnley, 1979, p.42.

20. 차배근, 1991b, pp.122~123; Bond, 1954, pp.163~169.

21. 이재경, 1998, pp.57~66.

6장

1. Kobre, 1991의 분류에 따랐으며 임영호, 1996, pp.156~159도 참조했다.

2. Horton, 1990, pp.27~46; 임영호, 1996, pp.159~163.

3. Kobre, 1991, pp.184~185.

4. Kobre, 1991, pp.187~190.

5. Harrower, 1992, p.21.

6. Kobre, 1991, p.193, 196.

7장

1. 한국편집기자협회, 1991, pp.21~23.

2. Bond, 1954, pp.129~45; 한국편집기자협회, 1991, pp.39~43.

3. Rivers, 1975, p.501.

4. 한국편집기자협회, 1991, p.104.

5. 한국편집기자협회, 2001, pp.97~99.

6. 한국편집기자협회, 1991, pp.141~181; 한국편집기자협회, 2001, pp.64~75의 분류 방식을 변형해서 정리.

7. 임준수, 1998, p.107.

8. 김지용, 1996, pp.44~45.

9. 한국편집기자회, 1991, pp.32~33, 324~329.

10. 박유봉 외, 1987, pp.238~239; 한국편집기자협회, 1991, pp.240~252를 수정.

11. 임준수, 1998, pp.45~60.

12. 한국편집기자회, 1991, pp.260~262, 297~299, 300~301, 341, 406을 중심으로 정리.

13. 이상우·류창하, 1992, p.208.

14. 임준수, 1998, pp.91~95.

15. 임준수, 1998, p.96.

16. 임준수, 1998, pp.96~97.

17. 임준수, 1998, p.99.

18. 이상우·류창하, 1992, p.208.

19. 판갈이 부분은 이상우·류창하, 1992, pp.40~43을 보완.

20. Picard & Brody, 1997, pp.126~141.

8장

1. 이상철, 1997, p.195.
2. 조동시, 1994.
3. 배정근, 2012. 8, p.29.
4. Weaver, et al., 2007, 4장; Weaver & Wilhoit, 1991, 5장.
5. 임영호 2007, pp.240~242; Mancini, 2005; Schudson, 2005.
6. 배정근, 2012. 8, p.30.
7. 김강석, 2008. 4.
8. 김지운, 1989.
9. 김강석, 2008. 4, p.35; 정대필·이상기, 2008. 4, pp.20~21.
10. 한국기자협회, 1994, p.428.
11. 유재천, 1995, pp.71~78
12. 한국기자협회, 1994, pp.428~446.
13. 이 구분은 박유봉 외, 1987, pp.127~128을 재구성.
14. Dennis & Merrill, 1984, pp.150~159.
15. 이 부분은 주로 미디어오늘, 1999, pp.17~18을 참조.
16. 배정근, 2012. 8, p.30.
17. 금장환, 1999; 미디어오늘, 1999, pp.268~269.
18. 미디어오늘, 1999, p.105, pp.110~111.
19. 〈편집기자협회보〉, 2005년 2월호.
20. 한국언론재단, 1999a, p.282.
21. 허행량, 1999, pp.97~100.
22. 한국일보사, 1994, pp.142~143.
23. Weaver & Wilhoit, 1996, p.41.
24. 조동시, 1994, p.47.
25. 천원주, 1999, pp.92~96; 백승권, 1998, pp.114~117.
26. 오수정, 1998, pp.61~64; 정봉근, 1999, pp.48~50; 최광범, 1999, pp.80~83.
27. 유재천, 1988, pp.251~252.

9장

1. 이 부분은 Hiebert, et al., 1991, pp.418~420; Campbell, 1998, pp.389~390을 보완.
2. Campbell, 1998, pp.395~402; Becker, 1983, pp.62~64.
3. Campbell, 2012, pp.234~235.
4. Becker, 1983, pp.66~67.
5. 차배근, 1986, pp.12~15; Campbell, 1998, pp.406~412를 정리.
6. Campbell, 2012, p.231.
7. Campbell, 1998, p.391, 393; Hiebert, et al., 1991, pp.535~540.
8. 팽원순, 1988, pp.157.
9. 팽원순, 1988, pp.160~174.
10. NAA, 1994.
11. 팽원순, 1988, pp.183~192.

12. Gamble & Gamble, 1989, p.107; 팽원순, 1988, pp.246~250.

13. 팽원순, 1994, pp.296~298.

14. "정보 공개법 겉돌기 석달," 〈중앙일보〉, 1998. 3. 19.

10장

1. 이 요인들은 박유봉 외, 1987, 5장 독자 분석에서 발췌.

2. 미디어 주도의 피드백과 수용자 주도의 피드백 개념은 Dominick, 1994, p.485를 참조.

3. 한국언론진흥재단, 2012c, p.85, 93.

4. McComb & Nolan, 1992.

5. 박유봉 외, 1987, p.260의 분류를 변형해서 사용.

6. NAA, 1999.

7. Dominick, 1994, p.487.

8. 황유선, 이재현, 2011, p.86.

9. 강남준·김은미, 2010; 심미선, 2010.

10. 황유선·이재현, 2011, p.94.

11. 김성태·이영환, 2006.

12. Picard & Brody, 1997, p.135, pp.149~150; NAA, 1999.

11장

1. Picard & Brody, 1997, p.48.

2. 김해식, 1994, p.200, 209.

3. NAA, 2013.

4. 한국언론진흥재단, 2012a, p.246.

5. Willis, 1988, pp.25~26.

6. 손병기, 1998, p.30.

7. Willis, 1988, pp.97~100.

8. 국내 가판 현황은 이상헌, 2004, pp.142~145를 참조.

9. 온라인 뉴스 유료화에 관한 논의 부분은 정준희, 2011을 정리했다.

10. 정준희, 2011, pp.12~13.

11. 정준희, 2011, pp.17~19.

12. 무료화의 장단점에 관한 부분은 정준희, 2011, pp.3~5, p.7.

13. Willis, 1988, pp.67~68; Picard & Brody, 1997, pp.40~41.

14. Picard & Brody, 1997, p.42.

15. Franklin, 2008, p.23.

16. Willis, 1988, pp.72~79를 변형해서 정리.

17. Willis, 1988, pp.69~72.

18. ABC에 관한 부분은 Willis, 1988, pp.106~168; Dominick, 1999, pp.115; 신인섭·김봉철, 2004를 참조.

19. 한국언론진흥재단, 2012a, p.178.

20. 저작권에 관한 부분은 이대희, 2008; 한국언론진흥재단, 2012a, pp.22~23을 정리했다.

21. 이준섭, 2011. 4, p.82.

22. 한국언론진흥재단, 2012a, pp.22~23.

23. 한국언론재단, 1999b, pp.114~119.

12장

1. 배정근, 2012. 8, pp.26~27.
2. Hallin & Mancini, 2004, pp.66~76.
3. 언론 통제 모델은 서정우 외, 1983, p.46의 체제를 주로 따랐다.
4. Shoemaker & Reese, 1996/1997.
5. 차배근, 1991a, p.335에서 재인용.
6. 팽원순, 1988, pp.109~118.
7. 김광수, 1999, p.102, pp.112~113.
8. 김광수, 1999, pp.103~108.
9. 김광수, 1999, p.110, 112.
10. 정연구 · 최영재, 2008.
11. 차배근, 1991a, pp.357~358; 한국언론연구원, 1993, pp.838~839.
12. 차배근, 1991a, pp.353~356.
13. 한국언론연구원, 1993, p.1561.
14. 유재천, 1988, p.277.
15. 이상철, 1997, pp.41~42.
16. 게이트키퍼에 관한 부분은 차배근, 1991a, pp.315~320을 참조.
17. 김지운, 1986, pp.251~252; "한국신문윤리위원회 회칙"(1968. 4. 7).
18. 김지운, 1986, pp.237~238.
19. 한국언론연구원, 1993, p.1054.

참고 문헌

강남준·김은미 (2010). "다중 미디어 이용의 측정과 개념화: 오디언스를 향한 새로운 시선," 〈언론정보연구〉, 47권 2호, pp.5~39.

금장환 (1999. 05). "'나이'보다는 '전문성'이 변화의 핵심: 논설위원이 젊어진다," 〈신문과 방송〉, 341호, pp.82~85.

김강석 (2008. 4). "80년 언론 통폐합도 언론인 출신이 앞장: 언론인 정계 진출의 역사," 〈신문과 방송〉, 448호, pp.31~35.

김광수 (1999). 《광고학》. 한나래.

김기태 (1991). "신문 독자 운동 사례 연구: 스포츠 신문 독자 운동을 중심으로," 〈저널리즘〉, 21호, pp.230~251.

김성태·이영환 (2006). "인터넷을 통한 새로운 의제 설정 모델의 적용: 의제 파급Agenda-Rippling과 역의제 설정Reverse Agenda-Setting을 중심으로," 〈한국언론학보〉, 50권 3호, pp.175~204.

김숙현 (1994). 《기사, 취재에서 작성까지》. 범우사.

김재홍 (1998. 6). "대변인실과 기자실 벗어나 보자: 취재·보도 관행 이것만은 고치자," 〈신문과 방송〉, 330호, pp.28~33.

김지용 (1996). 《현장 신문론》. 글힘.

김지운 (1986). 《신문윤리위원회의 비교 연구》. 성균관대학교 출판부.

——— (1989). "언론인의 권력 지향 사례에 대한 고찰," 〈계간 사상과 정책〉, 6권 1호, pp.16~35.

——— (1999). "단일 독점 통신사의 개선 방안," 〈관훈저널〉, 71호, pp.129~139.

김해식 (1994). 《한국 언론의 사회학》. 나남.

나은경·이준웅 (2008). 《댓글 문화 연구: 온라인 뉴스 이용 양태의 변화와 담론 공중의 의미》. 한국언론재단.

미디어오늘 (1999). 《언론인 24시》. 인물과사상사.

민주언론운동협의회 엮음 (1988). 《보도지침》. 두레.

박소라·이창현·황용석 (2001). 《한국의 기자 노동》. 전국언론노동조합연맹.

박용규 (1994). 〈일제하 민간지 기자 집단의 사회적 특성의 변화 과정에 관한 연구: 직업 의식과 직업적 특성의 변화를 중심으로〉. 서울대학교 대학원 신문학과 박사 학위 논문.

박유봉 외 (1987). 《신문학 이론》. 박영사.

배정근 (2012. 8). "2012 기자 의식 조사 결과, 1989년 이후 변화 추이," 〈신문과 방송〉, 500호, pp.21~30.

백강녕 (2012), "포털 권력의 지각 변동," 〈관훈저널〉, 124호, pp.36~42.

백승권 (1998. 2). "각 부서에 배치해 편집국과 공조 시도: 전문 기자제 얼마나 정착했나," 〈신문과 방송〉, 326호, pp.114~117.

서울신문사 (2004).《서울신문 100년사》.

서정우 외 (1983).《언론 통제 이론》. 법문사.

성한용 (1998. 6). "기자들 항의 부른 '절충형 브리핑 제도': 정권 교체와 청와대 취재 보도 시스템," 〈신문과 방송〉, 330호, pp.20~23.

손병기 (1998. 11). "신문 구독료 얼마가 적절할까," 〈신문과 방송〉, 335호, pp.30~34.

손석춘 (1997).《신문 읽기의 혁명》. 개마고원.

신문과 방송 (1996. 4). "수습 기자 의식 조사," 〈신문과 방송〉, 304호, pp.62~67.

신인섭·김봉철 (2004).《한국 ABC 15년사》 한국ABC협회.

심미선 (2010). "다중 미디어 이용 연구에 관한 비판적 고찰: 미디어 레퍼토리를 중심으로," 〈언론정보연구〉, 47권 2호, pp.40~73.

오수정 (1998. 11). "'선배 말 잘 따르기' 그것 외엔 없다: 언론인 재교육 실태," 〈신문과 방송〉, 335호, pp.61~64.

오인환 (1985). "한국 언론의 특성에 관한 연구,"《한국의 언론과 사회 교육》. 한국정신문화연구원.

유선영 (2009).《신문의 미래: 19~32세 신문 독자, 비독자 그리고 여성》. 한국언론재단.

유재천 (1988). "언론 노조와 편집권," 〈신문연구〉, 46호, pp.250~284.

─── (1995). "사회 변동과 언론인의 직업 윤리," 유재천 외,《한국 사회 변동과 언론》. 소화.

이대희 (2008). "뉴스 저작권의 범주와 법적 해석에 관한 연구: 재산권으로서 뉴스 저작권에 관한 국내외 판례 분석 연구," 한국언론학회 주최 '뉴스 저작권의 현황과 과제' 세미나 발표문. 2008. 10. 2. 프레스센터.

이문호 (2001).《뉴스 에이전시란 무엇인가》. 커뮤니케이션북스.

이상우·류창하 (1992).《현대 신문 제작론》. 나남.

이상철 (1997).《신문의 이해》. 박영사.

이상헌 (2004. 8). "흔들리는 가판 시장," 〈신문과 방송〉, 404호, pp.142~145.

이인우·심산 (1998).《세상을 바꾸고 싶은 사람들: 한겨레신문 10년의 이야기》. 한겨레신문사.

이재경 (1998).《기사 작성의 기초》. 나무와 숲.

─── (2003).《한국 저널리즘 관행 연구》. 나남.

이준섭 (2011. 4). "정부의 뉴스 저작권 유료화 추진," 〈신문과 방송〉, 484호, pp.81~83.

이준웅 (2010). "한국 언론의 경향성과 이른바 '사실과 의견의 분리' 문제," 〈한국언론학보〉, 54권 2호, pp.187~209.

─── (2011. 3). "전통매체 + 인터넷 매체 방식의 교차 매체 모형이 주류: 국내외 통합 뉴스룸 사례," 〈신문과 방송〉, 483호, pp.22~25.

임영호 (1996). "보도 사진," 강상현·채백 엮음,《대중 매체의 이해와 활용》(제2판). 한나래.

—— (2007). "언론인의 직업 모델과 전문성 문제," 임상원 외, 《민주화 이후의 한국 언론》. 나남, pp.233~281.

—— (2010). "뉴스 가치의 이해," 강내원 외, 《저널리즘의 이해》. 한울.

—— · 이현주 (2001). "신문 기사에 나타난 정보원의 권력 분포: 1949~1999년 〈동아일보〉 기사의 내용 분석," 〈언론과학연구〉, 1권 1호, pp.300~330.

임준수 (1998). 《신문을 아름답게: 비주얼 시대의 가로 짜기 디자인》. 중앙M&B.

장호순 (2012). 《현대 신문의 이해》. 나남.

정대필 · 이상기 (2008. 4). "언론인 출신 15~17대 국회의원 의정 활동 평가," 〈신문과 방송〉, 448호, pp.20~30.

정봉근 (1999. 3). "경찰 기자 수습 기본 코스인 시절 지났다: 조선일보 수습 기자 교육 이렇게 달라졌다," 〈신문과 방송〉, 339호, pp.48~50.

정연구 (2004). 《신문 판매와 유통 구조》. 한국언론재단.

—— · 최영재 (2008). "대기업과 언론의 어색한 만남: 이해 상충 모델," 한국언론학회 주최 '삼성 비자금 의혹 관련 보도와 한국 저널리즘의 현실' 세미나 발표 논문, 2008. 5. 30. 프레스센터.

정준희 (2011). "온라인 뉴스 콘텐츠 유료화 실험의 현 단계: The Times와 NYT의 도전," 《해외 미디어 동향 4》. 한국언론진흥재단.

정진석 (1995). 《인물 한국 언론사》. 나남.

조동시 (1994. 06). "94년, 75년 수습 기자 현황," 〈신문과 방송〉, 282호, pp.45~49.

조복래 (2003. 07). "청와대 기자실 개방과 과제," 〈신문과 방송〉, 391호, pp.18~21.

조선일보사 (1990). 《조선 70년사》 (제3권). 조선일보사.

차배근 (1986). "폭로 저널리즘의 정기능과 역기능," 〈언론중재〉, 겨울호.

—— (1991a). 《커뮤니케이션학개론(상)》. 세영사.

—— (1991b). 《커뮤니케이션학개론(하)》. 세영사.

채백 · 박용규 (1996). "매스 미디어의 역사," 한국사회언론연구회 엮음, 《현대 사회와 매스 커뮤니케이션》. 한울.

천원주 (1999. 7). "전문 기자제 본격화 5년, 평가와 과제," 〈신문과 방송〉, 343호, pp.92~96.

최광범 (1999. 6). "언론이 필요로 하는 연수 실현: 재교육 풍속도가 변하고 있다," 〈신문과 방송〉, 342호, pp.80~83.

최진봉 (2011). "광고 시장의 지각 변동: 뉴스 소비 반영 여파 NHN 광고 1조 1천억 ... 특정 소비자 겨냥한 광고 전략 새 틀 짜야," 〈미디어오늘〉, 2011. 6. 20.

팽원순 (1988). 《매스 커뮤니케이션 법제 이론》. 법문사.

—— (1994). 《한국 언론 법제론》. 법문사.

한국기자협회 (1994). 《기자협회 삼십년사》. 한국기자협회.

한국기자협회 80년 해직언론인협의회 엮음 (1997). 《80년 5월의 민주 언론: 80년 언론인 해직백서》. 나남.

한국신문협회 (2010a). 《신문 독자의 특성 및 온라인 뉴스 이용 행태》. 한국신문협회.

—— (2010b). 《신문 독자의 신문 이용 행태 조사 연구》. 한국언론진흥재단.

한국언론연구원 엮음 (1993). 《매스컴 대사전》. 한국언론재단.

한국언론연구원 (1998). 《수용자 의식 조사: 제9회 미디어의 영향과 신뢰도 조사》. 한국언론연구원.

한국언론재단 (1999a). 《한국신문방송연감, 1999~2000》. 한국언론재단.

――― (1999b). 《미디어 발전과 지원 제도: 국제 언론 지원 방안 연구》. 한국언론재단.

――― (2000). 《한국의 신문 칼럼》. 한국언론재단.

――― (2003). 《한국의 언론인 2003》. 한국언론재단.

――― (2004). 《2004 한국의 지역 신문》. 한국언론재단.

한국언론진흥재단 (2010). 《신문 이용 시장 현황과 전망: 사업체 신문 이용 시장을 중심으로》. 한국언론진흥재단.

――― (2011a). 《한국언론연감 2011》. 한국언론진흥재단.

――― (2011b). 《2011 신문 산업 실태 조사》. 한국언론진흥재단.

――― (2011c). 《언론 수용자 의식 조사》. 한국언론진흥재단.

――― (2012a). 《한국언론연감 2012》. 한국언론진흥재단.

――― (2012b). 《2012 신문 산업 실태 조사》. 한국언론진흥재단.

――― (2012c). 《언론 수용자 의식 조사》. 한국언론진흥재단.

한국일보사 (1994). 《한국일보 40년사》. 한국일보사.

――― (2004). 《한국일보 50년사》. 한국일보사.

한국편집기자협회 (2001). 《신문 편집》. 한국편집기자협회.

한국편집기자회 (엮음) (1991). 《신문 편집: 이론과 실제》. 녹원출판사.

허용범 (1999). "한국 언론 100대 특종 드라마(하): 1990년대의 특종들," 〈월간조선〉, 6월호.

허행량 (1999. 7). "스카우트 제도 도입하자: 기자 채용 제도 바꿀 수 없나," 〈신문과 방송〉, 343호, pp.97~100.

홍수원 (2004). "북미 신문 업계 구독자 감소 적극 대처," 〈Media Worldwide〉 6월호.

황유선·이재현 (2011). 〈트위터에서의 뉴스 생산과 재생산: 8개 언론사와 일반인의 트윗 및 전파 행태에 관한 연구〉. 한국언론진흥재단.

Agee, W., et. al. (1994). *Introduction to Mass Communication* (11th ed.). New York: Harper Collins.

Becker, S. L. (1983). *Discovering Mass Communication*. Glenview, IL: Scott, Foresman and Company.

Bond, F. (1954). *An Introduction to Journalism*. New York: Macmillan.

Campbell, R. (1998). *Media and Culture*. New York: St. Martin's.

―――, C. Martin, & B. Fabos (2000). *Media and Culture* (2nd ed.). Boston: Bedford/St. Martin's.

―――, ――― & ――― (2012). *Media and Culture* (8th ed.). Boston: Bedford/St. Martin's.

Charnley, M. V. & B. Charnley (1979). *Reporting* (4th). New York: Holt, Rinehart and Winston.

Cohen, N. (2006. 7. 18.) "Web news: Still fresh after a day and a half," *International Herald Tribune*.

Compaine, B. M. & D. Gomery (2000). *Who Owns the Media?* (3rd). Mahwah, NJ: LEA.

Davis, A. (2008). "Public relations in the news," in B. Franklin (ed.), *Pulling Newspaper Apart*. London: Routledge.

De Bens, E. & H. Ostbye (1998). "The European newspaper market," in D. McQuail & K. Siune (eds.), *Media Policy*. London: Sage.

Dennis, E. E. & J. C. Merrill (1984). *Basic Issues in Mass Communication: A Debate*. New York: Macmillan.

Dominick, J. (1994). *The Dynamics of Mass Communication*. New York: McGraw-Hill.

———— (1999). *The Dynamics of Mass Communication* (6th ed.). New York: McGraw-Hill.

Editors of Time-Life Books (1971). *Photojournalism*. New York: Time-Life Books.

Faber, J. (1978). *Great News Photos and the Stories Behind Them* (2nd revised ed.). New York: Dover.

Franklin, B. (2008). "Newspapers: Trends and developments," in B. Franklin (ed.), *Pulling Newspaper Apart*. London: Routledge.

Gamble, M. W. & T. K. Gamble (1989). *Introducing Mass Communication* (2nd). New York: McGraw-Hill.

Hallin, D. & P. Mancini (2004/2009). *Comparing Media Systems*. [김수정 외 옮김, 《미디어시스템의 형성과 진화: 정치−미디어 3모델》. 한국언론재단.]

Harrower, T. (1992). *The Newspaper Designer's Handbook* (2nd ed.). Dubuque, IA: Wm. C. Brown.

Hiebert, R., et al. (1991). *Mass Media VI*. New York: Longman.

Hodgson, F. W. (1996). *Modern Newspaper Practice*. Oxford: Focal Press.

Horton, B. (1990). *The Associated Press Photojournalism Stylebook*. Reading, Mass.: Addison-Wesley.

Hutt, A. & B. James (1989). *Newspaper Design Today*. London: Lund Humphries.

Kaniss, P. (1991). *Making Local News*. Chicago: University of Chicago Press.

Kobre, K. (1991). *Photojournalism: The Professionals' Approach* (2nd ed.). Boston: Focal Press.

Kunhardt, P. B. (1987). *Life: Smiles Back*. New York: A Fireside Book.

Lacayo, R. & G. Russell (1990). *Eyewitness: 150 Years of Photojournalism*. New York: Oxmoor House.

Mancini, P. (2005). "Is there a European model of journalism?" in H. de Burgh (ed.), *Making Journalists: Diverse Models, Global Issues*. London: Routledge.

McComb, M. E. & J. Nolan (1992). "The relative constance approach to consumer spending for media," *Journal of Media Economics*, 5(2), pp.43~52.

Mckenzie, F. A. (1969). *The Tragedy of Korea*. Seoul: Yonsei University Press.

Merrill, J. C. & R. L. Lowenstein (1979). *Media Messages and Men: New Perspectives in Communication* (2nd ed.). New York: McKay.

National Press Photographers Association (1991). *The Best of Photojournalism 16*. Philadelphia: Running Press.

—— (1993). *The Best of Photojournalism 18*. Philadelphia: Running Press.

Neuman, W. R. (1991). *The Future of the Mass Audience*. Cambridge: Cambridge University Press.

Newspaper Association of America (1994). *Facts about Newspapers, 1994*.

—— (1999). *Facts about Newspapers, 1999*.

—— (2010). *Facts about Newspapers, 2010*.

—— (2012). *Facts about Newspapers, 2012*.

—— (2013). *The American Newspaper Media Industry Revenue Profile 2012*. [Online] Available: http://www.naa.org/en/Trends-and-Numbers/Newspaper-Revenue.aspx

Pfanner, E. (2007. 7. 2). "U.K. press discovers Web bonanza in U.S.," *International Herald Tribune*.

Picard, R. G. & J. H. Brody (1997). *The Newspaper Publishing Industry*. Boston: Allyn and Bacon.

Pred, A. R. (1973). *Urban Growth and the Circulation of Information*. Cambridge: Harvard University Press.

Prichard, P. (1987). *The Making of McPaper*. Kansas City: Andrews, McMeel & Parker.

Rivers, W. L. (1975). *The Mass Media: Reporting, Writing, Editing* (2nd ed.). New York: Harper & Row.

Schramm, W. (1949). "The nature of news," *Journalism Quarterly*, 26, pp.259~69.

Schudson, M. (2005). "The US model of journalism," in H. de Burgh (ed.), *Making Journalists: Diverse Models, Global Issues*. London: Routledge.

Shoemaker, P. J. & S. D. Reese (1996/1997). *Mediating the Message*. [김원용 옮김,《매스 미디어 사회학》. 나남.]

Sigal, L. V. (1973). *Reporters and Officials: The Organization and Politics of Newsmaking*. Lexington, MA: D.C. Heath.

Sloan, W. D. & J. D. Startt (1996). *The Media in America: A History* (3rd). Northport, AL: Vision Press.

Smith, A. (1977). "Subsidies and the press in Europe," *Political and Economic Planning Broadsheet*, Vol. XLIII, No. 569.

—— (1979). *The Newspaper: An International History*. London: Thames and Hudson

Society of Newspaper Design (1988). *The Best of Newspaper Design 2*. New York: PBC International.

Tuchman, G. (1978/1995). *Making News*. [박홍수 옮김,《메이킹 뉴스》. 나남.]

Vivian, J. (1999). *The Media of Mass Communication* (5th ed.). Boston: Allyn and Bacon.

Weaver, D. H., et al. (2007). *The American Journalist in the 21st Century: U.S. News People at the Dawn of a New Millennium*. Mahwah, NJ: LEA.

Weaver, D. H. & G. C. Wilhoit (1991). *The American Journalist: A Portrait of U.S. News People and Their Work* (2nd ed.). Bloomington, IN: Indiana University Press.

—— (1996). *The American Journalist in the 1990s*. Mahwah, NJ: Lawrence Erlbaum Associates.

Willis, J. (1988). *Surviving in the Newspaper Business*. New York: Praeger.

—— (1990). *Journalism: State of the Art*. New York: Praeger.

World Association of Newspapers (2005). "Newspapers: A Brief History." [http://www.wan-press.org/article.php3?id_article=2821], April 26, 2005.

World Association of Newspapers (2010). *World Press Trends 2010*.

—— (2012). *World Press Trends 2012*.

찾아보기